LE CHEVALIER D'ÉON

Œuvres des mêmes auteurs en fin d'ouvrage

Evelyne et Maurice Lever

LE CHEVALIER D'ÉON

« Une vie sans queue ni tête »

LE GRAND LIVRE DU MOIS

ISBN : 978-2-286-05103-7

Pour Daniel et Emmanuelle Amiot.

« Cela fera un beau problème dans l'Histoire. »
Voltaire

AVANT-PROPOS

Maurice et moi n'avons jamais voulu écrire de livre ensemble. Chacun de nous avait ses héros. Nous parlions d'eux, leur univers était aussi le nôtre. Avant de mourir Maurice m'a demandé de poursuivre seule le chemin que nous avions parcouru tous les deux. Il m'a confié plusieurs missions. La première était de vivre ; la deuxième d'achever certains ouvrages en cours mais il ne m'a pas demandé de m'attaquer au chevalier d'Éon, cet excentrique qu'il rencontra au cours de la tumultueuse existence de son Beaumarchais. Il devait être le sujet de son prochain livre pour lequel il avait seulement rassemblé une abondante documentation. Nos amis et éditeurs, Claude Durand et Denis Maraval, m'ont priée d'écrire cette biographie à sa place. Qu'ils en soient aujourd'hui remerciés.

E. L.

PROLOGUE

La reine et le dragon

Depuis que Louis XVI est monté sur le trône, la reine préside aux plaisirs de la cour. Le divertissement qu'elle offre à Versailles dans la galerie des Glaces, en ce 23 novembre 1777, cause un émoi particulier. On attend un étrange personnage qui défraie la chronique depuis des mois. Lorsqu'il paraît enfin, avec la grâce d'un fort des halles, vacillant sur ses hauts talons, un indicible malaise saisit l'assistance. Est-ce un homme ou une femme ? On jurerait un travesti engoncé dans une robe de satin bleu à rayures brunes exhibant sur son sein la croix de Saint-Louis, le chef empanaché d'un pouf sorti de l'atelier de Mlle Bertin, la couturière de Sa Majesté. Comment le vertueux monarque peut-il tolérer une telle mascarade ? Mais ne dit-on pas que c'est lui qui exige pareil accoutrement pour cet excentrique ? La reine s'amuse :

« – Comment Mlle d'Éon trouve-t-elle son nouvel uniforme ? lui demande-t-elle.

– Madame, je suis heureuse de le porter parce qu'il m'admet dans le régiment de la reine, qui est totalement dévoué au service de notre bon roi.

– Mademoiselle, si le régiment était uniquement composé de demoiselles, qui d'autre mieux que d'Éon pourrait le commander ?

– Madame, il le serait mieux par Marie-Antoinette d'Autriche. »

Et Louis XVI d'éclater de rire. Cependant la conversation se poursuit :

« – Madame, en temps de paix dans mon nouveau service, les blessures ne sont pas moins dangereuses qu'en temps de guerre.

Les batailles livrées la nuit sont les plus sanglantes. Lorsqu'on est trop courageux et qu'on veut sacrifier sa vie, on meurt.

– Mademoiselle, qui vous a rendue si avertie ?

– Madame, c'est ma mère et avant tout ma grand-mère qui avait vingt-deux enfants.

– Mademoiselle, vous êtes une bonne Française.

– Madame, mon éducation n'a pas été ce qu'elle aurait dû être. J'ai perdu ma fertilité et mon temps en faisant ce que je n'aurais pas dû faire.

– Mademoiselle il est toujours temps de réparer ses fautes. Je vous assure qu'avec une autre éducation, ce qui vous fait défaut sera comblé. Le roi vous a donné une bonne pension sur le trésor royal ; quant à moi, j'ai ordonné à Mlle Bertin de s'occuper de votre garde-robe et je vous confie à mes dames d'honneur pour vous montrer comment porter vos robes avec la modestie qui convient jusqu'au moment où nous trouverons à Versailles une maison où votre instruction concernant votre nouvelle vie pourra être achevée. La soumission à la loi est une nécessité absolue dans tous les États. Votre transformation a surpassé notre espoir. Tout le monde est étonné et vos ennemis sont confondus. Que voulez-vous de plus ?

– Madame, je réalise que la mort de ma condition passée donne vie et gloire à mon état présent et futur. Permettez-moi de faire le serment de rester un prisonnier de guerre en jupons, en foi et hommage à la loi. Parce que la foi est la première des vertus théologales ; sans elle nous ne sommes que l'écho d'un tambour dans l'air.

– Mademoiselle, ce que vous dites est pure vérité [1]. »

La reine aime le théâtre, voire les mystifications, mais elle ne se livre jamais à des plaisanteries de mauvais goût. Cet extravagant personnage est célèbre. Qui n'a pas entendu parler de ses démêlés à Londres avec l'ambassadeur de France dont il était le secrétaire

1. Cette surprenante conversation est tirée des papiers du chevalier d'Éon restés à l'état de manuscrit. Elle a été recomposée par le chevalier-chevalière au moins dix années plus tard. *Cf.* ULBC, Brotherton Collection, Papers of d'Éon, 26 : 52-57.

d'ambassade ? De ses duels, dont il sort toujours victorieux ? Du procès intenté par les parieurs de la capitale britannique avides de connaître sa véritable identité sexuelle ? Précédé par une réputation sulfureuse, il s'est installé à Versailles au mois d'août où il est devenu l'objet de la curiosité générale. Son récent voyage dans sa ville natale de Tonnerre a fait grand bruit. Connu jusqu'alors comme chevalier d'Éon, le voici maintenant métamorphosé en chevalière d'Éon : le roi, qui le reconnaît pour une femme, l'oblige désormais à porter l'habit féminin sous peine d'être privé de sa pension et condamné à l'exil. « De toutes les femmes travesties dont parle l'histoire, c'est la plus étonnante en ce qu'elle s'est distinguée à la fois dans les armes, dans la politique et dans la littérature », note un chroniqueur du temps. Le sexe de Mlle d'Éon devient le sujet de toutes les conversations. À Ferney, Voltaire lui-même s'y intéresse : « Je veux absolument vous parler d'un monstre ; c'est de cet animal amphibie qui n'est ni fille ni garçon... Je ne crois pas que vous soyiez de ses amis, s'il est de votre sexe, ni de ses amants, s'il est de l'autre... Vous êtes à portée plus que personne de m'expliquer ce mystère... Je vous demande en grâce de me dire le mot de cette énigme. »

« C'est de mademoiselle la chevalière d'Éon que je voudrais qu'on écrivît l'histoire, et non des éloges et des portraits de caillettes quelconques ! » confie Mme Du Deffand à son amie, la duchesse de Choiseul. Il est vrai qu'on ne sait pas grand-chose du chevalier-chevalière, bien que tout le monde en parle. On répète ses bons mots, on s'amuse de ses folies, on admire sa bravoure, et surtout chacun se pose la même irritante et insoluble question : est-ce un homme ? une femme ? un hermaphrodite ? L'énigme de son sexe aura sûrement beaucoup plus fait pour sa réputation que tout ce qu'il entreprit au cours sa longue existence. Et Dieu sait cependant qu'elle fut bien remplie ! On évoque souvent à son sujet les aventures du chevalier de Faublas sous le travesti féminin. Osons dire que les siennes les dépassent de loin par le romanesque et par l'extravagance. Et hâtons-nous d'ajouter que leur intérêt ne s'épuise pas dans ces péripéties, aussi riches, aussi singulières, aussi bigarrées qu'elles soient.

Le chevalier d'Éon

Du chevalier d'Éon
Le sexe est un mystère ;
L'on croit qu'il est garçon :
Cependant l'Angleterre
L'a fait déclarer fille,
Et prétend qu'il n'a pas
De trace de béquille
Du père Barnabas !

Jadis il fut garçon
Très brave capitaine ;
Pour un oui, pour un non,
Chacun sait qu'il dégaine...
Quel malheur s'il est fille !
Que ne serait-il pas,
S'il avait la béquille
Du père Barnabas ?

Qu'il soit fille ou garçon
C'est un grand personnage
Dont on verra le nom
Se citer d'âge en âge...
Mais pourtant s'il est fille
Qui de nous osera
Lui prêter la béquille
Du père Barnabas ?

Chapitre premier

L'enfant de Tonnerre

Il est toujours difficile pour un praticien de ne pas répondre clairement aux questions qu'on lui pose. Ce fut le cas du docteur Guéniot, médecin de la petite ville de Tonnerre en Bourgogne, lorsqu'il eut accouché Mme d'Éon. « Je ne peux pas vérifier si le nouveau-né est une fille ou un garçon, dit-il au père. Son sexe comme sa tête est encore *in nubibus.* » L'enfant était né coiffé, c'est-à-dire couvert de membranes fœtales, appelées bientôt à disparaître. « Je ne peux pas encore être heureux ou malheureux du présent que vous m'avez fait, déclara Louis d'Éon à sa femme. Son sexe est caché, tout comme sa tête, mais le docteur espère que la nature se développera bientôt et qu'il sera garçon par la grâce de Dieu ou fille en vertu de la bienheureuse vierge Marie[1]. »

Tu seras un homme mon fils

Trois jours plus tard, le 7 octobre 1728, le nourrisson fut baptisé par le doyen de la paroisse Notre-Dame de Tonnerre sous les noms de Charles, Geneviève, Louis, Auguste, André, Thimothée d'Éon de Beaumont[2]. Il arrivait assez fréquemment d'accoler un prénom féminin aux autres prénoms d'un garçon. Aussi celui de Geneviève ne prête pas autant à confusion qu'on pourrait l'imaginer. Cepen-

---

1. *La Grande Épître historique de la Chevalière d'Éon*, ULBC, Brotherton Collection, Papers of d'Éon, box 1, file 1, chap. I, n° 1.
2. *Ibid.*

dant un drame intime se jouait autour du berceau. Le couple avait perdu un fils en bas âge et il n'était toujours pas fixé sur la nature de l'enfant qui venait de naître. Après bien des hésitations, sa mère et sa grand-mère estimèrent que c'était une fille. Son père voulait à tout prix qu'il fût du sexe masculin ; sa volonté l'emporta sur les pieuses considérations des deux femmes. C'est du moins ce que dira plus tard le héros de l'histoire, lorsqu'il aura revêtu des habits féminins, ajoutant que « le bruit de cette querelle intérieure dans le ménage ne passa pas au-delà de la chambre à coucher [1] ».

Installés à Tonnerre depuis le début du XVIIe siècle, les d'Éon comptaient parmi les notables de la ville et prétendaient à la noblesse. Un doute sur le sexe d'un enfant eût sans doute été préjudiciable à son élévation. Louis d'Éon, avocat au parlement, occupait alors la charge de subdélégué de l'intendant de la généralité de Paris. Le ménage, assez endetté, vivait dans un bel hôtel du XVIe siècle et tirait la majeure partie de ses revenus de quelques vignes. Un héritage eût été le bienvenu et Mme Dulaud de Charenton, mère de Mme d'Éon, avait promis 12 000 livres à sa fille si elle donnait naissance à un fils.

M. d'Éon avait trois frères. L'aîné, André d'Éon de Tissey, après avoir été avocat, trésorier de France au bureau des finances de Montauban, avait obtenu l'office de censeur royal pour les belles-lettres et celui de secrétaire de S.A.R le duc d'Orléans, premier prince du sang ; le cadet, Jacques d'Éon de Pommard, était secrétaire du comte d'Argenson ministre de la Guerre ; le plus jeune, Michel d'Éon de Germigny, chevalier de Saint-Louis, l'un des vingt-cinq gentilshommes de la garde écossaise, menait une carrière militaire mouvementée et devait mourir dans la misère à Nîmes. Leur sœur, Madeleine, avait épousé M. Jacquillat de Vaulavré. Cette famille en pleine ascension sociale pouvait prétendre à un bel avenir car les frères d'Éon appartenaient à la clientèle de personnages puissants : l'intendant de Paris, M. Bertier de Sauvigny, le duc d'Orléans, et le ministre de la Guerre. Leurs enfants

1. *Ibid.*

étaient ainsi appelés à exercer de plus hautes fonctions s'ils faisaient preuve de talent.

On éleva Charles Louis (appelé couramment Louis) comme un garçon et ses parents veillèrent eux-mêmes à sa première éducation. L'abbé Marceney, curé de l'église de Saint-Pierre de Tonnerre, lui donna les premiers rudiments d'une culture qu'il devait considérablement développer par la suite. C'était un enfant fragile qui resta incontinent jusqu'à l'âge de sept ans. Sa mère tremblait sans cesse pour lui et surveillait le moindre de ses gestes. Il ne jouait ni avec les autres enfants, ni avec sa sœur d'un an plus âgée. Personne n'émettait alors le moindre doute sur son appartenance au genre masculin. Lorsqu'il eut treize ans, son père résolut de l'envoyer à Paris achever ses études au collège Mazarin. Sous la tutelle de l'abbé Rigaud, vicaire de Saint-Sulpice auquel il l'avait recommandé, l'adolescent tenta de se dépasser intellectuellement et physiquement. Alors qu'il se prenait de passion pour la lecture, il habituait son corps à supporter le froid et la chaleur, dormait sur le plancher, portait un cilice et s'efforçait de manger le moins possible. En 1745, au début de la guerre de Succession d'Autriche, alors que Paris retentissait du son des trompettes et des tambours, il rêvait de rejoindre l'armée, mais dut se contenter d'apprendre à monter à cheval et à manier l'épée. Il montra dans cet art des dons et des talents exceptionnels. L'exercice physique ne l'empêchait pas de lire des nuits entières et de s'intéresser à la littérature aussi bien qu'à l'économie. D'un commerce agréable, il se fit des amis avec lesquels il entretint des relations cordiales qui ne devaient pas bouleverser sa vie. On sait peu de choses sur cette jeunesse studieuse passée l'hiver à Paris et l'été dans la propriété familiale de Tonnerre au bord de l'Armançon.

Le petit d'Éon

Le 22 août 1748, à vingt-et-un ans, licencié en droit civil et en droit canon, Louis d'Éon s'inscrit comme avocat au Parlement de

Paris. De taille moyenne, le corps délié et musclé, il a tout l'air d'un éphèbe. C'est un jeune homme sérieux, séduisant par son esprit, mais auquel on ne prête aucune aventure ni féminine, ni masculine. Son père, qui vient de mourir, lui a laissé pour tout héritage la demeure familiale et la vigne. Par malchance, son oncle ne survécut pas au décès de son frère. En quelques jours, privé de ses plus précieux conseillers, l'orphelin devint chef de famille. Il fallait faire vivre sa mère et sa sœur et gérer son petit domaine familial. D'après son autobiographie, il semble avoir traversé à ce moment une grave crise intérieure. « J'avais deux personnalités », dira-t-il plus tard. Il aurait aimé se retirer dans une thébaïde au milieu des livres, tout en voulant connaître l'ivresse des combats et le fracas des armes. Troublé par ces désirs contradictoires, il caressa un temps le projet d'entrer dans les ordres, mais se reprit, refusant de vivre comme « une poule mouillée [1] ». Après avoir beaucoup prié, fait plusieurs retraites et consulté un chanoine de l'abbaye de Sainte-Geneviève, il s'adressa au protecteur de sa famille, l'intendant de la généralité de Paris, Louis Jean Bertier de Sauvigny [2], sous les ordres duquel servait son père. Celui-ci lui attribua un poste de secrétaire dans les bureaux de la généralité, une sinécure qui laissait à son titulaire tout loisir de lire et d'écrire.

Louis se lance alors à corps perdu dans l'étude de l'administration du royaume. En 1753, il publie un *Essai historique sur les différentes situations financières de la France sous le règne de Louis XIV et la régence du duc d'Orléans*. L'ouvrage est remarqué

1. *Ibid.*

2. Louis Jean Bertier de Sauvigny (1709-1788) était fils de Louis Bénigne Bertier de Sauvigny (1677-1745), gentilhomme de la vénerie du duc d'Orléans, conseiller puis président du parlement de Paris, et de Jeanne Orry, fille du Contrôleur général des finances. Il fut conseiller au parlement de Paris, maître des requêtes, président au grand conseil, intendant de Moulins, intendant du Dauphiné. Il était intendant de Paris depuis le 1er décembre 1744. En 1757, il sera conseiller d'État, en 1771, premier président du parlement de Paris. Il avait épousé Louise Durey d'Harnoncourt fille de Pierre Durey d'Harnoncourt, trésorier général de l'extraordinaire des guerres, receveur général des finances de Bourgogne et fermier général depuis 1745.

et lui vaut plusieurs lettres louangeuses de personnages importants : le garde des Sceaux, M. de Machault, M. Bertier de Sauvigny, le président Hénault, le marquis de Tanlay et bien d'autres encore lui adressent leurs compliments. À l'un de ses correspondants regrettant qu'il n'ait pas poursuivi son ouvrage jusqu'à la période contemporaine, il répond fort habilement : « Il est dangereux de traiter ce qui s'est passé dans des temps si voisins des nôtres sans s'écarter de la vérité. J'en serais tombé dans le cas d'en dire d'offensantes ou de me donner pour un écrivain partial et vendu à la flatterie [1]. » Sans passer pour un courtisan ou un flatteur, Louis est parvenu à se créer rapidement un réseau de relations utiles. À quelle carrière ? Il n'en pas encore la moindre idée. Pour l'instant, il passe pour un homme de lettres érudit, en dépit de son âge encore tendre : il a vingt-cinq ans. M. de Sauvigny a très vite remarqué son esprit subtil, sa puissance de travail, l'étendue de ses connaissances dans les domaines les plus divers, sa mémoire prodigieuse, sa rapidité d'assimilation des connaissances, sa facilité pour écrire, sans parler de ses talents de bretteur qui sont désormais connus de tout Paris. L'intendant, qui aime recevoir chez lui noblesse d'épée, noblesse de robe, hommes à talents, écrivains et savants, n'a pas hésité à attirer son protégé. Ainsi Louis rencontre-t-il Fréron qui dirige *L'Année littéraire* et qui le remarque : « Il y a un jeune homme appelé Déon qui travaille à un ouvrage sur les finances, écrit-il à son ami d'Hémery [2]. C'est un neveu de feu M. Déon Secrétaire de la Police. C'est Ballard qui l'imprime. Ce jeune homme est assez joli de figure. Il est maigre, est âgé environ de vingt-quatre ou vingt-cinq ans. » Fréron l'encourage à écrire pour son périodique. Quelques semaines plus tard, il publie un *Éloge du comte d'Ons-en-Bray* (1753), l'un des protecteurs de sa famille, et l'année suivante un *Éloge de Marie d'Este, duchesse de Penthièvre.*

1. B.M.T. X 58 cité par Pierre Pinsseau, *L'Étrange Destinée du chevalier d'Éon*, p. 20.

2. Fréron à d'Hémery, le 15 septembre 1753, *in* Jean Balcou, *Le Dossier Fréron, Correspondances et documents*, p. 100.

Ses débuts littéraires vont de pair avec une vie mondaine intense sans pourtant sombrer dans la frivolité et l'intrigue. Il fréquente bientôt le salon de la comtesse de Rochefort dans son appartement du palais du Luxembourg. Cette jeune veuve coquette et séduisante, sans jouer les Célimène, prend plaisir à s'entourer d'une cour d'hommes brillant par leur esprit et leur intelligence. Le marquis de Mirabeau, le duc de Nivernais, le président Hénault sont ses hôtes les plus assidus parmi beaucoup d'autres. Cette aimable société s'occupe des grandes et des petites affaires du temps. On commente les discours de réception à l'Académie française, les nouveaux ouvrages littéraires ou philosophiques, les présentations à la cour, les dernières pièces, les amours des chanteuses de l'Opéra, les énervements du roi de Prusse et les affaires d'Allemagne... Le « petit d'Éon », comme l'appellent les dames, joue aimablement sa partie. Ses réflexions et ses bons mots plaisent toujours et les plus jolies femmes regrettent son incroyable réserve sans la comprendre. Le badinage est évidemment l'un des passe-temps favoris de ce petit monde. On s'écrit ; on file la métaphore ; on fuit la passion ; on pare du voile de l'amitié d'autres sentiments. On ne s'ennuie jamais car on a trop peur de s'ennuyer. Mme de Rochefort se pique de toucher le cœur du bel indifférent. Ses avances ne sont pas couronnées de succès. Le duc de Nivernais, amant de la comtesse, en apprécie davantage le raisonnable petit d'Éon, sensible aux seules récréations de l'esprit. Peut-être pourrait-il lui être utile ? Cet homme qui peut avoir la froideur dédaigneuse et la familiarité protégeante met le jeune homme en réserve de ses projets. Ses filles, la duchesse de Cossé-Brissac et la comtesse de Gisors, lui font également bon accueil. Il se trouve ainsi présenté au maréchal de Belle-Isle, beau-père de cette dernière. Chez Mme de Rochefort, il fait aussi la connaissance d'Horace Walpole, de Miss Pitt, sœur du Premier ministre de S.M. britannique, sans parler d'un certain nombre d'abbés, d'évêques, de chanteurs et de cantatrices venues d'Italie et même de Diderot qui éblouit le marquis de Mirabeau : « Quel diable de tête et de langue ! Je me trompe fort, ou je crois l'avoir vu parmi ceux qui tenaient le haut du temple et faisaient des sorties sur le peuple lors du dernier siège de Jérusalem. Avec tout cela, j'ai une sorte de sympathie pour lui [1]... », écrit-il.

Le prince de Conti, cousin du roi, aime, lui aussi, recevoir les représentants de cette société des Lumières. On n'a pas besoin d'être « né » pour être invité à ses soupers du lundi et même à passer quelques jours dans son fastueux château de l'Isle-Adam. Il se pique de protéger artistes, écrivains et philosophes. Il aime leur compagnie et il s'en flatte. Chez lui, les hommes de lettres sont d'ailleurs chargés d'animer les soirées. M. Bertier de Sauvigny, qui avait été à Grenoble l'intendant de l'armée placée sous les ordres du prince, lui faisait depuis lors une cour assidue. Conti, on le savait, était fort lié avec Louis XV qu'il rencontrait tête à tête deux fois par semaine, mais le secret de leurs conversations, qui intriguaient la cour, restait bien gardé.

Malgré ses liens étroits avec le roi, Conti prenait parfois des décisions qui auraient pu lui déplaire. Ainsi lorsque le prétendant Stuart avait été arrêté à l'Opéra sur l'ordre de Louis XV [2], il n'avait pas hésité à recueillir chez lui l'un de ses proches, le chevalier Mackenzie Douglas. Ce dernier vivait depuis lors à l'Isle-Adam sous le nom de Michel Morin. Comme cet Écossais trouvait le temps long dans sa retraite dorée, le prince pria Bertier de Sauvigny de le prendre pour précepteur de son fils. D'Éon, qui avait sûrement déjà été remarqué par Conti, fit ainsi la connaissance de Douglas. Ces rencontres allaient bouleverser la destinée du chaste et sérieux jeune homme, qui semblait bien parti pour faire une carrière littéraire. Mais rien n'est simple dans sa vie. Et sa première aventure, au demeurant fort romanesque, nécessite quelques explications touchant – qui l'eût dit ? – aux mystères de la politique européenne.

---

1. Cité par Louis de Loménie, *in La Comtesse de Rochefort et ses amis*, p. 223.

2. Louis XV, ayant reconnu la légitimité des Hanovre sur le trône d'Angleterre, avait accepté d'éloigner de France le prétendant Stuart, Charles Edouard qui s'était engagé dans la guerre contre les Anglais aux côtés des Français. Il

Le Secret du roi

Le prince de Conti aimait les femmes, les plaisirs de la conversation et ceux de la vie mondaine, mais cela ne suffisait pas à son bonheur. Appartenant à une branche cadette de la maison régnante, il avait de sérieuses ambitions politiques ; il rêvait tout simplement de ceindre une couronne. En 1697, son aïeul avait failli monter sur le trône de Pologne. Depuis Henri III, éphémère souverain de cet État ingouvernable, les relations avec la France étaient restées chaleureuses. Immense territoire, compris entre la Prusse, la Russie et l'Autriche, il était convoité par ces trois puissances qui voyaient là une proie facile à dépecer, en raison de l'instabilité qui y régnait. La monarchie était élective et le choix du souverain donnait lieu à de perpétuelles luttes de clans. Depuis 1733 régnait l'Électeur de Saxe, sous le nom d'Auguste III [1]. Il demeurait à Dresde et gouvernait de loin la remuante Pologne. Sa santé fragile avait encouragé les menées du parti profrançais qui avait envoyé en 1745 un ambassadeur secret au prince de Conti pour lui proposer le trône polonais après la mort d'Auguste. Conti s'en était ouvert à Louis XV qui ne le découragea pas. Bien au contraire. Le souverain voulait assurer l'indépendance de la Pologne, favoriser l'élection de Conti et conclure une alliance entre la Suède, la Prusse, la Pologne et la Turquie, dont la France et la Pologne eussent été le pivot pour contrecarrer les ambitions de l'Autriche et de la Russie. Ce projet ne devait pas être divulgué. Aussi Louis XV décida-t-il de mettre en place une diplomatie parallèle à sa diplomatie officielle. À cette fin, il créa un réseau d'agents secrets dépendant directement de lui et qui ne devaient rien révéler de leurs activités ni aux ministres, ni aux ambassadeurs de France dans les États où ils se trouveraient. C'est ce qu'on appela le « Secret du roi ». Le prince de Conti devint le « ministre » du Secret. Dès lors, il tra-

---

était très populaire à Paris. Son arrestation à la porte de l'Opéra, le 10 décembre 1748, avait beaucoup contribué à l'impopularité du roi.

1. Auguste III, Électeur de Saxe (1696-1763), élu roi de Pologne en 1733 contre Stanislas Leszczynski.

vailla directement avec Louis XV, répondant personnellement des agents qu'il choisissait. Certains faisaient partie du personnel des ambassades : ils étaient tenus d'obéir à l'ambassadeur, tout en gardant la plus extrême discrétion concernant les ordres qu'ils recevraient du roi par l'intermédiaire du prince de Conti. Les agents ne se connaissaient pas entre eux. Louis XV réglait leurs émoluments sur sa cassette personnelle. Il mit dans le Secret Tercier[1], premier commis des affaires étrangères qui fut chargé de la réception et de l'expédition des messages. En 1752, entra dans le Secret le comte Charles de Broglie[2], qui fut nommé ambassadeur en Pologne.

Cependant, le temps passait. Auguste III ne se décidait pas à mourir et sa fille Marie-Josèphe[3] avait épousé le Dauphin. Le prince de Conti ne perdait pas espoir mais « le renversement des

---

1. Né en 1704, Jean-Pierre Tercier, d'origine helvétique, avocat au Conseil, devint secrétaire du marquis de Monti, ambassadeur de France en Pologne. Il y séjourna de 1729 à 1734, servant les intérêts de Stanislas Leszczynski. Revenu en France, il fut chargé du « cabinet noir ». En 1749, il entra au ministère des Affaires étrangères comme premier commis. Il dirigea le bureau du chiffre. Il s'occupait également de la correspondance de Pologne, de Suisse et ensuite de Russie et de Turquie. Il fut initié au Secret du roi en 1754. Lors de la retraite du prince de Conti, il en resta le principal artisan, bien qu'il eût été congédié en 1759 de son poste de premier commis des Affaires étrangères parce qu'il avait soutenu *De l'Esprit,* ouvrage d'Helvétius, jugé impie. Il mourut en 1767.

2. Charles François, comte de Broglie (1719-1781), avait jusqu'alors mené une carrière militaire. Il avait servi en Italie (1734-1735), en Bohême et en Bavière (1741-1743), sur le Rhin (1744-1745), en Flandre (1746-1748). Il fut ambassadeur en Pologne de 1752 à 1758. Il prit part aux campagnes de la guerre de Sept Ans sous les ordres du comte de Clermont, du maréchal de Contades et sous ceux de son frère, le maréchal de Broglie (1759-1761). Lieutenant-général en 1760, exilé en 1762, rentré en grâce en 1764, il fut nommé gouverneur de Saumur en 1770 alors qu'il dirigeait pratiquement le Secret du roi. D'Éon était alors sous ses ordres. Après la mort de Louis XV, Louis XVI le nomma commandant en second des Trois-Évêchés et commandant en chef en Franche-Comté en 1781.

3. Marie-Josèphe de Saxe (1731-1737), fille d'Auguste III, Électeur de Saxe, roi de Pologne, épousa le 10 janvier 1747 le Dauphin, fils de Louis XV. Elle est la mère de Louis XVI, de Louis XVIII et de Charles X.

alliances » compromit sérieusement ses chances. En effet depuis 1752, l'impératrice Marie-Thérèse menait une sérieuse offensive diplomatique en France pour conclure une alliance avec l'ennemi héréditaire. Les négociations qui se déroulèrent dans le plus grand secret, à l'insu du prince de Conti, aboutirent à la signature du traité de Versailles en 1756 par lequel les deux puissances s'engageaient à se secourir mutuellement au cas où l'une d'elles serait attaquée par une tierce puissance. L'Autriche cependant observerait une neutralité absolue en cas de conflit franco-anglais. De son côté, Frédéric II avait conclu un accord de neutralité avec l'Angleterre, laquelle engagea les hostilités avec la France en Amérique à propos des frontières de la Nouvelle-Écosse. Le grand projet d'union des États prévu par la diplomatie du Secret s'effondrait. Conti se désolait, boudait... Il rêvait encore de la couronne de Pologne. Mais au cas où il n'aurait pu l'obtenir, il songeait à obtenir la principauté de Courlande. Il envisageait même un mariage avec la tsarine Élisabeth. Ces rêves assez fous ne pouvaient nuire à la France, mais Louis XV devait faire preuve de prudence. Il fallait commencer par renouer des relations diplomatiques avec la Russie rompues depuis 1748, afin d'empêcher cette puissance de s'allier avec la Prusse et l'Angleterre comme cela semblait probable... Et ainsi le roi flattait encore les ambitions de Conti.

La lointaine Russie était alors mal connue des capitales occidentales. La tsarine Élisabeth, fille de Pierre le Grand, y régnait en despote mais subissait l'ascendant de son Premier ministre le chancelier Bestouchev, dont elle se méfiait. Elle n'hésitait pas à conspirer contre lui avec son vice-chancelier, le comte Vorontsov. Ce dernier se montrait favorable à un rapprochement avec la France tandis que Bestouchev était tout dévoué aux Anglais. En 1754, Louis XV avait envoyé un émissaire secret, le chevalier de Valcroissant, afin de sonder les intentions de la souveraine, mais ce malheureux avait été arrêté comme espion et enfermé dans la forteresse de Schlusselbourg. C'est alors que le prince de Conti proposa d'envoyer Douglas, un voyageur écossais ne risquant pas d'éveiller les soupçons. À partir de ce moment commence le mystère d'Éon.

Lia de Beaumont ou Louis d'Éon ?

Au début du mois de juin 1755, le chevalier Douglas est-il parti seul ou accompagné d'une « nièce », Lia de Beaumont, autrement dite le chevalier d'Éon travesti en femme ? Cette histoire racontée, non sans talent, par Frédéric Gaillardet en 1836 est d'autant plus troublante que son auteur a été le premier historien à consulter les archives du ministère des Affaires étrangères et les papiers personnels de d'Éon conservés à Tonnerre [1]. Il avoue cependant avoir brodé sur quelques thèmes, en particulier sur ce voyage, pour corser le récit d'une existence suffisamment riche en péripéties sans qu'il soit besoin de l'enjoliver davantage. Pour accréditer cette digression, Gaillardet se fonde sur quelques sources assez fragiles [2]. Il invoque tout d'abord le témoignage de Mme Campan [3], qui connaissait bien d'Éon puisqu'il avait logé chez son père, M. Genet, commis aux Affaires étrangères, lors de son retour d'Angleterre en 1778. « Le chevalier d'Éon, dit-elle, avait été utile à l'espionnage particulier de Louis XV. Très jeune encore, il avait trouvé le moyen de s'introduire à la cour de l'impératrice Élisabeth et avait servi cette souveraine en qualité de lecteur. » Elle parle également d'un billet de Louis XV dans lequel il aurait écrit au chevalier : « Je sais que vous m'avez servi aussi utilement sous des habits de femme, que sous ceux que vous portez actuellement. » Mme Campan, tout en sachant beaucoup de choses, avait l'art de transformer parfois la réalité. Cependant, en 1775, lorsque d'Éon s'engagea auprès de Louis XVI à porter des

---

1. Frédéric Gaillardet, né à Tonnerre en 1807, avocat, dramaturge, connaissait les membres de la famille d'Éon qui lui confièrent les papiers personnels du chevalier conservés aujourd'hui à la bibliothèque municipale de Tonnerre. Il reçut également les confidences de ses proches, ce qui lui permit de broder autour du personnage. Son ouvrage publié en 1836 sous le titre de *Mémoires du Chevalier d'Éon* connut un vif succès et fut réédité en 1866. Dans sa préface, il reconnaissait avoir imaginé certains épisodes comme celui de ce premier voyage en Russie, tout en donnant en note les indications que nous citons ici. Ces *Mémoires* furent réédités en 1935 et c'est de cette édition que nous nous servons.

2. Gaillardet, *op. cit.*, p. 61.

3. *Ibid.*

habits féminins, il ajouta de sa main « que j'ai déjà portés en diverses occasions connues de S.M.[1] ». En 1771, il adressa de Londres une lettre au comte de Broglie dans laquelle il disait plaisamment : « Ce n'est pas ma faute si la cour de Russie, et notamment la princesse Daschkoff pendant son séjour ici, a assuré la cour d'Angleterre que j'étais femme[2]. » Enfin, plus troublant est le nom que lui donne le marquis de l'Hospital, ambassadeur de France à Saint-Pétersbourg : « Quelque plaisir que j'eusse de vous voir, je ne veux pas, ma chère Lia, avoir à me reprocher une folie de plus. Aussi restez claquemurée jusqu'à ce que vos yeux soient parfaitement guéris... Adieu ma belle Beaumont, je vous embrasse. » L'adresse porte : « À M. d'Éon à Saint-Pétersbourg[3]. »

La plupart des biographes du chevalier ainsi que l'érudit E. Boutaric[4] ont suivi la version de Gaillardet : Douglas partit pour la Russie accompagné de Louis d'Éon travesti en fille. À Saint-Pétersbourg, l'Écossais passa pour un espion et fut contraint de rentrer en France. Mais il aurait laissé sa « nièce » dans la capitale russe... auprès de l'impératrice dont elle était devenue la lectrice sous le nom de Lia de Beaumont. On prête alors à cette Lia de Beaumont une aventure piquante avec Élisabeth : elle aurait partagé le lit de la souveraine, qui se serait aperçu de la méprise ! Épisode invraisemblable. Comment la « nièce » de Douglas n'aurait-elle pas été soupçonnée, elle aussi, d'espionnage, en admettant même qu'elle fût protégée par Vorontsov ? L'historien Michel Antoine[5] s'est élevé contre de telles affabulations ainsi que l'Américain Gary Kates[6].

Grand mystificateur devant l'Éternel, d'Éon aurait sans doute été ravi de l'invention de Gaillardet. Cependant avant d'évoquer

1. *Ibid. Cf. infra,* chap. VII.
2. *Ibid.*
3. B.M.T. Liasse D, 185, cité par P. Pinsseau, *op. cit.*, n. 9, p. 29.
4. E. Boutaric, *Correspondance secrète inédite de Louis XV sur la politique étrangère avec le comte de Broglie, Tercier etc.*
5. Didier Ozanam et Michel Antoine, *Correspondance secrète du comte de Broglie avec Louis XV*, Paris, 1956, 2 vol.
6. Gary Kates, *M. d'Éon is a Woman*, New York, 1995.

son aventure russe, il convient de revenir à la première mission de Douglas, précédant celle qu'il effectua réellement avec le chevalier, quelques mois plus tard.

La première mission de Douglas

Au début du mois de juin 1755, le chevalier Douglas part pour Pétersbourg porteur d'instructions précises[1], rédigées en petits caractères sur des feuilles de papier pliées dans le double fond d'une tabatière en écaille. Muni d'un simple passeport, il doit passer pour un voyageur anglais passionné de géologie, curieux de mieux connaître les États européens. Son itinéraire le conduira en Souabe, en Bohême, en Saxe ; il s'arrêtera à Dantzig, traversera la Prusse, séjournera en Courlande afin de s'informer des candidats à la principauté. De là, il passera en Livonie avant d'aller jusqu'à Saint-Pétersbourg. Avec beaucoup de discrétion, il s'informera de tout ce qui concerne l'Empire russe, aussi bien de la politique intérieure que de la politique extérieure ; les demandes du roi sont d'une extrême précision et nécessiteraient un véritable réseau d'informateurs pour être satisfaites. Douglas est chargé « de prendre des notes sur tous les objets qui serviront à former un mémoire qu'il ne fera qu'après être sorti de Russie ». On lui donne un code en langage allégorique, pour mieux tromper les indiscrets. Dans sa correspondance, il s'exprimera comme un acheteur de fourrures. Ainsi le *renard noir* signifiera le chevalier Williams[2], l'âme damnée des Anglais à Pétersbourg ; *les peaux de petit-gris* les troupes à la solde de l'Angleterre, etc.

Très excité par sa mission, Douglas élabore des projets : il veut

1. *Instructions secrètes du prince de Conti approuvées par le roi au chevalier Douglas, chargé d'une mission secrète en Russie.* A.A.E., Russie, suppl ; t. VIII, cité par Boutaric, *op. cit.*, t. I, p. 203, cité par A. Rambaud, *Recueil des Instructions données aux ambassadeurs, Russie*, t. II.

2. Le chevalier Williams était l'ambassadeur d'Angleterre à Saint-Pétersbourg.

commencer par rencontrer le vice-chancelier Vorontsov ; ensuite il entreprendra de corrompre le favori d'Élisabeth, le comte Chouvalov, afin d'entraîner la tsarine à rompre avec le roi de Prusse et l'Angleterre. Notre Écossais se berce d'illusions. Comment pourrait-il entrer en relations avec de tels personnages et en obtenir ce qu'il souhaite ? Arrivé à Saint-Pétersbourg en octobre, aucune porte ne s'ouvre devant lui. Il serait rentré bredouille à Versailles, s'il n'avait rencontré le sieur Michel, marchand de produits de luxe, informateur occasionnel au service de Louis XV. Du fait de son commerce, il avait ses entrées dans toutes les familles aristocratiques de la capitale. Grâce à lui, Douglas parvint à rencontrer Vorontsov. Le vice-chancelier ne cacha pas ses sentiments francophiles, mais ne fit rien pour faciliter son entreprise. Le chevalier Williams flaira aussitôt un espion à la solde de Louis XV et avertit le chancelier Bestouchev. Ce dernier somma Douglas de dévoiler ses batteries et celui-ci se vit forcé de reconnaître qu'il agissait pour le roi de France. Bestoutchev exigeant une accréditation officielle, Douglas jugea plus prudent de regagner Versailles.

Dès son retour, il apprit que la Russie venait de signer un accord avec l'Angleterre et qu'elle s'engageait à lui fournir 30 000 hommes ! Sa mission n'avait cependant pas échoué. Il revenait avec la promesse d'être officiellement reçu par le chancelier, s'il était en possession de lettres de créance. Les relations diplomatiques pouvaient ainsi être renouées. D'autre part, le vice-chancelier Vorontsov lui avait écrit, en lui laissant entendre que la tsarine voulait se rapprocher de la France et que le traité avec l'Angleterre pouvait être désavoué. Louis XV, dont les négociations étaient sur le point d'aboutir avec l'Autriche, était bien décidé à poursuivre un rapprochement avec Élisabeth dans l'espoir de conclure une triple alliance [1], cette fois entre la France, l'Autriche et la Russie.

Le roi poursuivait ses plans et envoya officiellement Douglas en Russie, avec le titre de chargé d'affaires. Il devait assurer la tsarine de la pureté des intentions françaises ; lui montrer les dangers que

1. *Cf. Mémoire pour servir d'instruction au chevalier Douglas*, A.A.E. Russie, suppl. t. VIII, 27 janvier 1756.

représentait pour elle une alliance avec l'Angleterre ; « trouver des moyens dilatoires » pour ne pas exécuter le traité ; enfin renouer des relations diplomatiques[1]. Cette nouvelle mission était hérissée de difficultés pour un plénipotentiaire dépourvu d'expérience[2]. Il se remit pourtant en route sans attendre davantage. Le 10 avril 1756, Vorontsov fut averti de son arrivée à Saint-Pétersbourg. Au cours de l'audience que lui accorda le vice-chancelier, l'Écossais lui remit une lettre de Rouillé, ministre des Affaires étrangères[3], à l'intention de l'impératrice. Élisabeth prit son temps pour répondre. Le 7 mai, S.M.I. fit savoir qu'elle serait heureuse que les relations fussent rétablies entre les deux cours. Elle s'apprêtait à recevoir Douglas et annonçait l'arrivée à Versailles du conseiller aulique Bekhtéef chargé de préparer le rapprochement franco-russe.

Secrétaire dans le Secret

Pendant le premier voyage de Douglas, d'Éon n'a rien changé à ses activités habituelles. Le retour de son ami lui ouvre soudain de nouveaux horizons. Douglas lui confie que le comte Vorontsov souhaite la compagnie d'un homme de « bonne famille, de bonnes mœurs, instruit dans la littérature, les lois et les ordonnances, qui aurait soin de sa belle bibliothèque et de quelques affaires importantes avec la France[4] ». L'Écossais a persuadé le chevalier qu'il

1. *Ibid.*

2. *Cf. Instructions au chevalier Douglas allant en Russie,* 27 janvier 1756, A. Rambaud, *op. cit.*, t. II, p. 18-27.

3. Antoine Louis Rouillé, comte de Jouy (1689-1761), conseiller au Parlement (1711), maître des requêtes (1718), intendant du Commerce (1725), directeur de la Librairie (1732), commissaire du roi près la Compagnie des Indes (1745), secrétaire d'État à la Marine (1749-1754), ministre d'État (1751), était secrétaire d'État des Affaires étrangères depuis 1754. C'est lui qui signa le traité d'alliance avec l'Autriche qui avait été négocié essentiellement par Bernis. Il quitta les Affaires étrangères en 1757 et devint surintendant général des Postes.

4. A.A.E, *Russie,* suppl. t. VIII, fol. 49, lettre de d'Éon au marquis de l'Hôpital, 23 juillet 1760.

est le candidat idéal et il a même ajouté que le vice-chancelier, le plus riche seigneur de Russie, promet de faire sa fortune. Depuis lors, d'Éon rêve à la Russie et prépare discrètement son départ. Il attend des nouvelles de Douglas. Elles ne tardent pas.

Dès son arrivée à Saint-Pétersbourg, le nouveau représentant de Louis XV demande à Tercier de lui envoyer d'Éon afin d'alléger sa tâche. Le 7 juin M. Monin, secrétaire des commandements du prince de Conti, peut annoncer à Douglas le départ du chevalier pour la Russie. « Voilà M. d'Éon de Beaumont libéré de ses embarras et partant pour partager vos travaux. Il vous joint avec d'autant plus de contentement qu'assuré de vous trouver avec amitié pour lui, il a l'agrément du ministre[1] et le vœu de notre ami commun M. Tercier dont il se trouve le parent[2]. »

Le chevalier devient ainsi le secrétaire de Douglas ; il reçoit des instructions du ministre des Affaires étrangères, mais le voilà, en même temps, initié lui aussi au Secret. Il est investi d'une mission confidentielle : faire donner au prince de Conti le commandement en chef de l'armée russe et la principauté de Courlande avant d'obtenir le trône de Pologne et peut-être celui de Russie en épousant la tsarine ! Bien entendu, d'Éon ne représente qu'un rouage dans l'entreprise, cependant un rouage essentiel puisqu'il est désormais chargé de la correspondance secrète entre Louis XV, Conti, le chancelier Vorontsov, Tercier et Douglas[3].

À Saint-Pétersbourg l'Écossais se réjouit. « Je suis au comble de la satisfaction que l'affaire de ce jeune homme ait pris une tournure aussi heureuse pour lui et j'espère que vous aurez satisfaction et honneur de la protection et faveur que vous lui accordez. Je le connais de bonne volonté et sa probité et sa religion donnent tout à attendre de sa conduite », écrit-il à Tercier, le 26 juin[4].

Telle est la version officielle tirée des archives du ministère des

---

1. Rouillé.
2. A.A.E. Russie, suppl. t. VIII, 7 juin 1756.
3. Lettre de d'Éon au comte de Broglie rappelant les étapes de sa carrière et datée du 12 juin 1775, citée par Boutaric, *op. cit.*, t. I, p. 222.
4. *Ibid.*, 23 juin 1756.

Affaires étrangères. Cependant, le récit qu'on peut lire dans l'autobiographie de d'Éon est infiniment plus romanesque. Mais « le Secret » dirigé par le roi et le prince de Conti à l'insu du Conseil ne l'était-il pas aussi ? Les ordres qu'ils donnaient étaient parfois contraires à ceux du ministre des Affaires étrangères. Il arrivait même que le prince de Conti prît des initiatives à l'insu de son royal cousin. Tout paraissait possible. D'après d'Éon, le prince connaissait le mystère de sa naissance. La tsarine ayant fait savoir à Conti qu'elle voulait entretenir une correspondance secrète avec Louis XV, lui avoua que son français n'était pas assez sûr. Aussi lui demandait-elle l'assistance d'une jeune femme discrète pour l'aider à rédiger et à chiffrer ses lettres. Le prince avait aussitôt pensé à son protégé. Après avoir obtenu l'autorisation du roi, il reçut le jeune homme dans sa chambre vautré sur son lit « comme un sultan » et lui tint à peu près ce langage :

« – Mon petit d'Éon, je vais vous annoncer une nouvelle qui va vous surprendre, mais qui pourra vous apporter quelque consolation. Je veux que vous repreniez vos jupes au service d'une grande princesse étrangère qui est riche et puissante, qui connaît vos talents et qui sait comme je vous admire et combien je suis soucieux de votre bonheur et de vos intérêts. Elle vous veut comme professeur et comme secrétaire privé. Elle vous traitera bien et vous paiera généreusement. De cette façon, vous me rendrez des services ainsi qu'au roi dont vous serez récompensé. Mais pour cela vous devez nécessairement revêtir des vêtements féminins et vous comporter comme une femme. Vous pouvez écrire à votre mère que je vous envoie dans une cour étrangère en Europe pour effectuer une mission pour le roi. »

Au comble de la surprise, d'Éon bafouilla quelques paroles de reconnaissance et accepta d'avance les ordres qu'il recevrait de son protecteur. Celui-ci lui promit un avenir brillant s'il acceptait de redevenir une femme. « Si vous gardiez les habits d'un jeune homme et si vous alliez à la guerre, comme vous le souhaitez, vous pourriez être découvert en étant blessé ou par mille différents accidents. En dépit de vos souhaits, vous seriez forcé de reprendre vos robes. Tout ce que j'ai prévu pour vous est pour votre bien. Vous abandonnerez le nom de d'Éon pour prendre celui de Mlle Auguste, qui l'un de vos prénoms... Et vous serez comme un poisson dans l'eau[1]. »

D'Éon s'inquiétait. Qu'adviendrait-il si le chevalier Douglas ou le comte Vorontsov découvraient son secret ? Conti répondit au chevalier que la diplomatie dépendant des intrigues de cour, il fallait prendre des risques. Le chevalier se dit prêt à les assumer. Le prince de Conti l'envoya chez M. Monin, secrétaire de ses commandements, afin de lui expliquer comment chiffrer et déchiffrer les dépêches codées tandis qu'une certaine Mme Maille lui apprenait à se comporter comme une femme. « Je découvris, écrit-il, dans la fragilité de mon sexe une force nouvelle qui me ramena à mon état naturel et me permit de passer des ténèbres à la lumière. »

D'Éon ajoute qu'il partit avec deux malles, l'une remplie de ses vêtements habituels et l'autre de ses atours féminins. Arrivé à Pétersbourg, il aurait été dans l'obligation de révéler à Douglas le double rôle qui l'attendait. « Jamais la postérité ne pourra croire de tels faits, si vous et moi n'avions pas toutes les pièces nécessaires pour les constater et de plus incroyables encore », devait écrire d'Éon au comte de Broglie[2].

Cependant cette version rédigée des années plus tard par le pétulant chevalier paraît difficilement soutenable à la lecture même de la correspondance secrète entre le roi et ses agents. Comme on le verra, d'Éon rencontra le comte Vorontsov et plus tard la tsarine sans avoir à se faire passer pour femme. Cela ne veut pas dire qu'il ne se soit pas laissé aller à se parer d'habits de l'autre sexe, si telle était sa tendance. Il en eut l'occasion lors de certains bals à la cour de Pétersbourg. L'énigme concernant son identité sexuelle se posant très tôt dans sa carrière, on a tout lieu de penser qu'il avait le goût du travesti. À partir de quand et où a-t-il pris plaisir à se travestir ? Cette pratique du transvestisme expliquerait l'étonne-

1. Passage cité par G. Kates, *op. cit.*, p. 66-67, d'après un des manuscrits de d'Éon, ULBC 5 : 1-19.

2. D'Éon au comte de Broglie, 17 juillet 1774, Boutaric, *op. cit.*, p. 193.

ment de certains Russes, surpris de la ressemblance du chevalier avec une jeune Française qu'ils rencontraient à Pétersbourg. Nous ne savons pas quel genre de réunions privées il pouvait fréquenter et nous ne connaissons rien des inclinations sexuelles de Douglas. Seules les archives de la police des mœurs de Saint-Pétersbourg (si elles existent aujourd'hui) pourraient nous éclairer.

CHAPITRE II

Quatre ans dans l'empire de la tsarine

« Comme sots Parisiens que nous sommes tous, nous autres Français, je me figurais que la Russie était un Pérou qui allait ouvrir tous ses trésors pour moi. J'étais encore dans le bel âge de l'innocence. Je n'avais jamais fréquenté la cour. Toutes mes espérances futures se peignaient avec le plus beau coloris dans la galerie de mon imagination où je n'avais pas encore osé mettre de bornes. Tout enthousiasmé, je quittais parents, amis protecteurs et Paris qui m'avaient séduits pendant vingt et un ans. Je croyais que Pétersbourg dont un Pierre le Grand était le fondateur valait Paris et ses faubourgs[1]... » La Russie réelle n'était pas celle des rêves de Louis d'Éon enfantés par les récits de Douglas et le lyrisme philosophique des bons auteurs qui n'étaient pas allés voir de près cet empire.

Un voyage mouvementé

Muni d'un paquet pour Douglas et de quelques lettres de change, le petit d'Éon part le cœur léger pour l'aventure. Il s'est documenté sur le lointain empire où règne la tsarine Élisabeth. Il veut le connaître, en apprendre la langue et le faire découvrir aux Français en envoyant des articles à son ami Fréron. N'ayant pas encore touché un sou pour sa mission, il a emprunté (par devant notaire) 6 640 livres à la présidente Legendre. On ne sait jamais ce qui

1. A.A.E. M. D. France 2187, fol. 50.

peut arriver ! Le voyage commence sous les meilleurs auspices : à quelques lieues de Paris, dans une auberge de Meaux, il fait la connaissance d'un marchand de Saint-Pétersbourg, parlant allemand et français. Voilà notre jeune homme désormais accompagné d'un guide. Mais il est hélas obligé de le quitter à Strasbourg, Dietrich, son correspondant dans cette ville, lui ayant déconseillé de passer par le Hanovre où il risquerait d'être arrêté, le roi d'Angleterre étant, on le sait, souverain de cet Électorat. Il arrive sans encombre à Francfort, mais à partir de ce moment, on perd sa trace. Il racontera qu'il a voyagé nuit et jour à travers d'immenses forêts, sans arme et sans domestique, la peur au ventre. À Berlin, les autorités le soumettent à une fouille en règle et lorsqu'on lui demande de décliner son identité, il prétend s'appeler M. Devin exerçant la profession de marchand de vins. La Bourgogne n'est jamais bien loin ! On le laisse continuer sa route. À Leipzig, le banquier Reinman le prend pour un aventurier et refuse de lui avancer de l'argent, si bien qu'il choisit la solution la moins onéreuse pour gagner la Russie : le bateau de Lübeck à Saint-Pétersbourg.

Traversée mémorable. « La navigation sur la mer Baltique est dangereuse, écrit-il ; elle est presque toujours en colère, remplie de rochers qu'on a bien de la peine à découvrir... Le capitaine était désorienté, cherchait sa boussole et ne sachant plus trop où il en était, se contenta de nous enfermer tous par surprise dans sa chambre et de faire abattre les voiles, de jurer après les matelots, de trépigner des pieds aussi fort qu'un cheval qui était dans la soute destiné au grand-duc, et mêlant sa terrible voix aux dix-sept chiens danois et à un mouton anglais qui étaient aussi sur notre vaisseau, il criait de toutes ses forces "Mein Gott ! Mein Gott !". Ma vertu stoïcienne m'a servi beaucoup dans ce moment. M'enveloppant dans mon manteau philosophique, je me contentais de dire le *miserere*. À quoi m'aurait servi de faire des grimaces ? Croyant presque à la prédestination, éloigné de la terre de plus de 200 lieues de tous côtés, je n'aurais eu d'autre espoir que de me saisir, en cas de naufrage, d'une grande jument allemande qui servait de femme à un cuisinier italien. Mais ce diable d'Italien renfermé avec sa femme dans une petite cahute, ne voulait la quitter ni jour ni nuit. Les poissons et la mer inquiétaient même sa jalousie. Son corps était plus tremblant et sa voix en bémol et en bécarre était de dix tons plus pressante que celle de sa femme. Tant que l'orage a duré, nous avons entendu cette charmante musique. » Continuant de poser au héros, d'Éon se vante d'avoir été le seul à pouvoir se nourrir, regrettant qu'il n'y eût pour tout festin que de la viande cuite au vinaigre et du hareng salé, arrosés de bière. À ses pieds se traînaient des passagers anglais et allemands atteints du mal de mer « qui rendaient si copieusement qu'on aurait cru qu'ils étaient chargés de l'entreprise des vivres des poissons de la mer ». Ayant ainsi glorieusement survécu à la tempête, il accosta à Saint-Pétersbourg. « Le chevalier Douglas en me voyant sortir de mon vaisseau, l'épée au côté, chapeau sous le bras, bas blancs, tête bien poudrée, a cru voir un petit maître de Paris, sorti de sa galiote au bas du Pont-Royal pour faire un tour aux Tuileries [1]. »

Plutôt narcissique le jeune d'Éon. Il aime se mettre en scène et ne manque pas d'imagination. Peut-on le prendre au sérieux ? Depuis quelques jours, Tercier en doutait. Il était en effet averti par ses agents en Allemagne que d'Éon se vantait à tort d'être son parent et de se prétendre chargé de négociations importantes à Saint-Pétersbourg où il portait des présents de grande valeur. « Cette imprudence qui dénote une tête légère et peu réfléchie importe que vous fassiez attention pour la suite », dit-il sévèrement à Douglas [2].

Saint-Pétersbourg ne vaut pas Paris

D'Éon s'installe incognito dans la demeure du sieur Michel que Douglas a transformé en véritable chancellerie car Vorontsov, « timide et trembleur », exige que sa présence reste secrète tant il

1. A.A.E. C. P. Russie, suppl. t. VIII, lettre du 7 août 1756.
2. *Ibid.*, 25 juillet 1756.

redoute les réactions de Bestouchev. D'Éon s'en étonne et bientôt s'en désole. Malgré l'accueil chaleureux de Douglas, qui lui fait part des bons sentiments de Vorontsov à son égard, il ressent très vite le mal du pays dans cette ville inconnue dont il ne parle pas la langue. Il avait vécu jusque-là sur le mythe de Saint-Pétersbourg, géniale création d'un souverain inspiré. Mais cette capitale sortie des eaux, ce rêve de Pierre, avec ses palais aux façades colorées revêtues d'ornements de stuc, est une ville en trompe l'œil, une cité inachevée bâtie sur le mouvant estuaire de la Néva aux eaux sombres qui risquent de vous entraîner à jamais dans les flots de la Baltique. C'est un bout du monde mélancolique. On vit dans l'inachèvement au milieu d'un peuple incompréhensible. Pas de cafés comme à Paris, pas de lieux de rencontre, mais de larges perspectives où s'élèvent quelques maisons somptueuses séparées par d'immenses terrains vagues ; des églises multicolores ; des canaux profonds sur lesquels glissent silencieusement des barques encombrées de marchandises. L'aube se lève maussade et toujours mouillée, laissant des flaques immenses sur un sol mal unifié. Les mouettes et les corbeaux tournent dans l'air, mêlant leurs cris étranges. Lorsque paraît le soleil éclairant un ciel blanc, il semble irréel, même en été. D'ailleurs ses apparitions sont rares.

Cette ville ne ressemble guère à ce que d'Éon avait imaginé en lisant ses contemporains. Depuis la visite de Pierre le Grand en Europe occidentale, au début du XVIIIe siècle, la Russie excitait l'intérêt, voire l'enthousiasme des hommes éclairés. Ils admiraient ce monarque qui avait su tirer ses peuples et son empire de l'état de semi-barbarie dans lequel ils végétaient depuis des siècles. Les écrivains les plus illustres continuaient de lui rendre des hommages dithyrambiques. Fontenelle, qui avait reçu le tsar à l'Académie française, prononça son éloge funèbre en exaltant son œuvre visionnaire, sa foi dans les sciences et les techniques, sources de progrès. Voltaire lui-même s'était mué en thuriféraire de Pierre, dans lequel il voyait un législateur, le véritable fondateur de son empire. Après avoir écrit une *Histoire de Charles XII de Suède*, il avait bien l'intention d'écrire celle de Pierre. Il s'en ouvrit d'ailleurs à sa fille Élisabeth, lorsque celle-ci monta sur le trône en 1741. Bien avant de faire sa cour à Catherine II, il pare sa devancière du titre de Sémiramis du Nord, en lui dédiant des vers où elle apparaît sous les traits « de la plus auguste des bergères, qui conduit avec douceur de beaux troupeaux ; digne fille (de Pierre le Grand), elle a toutes les vertus de son père avec celles de son sexe [1] ». Lors de son discours de réception à l'Académie française, en 1746, il déclare à ses nouveaux confrères : « Vos ouvrages, messieurs, ont pénétré jusqu'à cette capitale de l'empire le plus reculé de l'Europe et de l'Asie et le plus vaste de cette ville qui n'était, il y a quarante ans, qu'un désert habité par des bêtes sauvages : on y représente vos pièces dramatiques et le même goût naturel qui fait recevoir dans la ville de Pierre le Grand et sa digne fille la musique des Italiens, y fait aimer votre éloquence [2]. » Savait-il que l'impératrice était l'incarnation même du despotisme dans sa forme la plus archaïque ? qu'elle persécutait les Vieux croyants, les Juifs, les Musulmans, les Arméniens ? qu'elle prenait des mesures rendant plus arbitraire encore la situation des moujiks et que la torture et le knout étaient couramment employés ?

Sans doute d'Éon avait-il été fasciné par de tels discours. Il avait pu les prendre pour argent comptant et ses conversations avec Douglas avaient achevé de le convaincre. Le voyage en Russie et l'appartenance au Secret représentaient une chance inespérée pour l'orphelin de Tonnerre. Cependant sa déception et la détresse morale qui s'ensuivirent furent telles qu'il voulut repartir pour la France. Douglas le dissuada d'exécuter ce projet, faisant vibrer en lui la fibre patriotique. N'allait-il pas servir son roi en participant aux tractations secrètes qui devaient aboutir à une alliance entre deux grands États ? D'Éon resta mais se jura « de ne jamais s'attacher à la Russie qui ne serait jamais son royaume et qu'elle ne pourrait jamais le dédommager de ce qu'il avait laissé dans sa patrie [3] ».

1. Cité d'après Albert Lortholary, *Le Mirage russe en France au* XVIIIe *siècle*, p. 42.

2. *Ibid.*, p. 43.

3. A.A.E. M.D. France 2187, fol. 52.

Le temps passait lentement. Douglas ne cachait pas à son secrétaire les soucis qui l'assaillaient. Il avait le pouvoir de négocier, encore fallait-il que l'impératrice, par l'intermédiaire de Vorontsov, l'eût décidé. Élisabeth semblait consciente du danger que représentait la Prusse pour la Russie mais le chancelier Bestouchev voulait la persuader du contraire. Entre lui et Vorontsov se livrait une guerre secrète dont l'issue restait incertaine. Le chancelier avait même le projet de faire assassiner Douglas, d'Éon et Michel[1]. La situation se détendit lorsqu'on apprit l'invasion de la Saxe sans déclaration de guerre par les troupes de Frédéric II, le 29 août. Bestoutchev se montra désormais enclin à une alliance avec la France puisque celle-ci était alliée de l'Autriche, amie traditionnelle de la Russie. Ainsi se mit en route l'inévitable engrenage d'un conflit armé qui devait durer sept ans : Marie-Thérèse se portant au secours de la Saxe déjà vaincue, Louis XV soucieux de tenir ses engagements avec l'Autriche mobilisa des troupes et les pourparlers franco-russes reprirent. Au mois de septembre, Douglas s'entretint avec Élisabeth. « Je ne veux, lui dit-elle, ni tiers ni médiateur dans ma réunion avec le roi. Je ne lui demande que vérité, droiture et une parfaite réciprocité dans tout ce qui se concertera entre nous[2]. »

Sur ces entrefaites, Vorontsov annonça à d'Éon que la tsarine désirait le rencontrer dans ses appartements privés[3]. Le chevalier sortait enfin de sa retraite. Il aida désormais Douglas dans ses tractations, rédigea des courriers et fit la navette entre le palais impérial, celui de Vorontsov et la maison de Michel. En même temps il secondait Douglas dans ses négociations secretissimes avec Vorontsov et Élisabeth afin de faire obtenir une couronne au prince de Conti.

1. A. Vandal, *Louis XV et Élisabeth de Russie,* p. 268.
2. Cité par Vandal, *op. cit.*, p. 270. A.A.E. Douglas, le 25 septembre 1756.
3. A.A.E. M.D. France 2187, Lettre de d'Éon au marquis de l'Hôpital, récapitulant son séjour à Pétersbourg, 21 juillet 1760, fol. 51.

La cour de Pétersbourg

Âgée seulement de quarante-huit ans, l'impératrice régnante était une femme hantée par le spectre la vieillesse. Préoccupée par sa santé, en proie à des angoisses perpétuelles causées par des évanouissements fréquents, elle restait éveillée la nuit, dormait le jour et vivait retirée dans ses appartements au milieu de ses femmes et de quelques familiers. Vorontsov était son confident et Chouvalov, son favori de l'époque, passait pour l'empereur de la nuit. Si elle n'avait pas eu le goût des amants, elle aurait sûrement sombré dans la dévotion qui la tourmentait par accès. Elle donnait pourtant des fêtes somptueuses où elle apparaissait telle une déesse qui disparaissait de plus en plus tôt. La tsarine n'avait guère le goût des occupations sérieuses. D'humeur changeante, elle semblait facile à convaincre, mais sa versatilité était inquiétante pour la conduite de ses États. Le chancelier Bestouchev avait réussi à se maintenir au pouvoir, mais il redoutait son rival Vorontsov qui, de toute évidence, complotait avec l'impératrice et les Français.

La tsarine se méfiait à juste titre de la jeune cour regroupée autour du grand-duc héritier, son neveu Pierre de Holstein, et de son épouse née Catherine d'Anhalt-Zerbst. Élisabeth avait voulu ce mariage, qui s'était révélé comme l'union la plus mal assortie qu'on pût imaginer. Le grand-duc, « le cerveau plein de misères », passait ses nuits à boire en compagnie de quelques soudards. Vouant une passion sans bornes à Frédéric II, dont il singeait le costume, les attitudes et les goûts, il éprouvait une prédilection pour ce qui touchait à l'art militaire. Aussi se plaisait-il à faire manœuvrer les soldats de sa garde des journées entières. Il avait cessé toute relations intimes avec son épouse qui ne s'en plaignait guère. Belle, intelligente et altière, Catherine s'était efforcée de comprendre cet étrange empire, qui lui était à priori étranger : elle s'était faite russe et apparaissait alors comme une rivale de la tsarine.

Le plus souvent, la grande-duchesse recevait les ambassadeurs, présidait les fêtes et les manifestations officielles. Autour d'elle se réunissaient tous ceux qui pensaient à l'après-Élisabeth, au premier rang desquels se trouvaient Bestouchev et le chevalier Williams, autrement dit les ennemis du parti français. La vie privée de Catherine prêtait à la médisance. Son fils, le grand-duc Paul, passait en réalité pour celui de son amant, le jeune Soltykof. Vers 1755, l'arrivée à Pétersbourg du prince Poniatowski avait mis fin à cette liaison. Catherine éprouva une vive passion pour ce grand et beau jeune homme de vingt-six ans, qui avait toutes les qualités d'un séducteur. À Paris, il avait été la révélation du salon de Mme Geoffrin. À Saint-Pétersbourg, sa conversation brillante, ses réflexions teintées de philosophie, ses manières parfaites tranchaient avec celles des Russes beaucoup moins raffinés. Catherine tenait à le garder auprès de lui, si bien qu'il fut nommé ministre de la République de Pologne. Sa nomination à un poste diplomatique le conduisit à prendre pour modèle le chevalier Williams, lequel faisait partie du cercle de Catherine. En 1757, lorsque le marquis de l'Hôpital s'installera à Pétersbourg comme ambassadeur de France, il parlera du « trio d'un coquin, d'un fou et d'un fat [1] » qui maintenait la grande-duchesse dans le parti anglo-prussien.

D'Éon avait réussi à surmonter le mal du pays qui l'avait terrassé lors de son arrivée. Il se passionnait désormais pour sa mission et, grâce à Vorontsov, il menait une vie mondaine fort plaisante. Admis chez le prince de Conti, ayant été reçu dans la haute noblesse, il connaissait suffisamment les mœurs de la cour pour faire bonne figure à celle de la tsarine, où l'on se montrait curieux à l'égard des étrangers. « On examine et on remarque avec soin leurs parures et on y exige de la richesse et de la magnificence », ce qui oblige les diplomates à faire des dépenses considérables, remarque-t-il [2]. Habitué à l'élégance des milieux qu'il a côtoyés à Paris, d'Éon traite avec un certain dédain le luxe tapageur des Russes qui s'habillent de façon voyante sans raffinement, bien qu'ils se targuent de copier les modes françaises. Ils changent trois fois de tenue au cours de la journée et ne remettent jamais les mêmes vêtements à l'occasion des récep-

1. Cité par Vandal, *op. cit.*, p. 294.

2. *Mémoire sur la Russie en 1759* par le chevalier d'Éon, publié par Francine-Dominique Liechtenhan, p. 126-127.

tions. Les femmes sont parées comme des châsses, couvertes de bijoux, « les jours de gala tenus dans une pièce très vaste, éclairée de trois ou quatre cents bougies, on en voit reluire l'or, l'argent et les diamants », écrit-il [1]. Si le jeune homme apprécie la bonne musique que l'on joue au palais d'hiver, il trouve qu'elle manque de variété. Ce diplomate débutant a tout du petit-maître parvenu, jugeant cette société encore trop immature pour varier ses plaisirs. Reçu dans certaines maisons où l'on parle pourtant un excellent français, il se prend à regretter les salons parisiens où la conversation est un art véritable. Il reproche à tous ses hôtes de mener une vie oisive et sans but, dont les intrigues font le principal sujet d'intérêt. Sans doute d'Éon est-il allé aux nombreux spectacles de Saint-Pétersbourg, comédiens et chanteurs venus du reste de l'Europe affluant dans cette ville mythique.

Élisabeth, qui aimait les fêtes, donnait des bals costumés qui ont certainement fasciné d'Éon, mais dont il omet soigneusement de parler. Depuis 1744, la tsarine avait eu l'idée de métamorphoser la cour certains jours : tous les hommes devaient être vêtus en femme, les femmes en homme et personne ne devait porter de masque. Les hommes détestaient ces bals où ils devaient s'affubler de grandes jupes à baleines et de coiffures en grandes boucles ; quant aux femmes, l'habit masculin ne les avantageait guère : les jeunes avaient l'air de petits garçons mesquins et les plus âgées étaient souvent forcé d'exhiber des jambes courtes et grosses habituellement cachées par leurs jupes. Certains de ces bals étaient réservés à la seule noblesse et ne comptaient que cent cinquante à deux cents personnes, mais la tsarine tenait à élargir son cercle d'invités jusqu'à huit cents convives : c'est ce que l'on appelait les « bals publics ». Est-ce là que d'Éon porta pour la première fois des vêtements féminins ? En avait-il porté auparavant ? Était-ce un goût qu'il cultivait en secret depuis longtemps ou bien ces bals lui révélèrent-ils ce qu'il y avait de plus enfoui en lui ? Les témoignages manquent pour répondre à ces questions. Il faut cependant noter que pour la première fois de son histoire, il est question de transvestisme. On ne peut d'ailleurs

1. *Ibid.*

s'empêcher de noter ici les réflexions de la grande-duchesse Catherine, future Catherine II, à propos de ces bals : « Il n'y avait de réellement bien et parfaitement en homme que l'impératrice elle-même... Habillée en homme comme en femme, on aurait toujours voulu avoir les yeux attachés sur elle et on ne les détournait qu'à regret parce qu'on ne trouvait nul objet qui la remplaçât. Un jour, à un de ces bals, je la regardais danser un menuet. Quand elle eut fini, elle vint à moi. Je pris la liberté de lui dire qu'il était fort heureux pour les femmes, qu'elle ne fût pas un homme et que son portrait seul ainsi peint pourrait tourner la tête à plus d'une. Elle prit très bien ce que je lui dis et me répondit sur le même ton, le plus gracieusement du monde, que si elle était homme ce serait à moi qu'elle donnerait la pomme[1]. » Inversion des sexes, inversion des situations, évocation du topos du monde à l'envers pour la première fois dans la vie du chevalier d'Éon auquel on ne prêtait nulle aventure.

L'alliance franco-russe

Leur vie mondaine n'empêchait pas Douglas et d'Éon de mener à bien leurs missions. Esterhazy, l'ambassadeur d'Autriche, pressait Douglas d'agir le plus vite possible. Un projet de traité fut élaboré. Il prévoyait l'adhésion de la Russie à l'alliance franco-autrichienne : Élisabeth s'engageait à dénoncer son alliance avec l'Angleterre et à envoyer ses troupes déjà prêtes en Livonie et en Courlande au secours de celles de Marie-Thérèse. Douglas et d'Éon se croyaient arrivés au bout de leurs peines, du moins pour leur mission semi-officielle.

Michel devait porter le texte du traité à Versailles. Voyageant régulièrement pour ses affaires entre Paris et Saint-Pétersbourg, il n'était pas soupçonné de transmettre des messages entre les deux capitales. C'est lui qui était chargé de ce trafic. « Je n'aurais désiré, écrivait d'Éon à Tercier, que d'être le porteur des monuments de vos

1. *La Jeunesse de la Grande Catherine, Souvenirs autobiographiques de l'Impératrice,* p. 138-139.

triomphes et de ceux de M. Douglas, mais c'est une justice qui est due à M. Michel pour le zèle vraiment patriotique qu'il a montré jusqu'ici dans toutes les occasions [1]. » Mais hélas, le projet du traité se révéla peu conforme aux vœux de Louis XV. Sous l'influence d'Esterhazy, Douglas avait accepté au nom de son maître une clause *secretissime* par laquelle le roi de France s'engageait à fournir des subsides à la Russie en cas de guerre russo-turque, alors que la France était traditionnellement la protectrice de la Porte. Furieux contre Douglas « qui avait eu la bêtise » de signer cet acte secret [2], le roi lui fit aussitôt écrire une lettre de réprimande par Rouillé. Il exigeait la suppression de cet article.

Les communications étaient lentes, très lentes. Douglas et d'Éon, qui ne soupçonnaient pas la colère royale, se félicitaient du travail accompli. Non seulement ils croyaient avoir réussi à conclure un traité d'importance, mais leur mission secrète se voyait couronnée de succès : Élisabeth acceptait que le prince de Conti reçût le commandement de ses armées et la principauté de Courlande, à condition naturellement que le roi y consentît. C'était une belle victoire pour les diplomates néophytes. Douglas entretenait directement le prince de Conti de ses heureuses démarches, mais il ignorait que les relations entre le roi et son cousin s'étaient détériorées. Le monarque avait refusé de donner à Conti le commandement de l'armée du Rhin qui s'apprêtait à voler au secours de Marie-Thérèse. Sur les instances de Madame de Pompadour, qui détestait Conti, il avait préféré nommer à sa place le prince de Soubise, fort lié à la favorite. « Je crois être maître de mes choix ; tant pis pour lui », écrivit-il à Tercier. Le roi ne se désintéressait pourtant pas de la succession de Pologne, affaire capitale à ses yeux pour l'avenir des relations européennes. Sur ce point, il décida de se fier au comte de Broglie, son ambassadeur à Varsovie, qui était en même temps agent du Secret. Douglas et d'Éon ignoraient la semi-disgrâce du prince de Conti. Pleins d'espoir, ils poursuivaient leur correspondance avec lui.

---

1. Lettre de d'Éon à Tercier, 1er janvier 1757 citée par Vandal, *op. cit.*, p. 276.
2. Lettre de Louis XV à Tercier du 13 février 1757, A.N. K 157, citée par Boutaric, *op. cit.*, t. I, p. 216.

Lorsque Michel revint à Saint-Pétersbourg, porteur de la lettre de Rouillé, les deux amis déchantèrent. Ils se sentaient désavoués. Il fallait immédiatement reprendre les négociations avec Vorontsov. La tsarine allait-elle se plier à la volonté du monarque français ? Fort heureusement, Louis XV adressait en même temps une lettre personnelle à la souveraine pour lui proposer l'échange d'une correspondance intime, ce qui flatta Élisabeth. Elle ne se fit pas trop longtemps prier : elle accepta de retrancher la clause *secretissime* et d'entreprendre « le petit commerce » que souhaitait Louis XV[1]. Ses lettres devaient passer par l'intermédiaire de Vorontsov, de Douglas et d'Éon pour parvenir jusqu'à Tercier, qui les remettrait à Louis XV. Douglas et d'Éon reçurent l'ordre de ne pas souffler mot de tout cela au prince de Conti, pourtant ministre du Secret ; ils s'en étonnèrent mais obéirent à leur maître.

Une chevauchée fantastique

Le traité réglé comme le souhaitait Louis XV, Douglas charge d'Éon d'en porter le texte au roi et Vorontsov le prie d'annoncer la bonne nouvelle au prince de Conti. Le jeune homme est au comble de la joie. L'impératrice lui fait remettre 300 ducats d'or. Auréolé du succès de sa mission qui lui laisse espérer un bel avenir dans la diplomatie, il va enfin revoir la France.

Parti de Pétersbourg vers la fin du mois d'avril, il voyage nuit et jour jusqu'à Riga. En chemin, il passe auprès des troupes commandées par le maréchal Apraxine. Les hommes de haute taille, arborant de magnifiques moustaches, bien habillés, bien armés, l'impressionnent : « Comme je ne doute pas qu'elles feront voler en l'air les chapeaux prussiens, les Prussiens seront beaucoup plus étonnés que moi de voir ces Russes », écrit-il à Douglas[2].

1. C'est l'expression employée par Louis XV. *Cf.* sa lettre à Tercier du 24 février 1757, Boutaric, *op. cit*, t. I, p. 219.

2. A.A.E. D'Éon à Douglas, le 21 avril 1757, A.A.E. M.D. France 2187, fol. 26.

À l'étape de Riga, il lui adresse une lettre touchante : « En rêvassant hier dans ma voiture, je parlais tout seul et me disais à moi-même : depuis que je suis au monde, j'ai toujours vécu à mes dépens ; je n'ai reçu argent ni des ministres, ni des seigneurs quoique j'en connaisse beaucoup. Qu'il est flatteur pour moi de pouvoir inscrire dans mon testament les paroles suivantes : ma philosophie m'a toujours fait fuir toutes les occasions où il y avait de l'argent à recevoir ; mon bon génie m'a fait connaître et aimer du chevalier Douglas ; il m'a transplanté dans un monde nouveau qui m'a fait oublier l'ancien, et là, par devoir et par une respectueuse reconnaissance, j'ai reçu un bienfait de l'impératrice de toutes les Russies. Je regarde cette époque comme la plus glorieuse de mes jours, et *si l'on me force à me marier, j'en transmettrai la mémoire à ma petite postérité. Mais le seul mot de postérité épouvante ma douce philosophie, méprisant trop la vie pour la procurer à un autre*[1]. Je trouverai mille occasions dans la carrière littéraire de chanter les vertus, la grandeur et la générosité de S.M.I., et mes éloges étant dépouillés de tout intérêt personnel, seront dignes de la vérité et mériteront plus de croyance auprès de la postérité. Je monte en voiture et n'ai pas le temps de faire ma lettre plus courte. Ma plume écrit tout ce que mon cœur pense et s'il écrivait toute la reconnaissance que je vous dois, je n'arriverais jamais à Paris[2]. »

Il pleut à verse, sa voiture s'embourbe, les auberges sont d'une saleté repoussante, mais il poursuit sa route, bravant les intempéries. À Bialistock, quelle n'est pas sa surprise de croiser un énorme convoi : quarante-six voitures lourdement chargées cahotent sur les chemins défoncés. C'est le marquis de l'Hôpital qui va prendre possession de son poste d'ambassadeur. D'Éon se présente, expose au diplomate la mission qu'il accomplit et file jusqu'à Vienne car la guerre l'oblige à éviter la Prusse. Il arrive dans cette capitale un jour de liesse, les Autrichiens étant persuadés d'avoir vaincu Frédéric à Prague. (En réalité l'issue de cette sanglante bataille restait incertaine.) Heureux présage, pense le chevalier. La chance est

1. C'est nous qui soulignons.
2. A.A.E. D'Éon à Douglas, le 21 avril 1757, cité par Vandal, *op. cit.*, p. 304-305.

décidément avec lui. À Vienne, il rencontre le comte de Broglie qui retourne en Pologne, porteur des ordres de Louis XV. Ils auront à travailler ensemble. Et fouette cocher. D'Éon repart bride abattue pour la France, mais patatras, sa voiture verse dans une ornière écrasant à moitié son passager qui s'en sort avec une jambe cassée. Un médicastre appelé en toute hâte improvise une attelle et voilà notre homme reparti au galop pour Versailles où il met pied à terre, deux jours avant le courrier dépêché par l'impératrice. Louis XV apprendra de sa bouche la « victoire » de Prague et recevra de sa main le traité signé par Élisabeth. Le souverain félicite le messager, lui accorde une pension de trois mille livres, lui décerne un brevet de lieutenant de dragons et lui offre une tabatière en or garnie de son portrait entouré de perles. Enfin il lui envoie son chirurgien pour le soigner. Dans de telles conditions, d'Éon ne peut que guérir.

Clopin-clopant, d'Éon doit s'acquitter de sa mission auprès du prince de Conti. Tercier étant la cheville ouvrière de toute la correspondance, il s'adresse à lui pour obtenir une audience de Son Altesse, mais il comprend très vite que la situation du prince a changé. Tercier attend les ordres du roi. « Puisque M. d'Éon a mission de M. Vorontsov pour voir M. le prince de Conti, il faut qu'il le voie, écrit le souverain à Tercier, mais qu'il vous rende compte exactement de la réponse[1]. » D'Éon rencontre enfin le prince. L'espoir renaît : Conti est sûr de rentrer en grâce auprès de son royal cousin. Il adresse lettres et mémoires à Louis XV par l'intermédiaire de Tercier, pendant que le chevalier poursuit sa convalescence. Louis XV prend connaissance des dossiers, demande des éclaircissements, hésite encore et ne renvoie que de brefs billets au prince de Conti. Il ne semble pas sûr des ouvertures de Vorontsov. « Quand je verrai une certitude morale que l'impératrice de Russie lui destine le commandement de son armée et la Courlande, je donnerai toutes les autorisations et la permission qu'on me demandera. Jusque-là, j'y répugne beaucoup, craignant de faire une fausse démarche qui nous ferait plus de mal que de

1. Louis XV à Tercier, 20 juillet 1757, Boutaric, *op. cit.*, t. I, p. 222.

bien[1]. » Après mûre réflexion, le souverain remercie Tercier d'avoir « fait différer le départ du sieur d'Éon[2] ». D'Éon repart pour Pétersbourg, mais arrivé à Strasbourg, il reçoit un ultime message du prince de Conti le priant de surseoir encore à son voyage. D'Éon attend. Cinq jours plus tard il reçoit l'ordre de partir. Le prince a renoncé à tous ses projets et fait porter à Louis XV tous les papiers concernant le Secret. Sur ordre du roi, Tercier rappelle à d'Éon qu'il ne doit rien révéler de ce qu'il sait de la diplomatie parallèle du monarque.

Créé pour donner la Pologne au prince de Conti, le Secret n'avait plus de raison d'exister, mais Louis XV ne perdait pas de vue le sort de ce royaume, dont il voulait maintenir l'indépendance. Plusieurs candidats à la succession d'Auguste III (lequel vivait encore) étaient en lice. Parmi eux, le prince Xavier de Saxe, fils du souverain régnant et frère de la Dauphine, avait désormais la faveur de Louis XV. Le monarque français savait que la Russie, sa nouvelle alliée, convoitait cet État souvent en proie à l'anarchie. L'armée russe y avait pénétré afin de pouvoir attaquer les Prussiens et se comportait là comme en pays conquis. Le comte de Broglie, qui avait regagné son poste à Varsovie depuis le 1er juillet, se trouvait alors dans une situation difficile. Les ordres qu'il recevait du roi par Tercier contredisaient ceux qu'il recevait du nouveau ministre des Affaires étrangères, l'abbé de Bernis. Le souverain lui demandait de défendre les intérêts de la Pologne, alors que Bernis privilégiait l'alliance austro-russe, ainsi que la nouvelle alliance franco-russe, la Pologne dût-elle en faire les frais. « Voyez comment continuer les affaires secrètes de Pologne », écrivit Louis XV à Broglie[3]. Ce dernier obéit donc au roi et l'ambassade de France devint le rendez-vous des patriotes polonais hostiles à la Russie. Le Secret continuait d'exister.

1. Louis XV à Tercier, 21 septembre 1757, Boutaric, *op. cit.*, t. I, p. 224.
2. Louis XV à Tercier, 24 août 1757, Boutaric, *op. cit.*, t. I, p. 223.
3. Louis XV au comte de Broglie, 3 mars 1759, Boutaric, *op. cit.*, t. I, p. 237.

Les intrigues de la grande-duchesse Catherine

Lorsque d'Éon parvint à Saint-Pétersbourg avec le titre de secrétaire d'ambassade, le marquis de l'Hôpital était installé dans le palais habité par Williams que la tsarine avait renvoyé après avoir désavoué son traité avec la cour de Saint-James. L'ambassade de Russie était une fin de carrière pour ce vieux gentilhomme tranquille à l'esprit fin, qui faisait merveille dans un salon, mais qui n'était pas rompu aux difficultés suscitées par les manœuvres d'une cour lointaine dont il ne connaissait pas les mœurs. Élisabeth l'avait reçu avec magnificence après qu'il eut remis ses lettres de créance. En son honneur, elle avait donné une fête de nuit au palais d'été ; au milieu d'une foule nombreuse, il avait ouvert le bal avec la grande-duchesse Catherine, resplendissante à la lumière des bougies. Alors qu'on ne s'y attendait guère, Élisabeth était apparue en haut des escaliers en grande robe de cour et s'était adressé à l'ambassadeur avec une extrême affabilité, avant de s'en aller comme elle était venue. Au cours du souper, le marquis de l'Hôpital fut placé à la droite de la grande-duchesse qui s'entretint avec lui tout le reste de la soirée. Le nouvel ambassadeur avait demandé à Douglas de rester encore un peu à Saint-Pétersbourg. Il voulait se mettre au courant des affaires, s'initier aux coutumes locales et débrouiller l'écheveau des intrigues pétersbourgeoises.

Séduit par le petit d'Éon qu'il avait croisé sur sa route, l'ambassadeur l'attendait avec impatience. Une lettre de l'abbé de Bernis avait précédé son arrivée. Le nouveau ministre des Affaires étrangères espérait qu'il serait « accueilli avec plaisir... Il est très intelligent, disait-il, zélé, plein de bonnes dispositions ; sa fortune est entre vos mains et je ne doute pas qu'il ne vous donne satisfaction en toutes choses [1] ». Les dires de Bernis ne faisaient que conforter les premières impressions du marquis de l'Hôpital. L'entrevue de Byalistock avait dû être plus longue qu'on aurait pu le penser, car le diplomate ayant appris l'accident du jeune homme, lui avait écrit

1. *Lettres, Mémoires et Négociations particulières du chevalier d'Éon...*, Londres, 1765, IIIe partie, p. 11.

une lettre d'une familiarité étonnante : « Mon cher petit, lui disait-il, j'ai appris avec peine votre accident et avec grand plaisir vos entrevues avec le *Vieux et le Nouveau Testament*. Venez pratiquer l'*Évangile* avec nous et comptez sur mon amitié et sur mon estime[1]. » Curieux billet en vérité pour deux personnes qui ne se sont rencontrées que quelques heures. L'ambassadeur usait déjà d'un code[2] avec lui. Des relations affectueuses s'établirent aussitôt entre eux. M. de l'Hôpital mit son nouveau collaborateur au courant de toutes les affaires. Au demeurant d'Éon en savait plus long que lui sur la Russie et faisait partie du Secret, dont l'aimable gentilhomme ignorait l'existence.

Le chevalier était chargé de remettre des lettres du roi à la tsarine à l'insu de l'ambassadeur. Afin que nul ne pût découvrir ces papiers confidentiels, Tercier avait donné à d'Éon un exemplaire de *L'Esprit des Lois*, dont la peau de l'un des plats se détachait et se refermait sans qu'on pût se douter de rien[3]. Telle était la boîte à lettres utilisée pour les échanges personnels entre Louis XV et Élisabeth. D'Éon était donc obligé de se rendre régulièrement chez le vice-chancelier par les mains duquel passaient les missives chiffrées. Tercier qui redoutait la découverte de cette correspondance encourageait le roi à la prudence. « Il serait bien avantageux d'engager les choses de manière à avoir le secret des autres sans donner le sien[4] », disait-il à son maître. Aussi Louis XV se contenta-t-il d'aimables déclarations d'amitié et de vagues considérations politiques. Élisabeth lui fit surtout des confidences personnelles : elle l'entretenait beaucoup de sa santé et de ses plaisirs. Louis XV voulait si peu s'engager avec elle qu'il refusa de devenir le parrain

1. B.M.T. D 184 bis, cité par P. Pinsseau, *op. cit.*, p. 35.

2. Ce code reste sibyllin.

3. D'Éon à Vergennes, le 28 mai 1776, Boutaric, *op. cit.*, t. I, p. 232 : « J'ai montré à M. de Beaumarchais le secret de cette couverture qui consiste en deux cartons. Entre ces deux cartons, on met des papiers secrets ; puis quand les bordures de la peau sont repliées et la feuille de papier marbré du livre collée par dessus, en le mettant un jour sous presse, la couverture prend une telle consistance qu'il serait impossible même à un relieur de deviner le secret. »

4. Mémoire de Tercier au roi, Vandal, *op. cit.*, p. 327 et suiv.

de l'enfant que la grande-duchesse Catherine allait mettre au monde, ce qui vexa considérablement la tsarine. Pas de secrets d'État dans cet échange. Les affaires sérieuses relevaient de la correspondance du marquis de l'Hôpital avec Bernis et naturellement du Secret que seul d'Éon connaissait.

Ignorant ce que les agents de Louis XV tramaient à son insu, l'ambassadeur essayait d'exécuter fidèlement les instructions remises lors de son départ de France. Il devait tout naturellement consolider les bonnes relations entre les deux cours, se concilier la confiance de la tsarine ainsi que celle de la grande-duchesse et de son époux ; s'efforcer de détruire l'influence des Anglais et s'informer sur ce que souhaitaient les deux impératrices à propos de la guerre. Les crises de la cour de Pétersbourg rendaient sa tâche délicate. La tsarine semblait vouloir resserrer son alliance avec la France et souhaiter la conclusion de la paix, mais elle ne prenait pas la moindre décision. Sa santé de plus en plus chancelante inspirait des inquiétudes et la question de la succession au trône était à l'ordre du jour. L'étoile de la grande-duchesse brillait d'un éclat de plus en plus vif, mais on la savait liée aux Anglais. La cour de Saint-James lui envoyait des subsides et son amant Poniatowski, ambassadeur de Pologne, était l'homme-lige des Anglais. Le chancelier Bestouchev faisait partie de son cercle restreint et tout laissait à penser qu'il soutiendrait un coup d'État si Catherine le tentait. Lorsque Williams avait dû quitter la Russie, elle lui avait écrit : « Je saisirai toutes les occasions imaginables de ramener la Russie à ce que je reconnais être ses véritables intérêts c'est-à-dire à être intimement liée avec l'Angleterre[1]. » Elle confiait en même temps au marquis de l'Hôpital qu'elle était d'une « témérité effrénée ». L'ambassadeur préférait demeurer dans une prudente expectative, d'autant plus que l'attitude des officiers supérieurs était surprenante.

Au cours de l'été, le généralissime Apraxine s'était déplacé avec une incroyable lenteur comme s'il avait espéré recevoir un contre-ordre de Pétersbourg. Le 30 août, il rencontra l'armée prussienne

1. Cité par A. Rambaud, *op. cit.,* p. 63.

à Gross-Jœgersdorff, au sud-est de Koenigsberg, et lui infligea une défaite. Cependant, au lieu de poursuivre son avance en Prusse, il se replia sur le Niemen. Célébrée à Vienne et à Paris, cette victoire suscita bientôt un vif désappointement. On attribua la retraite d'Apraxine aux manœuvres de Bestouchev et à l'entourage de la grande-duchesse. « L'impératrice même, quelque très décidée qu'elle soit pour abattre le roi de Prusse, se laisse quelquefois entraîner par ses favoris qui craignent la jeune cour », écrivait l'Hôpital[1]. Louis XV était d'autant plus mécontent que le chancelier Bestouchev avait l'intention de faire prendre aux troupes leurs quartiers d'hiver en Lituanie et en Pologne.

Le marquis de l'Hôpital en avait averti le comte de Broglie et le comte de Brühl, Premier ministre du roi de Pologne. La réaction ne se fit pas attendre. Le 16 octobre, l'abbé de Bernis chargea le comte de Broglie de demander au comte de Brühl le rappel de Poniatowski. C'est le marquis de l'Hôpital qui reçut bientôt par un envoyé spécial de Broglie la lettre de rappel à l'intention de Poniatowski ! « Je crois, Monsieur, ajoutait Broglie, qu'il convient d'envoyer, par M. d'Éon même, à M. Poniatowski la dépêche ci-jointe pour lui, afin qu'il ne puisse pas nier de l'avoir reçue. On ne saurait trop prendre de précautions à cet égard[2]. » L'ambassadeur exécuta les ordres, assez mécontent de les avoir reçus du comte de Broglie. Tout en reconnaissant que son collègue avait « tranché le nœud gordien », il déplorait la violence du procédé à l'égard du comte Poniatowski. Et surtout, il espérait qu'à l'avenir le ministre des Affaires étrangères « trouverait le moyen de lui épargner le déplaisir d'avoir à traiter des affaires d'État avec M. le comte de Broglie ». D'Éon, qui connaissait mieux la situation que lui, ne pouvait rien lui révéler du Secret.

Le rappel de Poniatowski fit grand bruit. Le grand-duc qui semblait ignorer la liaison de sa femme ne cachait pas son mécontente-

---

1. Le marquis de l'Hôpital à Bernis, 24 septembre 1757, A. Rambaud, *op. cit.*, p. 66.

2. Le marquis de l'Hôpital à Bernis, 18 novembre 1757, A. Rambaud, *op. cit.*, p. 68.

ment. « C'est un coup d'essai de la France. Elle en fera bien d'autres si on la laisse faire », disait-il hautement. Catherine était évidemment furieuse. Quant à Esterhazy, il s'efforçait de convaincre la tsarine de renvoyer Bestouchev. Élisabeth en trouva facilement le motif. Ayant relevé Apraxine de son commandement, elle avait fait saisir ses papiers. L'examen de ces pièces compromettait gravement le chancelier et la grande-duchesse. Le 14 janvier 1758, la tsarine fit arrêter Bestoutchev. Catherine, que son mari n'hésita pas à dénoncer comme conspiratrice, faillit bien reprendre la route de sa principauté natale. Malgré la surveillance étroite dont elle était l'objet, elle eut l'audace d'envoyer un émissaire au marquis de l'Hôpital pour lui demander son aide. Méfiant, l'ambassadeur fit part à Vorontsov des sollicitations dont il était l'objet et se contenta de recommander la plus grande prudence à Catherine, laquelle restait enfermée dans ses appartements. Elle devait en concevoir une vive rancœur à l'égard de la France. Trois mois plus tard, elle réapparut à la cour sans que l'on sût exactement ce qui s'était passé entre elle et la tsarine.

D'Éon, homme de confiance de S.M. Louis XV

Pendant ce temps, Apraxine mourut mystérieusement dans sa voiture tandis qu'on instruisait le procès de Bestouchev. Convaincu du crime de lèse-majesté, le chancelier, déchu de ses titres et de ses biens, fut envoyé en Sibérie tandis que Vorontsov se voyait élevé à la dignité de chancelier. D'Éon se flattait d'avoir remporté une victoire. « Ce grand chancelier dans sa mauvaise humeur avait dit au marquis de l'Hôpital : "Je suis fâché que vous faites revenir ici le petit d'Éon, car il est capable de culbuter notre grand empire" ; il s'est vanté auprès de lui qu'il me perdrait pour ce que j'avais fait contre lui avec le chevalier Douglas. Et moi, sans me vanter j'ai été la cause innocente que l'impératrice Élisabeth l'a envoyé en Sibérie, écrit-il. Pourquoi ? Parce que j'ai indiqué au vice-chancelier Vorontsov le lieu caché où il trouverait sa correspondance secrète avec le roi de Prusse, le maréchal Apraxine et le général Totleben depuis le commencement de la guerre entre la Russie et la Prusse et qu'il donnait des ordres secrets tous contraires à ceux qu'il faisait expédier publiquement en sa chancellerie. Voilà le pourquoi du pourquoi de l'exil en Sibérie du grand chancelier Bestoutchev [1]. » Le chevalier, dont il est difficile d'apprécier le rôle exact dans cette affaire, savait se faire valoir auprès de Tercier et du roi. La Russie était bien loin de la France et le marquis de l'Hôpital, souvent malade, lui laissait jouer un rôle prépondérant.

D'Éon mène grand train à Saint-Pétersbourg. Magnifiquement habillé, il représente bien la France à la cour d'Élisabeth. Sa garde-robe comprend quantité d'habits brodés d'or et d'argent, du linge fin, des bottes de cuir de la meilleure qualité et naturellement des fourrures de toutes sortes : martre, zibeline, hermine, astrakan. Il en envoie d'ailleurs en France, à la duchesse de Choiseul, à la maréchale de Broglie, à Mme Tercier... Il fait venir de sa Bourgogne natale son vin de Tonnerre dont il régale les invités de l'ambassade et il en offre des muids au comte Vorontsov et à d'autres aristocrates russes. Il achète aussi des caisses de livres qu'il rapportera en France. Parmi les titres qu'il a notés, on remarquera *La Morale d'Épicure*, *L'Ami des Hommes* du marquis de Mirabeau et les *Œuvres* de Machiavel. D'Éon est à la fois un bibliophile et un érudit. C'est en 1758 qu'il achève et publie un ouvrage en deux volumes, *Considérations historiques et politiques sur les impôts des Égyptiens, des Babyloniens, des Perses, des Grecs, des Romains, et sur les différentes situations de la France par rapport aux finances depuis l'établissement des Francs dans les Gaules jusqu'à présent*. Rien de moins frivole que cet austère traité qu'il complètera deux ans plus tard par des *Mémoires pour servir à l'histoire générale des finances*. Sa réputation est telle que la tsarine lui propose d'entrer à son service. Flatteuse proposition en vérité et bel hommage rendu à ses talents. Le roi est tout prêt à

1. A.A.E. M.D. France, 2187, Mémoire du chevalier d'Éon sur sa mission en Russie, fol. 40-41.

donner son accord : conserver un homme sûr en Russie serait une aubaine. Mais d'Éon connaît trop la Russie. Il ne supporte plus son climat ; il se sent français jusque dans les moelles et veut continuer de servir son maître. Enfin, il se défie des intrigues locales et des méthodes expéditives pratiquées dans cet empire. « Depuis que je suis à Saint-Pétersbourg, ma maxime est d'avoir toujours le dos tourné à la Sibérie, trop heureux que je suis de l'avoir échappée [*sic*]. Tous mes désirs et mes deux yeux sont continuellement fixés sur ma patrie », écrit-il à Bernis [1].

La disgrâce de Bestouchev n'eut pas les conséquences que d'Éon imaginait. Les échanges épistolaires entre Louis XV et Élisabeth restèrent sans grande portée politique. Le roi éluda les demandes de subsides de la tsarine et refusa même de lui envoyer les acteurs de la Comédie-Française qu'elle souhaitait accueillir. Il se contenta de lui dépêcher un médecin pour tenter de soigner les maux dont elle se plaignait. La guerre se poursuivait. La France n'avait subi que des revers en 1758 et l'armée russe, qui menait l'offensive contre la Prusse, ne parvint pas à remporter une victoire décisive sur Frédéric II. Au printemps de 1759, les Russes occupèrent cependant la Prusse orientale. Élisabeth semblait lasse du conflit et Choiseul, nouveau ministre des Affaires étrangères de Louis XV, voulait mettre fin aux hostilités. Il souhaitait la médiation de l'Espagne pour réconcilier la France avec l'Angleterre, et celle de la Russie entre l'Autriche et la Prusse. Mais Louis XV, qui venait de signer un nouveau traité resserrant encore ses liens avec Marie-Thérèse, refusait de donner une trop grande prépondérance à la Russie. Il savait qu'Élisabeth voulait agrandir ses états aux dépens de la Pologne, laquelle restait son principal objet de préoccupation. Aussi préférait-il encore faire durer la guerre plutôt que de laisser la Russie arbitre de la paix. Les instructions secrètes données à ses agents contredisaient celles du ministre. Le malheureux marquis de l'Hôpital perclus de goutte, indolent et timoré, ne faisait rien sans demander l'avis de Vorontsov. Le roi s'impatientait et déplorait la prodigalité de son représentant qu'il voulait révo-

1. Lettre citée par Gaillardet, *op. cit.*, p. 75.

quer[1]. Choiseul proposa d'envoyer le baron de Breteuil comme ministre plénipotentiaire. Ce jeune mestre de camp de vingt-neuf ans avait fait ses preuves à l'armée et ses premiers pas de diplomate à Cologne. Cynique et pragmatique, le ministre n'avait pas hésité à demander au séduisant gentilhomme de devenir l'amant de la grande-duchesse Catherine. Cette diplomatie de boudoir inquiétait Tercier. « Le projet qu'on a sur M. de Breteuil ne peut-il pas occasionner le déplaisir de l'impératrice et la jalousie du grand-duc ? écrivit-il au comte de Broglie. Qui sait si le projet réussira ? Inspire-t-on de l'amour quand on veut ? M. de Breteuil a une femme qu'il paraît aimer. Prendra-t-il une commission dont le principal point est d'en aimer une autre ? S'il le tente et qu'il réussisse, l'impératrice en sera piquée. S'il ne réussit pas, il en sera méprisé par la grande-duchesse. » Alors que Choiseul imaginait déjà le beau diplomate dans les bras de Catherine, Tercier et le comte de Broglie, à l'insu du ministre, proposaient au roi d'initier Breteuil au Secret. Louis XV accepta et donna ses ordres à d'Éon :

« Sieur d'Éon, lui écrivit-il, des raisons particulières jointes à la confiance que j'ai dans le zèle pour mon service et dans les talents du baron de Breteuil, mon ministre plénipotentiaire auprès de l'impératrice de Russie, m'ont engagé à lui donner connaissance des correspondances directes que j'ai eues jusqu'à présent en Russie, inconnues à mon ministre des Affaires étrangères et à mon ambassadeur. Il est instruit aussi que vous avez été admis à ce secret, soit pour me faciliter la correspondance, soit pour me faire passer en droiture les particularités que vous jugerez devoir être mises sous mes yeux. Votre exactitude à vous acquitter de ce devoir, autant que votre situation et la distance des lieux ont pu vous le permettre, m'assure que vous me donnerez de nouvelles preuves de votre zèle pendant le séjour du baron de Breteuil à la cour de Pétersbourg. Je lui ai fait savoir que mon intention est que vous restiez auprès de lui en qualité de secrétaire pour travailler sous ses ordres seulement à cette correspondance secrète. Vous aurez

1. *Cf.* Louis XV à Tercier, le 11 juillet 1759, et Louis XV à Tercier, 4 octobre 1759, Boutaric, *op. cit.*, t. I, p. 240 et 242.

trois mille livres d'appointement du ministre des Affaires étrangères ; je vous ferai tenir tous les ans, à commencer de cette année, deux cents ducats que j'ajouterai à vos appointements ordinaires pour vous marquer ma satisfaction des services que vous m'avez rendus et que je compte que vous continuerez à me rendre.

« Vous donnerez au baron de Breteuil toutes les notions que vous avez acquises sur le caractère de l'impératrice de Russie, de ses ministres et de ceux qui sont employés dans les affaires, avec le plus d'exactitude que vous pourrez, observant d'éviter également la partialité et la prévention. Vous y ajouterez vos réflexions sur la conduite que l'on a tenue depuis le commencement de la guerre jusqu'à présent ; sur ce que vous croyez qu'on aurait pu faire pour le succès des vues de la cause commune et sur ce qui peut l'avoir retardé. Vous rassemblerez le tout dans un mémoire que vous lui remettrez et dont vous m'enverrez une copie chiffrée par la première occasion sûre ; enfin vous lui remettrez tout ce que vous jugerez soit par le passé, soit pour l'avenir, être utile au bien de mon service. Vous attendrez cependant qu'il vous fasse part de ses instructions secrètes, afin d'en prendre copie et de lui dire en conséquence ce que vous penserez sur les moyens les plus convenables de les suivre avec succès. Elles doivent faire votre règle dans tout ce que vous direz tant sur ce qui a été fait que sur ce qu'on doit faire.

« Cette marque de confiance que je donne au baron de Breteuil est une preuve de la persuasion où je suis qu'il exécutera mes ordres avec autant de zèle que de capacité. Malgré la sincérité de ses intentions dont je ne doute nullement, il peut cependant arriver qu'il se trompe sur le choix des moyens de remplir l'objet de mes instructions secrètes, vous lui exposerez avec déférence votre sentiment[1]. »

D'Éon était bel et bien l'homme de confiance de S.M.T.C. à Pétersbourg, mais le séjour russe lui pesait. Le climat avait eu raison de sa santé. Poissonier, le médecin que Louis XV avait envoyé à la tsarine, conseillait au chevalier de rentrer en France. Aussi

1. Louis XV à d'Éon, 7 mars 1760, Boutaric, *op. cit.*, t. I, p. 248-250.

écrit-il, pour la forme, une longue lettre au marquis de l'Hôpital pour demander son rappel[1]. « Je sens en moi-même un affaissement de la nature plus fort que tous les raisonnements des docteurs qui m'avertissent de ne pas m'enterrer dans un cinquième hiver en Russie tandis que je puis profiter du reste de l'été pour aller en France chercher une nouvelle vie. » Il ajoute qu'il doit s'occuper des affaires de sa famille. Il veut faire la connaissance de M.O'-Gorman, le mari de sa sœur, qui lui a été présenté par le chevalier Douglas et régler avec le nouveau ménage un certain nombre de questions matérielles relatives à la gestion de leurs biens. Il a l'intention de rencontrer les derniers créanciers de son père et d'acheter une terre près de Tonnerre. Telles sont les raisons qu'il invoque et qui sont sûrement exactes. Mais il avait certainement compris que le marquis de l'Hôpital ne resterait pas longtemps dans son poste ; que le baron de Breteuil, nommé premier secrétaire d'ambassade et ministre plénipotentiaire, supplanterait bientôt le vieil ambassadeur. Qu'adviendrait-il de lui, Louis d'Éon de Beaumont ? Il risquait d'être ravalé à un rôle subalterne. Mais comment allait-il poursuivre une carrière si bien commencée ? Pour l'heure, il ne briguait pas un autre poste diplomatique. Aussi surprenant que cela pût paraître, il demandait à rejoindre son régiment... alors qu'il atteignait sa trente-deuxième année sans avoir jamais servi dans l'armée.

1. A.A.E. M.D. France 2137, fol. 44 et suiv.

Chapitre III

Le dragon diplomate

Il peut être fier de lui, l'orphelin de Tonnerre. Après ces quatre années passées à Saint-Pétersbourg, il est considéré comme un diplomate confirmé. Aucun Pygmalion ne l'a formé ou guidé. Il ne doit son élévation qu'à ses seuls mérites. D'Éon est un aimable bourreau de travail à l'esprit subtil et incisif. Il observe, saisit rapidement les faiblesses de l'adversaire, joue de son charme, évite les pièges et s'abrite sous le masque d'une feinte innocence pour ne pas éveiller les soupçons. À Saint-Pétersbourg, personne ne se doutait de son rôle secret. Pas même l'affectueux marquis de l'Hôpital ! D'Éon se complait dans cette double activité. Elle comble le vide de sa vie privée, car en dépit des mondanités qui le distraient, on ne lui attribue pas la moindre liaison, pas une seule aventure. Cette chasteté étonnante chez un garçon séduisant a excité la verve du marquis de l'Hôpital ; il n'a pas manqué de railler la paresse de ce qu'il appelle la « terza gamba ». Sur ce chapitre d'Éon sourit mais ne dit mot.

Fin de séjour en Russie

Personne ne fait allusion à son appartenance éventuelle à l'autre sexe. Cependant, dans l'une des versions de son autobiographie, il évoque la conversation qu'il aurait eue sur ce sujet avec Vorontsov après un dîner tête-à-tête. Le chancelier lui aurait fait part de rumeurs selon lesquelles plusieurs dames de la cour croyaient avoir rencontré son sosie féminin, avec les oreilles percées comme les siennes et une petite tache identique près de l'oreille gauche. « Ce n'est pas un crime d'être une fille ou une femme, lui dit-il, mais il est interdit de cacher ou de nier son sexe [...]. Je dois vous dire que ma femme et ma nièce croient que le capitaine d'Éon pourrait bien être Mlle Louise Auguste que le prince de Conti avait proposé de m'envoyer, il y a quatre ans [...]. Si mes suspicions sont exactes, vous n'avez rien à craindre. Votre savoir et votre habileté seront utiles à l'impératrice. Portez de nouveau une robe ; passez un mois ou deux au couvent pour les filles bien nées de Saint-Pétersbourg et vous serez la lectrice de l'impératrice. » À ces mots, le chevalier se drapa dans sa dignité, rappela qu'il était enseigne de dragons, secrétaire d'ambassade et réputé pour être une fine lame. Vorontsov sourit : « Tout ceci est vrai, répondit-il, mais le marquis de l'Hôpital lui-même me dit que vous compensez par l'esprit ce qui vous manque dans le corps. En d'autres termes que vous êtes plus fille que garçon. Ne savez-vous pas que le marquis de La Chétardie avait avec lui une jeune fille déguisée en page ? » D'Éon répondit qu'il connaissait cette affaire et l'origine du renvoi de l'ambassadeur. Vorontsov ajouta : « Vous prouvez votre vertu et La Chétardie son vice [1]. »

D'Éon prétend que dès lors, on se posa tant de questions sur son appartenance au sexe masculin, que son séjour à Saint-Pétersbourg lui devint intolérable et qu'il prit le prétexte de sa santé pour demander son rappel. Aucun autre document ne vient à l'appui de ce récit rédigé des années plus tard, alors que le chevalier avait été obligé de revêtir des habits de femme et qu'il écrivait pour être publié par un éditeur, persuadé de vendre quantité d'exemplaires d'un ouvrage relatant l'étrange existence d'un personnage qui avait défrayé la chronique.

Chargé des dépêches du marquis de l'Hôpital, il quitte Saint-Pétersbourg le 20 août 1760, après avoir pris congé de Vorontsov et de l'impératrice elle-même. Avant de partir, il a reçu pour présent une tabatière en or enrichie de diamants enchâssant une minia-

1. ULBC, *La Grande Épître*, chap. II, n° 2.

ture de la souveraine. Le marquis de l'Hôpital qui ne le voit pas s'en aller sans un pincement au cœur, écrit deux lettres de recommandation à son intention, la première à Choiseul, la seconde au maréchal de Belle-Isle. Au ministre, il rappelle que son protégé a contribué à renouer les relations diplomatiques entre la France et la Russie et demande la conversion en pension de la gratification annuelle de 3 000 livres dont il jouissait en Russie. Au maréchal, il recommande le jeune homme désireux de vivre une nouvelle expérience en recevant le baptême du feu. « Je ne puis assez vous rendre compte de son mérite, de son travail, de sa probité... M. d'Éon qui est né avec de l'élévation et des sentiments de valeur, paraît décidé à suivre sa carrière militaire. Il était lieutenant de dragons en venant ici : vous lui avez accordé ensuite, Monseigneur, le grade de capitaine colonel général des dragons. Il désire avec passion pouvoir être capitaine en pied en achetant une compagnie. Le sujet est excellent... Vous aimez les sujets de cette trempe, ainsi couronnez votre ouvrage. Le cabinet l'a épuisé et désormais une vie active peut également satisfaire son goût pour la guerre et lui rendre la santé qu'il a perdue ici par son travail et une vie trop sédentaire[1]... » Le marquis de l'Hôpital écrivit aussi à Mme d'Éon, l'assurant de son affection pour son fils : « Je l'aime et je l'estime beaucoup, lui dit-il. L'air natal lui rendra la santé qu'il a perdue par le travail et l'air cruel que nous respirons ici[2]... »

Dès son départ, en dépit de sa médiocre santé, d'Éon brûle les étapes, voyageant jour et nuit pour retrouver la France qui lui manque depuis si longtemps. Il traverse en toute hâte la Livonie, la Courlande, la Pologne et atteint Vienne dans un total état d'épuisement. Le comte de Choiseul-Praslin, ambassadeur de Louis XV, l'invite à se reposer quelques jours, mais il refuse, préférant repartir sans tarder. Et fouette cocher jusqu'à Paris. À peine arrivé, il s'effondre grelottant de fièvre : il est atteint de l'une des plus funestes maladies du temps, la petite vérole. Malgré les risques de conta-

1. *Lettres, Mémoires et Négociations particulières du chevalier d'Éon...*, IIIe partie, p. 23-24.

2. *Ibid.*

gion, le comte d'Ons-en-Bray, protecteur de sa famille, l'a accueilli chez lui, à Paris, rue de Bourbon faubourg Saint-Germain. Pendant plusieurs semaines ses jours sont en danger. Lorsque la variole lâche prise, d'Éon n'a plus qu'une idée : se présenter au roi. Louis XV lui accorde deux mille livres annuelles de pension viagère en « récompense du zèle et de l'intelligence qu'il a fait paraître dans la place de secrétaire d'ambassade de Russie ».

À Saint-Pétersbourg, le marquis de l'Hôpital s'était ému de savoir son jeune ami en danger et demandait régulièrement de ses nouvelles. « Je suis délivré, mon cher d'Éon, des plus mortelles inquiétudes et je suis à présent tranquille sur votre vie », lui écrit-il, le 30 janvier 1761.

« J'espère que l'humeur de la petite vérole vous aura débarrassé de toutes celles qui vous accablaient, et que la *terza gamba* vous fera enfin connaître le plaisir et les faiblesses de l'amour, fût-il conjugal. Les *lettres du monument si effacées* [1] m'obligent de partir pour les faire revivre et je vole vers vous avec plaisir. J'irai cependant sans voyager de nuit. Aussi mon vol ne finira qu'en mai, ne pouvant partir que le 15 ou 20 de février. Je pense toujours aussi constamment les mêmes choses que lorsque nous raisonnions ensemble à Pétersbourg [...]. La petite vérole exige beaucoup de soins pour la convalescence. Ménagez-vous jusqu'à mon retour au printemps. Je me porte assez bien pour un sexagénaire. Adieu, mon cher d'Éon, je vous aimerai toujours [2]. »

Baptême du feu

Après un bref séjour dans sa Bourgogne natale, d'Éon avait recouvré la santé et voulait réaliser son rêve d'adolescent : se battre dans les armées du roi. C'était une gageure. Non seulement il risquait de passer pour un dragon de salon, mais il prenait aussi des

1. On voit que le marquis de l'Hôpital use encore de formules codées difficilement compréhensibles pour un autre que d'Éon.

2. Le marquis de l'Hôpital à d'Éon, Gaillardet, *op. cit.*, p. 77.

risques considérables, n'ayant pas la moindre expérience de la vie militaire. Mais d'Éon est l'homme des défis. Louis XV, on s'en souvient, lui avait accordé en 1758 une commission de lieutenant réformé à la suite du colonel-général dragons, nomination purement honorifique. Il voulait désormais passer capitaine en pied et acheter une compagnie. Louis XV lui accorda cette faveur. Apprenant que son régiment ne devait pas participer aux campagnes d'Allemagne qui reprenaient au printemps de 1761, d'Éon voulut être employé dans un autre régiment. Il fut affecté au régiment des dragons d'Autichamp dont le colonel était le neveu du maréchal de Broglie [1]. Ce n'était pas un hasard. Le chevalier avait tissé des liens avec le comte de Broglie frère du maréchal, lorsque celui-ci était en même temps ambassadeur et agent du Secret à Varsovie. Ayant quitté son ambassade, il se trouvait alors aux côtés du maréchal. Il décida de prendre d'Éon comme aide de camp. « Je ne sache point que nous ayons présentement besoin du sieur d'Éon ; ainsi vous pourrez le prendre pour aide camp, et d'autant mieux que nous saurons où le prendre, si cela était nécessaire », écrivit le roi [2].

Voici donc notre dragon en Allemagne. Il n'est pas homme à se contenter de parader sous la tente des chefs, de passer ses journées penché sur des cartes pour regarder de loin les combats. D'Éon participe à l'action. Avec bravoure. Avec panache. On dirait qu'il veut se prouver et prouver aux autres qu'il est un officier d'une qualité exceptionnelle. Il se distingue à plusieurs reprises. Ainsi, le 19 août 1761, à Hoëxter, le comte de Broglie lui ordonne de porter ce billet au comte de Guerchy : « Monsieur le Maréchal prie M. le comte de Guerchy de faire prendre sur le champ par toutes les brigades d'infanterie qui sont à la rive droite du Weser, quatre cent mille cartouches qui s'y trouvent, qu'un garde magasin de l'artillerie leur fera distribuer à l'endroit où M. d'Éon, porteur de ce billet

1. Le duc de Broglie, nommé commandant en chef et maréchal de France à la fin de 1759, avait pris son frère le comte de Broglie comme chef d'état-major.

2. A.N. K 157.

les conduira. P.S. : il serait bon qu'il vînt sur le champ un officier major avec M. d'Éon pour faire cette distribution aux troupes sous vos ordres [1]. »

Pour la première fois, le chevalier rencontre le comte de Guerchy auquel il s'opposera violemment à Londres quelques années plus tard. Méprisant et peut-être aussi soucieux de ne pas exposer ses hommes, M. de Guerchy tarde à exécuter les ordres. Aussi est-ce d'Éon qui décide de transporter lui-même les munitions, sous le feu de l'ennemi, avec l'aide de quelques volontaires. Peu de temps après, il est blessé à la tête et à la main au combat d'Ultrop. Ses blessures ne l'empêchent pas, le 7 novembre, d'attaquer les Écossais avec un régiment de Suisses dans la gorge d'Eimbeck et de les repousser. Plus tard, lorsque le maréchal de Broglie a besoin de communiquer avec le prince Xavier de Saxe qui fait le siège de Wolfenbüttel et dont il est séparé par des troupes prussiennes, le chevalier décide de forcer les lignes pour rejoindre le prince. Mission réussie. Il fait prisonnier un régiment prussien, parvient jusqu'au prince Xavier, lui transmet l'ordre de donner l'assaut à la ville assiégée et Wolfenbüttel sera prise. Les Broglie vanteront la bravoure et l'habileté de leur protégé. Cependant, malgré quelques faits d'armes remarquables, la campagne se soldait par un échec.

Le chevalier d'Éon s'est engagé brillamment dans la carrière militaire, au moment où cette guerre désastreuse allait prendre fin. La mort de la tsarine, le 29 décembre 1761, et l'avènement de son neveu Pierre III bouleversèrent le cours des relations internationales. Lorsque la tsarine rendit le dernier soupir, d'Éon se trouvait à Cassel, où l'armée prenait ses quartiers d'hiver. Considéré comme le meilleur connaisseur de la Russie, il fut rappelé en France afin de rester à la disposition du roi. Il devait être prêt à intervenir pour le Secret si son action s'avérait nécessaire.

Louis XV et Choiseul étaient alors très attentifs à l'évolution de la politique russe. L'avènement de Pierre III ne réservait rien de bon. Ce fanatique admirateur de Frédéric II représentait un danger pour le système d'alliances en place. Comme on pouvait le

1. B.M.T., O, cité par P. Pinsseau, *op. cit.*, p. 46.

craindre, le nouveau tsar ne tarda pas à dénoncer les traités précédents et à s'affirmer comme l'allié du roi de Prusse. Cette décision inquiéta le baron de Breteuil. Recevant des ordres contradictoires de Louis XV (*via* le Secret) et de Choiseul (ignorant le Secret), l'ambassadeur s'était souvent trouvé dans une situation embarrassante. Tout en restant l'intermédiaire de la correspondance entre le roi et la tsarine jusqu'au décès de celle-ci, il s'était contenté d'entretenir des relations de pure courtoisie avec la « jeune cour ». Il redoutait désormais que l'on vînt à découvrir les lettres de son maître et connaissant les méthodes expéditives propres aux potentats de l'Empire russe, il préféra demander son rappel, laissant à sa place un simple chargé d'affaires, le sieur Durand. Alors qu'il faisait ses bagages pour retourner en France, la grande-duchesse Catherine lui fit parvenir une demande de subsides à laquelle il refusa de répondre, sans en faire part ni au roi ni à Choiseul.

Il fallait désigner un successeur à Breteuil auquel on destinait l'ambassade de Stockholm. Choiseul proposa de nommer d'Éon ; le roi y consentit [1]. Le chevalier ne se tenait plus de joie. Sa réussite dépassait ses rêves les plus fous. C'était la récompense de son mérite et de lui seul. Cependant, alors qu'il se préparait à repartir pour la Russie en un splendide équipage, on apprit à Versailles le coup d'État de Catherine. L'épouse de Pierre III s'était emparé du pouvoir et elle avait annulé les décisions de son mari. À cette nouvelle, Breteuil, qui était alors à Varsovie, décida de reprendre la route de Saint-Pétersbourg. « Voilà au moins le départ du sieur d'Éon différé et vraisemblablement aussi toutes les affaires de Pologne », écrivit Louis XV à Tercier.

On peut imaginer la déception du chevalier. Ses ambitions s'effondraient au moment de les voir réalisées. Il ne voulait pas retourner à Pétersbourg dans une situation subalterne comparée à celle qu'on lui avait promise. Le comte de Broglie le soutint. Pour toute consolation, Louis XV lui envoya une gratification de 3 000 livres et lui ordonna d'accompagner à Londres le duc de Nivernais chargé

---

1. Louis XV à Tercier, le 1er juin 1762, et le 19 juin 1762, Boutaric, *op. cit.*, t. I, p. 274-275.

des négociations de paix, car il fallait bien s'y résoudre, la guerre ne pouvait plus durer. Le roi de France se voyait obligé de demander la paix à l'Angleterre.

D'Éon raconte ainsi ses dernières mésaventures au colonel d'Autichamp : « Je suis parti de Cassel, comme vous savez, mon cher colonel, tout à la fin de décembre 1761 avec MM. le maréchal et comte de Broglie pour aller à Paris, parce qu'il était question alors de me renvoyer en Russie pour la quatrième fois. Mais Dieu qui tient dans le creux de sa main la destinée des empereurs, des généraux et des capitaines de dragons et qui élève et renverse les quatre globes du monde avec autant de facilité qu'un enfant qui fait voler en l'air des globules de savon, ce grand dieu ne fit que souffler et aussitôt une violente colique hémorragique tomba au nord sur la tête de Pierre III et le précipita dans le tombeau. En Occident une lettre de cachet très fatale à la France vint fondre sur la maison de Broglie[1] et le seul grand général des Gaules fut en pleine guerre relégué en Normandie ; la légion britannique en fit des feux de joie et tout Albion dansa comme un mouton.

Pendant tout ce temps-là, le baron de Breteuil, qui n'était encore qu'à Varsovie, eut ordre de retourner à Pétersbourg et moi, je fus retenu à Paris et à Versailles pour aller travailler à Londres sous les ordres de M. le duc de Nivernais au grand ouvrage de la paix. Si j'eusse été prophète, mon cher colonel, j'aurais cent fois préféré le détachement de Göttingen, où M. le maréchal avait envie de m'envoyer pour y passer le quartier d'hiver. J'aurais cent fois mieux aimé m'être fait tuer aux environs de ses remparts [2]. »

---

1. Allusion à la disgrâce des Broglie le 18 février 1762 après la campagne de l'été 1761 qui s'était soldée par des échecs imputés au maréchal de Broglie dont la mésentente était notoire avec le prince de Soubise protégé par Mme de Pompadour et par Choiseul. Cependant le comte de Broglie demeurait l'un des rouages essentiels du Secret.
2. D'Éon au colonel d'Autichamp, coll. privée.

Négociateur de la paix

Le 11 septembre 1762, d'Éon partit pour Londres, la mort dans l'âme. Il avait pourtant l'espoir de revenir au printemps suivant avec le duc de Nivernais, une fois la paix conclue[1]. Le duc de Brissac l'avait recommandé au duc de Nivernais, l'assurant que c'était « un véritable dragon à l'armée et au cabinet ». L'ambassadeur extraordinaire à Londres était on ne peut mieux disposé à l'égard de son secrétaire d'ambassade. Il l'avait naguère rencontré chez Mme de Rochefort, alors qu'il était frais émoulu de sa Bourgogne natale. Le diplomate ne tarda pas à être sous le charme du chevalier, dont il apprécia aussitôt les qualités de sérieux, la bonne humeur et l'esprit. Quant à d'Éon il n'eut qu'à se louer des attentions paternelles de cet arrière-neveu de Mazarin dont il a laissé un portrait flatteur. « La franchise et la gaieté sont le caractère principal de ce ministre qui, dans toutes les places et ambassades qu'il a eues, y a toujours paru comme Anacréon, couronné de roses et chantant les plaisirs au sein des plus pénibles travaux, dit-il. Il aime naturellement à se livrer à l'oisiveté, néanmoins il travaille comme s'il ne pouvait vivre dans le repos et il se rend à cette vie aisée et désœuvrée aussitôt qu'il se sent libre. Sa facilité naturelle et son heureux enjouement, sa sagacité et son activité dans les grandes affaires, ne lui permettent pas d'avoir jamais aucune inquiétude dans la tête, ni rides sur le front. Il faut avoir vécu longtemps avec un ministre pour peindre son caractère, pour dire quel degré de courage et de faiblesse il a dans l'esprit ; à quel point il est prudent ou fourbe ; je puis dire à présent que M. le duc de Nivernais est fin et pénétrant sans ruse et sans astuce. Il est peu sensible à la haine et à l'amitié, quoiqu'en diverses occasions, il paraisse entièrement possédé de l'une et de l'autre. En tout c'est certainement un des plus enjoués et des plus aimables ministres de l'Europe[2]. »

---

1. Sainte-Foy à d'Éon, le 4 décembre 1762, *in Lettres, Mémoires et Négociations particulières du chevalier d'Éon...*, IIe partie, p. 6.
2. Gaillardet, *op. cit.*, p. 89.

Non seulement le travail du chevalier sous la direction du duc de Nivernais se révélait fort agréable, mais la découverte de Londres ne pouvait le laisser indifférent. Il avait eu la chance d'y parvenir avant le début de la mauvaise saison. La capitale britannique était alors la plus grande ville d'Europe, bien différente de Paris et surtout de Saint-Pétersbourg où il avait passé quatre ans. Dès l'arrivée, on était frappé par le spectacle de la Tamise hérissée d'une forêt de mâts appartenant à un nombre impressionnant de vaisseaux serrés les uns contre les autres, au milieu desquels ne subsistait qu'un étroit canal pour laisser passer ceux qui arrivaient et ceux qui partaient. La ville dont les maisons s'élevaient jusqu'à cinq ou six étages présentait encore un aspect assez neuf puisqu'elle avait été reconstruite après l'incendie de 1666. Cependant les principales places, appelées squares, n'étaient pas aussi majestueuses que celles de Paris et les hôtels qui les bordaient d'une architecture moins recherchée.

La mission du duc de Nivernais n'était pas glorieuse puisqu'il devait négocier les conditions d'une paix sûrement désastreuse pour la France. Pendant la guerre, l'Angleterre s'était emparée de la quasi totalité de l'Empire colonial français (le Canada, les Indes, le Sénégal, la Martinique, la Grenade, Sainte-Lucie, Tobago) et la Marine était ruinée. La situation n'était pas meilleure sur le continent où Frédéric II l'emportait. Là aussi la France faisait figure de vaincue. Grand seigneur, diplomate confirmé, le duc de Nivernais ne perdit pas un instant pour rencontrer le Premier ministre britannique, lord Bute, et lord Egremont, secrétaire d'État. Il mena rapidement les négociations en essayant de tirer parti des rares atouts qu'il possédait. Le chevalier d'Éon n'était pas le moindre. On le voyait peu, mais il s'activait dans son bureau, rédigeant les rapports de M. de Nivernais, lui soumettant parfois son avis et le secondant dans toutes ses affaires. L'ambassadeur ne tarissait pas d'éloges sur lui. « Je ne saurais vous en trop dire de son zèle, de sa douceur, de son activité », écrivait-il à Choiseul[1]. « Il est fort actif, fort avisé

1. Le duc de Nivernais à Choiseul, 2 octobre 1762, *in Lettres, Mémoires et Négociations particulières du chevalier d'Éon...*, IIe partie, p. 4.

et fort discret, ne faisant jamais le curieux ni l'empressé et partant ne pouvant espérer aucun ombrage ni méfiance », disait-il au duc de Praslin [1]. La fantaisie et l'esprit aventureux du jeune homme lui firent commettre quelques manœuvres douteuses néanmoins utiles, dont se vanta ultérieurement le duc.

Ainsi un soir, alors que les deux parties n'étaient pas d'accord sur certains points, le sous-secrétaire d'État, Mr Wood, se fit annoncer chez le duc de Nivernais pour tenter de le convaincre d'accepter ses conditions. D'un air satisfait, l'Anglais déclara que son portefeuille contenait l'ultimatum que lord Egremont allait transmettre à son ambassadeur à Versailles, si M. de Nivernais ne cédait pas. Aussitôt le regard de ce dernier croisa celui de d'Éon. Ils se comprenaient. L'ambassadeur invita son hôte encombrant à dîner avec lui. Il le savait amateur de bonne chère et surtout de bon vin. Le petit d'Éon se faisait depuis peu le fournisseur en vin de l'ambassade de Londres, comme il l'avait été à Saint-Pétersbourg. Dès que ces messieurs furent installés dans une autre pièce, le chevalier se précipita sur le maroquin, prit la dépêche adressée au duc de Bedford, la recopia et l'expédia sur le champ à Versailles. Ayant gagné du temps et fort de l'habileté de son collaborateur, le duc de Nivernais raccompagna Mr. Wood sans lui faire la moindre promesse. Lorsque le duc de Bedford se présenta devant le duc de Choiseul-Stainville et le duc de Choiseul-Praslin, il n'obtint pas ce qu'il souhaitait, les deux ministres français ayant eu le temps de préparer leurs arguments grâce à la dépêche qu'ils avaient reçue du chevalier.

Hélas, cet ingénieux tour de passe-passe ne changeait pas grand-chose aux conditions draconiennes de la paix exigées par l'Angleterre : la France lui cédait le Canada, les îles du Saint-Laurent, la Grenade, Sainte-Lucie, Tobago, les rives du Sénégal et elle ne gardait aux Indes que Pondichéry. Elle se voyait contrainte de démolir les fortifications de Dunkerque sous la surveillance d'un commissaire anglais rémunéré par ses soins. Les préliminaires du traité furent conclus à Fontainebleau en octobre 1762 avant la signature

1. Le duc de Nivernais à Praslin, 24 novembre 1762, *ibid.*, p. 5.

définitive, le 27 janvier suivant. Ce traité, complété par celui d'Hubertsbourg mettant fin à la guerre continentale, consacrait l'abaissement du royaume sur la scène internationale. « La paix que nous venons de faire n'est pas bonne ni glorieuse ; personne ne le sent mieux que moi, écrivait Louis XV, mais dans les circonstances malheureuses, elle ne pouvait être meilleures [*sic*] et je vous réponds bien que si nous avions continué la guerre, nous en aurions fait encore une pire l'année prochaine », poursuivait-il[1]. Le roi était cependant bien décidé à maintenir son alliance avec l'impératrice, à soutenir l'indépendance de la Pologne et à se venger de l'Angleterre considérée comme sa principale ennemie. Cette paix humiliante fut assez bien accueillie en France et célébrée par des fêtes grandioses à Paris au mois de juin 1763. En revanche, en Angleterre, on estima que le ministère avait fait la part trop belle à la France ! Quelques années plus tard, en 1770, on accusa le gouvernement Bute de corruption et le chevalier d'Éon fut mis en cause. Nous y reviendrons.

« Comme un amant »

Le duc de Nivernais et d'Éon s'étaient parfaitement entendus. Avant de rentrer en France, sa mission achevée, l'ambassadeur extraordinaire tenait à assurer la carrière de son protégé. Il ne cessait de rappeler au duc de Praslin la promesse faite à d'Éon lors de son départ pour Londres. « Le petit d'Éon n'est venu à Londres avec plaisir que dans l'espérance de s'en retourner avec moi en France pour être ensuite placé par vous en qualité de Résident ou de Ministre et non de secrétaire, étant un peu las d'avoir secrétarisé depuis si longtemps et avec tant de personnages divers », lui écrivait-il. Après avoir de nouveau vanté les mérites du chevalier, il ajoutait qu'en étant Résident auprès du futur ambassadeur, le comte de Guerchy, « il serait plus considéré ici et partant plus utile

---

1. Louis XV à Tercier le 26 fevrier 1763 A.N. K 157, Boutaric, *op. cit.*, t. I, p. 288.

et plus content, parce qu'il aurait la certitude de passer en sortant d'ici à une autre place, y compris celle de Pétersbourg pour laquelle il avait toujours du faible [1] ».

Afin de lui marquer l'estime dans laquelle il le tenait, le duc de Nivernais voulut que ce fût d'Éon qui portât au roi la ratification du traité de la part du souverain britannique. Cette faveur surprit le duc de Praslin qui manifesta ses doutes sur la pertinence d'une telle mission accordée à un simple secrétaire d'ambassade. Si d'Éon avait été le fils d'un duc, Praslin eût trouvé l'idée excellente. Mais d'Éon n'était pas né ! Le duc de Nivernais tint bon. D'Éon fut reçu par George III, qui lui remit personnellement le document signé de sa main. Comme à son habitude, le chevalier fit diligence pour porter le message à Versailles. Il partit de Londres le 23 février 1763 porteur d'une lettre du duc de Nivernais à l'intention du duc de Choiseul. « Vous savez, Monsieur le duc, que l'usage est ici de récompenser magnifiquement ceux qui sont chargés de commissions pareilles à celle de M. d'Éon, lui disait-il ; mais il est trop désintéressé pour avoir une semblable perspective. Je sais que vous le connaissez et l'aimez depuis longtemps. Il est digne de votre protection par ses services et l'attachement sincère qu'il a pour vous. Vous le mettriez au comble de ses vœux en lui procurant la croix de Saint-Louis ou le brevet de colonel à la suite de son régiment, car il est toujours dans le cœur aussi militaire que vous le connaissez et il est muni de certificats bien honorables et distingués par rapport à ses services à la guerre. Mais, au reste, quelque chose que vous jugiez à propos de faire pour lui, je puis vous assurer qu'il en sera content ; et seulement je dois, pour l'acquit de ma conscience, vous dire qu'indépendamment de tout ce qu'il vaut d'ailleurs, le travail prodigieux qu'il a fait ici sous mes yeux depuis que je suis ici avec un zèle et une intelligence infinie, le rend susceptible de quelque grâce éclatante du roi en cette occasion [2]... »

1. Le duc de Nivernais au duc de Praslin, 17 janvier 1763, *in Lettres, Mémoires et Négociations particulières du chevalier d'Éon...*, IIe partie, p. 20-21.

2. Le duc de Nivernais au duc de Praslin, 19 février 1763, *in Lettres, Mémoires et Négociations particulières du chevalier d'Éon...*, IIe partie, p. 29.

Le duc de Nivernais avait hâte de quitter Londres dont il supportait mal le climat. Sachant que le comte de Guerchy venait d'être nommé pour lui succéder, il voulait que « le petit d'Éon » assurât l'intérim. « Ce serait un dégoût qui le dégoûterait entièrement que de le donner à un autre et il ne mérite pas cela. Mais il y a plus, c'est qu'il fera fort bien ce que personne ne ferait aussi bien que lui [...]. M. Bute l'a pris en amitié et a très bonne opinion de lui ce qui n'est pas peu dire. Au demeurant je suis toujours d'accord pour que vous donniez au petit d'Éon le titre de Résident », disait-il encore au duc de Praslin [1].

Le 26 février, d'Éon arrivait à Versailles et remettait au roi la ratification du traité dont le souverain parut satisfait. Il lui accorda la croix de Saint-Louis et une gratification de 6 000 livres. « C'est un joli garçon, bon travailleur à qui je veux toutes sortes de biens », déclarait le duc de Praslin au duc de Nivernais heureux de voir son protégé récompensé comme il souhaitait. « Ma femme raffole de vous, ma fille aussi, Mme de Rochefort aussi et rien de tout cela ne m'étonne car j'en fais autant de mon côté [2] », écrivit l'ambassadeur au nouveau chevalier de Saint-Louis.

Le séjour de d'Éon se prolongea plus qu'il ne le pensait : il tomba sérieusement malade. Le duc de Nivernais s'inquiétait de sa santé et milord Bute, « qui l'avait pris en amitié », s'enquérait de ses nouvelles. Enfin, le 30 mars, d'Éon était à Londres, où le duc de Nivernais le reçut chevalier de Saint-Louis selon les formes appropriées, comme l'avait souhaité le récipiendaire, qui ne voulait être revêtu de cette dignité que par son protecteur. Avant de quitter l'Angleterre, l'ambassadeur réclama des émoluments confortables pour le jeune homme, rappelant sans cesse que la vie était beaucoup plus chère dans la capitale britannique qu'à Paris.

D'Éon était à peine remis d'une mauvaise bronchite lorsque l'ambassadeur partit se reposer à Bath. « Comme M. le duc de Nivernais m'a ordonné d'être ici son petit singe pendant son

---

1. Le duc de Nivernais au duc de Praslin, 20 février 1763, *in Lettres, Mémoires et Négociations particulières du chevalier d'Éon...*, IIe partie, p. 32.

2. Le duc de Nivernais à d'Éon, le 3 mars 1763, *ibid.*, IIe partie, p. 41.

absence, je prends la liberté de vous écrire comme lui une lettre particulière[1] », dit-il assez cavalièrement au duc de Praslin qu'il assure de son parfait dévouement avant de lui signaler sa préférence pour le titre de Résident plutôt que celui de Chargé d'affaires. De sa villégiature, le duc de Nivernais appuya sa demande et obtint gain de cause pour la plus grande joie du héros. À la fin du mois de mai l'ambassadeur quitta définitivement Londres et d'Éon commença d'assurer l'intérim en attendant le comte de Guerchy.

Écrire au duc de Nivernais auquel il doit sa brillante charge, tel est le premier soin du ministre résident. Déplorant le départ de son protecteur, il lui envoie une lettre dans laquelle il est difficile de faire la part de la reconnaissance et celle de la flatterie : « Depuis votre départ, rien ne me paraît plus intéressant ici, lui dit-il. Il me semble que la cour, la ville, la campagne ainsi que la politique sont muettes, du moins pour moi. Je couche dans votre lit, je travaille à votre table, je me sers de vos plumes, encre et papier ; je me tourne et retourne dans votre place pour tâcher d'être inspiré comme vous, mais tout cela ne sert à rien et je suis tout de glace depuis que je ne me chauffe plus au feu de votre génie. Tout ce qui me ranime sont les sentiments d'estime, d'amitié et d'admiration que la nation anglaise vous a voués pour toujours. On ne cesse de me questionner sur votre retour à Paris et sur votre santé. Toutes les fois que j'ai l'honneur de faire ma cour au roi ou à la reine, Leurs Majestés ne manquent point de parler de leurs regrets de vous avoir perdu et de l'envie qu'ils ont de vous revoir ici le plus tôt qu'il vous sera possible. Le roi m'en a parlé encore aujourd'hui pour la cinquième fois depuis votre départ et si votre excellence s'imagine que cela me fâche, elle se trompe bien fort. Je voudrais, Monsieur le duc, que toute votre maison, à commencer par vous, fût anglaise, demeurant à Londres au moins tout le temps que j'y resterai[2]. »

---

1. *Ibid.*, p. 62.
2. D'Éon au duc de Nivernais, 8 juin 1763, *in Lettres, Mémoires et Négociations particulières du chevalier d'Éon...*, IIe partie, p. 87.

Le vieux gentilhomme semble n'avoir vu là que de l'affection. Il fit d'ailleurs lire ces belles déclarations à toute sa famille. À Versailles comme à Paris, il ne cessait de vanter les qualités de d'Éon. La tendresse qu'il éprouvait pour lui n'échappait à personne. « Il vous aime comme un amant », n'hésitait pas à lui dire Radix de Sainte-Foy, alors premier commis de Choiseul aux Affaires étrangères [1], et qui semble avoir été assez lié au chevalier. Cet engouement ne manquait pas d'agacer tous ceux qui estimaient leurs talents bien supérieurs à celui qu'on appelait toujours « le petit d'Éon », surnom affectueux pour les uns, mais sobriquet plutôt méprisant pour les autres.

Une mission peut en cacher une autre

Ses détracteurs auraient été encore plus surpris de savoir que le roi lui confiait une nouvelle mission de confiance, dangereuse, ambiguë et bien entendu, secrète. Officiellement Français et Anglais faisaient assaut de politesses. On était réconcilié avec l'ennemi d'hier, pour ne pas dire l'ennemi de toujours. Le représentant de Louis XV entretenait les meilleures relations avec la cour de Saint-James, et même avec le roi et la reine. Il était connu du Tout-Londres. Son affabilité, son humour faisaient merveille. Il inaugurait une ère d'amitié entre les deux États. C'était son devoir. En réalité, Louis XV voulait une revanche sur l'Angleterre qui avait ruiné sa marine et qui lui avait pris son Empire colonial. Le comte de Broglie avait insisté auprès de lui pour « s'opposer à l'arrogance et à l'avidité des Anglais ». Le roi et ses conseillers occultes songeaient à un débarquement armé sur les côtes britanniques. Dès le 7 avril 1763, Louis XV avait ordonné au comte de Broglie d'en-

1. Claude Pierre Maximilien Radix de Sainte-Foy (1736-1795 ?) était secrétaire de l'ambassade de Vienne (avril 1757-juillet 1761). Choiseul alors ambassadeur apprécia ses services. C'est ainsi qu'il devint son premier commis en 1761. En 1766, il devint trésorier de la Marine. Il fut ministre à Deux-Ponts (1774-1777) et surintendant des finances du comte d'Artois.

voyer outre-Manche un officier qui examinerait soigneusement les côtes anglaises afin d'en prendre un relevé exact. On désigna le chevalier de La Rozière pour accomplir cette dangereuse mission. Ce dernier reçut l'ordre de se rendre auprès de d'Éon, alors seul maître de l'ambassade. « Il aura plus de facilité pour donner au séjour du sieur de La Rozière dans cette ville la tournure et les prétextes qu'il croira convenables pour éloigner toute espèce de soupçon, disait Broglie. Ils travailleront ensuite ensemble à faire un projet de conduite, qui ne peut être arrangé que sur les connaissances du local et qu'il faudra même leur laisser la liberté de varier suivant que la prudence et les circonstances leur dicteront[1]. » Le roi tenait évidemment au secret le plus absolu. Seuls Broglie, Tercier, Durand[2] et naturellement d'Éon étaient au courant de l'affaire[3].

Le 3 juin, le souverain donna directement ses ordres au chevalier, en lui recommandant, une fois de plus, le secret le plus absolu : « qu'il n'en donne connaissance à personne qui vive, pas même à mes ministres, nulle part ». Il ajoutait qu'« il recevrait un chiffre particulier pour entretenir la correspondance relative à cet objet et sous des adresses qui lui seraient indiquées par le comte de Broglie ou le sieur Tercier et il leur procurerait par ce chiffre toutes les connaissances qu'il pourrait se procurer sur les vues que l'Angleterre suivrait tant par rapport à la Russie et à la Pologne que dans le Nord et dans toute l'Allemagne, qu'il croirait intéresser mon service pour lequel je connais son zèle et son attachement[4] ».

Le comte de Broglie pria d'Éon de surveiller le comte de Guerchy, le nouvel ambassadeur attendu à Londres à la fin de l'été ! Il

1. Le comte de Broglie à Louis XV, le 17 mai 1763, *Correspondance secrète du comte de Broglie*, publiée par Michel Antoine, t. I, p. 163.

2. Durand était garde du Dépôt des Affaires étrangères depuis le 31 juillet 1762. Il avait auparavant travaillé avec le comte de Broglie en Pologne et ensuite il avait accompagné le duc de Nivernais à Londres.

3. Louis XV au comte de Broglie, le 7 avril 1763, *in* Boutaric, *op. cit.*, t. I, p. 291. Lors de son séjour en France le chevalier d'Éon avait été prévenu par Tercier qu'on allait de nouveau l'employer au service du Secret.

4. Louis XV à d'Éon, *ibid.*, le 3 juin 1763, p. 293-294.

lui conseillait également de prendre un logement séparé de l'ambassade où il se retirerait avec La Rozière et son cousin d'Éon de Mouloise [1] qui l'avait rejoint à Londres. C'est en ce lieu qu'il conserverait la correspondance secrète afin qu'elle fût bien à l'abri [2]. Louis XV qui redoutait la découverte de ses lettres insistait sur ce point : « Je voudrais qu'il [La Rozière] laisse tout cela chez le sieur d'Éon, lequel étant accrédité publiquement, ne peut être arrêté de la même manière [3]. »

À Londres le ministre résident est devenu un personnage important connu de la meilleure société. Le roi le reçoit en audience privée et il a ses entrées à la cour. Il mène grand train, dispose d'un personnel impressionnant, s'habille chez les meilleurs faiseurs et donne des réceptions où il invite Horace et Thomas Walpole, miss Pitt, lady Hervey, lady Bolingbroke, lady Susanne Stuart, miss Pelham, milord Gower, milord March, les Bedford, David Hume, le comte de Viry, le comte de Vorontsov... Après une guerre qui avait duré sept ans, les Français se précipitent à Londres comme vers un paradis perdu. Il faut aller voir sur place comment vivent ces Anglais si originaux, apprécier leurs lois et leurs idées mises à la mode par Montesquieu et Voltaire. La comtesse de Boufflers, l'*Idole* du prince de Conti, est arrivée la première, accompagnée d'écrivains et de savants. Il y a parmi eux une délégation de l'académie des Sciences chargée d'aller jusqu'à l'Équateur calculer le méridien terrestre. Elle séjourne à l'ambassade, où elle tient parfois le rôle de maîtresse de maison. Le 25 août, à l'occasion de la Saint-Louis, d'Éon convie à un dîner de gala le gratin de la capitale et l'ensemble du corps diplomatique. Il ne néglige pas ses amis français. Il envoie en France à ceux qui le lui demandent des petits chiens, des gants, des chaînes de montre et bien d'autres babioles typiquement britanniques.

1. Maurice d'Éon de Mouloise (1736-1765) lieutenant au régiment de Conti-cavalerie. Au mois de décembre le comte de Guerchy lui ordonna de ne plus revoir son cousin et de s'en retourner en France. Il refusa et fut cassé de son grade.
2. *Cf.* Boutaric, *op. cit.*, t. I, n. 1, p. 294.
3. Louis XV à Tercier, le 27 juillet 1763, *in* Boutaric, *op. cit.*, t. I, p. 297.

Malgré les obligations inhérentes à sa charge, ses activités secrètes et sa vie mondaine, il prend le temps de lire les principaux ouvrages britanniques. Au cours de cet été 1763, le duc de Praslin ne le prend pas au dépourvu lorsqu'il lui demande de favoriser la création d'une gazette littéraire pour promouvoir la langue française et dont l'abbé Arnault serait le rédacteur en chef. D'Éon ne manifeste pas beaucoup d'optimisme pour ce projet car les Anglais ne s'intéressent pas à la littérature comme les Français. « En Angleterre, dit-il, on a bien la fureur des gazettes et des papiers périodiques, mais cette fureur ne s'étend que sur les papiers et gazettes anglaises qui parlent avec liberté de tout ce qui concerne leur ministère, leur administration, leur commerce, leur constitution et leurs intérêts, soit communs soit particuliers. Tout ce qui n'est pas cela les touche peu[1]. » Quelques jours plus tard, le duc de Praslin fait part à d'Éon de la volonté du roi : « La gazette littéraire paraîtra une fois par semaine, et comprendra les annonces et les nouvelles de toute l'Europe, relativement aux objets d'histoire naturelle, de mécanique, d'astronomie, de jurisprudence, de poésie, d'architecture, de peinture, de sculpture, de musique, de spectacles, etc.[2] » Le ministre charge son résident de faire parvenir à l'abbé Arnault toutes les informations intéressantes pour ce périodique. Il lui recommande de rencontrer à cet égard les savants, les écrivains et les artistes qui seront, pense-t-il, très flattés de se voir cités et loués. On apprenait peu après que Voltaire non seulement encourageait le projet, mais qu'il promettait d'y prêter sa plume.

« Sans chat, sans chien, sans perroquet et sans maîtresse »

La réussite du chevalier d'Éon est extraordinaire. Petit nobliau de province destiné à une modeste carrière dans les tribunaux, il est maintenant ministre plénipotentiaire dans l'une des plus grandes

1. *Lettres, Mémoires et Négociations particulières du chevalier d'Éon...*, IIe partie, p. 71-75.
2. *Ibid.*, p. 77-79.

ambassades d'Europe. Le roi de France, la tsarine et le roi d'Angleterre le connaissaient, le reconnaissaient même. Jusqu'où ira-t-il ? « La Providence me sert au-dessus de ce que je mérite, écrit-il au comte de Broglie. J'ai beau fermer la porte à la fortune, elle abat les murs pour venir me trouver. Quand je dis la fortune, je ne dis pas argent, car vous savez que notre ministre est plus qu'économe, mais j'entends par fortune, honneur, avancement. Vous savez ma dernière promotion dans le corps diplomatique que je n'ai ni cherchée, ni demandée. Un événement fortuit l'a fait naître, un autre événement la détruira. Je n'en serai pas moins serviteur des événements. Vous pouvez remarquer que dans l'occasion, je dis franchement la vérité et soit qu'on le trouve bon, soit qu'on le trouve mauvais, j'irai toujours mon train, que je sois conservé ou chassé, cela m'est absolument égal. Je regarde la fortune comme ma servante et la vérité comme ma maîtresse, et c'est ce qui me fait et me fera toujours mal au cœur, de travailler sous les ordres de certains chefs : vous m'entendez. Ils veulent faire plier les événements à leur fortune particulière ou à leurs vues particulières ; c'est là précisément ce qui révolte mon caractère de vérité, et plusieurs prennent pour hauteur en moi ce qui n'est que droiture de cœur et d'intention[1]. »

Enivré par ses succès, il se voit déjà secrétaire d'État et s'arroge désormais des droits qu'il n'a pas. En menant le train d'un brillant ambassadeur, il fait des frais considérables. Comme ses émoluments de Résident ne lui permettent pas d'y pourvoir, il se sert de la dotation réservée à son successeur, le comte de Guerchy. Celui-ci est effaré en recevant les comptes. « Je ne crois pas, dit-il, qu'il y ait quelqu'un assez hardi dans le monde pour dire que j'ai mangé l'argent à me divertir ou à faire des folies, rétorque le chevalier. Ma vie est assez connue et l'on sait que j'ai toujours vécu dans tous les pays sans chien, sans chat, sans perroquet et sans maîtresse[2]. »

---

1. D'Éon au comte de Broglie, 21 juillet 1763, *in* duc de Broglie, *Le Secret du roi*, p. 125.

2. *Lettres, Mémoires et Négociations particulières du chevalier d'Éon...*, Ire partie, 9 août 1763.

Comment pourrait-il faire autrement que de prendre sur les fonds réservés à l'ambassadeur puisqu'il en remplit la fonction ? On ne lui a d'ailleurs pas remboursé ce qu'il a dû emprunter pour son voyage en Russie. Lors de son dernier séjour en France, il avait demandé au duc de Praslin le règlement de ces sommes en lui remettant un mémoire détaillé. Il avait fait part au duc de Nivernais de ses inquiétudes. Celui-ci lui avait répondu suavement : « Ne comptez point du tout sur votre vieille course moscovite et ne vous en souciez guère. Songez seulement à rendre de nouveaux services et on n'en sera pas méconnaissant car on vous aime beaucoup comme vous savez. Mais sur toutes choses, paraissez toujours content[1]. »

Jusque-là d'Éon était resté calme, protestant de ses bons sentiments et de sa loyauté à l'égard du roi. Mais lorsque le vieux gentilhomme lui déclara : « Vous allez être ministre plénipotentiaire et puis vous redeviendrez secrétaire d'ambassade et puis dans les intérim annuels, vous redeviendrez ministre », ce n'était plus là une question d'argent mais une question d'honneur. Et sur ce dernier point, le chevalier allait se montrer intraitable. C'était déchoir que de redevenir secrétaire d'ambassade aux côtés du comte de Guerchy qu'il savait incapable de rédiger un rapport. « Il ne sait pas du tout écrire, nous ne saurions nous abuser sur cela », avait dit le duc de Praslin au duc de Nivernais[2]. D'Éon aurait donc à faire le travail de son maître, qui aurait tiré gloire de ses bons et loyaux services. « Toutes ces arlequinades me feraient passer aux yeux du public pour un homme de paille dont on fait ce que l'on veut et qui prend telle forme qu'on désire lui donner, dit-il [...]. Tout le monde ici se moquerait de moi et je ne pourrais plus en aucune façon y servir le roi utilement [...]. Je suis traitable pour l'argent mais intraitable sur l'honneur[3]. » D'Éon n'était pas né. La modestie de ses origines par rapport à son emploi et la conscience

1. *Lettres, Mémoires et Négociations particulières du chevalier d'Éon...*, Ire partie, 3 juillet 1763, p. 7-8.

2. Le duc de Praslin au duc de Nivernais, 8 janvier 1763, Boutaric, *op. cit.*, t. I, p. 302.

3. *Ibid.*, p. 9.

de sa supériorité sur ceux qui s'étaient tout simplement donné la peine de naître le rendaient fou. On ne pouvait pas lui retirer ce qu'il avait acquis, ô combien chèrement, par ses seuls mérites. Perdre son rang lui faisait perdre son identité, sa raison d'exister.

« Une chienne de lettre »

La situation s'aggrava lorsque son ami Sainte-Foy lui tint le même discours que Nivernais. « Un ministre n'étant à proprement parler qu'un comédien, les règles du théâtre veulent que l'unité des temps et des lieux soit observée, lui répondit-il, ironique. Tout ce que je puis vous dire c'est que je ne veux pas jouer la farce sur votre théâtre politique[1]. » Le 22 août, il mit le duc de Praslin en demeure de s'expliquer clairement à son sujet. « Il y a bientôt dix ans que je suis politique sans en être ni plus riche, ni plus fin. On m'a beaucoup promis et les promesses et les prometteurs n'existent plus. Jusqu'à présent j'ai toujours semé et j'ai recueilli moins que ma semence. Mon bail politique étant heureusement fini, je serai forcé de mettre la clé sous la porte et de faire une banqueroute générale, si vous n'avez pas l'humanité de venir à mon secours par quelque gratification extraordinaire. Plus je travaille avec zèle et courage, moins je deviens riche ; ma jeunesse se passe et il ne me reste plus qu'une mauvaise santé qui dépérit tous les jours et plus de vingt mille livres de dettes pour avoir politiqué depuis dix ans. Ces différentes petites dettes me tourmentent depuis si longtemps que cela absorbe en vérité les facultés de mon esprit et ne lui permet pas de s'appliquer comme je le voudrais aux affaires du roi. Le temps de la récolte me paraissant à peu près arrivé, je vous supplie de prononcer sur mon sort présent et futur, sur mes appointements et sur les faveurs et les grâces que je puis attendre de votre justice et de votre bon cœur. Je vous l'avoue

1. *Lettres, Mémoires et Négociations particulières du chevalier d'Éon...*, 19 août, p. 9.

franchement, M. le duc, il me serait autrement impossible de faire encore pendant la paix la guerre à mes dépens. Il serait plus avantageux pour ma santé et pour le bien de mes petites affaires de vous prier de me permettre de retourner dans ma patrie malgré l'extrême envie que j'ai de vous plaire ainsi qu'à M. le duc de Nivernais et à M. le comte de Guerchy. »

Ce n'était pas là le langage d'un courtisan. Le duc de Praslin faillit s'étrangler en lisant « cette chienne de lettre », dont il parla fort courroucé au bon Nivernais. Celui-ci, désolé de voir son protégé s'enferrer dans une situation qui lui paraissait aussi absurde que dangereuse, lui prêcha encore une fois patience et prudence. Saisi d'une ardeur belliqueuse, d'Éon lui répondit d'égal à égal, ce qui ne semble pas avoir choqué le vieux gentilhomme : « Soyez donc plus tranquille, plus flexible et plus raisonnable, mon cher ami, soyez moins inquiet et moins inquiétant. Vous m'estimez, vous avez confiance en moi, vous m'aimez et vous savez que je vous aime ; comment avec tout cela vous refusez-vous avec opiniâtreté à tous mes conseils ? [...] Je vous aime et vous estime trop pour ne pas vous dire librement tout ce que je pense, et tout ce que je pense parce que je vous aime. Je vous embrasse de tout mon cœur et je me mets à vos genoux, s'il le faut, pour obtenir de vous ce que l'on désire[1]. » Le chevalier ne l'entendait pas de cette oreille. Il n'avait pas l'échine souple et n'admettait pas les mises en garde de celui qui était né. C'était bien là que le bât blessait. Par le même courrier le duc de Praslin ne lui avait-il pas déclaré : « Je n'aurais jamais cru que le titre de ministre plénipotentiaire vous fît promptement oublier le point d'où vous êtes parti. » Il n'en fallait pas davantage pour exciter son humeur belliqueuse. « Les points d'où je suis parti sont d'être gentilhomme, militaire et secrétaire d'ambassade ; tout autant de points qui mènent naturellement à devenir ministre dans les cours étrangères [...]. Si un marquis, Monsieur le duc, avait fait la moitié des choses que j'ai faites depuis dix ans, il demanderait au moins un brevet de duc ou de

1. *Lettres, Mémoires et Négociations particulières du chevalier d'Éon...*, 17 septembre, p. 33-34.

maréchal[1]. » Et d'Éon de réclamer son dû avec hauteur. « Je n'aime point qu'on traite avec moi comme avec un intendant de maison », dit-il sèchement au duc de Nivernais.

Les humiliations se poursuivaient. D'Éon, qui avait envoyé au le comte de Guerchy le double de sa « chienne de lettre » au duc de Praslin, reçut de lui une missive maladroite qui ne laissait présager rien de bon de leur future collaboration. « M. de Nivernais, lui disait-il, m'a écrit relativement au caractère que le *hasard* vous avait fait donner. Nous avons, lui et moi, traité cette matière avec M. de Praslin et j'ai lieu de croire que cela s'arrangera comme vous le souhaitez. » Le chevalier lui répondit avec une insolence qui n'avait d'égale que son talent littéraire. « Le *hasard* qui ferait donner le titre de ministre plénipotentiaire à un homme qui a négocié si heureusement n'est peut-être pas un des plus aveugles de ce monde, et ce qui m'arrive par hasard peut arriver à un autre par bonne aventure[2]. »

Le comte de Broglie, furieux contre son agent, le tança vertement, lui reprochant ses « turlupinades et ses sarcasmes » insensés et lui annonça qu'en raison de ses « haut-le-corps » son retour en France était décidé. « J'en suis inconsolable, parce que c'est votre faute et que le roi en sera sûrement très mécontent[3] », ajoutait-il.

---

1. *Lettres, Mémoires et Négociations particulières du chevalier d'Éon...*, 20 septembre, p. 50-55.

2. *Ibid.*

3. Le comte de Broglie à d'Éon, 7 octobre 1763, *in* duc de Broglie, *Le Secret du roi*, p. 133.

Chapitre IV

Les folies d'Éon

Ulcéré par les « haut-le-corps » du chevalier, le duc de Praslin avait obtenu son rappel auquel le roi ne pouvait s'opposer, puisque son ministre ignorait tout du Secret. « D'Éon a écrit plusieurs lettres fort singulières ; c'est apparemment son caractère de ministre plénipotentiaire qui lui a tourné la tête. En conséquence M. de Praslin m'a proposé de le faire venir ici pour juger de ce qui en est, écrivit Louis XV à Tercier. Prenez garde à tout ce qu'il a du Secret et s'il est fol, qu'il ne découvre[1] quelque chose. » L'ordre de rappel du chevalier dans son portefeuille, le comte de Guerchy partit fort satisfait pour l'Angleterre.

Un ordre griffé

Le 17 octobre, le nouvel ambassadeur débarque à Londres où d'Éon l'accueille dans un bel équipage. Après lui avoir demandé si sa colère s'est apaisée, le comte de Guerchy lui remet un pli ainsi libellé : « L'arrivée de l'ambassadeur du roi, Monsieur, faisant cesser la commission que S.M. vous avait donnée avec la qualité de son ministre plénipotentiaire, je vous envoie votre lettre de rappel que vous remettrez à S.M. britannique selon l'usage et le plus promptement qu'il vous sera possible. Vous trouverez ci-joint la copie de cette lettre. Vous partirez de Londres aussitôt après votre audience et vous vous rendrez tout de suite à Paris,

1. « Découvrir » signifie « révéler ».

d'où vous me donnerez avis de votre arrivée et où vous attendrez les ordres que je vous adresserai sans venir à la cour. » D'Éon reçoit le coup en plein cœur sans laisser rien paraître. Il est sûr que ses états de service l'empêcheront de tomber en disgrâce. Il ne se laissera pas intimider par un ministre, car la lettre est signée du duc de Praslin et simplement paraphée par le roi. Elle n'a reçu que « sa griffe ». Estimant, en bon agent du Secret, qu'il ne dépend que du souverain, d'Éon fait de la résistance. Il commence par écrire au duc de Choiseul, principal ministre : « Où pourrait-on exiler un homme comme moi qui, pour le service du roi, ai parcouru tant de fois la terre d'un pôle à l'autre, qui depuis 1756 ai porté cinq traités à Versailles, auquel j'ai eu le bonheur de contribuer et qui se trouve toujours sans duché, marquisat, comté, vicomté ni baronnie. Que dis-je ? qui au lieu de s'enrichir au service du roi, est plus pauvre que lorsqu'il a commencé. Tandis que de simples courriers sous mes ordres ont fait leur petite fortune, je me suis contenté uniquement des éloges que les ministres et les ambassadeurs m'ont prodigués, sans doute parce qu'il est plus facile de louer que de payer. Tout cela joint aux vilenies, ladreries et tracasseries de tout genre que j'ai essuyées depuis mon séjour à cette cour et qui ne me seraient jamais arrivées si j'avais toujours eu le bonheur de travailler sous les ordres d'un grand ministre comme M. le duc de Choiseul [...]. Je me serais prêté à tout ce qui aurait pu être utile et honnête si on avait voulu seulement observer la décence extérieure et ne pas venir contre moi, la foudre à la main. Ce n'est pas là le moyen de m'adoucir le caractère. Plus on voudra m'intimider, plus mon courage s'enflammera et plus je m'indignerai contre la bassesse des grands. J'irai même jusqu'à me moquer du genre humain si l'on m'y force... » Il refuse d'être le « compère derrière la tapisserie [1] ».

D'Éon espère un ordre du roi. Que devient sa mission secrète s'il est rappelé ? Et les papiers qu'il conserve précieusement ? Pour gagner du temps, il fait valoir à M. de Guerchy qu'il ne peut obéir à

1. D'Éon au duc de Choiseul, le 21 octobre 1763, in *Lettres, Mémoires et Négociations particulières du chevalier d'Éon...*, Ire partie, p. 112-117.

un ordre simplement « griffé » de S.M. Il doit porter sa signature en bonne et due forme. Ces prétentions exaspèrent l'ambassadeur, qui demande au Premier ministre britannique de faire donner son audience de congé le plus tôt possible au diplomate intérimaire. Gentilhomme de haute lignée, militaire dans l'âme, habitué au commandement, le comte de Guerchy[1] éprouve autant d'agacement que de mépris à l'égard de ce parvenu aux prétentions exorbitantes. Il est cependant plus fort que ne l'imagine d'Éon : redoutant quelque folie du chevalier, Louis XV a prié son ambassadeur de récupérer les papiers qu'il détient et de les garder jusqu'à son retour en France, l'été prochain. Tercier et Broglie s'inquiètent. Peut-on faire confiance au comte de Guerchy intimement lié aux Choiseul et qui risquerait de dévoiler aux ministres la politique personnelle du roi ? Le comte de Broglie suggère à son maître de confier le précieux dossier au sieur de La Rozière qui reviendrait à Versailles pour rendre compte de sa mission en Angleterre. Le roi reste serein : « Si Guerchy manquait au Secret, ce serait à moi qu'il manquerait et il serait perdu », déclare-t-il à Tercier. Il a, en outre, demandé l'extradition du chevalier dont « l'affaire n'est pas au clair[2] ».

---

1. Claude-Louis-François de Régnier, comte de Guerchy, marquis de Nangis, baron de la Guierche, né le 1er août 1715 appartenait à une ancienne famille de Bourgogne. En 1731, il commanda une compagnie au régiment de cavalerie de Toulouse, avec laquelle il partit à la conquête du Milanais (1733). Blessé à Guastalla en 1734, il reçut le commandement du Royal des Vaisseaux avec lequel il fit la campagne du Rhin. Il s'empara d'Ems et participa au siège de Lintz en 1741. en 1743 il devint brigadier. Il fut envoyé en Bavière puis en Flandres, où il participa aux sièges d'Ypres et de Furnes (1744) et à celui de Tournai (1745). À la bataille de Fontenoy, il chargea trois fois, à la tête de son régiment, la colonne anglaise. La même année, il fut fait colonel et inspecteur du régiment d'infanterie du roi, puis maréchal de camp. Présent à Oudenarde, Bruxelles, Mons, Charleroi, Namur et Raucoux (1746), il se distingua encore à Lawfeld en 1747. Gouverneur de Huningue en 1748, il fut du siège de Maestricht. Lieutenant général du roi la même année, il servit en Allemagne de 1751 à 1761. Il avait épousé le 3 mai 1740 Gabrielle-Lydie d'Harcourt, troisième fille du maréchal duc d'Harcourt et de Marie-Madeleine Le Tellier ; il en eut six enfants dont deux survécurent : Anne-Louis (1755-1806), qui fit carrière dans l'armée, et Antoinette-Marie, mariée au comte d'Haussonville.

2. Louis XV à Tercier, 11 novembre 1763, Boutaric, *op. cit.*, t. I, p. 304.

À Londres, d'Éon a prétexté une indisposition pour décommander la date de son audience de rappel auprès de George III. Il attend toujours un message de Louis XV et prend des dispositions permettant de négocier les conditions de son retour en France. Il sait que les papiers du Secret qu'il détient, en particulier la lettre autographe du roi, sont d'une importance capitale. Lorsque Guerchy les lui demande, il refuse de les lui donner : il attend, dit-il, des « ordres ultérieurs ». Craignant quelque scandale, l'ambassadeur temporise et invite le chevalier à sa table comme si leurs relations étaient parfaitement apaisées. Les apparences sont sauves.

Scandale chez lord Halifax [1]

Le 23 octobre, alors que les invités de l'ambassadeur vont passer au salon, on annonce M. Treyssac de Vergy. M. de Guerchy demande à d'Éon s'il connaît ce visiteur. Le chevalier répond qu'il a renvoyé récemment ce monsieur qui s'était présenté à lui ; ses recommandations ne lui paraissaient pas suffisantes : il prétendait seulement avoir rencontré à Paris M. de Guerchy. Vergy s'incline : « Je demande pardon à Votre Excellence, je croyais avoir l'honneur de la connaître », dit-il. Il adresse en même temps un regard lourd de menaces au chevalier et lui murmure quelques paroles provocantes. « Si nous n'étions pas devant l'ambassadeur et l'ambassadrice, je vous ferais voir sur le champ si je crains les menaces d'un homme tel que vous », répond d'Éon. L'aparté n'a duré que quelques secondes. À la surprise générale, le nouveau venu s'asseoit, engage la conversation et s'en va une demi-heure plus tard.

Le surlendemain, Vergy se présente de bon matin chez d'Éon afin de le provoquer en duel, mais le chevalier n'est pas chez lui. Le même soir, d'Éon dîne chez lord Halifax. Il y a là lord Sandwich [2], le comte de Guerchy et d'autres invités. En présence de

1. Lord Halifax était alors ministre des Affaires étrangères.

2. John Montagu, comte de Sandwich (1718-1792), diplomate anglais, secrétaire d'État de 1763 à 1765, sera premier lord de l'Amirauté de 1771 à 1782.

quelques témoins, l'ambassadeur de France demande au chevalier la date de son audience de congé. D'Éon répond qu'il attend des ordres, mais que, de toutes façons, il ne peut quitter Londres sans avoir réglé son affaire avec Vergy. Lord Halifax, lord Sandwich et le comte de Guerchy s'éloignent quelques instants et reviennent auprès de lui pour le prier de ne pas se battre avec Vergy. D'Éon réplique qu'il est diplomate, mais aussi capitaine de dragons ; d'ailleurs son épée ne le quitte jamais et on la sait redoutable. Voulant sortir de cette maison où l'on se permet de lui donner des ordres, il trouve la porte close. Il s'emporte. Comment ose-t-on retenir prisonnier le ministre plénipotentiaire du roi de France ? Son hôte ordonne d'ouvrir la porte. Ô stupeur ! Un détachement de soldats sous le commandement d'un colonel aux gardes attend dehors. « Faites votre devoir, je ferai le mien », crie d'Éon à l'officier. On palabre ; au bout d'un moment, lord Halifax donne un papier au chevalier, et lui promet qu'il sera libre s'il s'engage à ne pas se battre avec Vergy. La rage au cœur, d'Éon y consent à condition que les témoins de la scène apposent leur signature à côté de la sienne.

Le lendemain, le *Daily Advertiser* rapportait cette étrange affaire, que tout Londres se mit à commenter. On s'attendait à des rebondissements. « Je ne sais plus rien de d'Éon, excepté que l'honneur d'avoir pris part à la paix a dérangé sa pauvre cervelle, écrit Horace Walpole[1] au comte de Hertford[2]. Cela était évident dans cette petite soirée que vous savez chez lord H., quand on lui a dit que sa conduite troublait la paix : il parut tout égaré, pensant qu'on lui parlait de la paix entre la France et l'Angleterre. »

1. Horace Walpole (1717-1797), membre de la chambre des Communes pendant vingt-sept ans, ne joua aucun rôle politique. En revanche, sa vie mondaine en Europe, ses talents littéraires firent de lui l'un des représentants emblématiques des Lumières. En témoignent sa correspondance avec Mme du Deffand, ses souvenirs sur la cour de George III, des pièces de théâtre et des romans.

2. Francis Seymour Conway, comte puis marquis de Hertford (1721-1795), mena une carrière militaire et parlementaire, député aux Communes de 1741 à 1784, et lieutenant-général des armées. Il fut secrétaire d'État de 1765 à 1768.

Trois jours plus tard, le 27 octobre, Vergy sonne chez d'Éon[1] :

« Me voilà Monsieur en habit de combat et il n'est, je crois, que dix heures, déclare Vergy.

– Je suis enchanté de vous voir en cadenette ; je vous attendais avec impatience.

– Monsieur, j'ai une question à vous faire : êtes-vous ministre plénipotentiaire ou capitaine de dragons ? Si vous êtes ministre, je me retire.

– Non mon ami, je ne veux pas que tu te retires ; je ne veux être pour toi qu'un simple dragon. »

D'Éon ayant fermé la porte de sa chambre pour retenir son visiteur jusqu'à l'arrivée des gens de l'ambassade qu'il allait faire appeler, Vergy s'écrie :

« Monsieur, ne me touchez pas ! Ne me touchez pas !

– Comment ? Tu viens chez moi en habit de combat et tu crains que je ne te touche ! À la bonne heure, sois tranquille ! Je n'ai d'autre dessein que de te faire arrêter. » Vergy fait alors mine de sauter par la fenêtre.

« Si tu sautes, je te pousse ; mais prends garde, tu trouveras en bas un fossé et des piques. »

Finalement Vergy accepte de signer un billet par lequel il s'engage à rapporter à Londres des lettres de recommandation de « personnes bien connues ou en place à Paris ou à Versailles ».

Sur ces entrefaites, Vergy courut chez le juge de paix du quartier pour porter plainte contre d'Éon ; mais son immunité diplomatique protégeait encore le chevalier. Elle ne le protégeait pourtant pas contre les menées sournoises de Guerchy. Celui-ci paya Ange Goudar[2], pamphlétaire bien connu des services de la police britannique,

---

1. Ce dialogue est tiré de la *Note à M. le comte de Guerchy*, publiée par d'Éon, *cf. infra*, p. 9.

2. Ange Goudar était l'un de ces aventuriers courant les antichambres des ministres et les coulisses des ambassades. Casanova le qualifie de « fameux roué, homme d'esprit, maquereau, voleur au jeu, espion de police, faux témoin, fourbe hardi et laid ». Né à Montpellier en 1708, il vécut du jeu en Italie ; il écrivit plusieurs ouvrages pseudo-historiques. Il était à Londres depuis 1761, où il fréquentait assidûment les bordels. C'est là qu'il rencontra Sarah, une fille

pour raconter avec moult détails la scène arrivée chez lord Halifax, où d'Éon passait pour un fou dangereux. *Lettre d'un Français à M. le duc de Nivernais à Paris*, tel était le titre de ce factum qui remporta un vif succès dans Londres.

« Je ne suis pas aussi diable que l'on veut me faire voir... »

Louis XV s'impatientait. Le 4 novembre, il fit transmettre une demande d'extradition à l'intention de d'Éon et pria M. de Guerchy de faire diligence pour retrouver les fameux papiers. Soulagement pour l'ambassadeur ! L'extradition de l'encombrant chevalier allait le décharger de son principal souci. C'était mal connaître la législation anglaise qui ne permettait pas l'extradition de sujets étrangers. D'Éon n'étant plus reconnu comme diplomate se voyait réduit au rang de simple particulier, mais en tant que tel, il était protégé par la loi et son domicile était inviolable. George III prit lui-même la peine d'informer le comte de Guerchy de la résolution du Conseil des ministres consulté à ce sujet. Lord Halifax lui dit : « Que d'Éon se tienne tranquille, sa conduite est exécrable, mais sa personne est inviolable. » Guerchy fut bien obligé d'apprendre son échec à Louis XV. Il fallait songer à d'autres moyens pour se débarrasser de ce fauteur de troubles. En attendant, l'ambassadeur honteux et confus décida de faire dresser un procès-verbal du refus qu'opposait d'Éon à la restitution des papiers. Lorsque les envoyés de l'ambassadeur se présentèrent chez lui, d'Éon braqua un fusil sur ses visiteurs en criant : « Voilà au bout de quoi sont les papiers du roi, venez les prendre ! »

D'Éon continuait pourtant d'aller tranquillement à l'ambassade de France où il prenait ses repas. Un soir, il se trouva incommodé et tout étourdi après avoir bu de son vin de Tonnerre servi habituellement à cette table. Son malaise persista les jours suivants et un beau matin, avant neuf heures, sans s'être fait annoncer, le comte

---

d'auberge, dont il fit son épouse. Le couple devait défrayer la chronique à Naples où la belle Sarah devint la maîtresse de Ferdinand IV.

de Guerchy se rendit chez lui, accompagné de ses deux aides de camp, sous prétexte de prendre de ses nouvelles. Sur place, les trois hommes inspectèrent discrètement son logement. Le lendemain, un serrurier que d'Éon n'avait pas mandé se présenta pour réparer la porte de la chambre, qui n'en avait guère besoin. Il prit l'empreinte de sa clé. Dehors attendait une chaise à porteurs. Le chevalier fut alors persuadé que l'ambassadeur voulait le faire enlever. Il demanda aussitôt asile à M. de La Rozière qui demeurait à l'étage au-dessus de lui. Ensemble, ils transformèrent la maison en camp retranché : ils mirent des mèches dans les escaliers et appelèrent à la rescousse quelques sbires de leur connaissance. D'Éon pensait que Guerchy était prêt à tout pour s'emparer des papiers dont il connaissait le prix. L'ambassadeur continua de faire courir le bruit que le chevalier était atteint de démence. C'est pourquoi il pria cette fois Vergy d'écrire un nouveau libelle contre d'Éon, *Lettre de M. de la M.*, qui développait les mêmes thèmes que celui du précédent factum ; il prétendait, en outre, que d'Éon s'était battu contre l'ambassadeur et il finissait par le traiter d'hermaphrodite ! C'est la première fois qu'il est fait allusion au sexe incertain du chevalier d'Éon, lequel ne semble pas avoir été troublé par cette attaque d'un nouveau genre. Dans la réponse qu'il publia sous le titre de *Note à M. le comte de Guerchy*, il réfutait point par point toutes les accusations portées contre lui, sans relever toutefois celle d'hermaphrodisme.

Le 30 novembre, le jour même où paraissait la *Note*, le chevalier reçut la visite d'un M. de Prémarets, secrétaire de l'ambassadeur, venu lui demander, au reste fort courtoisement, de lui remettre les papiers du roi. D'Éon l'invita à dîner et à boire avec lui, mais l'émissaire du comte de Guerchy ne voulut pas s'attarder chez un homme qui passait pour dangereux. Au cours de la nuit, sur le coup de quatre heures, d'Éon écrivit à M. de Guerchy. « Quoique dragon, je ne suis pas aussi diable que l'on veut me faire voir [...]. Pour ce qui regarde les papiers du roi que vous me demandez, Monsieur, c'est en vérité le cœur serré de douleur que je suis forcé de dire à Votre Excellence que je ne puis avoir l'honneur de les lui remettre sans un ordre exprès du roi [...]. À l'ordre de mon maître, non seulement je saurai obéir, mais me faire tuer [...]. Je vous réitère ma prière d'être bien persuadé que je n'ai jamais eu envie de manquer à M. le duc de Praslin ni à V.E., mais souvenez-vous que je suis très déterminé à le faire si vous persistez toujours à vouloir me forcer jusque dans les retranchements de mon devoir, de l'honneur, de l'équité et de la liberté [1]... » C'était une déclaration de guerre. Guerchy devait répliquer peu après par une *Contre-Note*, aussi blessante que les précédentes. La Rozière se crut obligé, lui aussi, de se justifier, le bruit s'étant répandu qu'il était venu pour « lever les côtes de l'Angleterre et faire des projets de descente... », vérité dont il se défendait bien évidemment. Cet écrit le rendit encore plus suspect. On parlait de le faire enfermer.

Londres se passionnait désormais pour cette querelle peu banale entre deux représentants du roi de France. On s'interrogeait sur sa signification réelle et sur ce qu'elle cachait. Guerchy avait ses partisans, d'Éon les siens. La verve insolente du chevalier et son humour ravageur faisaient mouche. L'opposition de S.M. britannique conduite par John Wilkes cherchait dans ses arguments ce qui pouvait servir sa propre cause. N'étaient-ce pas les forces de progrès et celles de la tradition qui s'affrontaient à travers les deux protagonistes ? Le talent était-il condamné par les prérogatives de la naissance ? Les gazettes anglaises, bientôt relayées par celles des autres capitales européennes, se firent l'écho de ce scandale. À Paris, le bruit courait que le chevalier était enfermé à Charenton. Les *Mémoires* de Bachaumont prétendaient qu'il s'était conduit en spadassin à la cour de Russie, que sa nomination de dragon n'était que de pure complaisance, qu'il n'était que le prête-nom de son oncle pour ses écrits et qu'il s'était battu avec M. de Vergy [2].

1. Lettre de d'Éon au comte de Guerchy, 1er décembre 1763 à quatre heures du matin, in *Lettres, Mémoires, Négociations*..., Ire partie, p. 128-131.

2. Bachaumont, *Mémoires secrets*..., 31 décembre 1763, t. I, p. 363.

« Il n'est pas fol mais orgueilleux et fort extraordinaire »

Louis XV ne comprenait rien à cet imbroglio. « Je sais par M. de Praslin que d'Éon est renfermé avec quatre personnes, écrivait-il à Tercier [...]. J'aurais mieux aimé que cela se fût passé avec moins d'éclat et que d'Éon fût déjà revenu. Le temps nous éclaircira du reste[1]. » Le courrier qu'il reçut du comte de Broglie lui apporta quelques éclaircissements : La Rozière avait quitté Londres et s'était arrêté à Broglie en Normandie, où il avait remis au comte, de la part de d'Éon, une lettre à l'intention de Louis XV, une autre pour lui ainsi qu'une « infinité de copies de lettres et de notes sur lesquelles étaient fondées les preuves de sa justification et des plaintes amères qu'il prenait la liberté de lui adresser[2] ».

Broglie, dont le sérieux et le dévouement au roi ne peuvent être mis en doute, plaidait en faveur du chevalier. Après avoir soigneusement consulté le dossier confié par La Rozière, il arrivait à la conclusion que d'Éon n'était pas atteint de folie. Ses dépêches de la correspondance officielle en constituaient la meilleure preuve. La lettre qu'il adressait au roi (que Broglie ne lui fit pas parvenir) exposait les raisons pour lesquelles il n'avait obéi ni au duc de Praslin, ni au comte de Guerchy. Il attendait du souverain un ordre écrit, qu'il n'avait pas reçu. Aussi avait-il jugé nécessaire de rester à Londres où l'on avait employé à son égard des procédés que Broglie lui-même estimait trop violents : « Avec un peu moins d'acharnement contre lui, dit-il, on aurait évité une partie de l'éclat que cette malheureuse affaire a fait. » D'Éon restait persuadé que, sans recevoir « un ordre positif et ostensible » du souverain, « il serait enfermé pour le reste de ses jours » s'il revenait en France.

Après avoir défendu son agent, le comte de Broglie proposait au roi, soit de lui conserver le titre de ministre plénipotentiaire, soit de lui adresser la permission secrète de demeurer en Angleterre en tant que particulier français, qui le servirait comme agent de

1. Louis XV à Tercier, le 18 novembre 1763, Boutaric, *op. cit.*, t. I, p. 305.
2. Le comte de Broglie à Louis XV, le 9 décembre 1763, M. Antoine, *op. cit.*, t. I, p. 186 et suiv.

renseignements. Broglie ajoutait que si son maître ne faisait pas un signe vers d'Éon, celui-ci risquait de se venger. D'après La Rozière, il avait brûlé les papiers de la correspondance secrète, mais n'en gardait-il pas d'autres ? Plus grave encore, il conservait caché dans la reliure d'un livre l'ordre signé du monarque sur la mission de reconnaissance des côtes anglaises. « Si par vengeance des mauvais traitements qu'il a éprouvés et par nécessité pour se procurer de quoi vivre, il le rendait publique ou seulement le communiquait au ministère anglais, quel malheur n'en pourrait-il pas résulter ? écrivait Broglie. Ne serait-il pas à craindre que la sacrée personne de V.M. n'en fût compromise et qu'une déclaration de guerre de la part de l'Angleterre n'en fût la suite inévitable ? »

Le comte de Broglie voulait convaincre le roi d'envoyer quelques subsides au chevalier afin d'éviter de nouveaux éclats. Cela eût permis de le faire revenir en France avec les papiers qu'il conservait. Il fallait lui promettre de ne pas l'inquiéter. Le 30 décembre 1763, Louis XV décida de lui faire parvenir 2 200 livres et de « laisser écouler assez de temps » pour calmer le scandale. Le roi était persuadé que son agent « n'était pas fol, mais orgueilleux et fort extraordinaire ». Il ne redoutait pas de trahison de sa part et désirait surtout qu'il se tînt tranquille sans « faire de nouvelles affaires [1] ». C'était beaucoup présumer de la sagesse du chevalier qui vivait dans la hantise d'être enlevé ou assassiné par des hommes aux ordres de Guerchy. Il n'avait pas complètement tort. L'ambassadeur cherchait par tous les moyens à le capturer.

Broglie, craignant les excès auxquels d'Éon était capable de se porter, suggéra au souverain d'envoyer à Londres une personne susceptible de négocier avec lui, puisque ses relations étaient rompues avec Guerchy. Ce messager aurait l'ordre de récupérer le dossier et de remettre les 2 200 livres ainsi que des ordres secrets au chevalier sans éveiller la méfiance de Choiseul, lequel verrait simplement en lui un émissaire du roi venu ramener à la raison un

1. Louis XV à Tercier, le 30 décembre 1763, Boutaric, *op. cit.*, t. I, p. 310-311.

diplomate devenu fou. Après mûre réflexion Louis XV accepta d'envoyer M. de Nort en Angleterre.

Le temps passait et d'Éon se désespérait. Il n'avait plus ses entrées à la cour de Saint-James et ne recevait plus d'appointements du ministère. Le 23 mars 1764, il écrivit à Tercier une longue lettre qui se voulait pathétique. En réalité du pur chantage : « Je n'abandonnerai jamais le roi ni ma patrie le premier, mais si par malheur le roi et ma patrie jugent à propos de me sacrifier en m'abandonnant, je serai bien forcé malgré moi d'abandonner le dernier et en le faisant, je me disculperai aux yeux de toute l'Europe et rien ne me sera plus facile, comme vous devez le sentir. Ce sacrifice sera bien dur pour moi, j'en conviens, mais il coûtera aussi bien cher à la France et cette idée seule m'arrache des larmes. Voilà cependant les extrémités et les fatales résolutions que peuvent engendrer l'ingratitude et l'intrigue qui soutiennent un ambassadeur aussi indigne de ce titre que le comte de Guerchy.

« Je ne vous le dissimulerai pas, Monsieur, les ennemis de la France, croyant pouvoir profiter du cruel de ma position, m'ont fait des offres pour passer à leur service [...]. J'ai dit que je ne pouvais prendre aucun engagement, me regardant toujours comme attaché au service du roi, et mon roi m'abandonne. Et pourtant, dans l'origine de toute cette affaire, je n'ai agi qu'en conformité de son grand projet secret, de ses ordres par écrit que l'on ne m'arrachera qu'avec la vie [...]. Les chefs de l'opposition m'ont offert tout l'argent que je voudrais pourvu que je dépose chez eux mes papiers et dépêches bien fermés et cachetés. » Et d'Éon de déclarer qu'il les avait soigneusement conservés, n'ayant donné à La Rozière que les moins importants de ses relevés. Il n'avait brûlé que le chiffre des instructions en sa présence. Il ajoutait qu'il avait mis au point un dangereux système de défense pour protéger son trésor qu'il pouvait aisément faire sauter ainsi que sa maison et ses habitants. « Mais si je suis abandonné totalement et si d'ici au 22 avril, jour de Pâques, je ne reçois pas la promesse signée du roi ou de M. de Broglie que tout le mal que m'a fait le comte de Guerchy va être réparé [...], il faut vous déterminer à une guerre des plus prochaines dont je ne serai que l'auteur innocent et cette guerre sera inévitable. Le roi d'Angleterre y sera contraint par la nature des circonstances, par le cri de la nation et du parti de l'opposition qui augmente au lieu de s'affaiblir[1]. »

Louis XV, qui avait alors d'autres soucis (Madame de Pompadour était mourante), ne prit pas au sérieux les menaces du chevalier. Il voulait simplement que l'on mît fin au scandale. Mais à Londres l'affaire prenait des proportions incroyables, du fait de la passion du chevalier, de la maladresse de l'ambassadeur et de la malignité des Anglais.

Un feuilleton franco-français

Livré à lui-même, d'Éon publia en ce mois de mars 1764 un véritable brûlot : les *Lettres, mémoires et négociations particulières du chevalier d'Éon, ministre plénipotentiaire de France auprès du roi de la Grande-Bretagne imprimé chez l'auteur aux dépens du corps diplomatique*. Il s'agissait de sa correspondance personnelle avec les ducs de Praslin, de Nivernais, de Choiseul, avec le comte de Guerchy, avec son ami Sainte-Foy et quelques autres. Sans rien révéler de ses activités occultes, il divulguait pourtant des secrets d'État en publiant une partie de la correspondance diplomatique qui devait rester ignorée du public. D'Éon tenait avant tout à apparaître comme une victime de Guerchy, triste sire dépourvu d'intelligence politique, indigne d'une si haute charge, et même incapable de rédiger le moindre rapport. Les lettres des ducs de Nivernais et de Praslin étaient claires : ils n'avaient aucune confiance dans les talents diplomatiques du comte de Guerchy. Dans la seconde partie de l'ouvrage, le chevalier donnait le décompte de ses dépenses personnelles, agrémenté de commentaires facétieux ; enfin, dans la troisième partie, il produisait un certain nombre de pièces justificatives.

À Londres, plus de quinze cents exemplaires s'arrachèrent en

1. D'Éon à Tercier, le 23 mars 1764, Boutaric, *op. cit.*, t. I, p. 316.

moins d'une semaine. On se passionnait pour ce feuilleton franco-français qui avait pour théâtre la capitale d'un royaume où l'on n'aimait guère la France. D'Éon se trompait lourdement en imaginant que ce stratagème allait jouer en sa faveur. Sa conduite paraissait inexplicable à ceux qui ignoraient tout du Secret, autrement dit à tout le monde. La haute société, qu'il avait assidûment fréquentée, le prenait pour un fou dangereux. Horace Walpole dénonçait son « scandaleux » ouvrage. « Il est aussi coupable que possible, disait-il, fou d'orgueil, insolent, injurieux, malhonnête, enfin un vrai composé d'abomination cependant trop bien traité d'abord et ensuite trop mal par sa cour. Il est plein de malice, et de talent pour mettre sa malice en jeu. Il y a beaucoup de mauvaises facéties dans son livre, ce qui est rare dans un livre français, mais aussi beaucoup d'esprit[1]. » Les ministres anglais et l'ensemble du corps diplomatique défendaient Guerchy.

Les chefs du parti de l'opposition, qui avaient pris fait et cause pour d'Éon, envoyaient quotidiennement des émissaires pour savoir si rien de fâcheux ne lui était arrivé. Les matelots du port et la canaille étaient prêts à lui prêter main forte. L'opposition de S.M. britannique était d'autant plus sensible au cas du chevalier que son leader, John Wilkes, venait d'être condamné à l'exil pour avoir fait appel à l'opinion publique dans une affaire qui l'opposait au pouvoir[2].

À Ferney[3], Voltaire ricanait et réclamait « les folies d'Éon[4] ». À Paris et à Versailles, on était scandalisé. Comment d'Éon osait-il dévoiler de tels documents ? « L'indignité de son procédé, les disparates de sa conduite et de son style dans ses récits dénotent un méchant homme et un fou », pouvait-on lire dans les *Mémoires*

---

1. Duc de Broglie, *Le Secret du roi*, t. II, p. 166.

2. *Cf. infra* chap. v, p. 121-122.

3. Lettre de Voltaire à Théodore Tronchin du 18 août [1764], *in* Voltaire, *Correspondance*, Pléiade, t. VII, p. 819.

4. Il s'agit des *Lettres, Mémoires et Négociations particulières du chevalier d'Éon [...] avec MM. les ducs de Praslin, de Nivernais [etc.]*, Londres, 1764 ; Catalogue Ferney, B 1014, BV 1221, où les œuvres de cet auteur figurent précisément sous la rubrique « folies de Déon » (*ibid.*, p. 34 b ; BV, p. 1069).

secrets de Bachaumont[1]. C'était soumettre l'autorité du roi à l'opinion publique.

« Le public se déchaîne terriblement contre vous et est dans la persuasion que vous avez vendu les deux volumes de vos mémoires à un libraire de Londres pour 80 000 livres et qu'il ne contient autre chose que les secrets de l'État et les négociations de la paix, lui écrivit de Paris son beau-frère, Thomas O'Gorman[2]. Ni moi ni personne qui vous connaisse ne pouvons croire à de pareilles histoires et nous les regardons comme un tissu de tous les autres mensonges qu'on a débités avec tant d'audace sur votre compte. Nous savons combien le mot de traître blesserait la délicatesse de vos sentiments. On aime la trahison dans tous les pays, mais on hait le traître. Tout ce que vous avez à faire pour le présent c'est de ménager votre santé et votre bourse le mieux que vous le pourrez en attendant que l'orage soit passé. »

Le duc de Praslin était outré que son ami Nivernais eût pu communiquer ses lettres à d'Éon. Le duc de Nivernais ne savait plus comment se raccommoder avec le duc de Praslin et le comte de Guerchy. Ridiculisé, ce dernier était ulcéré de connaître la piètre opinion que ses amis (ou prétendus tels) avaient de ses qualités. Il fallait punir cet insensé, ce fauteur de troubles. Puisque l'extradition était impossible, le duc de Praslin décida d'enlever le chevalier au nez et à la barbe des Anglais et de l'enfermer dès son arrivée en France. Un bateau jeta bientôt l'ancre dans le port de Londres prêt à appareiller avec son précieux chargement.

D'Éon, qui redoutait le pire, ne sortait jamais sans arme et sans escorte. Autour de lui, on voyait toujours une escouade de jeunes gens prêts à lui porter secours. Alors que les hommes de Praslin avaient rejoint Guerchy, le sieur de Nort, envoyé secret du roi, fut accueilli comme le Messie par le chevalier, le 20 avril, deux jours

1. Bachaumont, *Mémoires secrets*, t. II, 14 avril 1764.

2. Thomas O'Gorman à d'Éon, le 1er juillet 1764. La sœur du chevalier avait épousé l'Irlandais Thomas O'Gorman qui semble avoir joué le rôle d'agent de renseignements pour d'Éon. Il lui écrivait régulièrement. Cette correspondance conservée au ministère des Affaires étrangères n'est pas encore cotée.

avant l'ultimatum posé au roi. D'Éon écrivit aussitôt au souverain pour protester de son inébranlable fidélité. Il promit au comte de Broglie qu'il ne publierait pas le second tome des *Lettres, Mémoires et Négociations* auquel il mettait la dernière main. Mais lorsqu'il comprit que M. de Nort voulait simplement récupérer ses papiers sans l'assurer de la protection royale, en ne lui laissant que 2 200 livres pour tout subside, il se rebiffa. Malgré son désespoir, il commença de mener la vie dure à son interlocuteur. Il avait l'impression d'être « comme le bouc de la fable, au fond du puits où les ordres politiques du roi, ceux de Broglie et les haines particulières des Guerchiens l'avaient jeté [1] ».

Le roi et Broglie avaient recommandé à M. de Nort d'user de douceur à son égard, mais au bout de quelques jours, M. de Nort s'avoua vaincu. D'Éon se révélait intraitable ; le messager ne savait plus que faire, que dire à un homme qui avait réponse à tout, qui l'étourdissait par ses contradictions ; sa mauvaise foi avait toutes les apparences de la sincérité et il inspirait la méfiance lorsqu'il était sincère.

Le comte de Guerchy, encouragé par la présence des sbires de Praslin installés à l'ambassade, était bien résolu à écraser d'Éon, cet insolent qui l'avait publiquement bafoué. Il obtint de lord Mansfield [2], président du tribunal du Banc du roi [3], que le chevalier fût traduit devant cette cour pour avoir publié contre lui un libelle diffamatoire.

L'instruction du procès commença. On savait qu'elle serait longue. D'Éon voulait triompher de son adversaire, le traîner dans

1. Duc de Broglie, *Le Secret du roi*, t. II, p. 85.

2. William Murray, baron puis comte Mansfield (1705-1793), juriste célèbre, député à la chambre des Communes de 1742 à 1756, puis « chief justice » c'est-à-dire président du tribunal du Banc du roi.

3. Cour supérieure de justice, la cour du Banc du roi jugeait toutes les contestations intéressant les corporations civiles. Au criminel, elle jugeait toutes les affaires que la couronne croyait à propos de lui soumettre. En de telles circonstances, elle était assistée d'un jury comme on le verra lorsque d'Éon accusa le comte de Guerchy de tentative d'assassinat. La cour du Banc du roi était présidée par le « chief justice » assisté de quatre « juges puisnés » nommés par le roi.

la boue et obtenir son départ. Habité par son désir de vengeance, il écrivit à Broglie que « personne ne lui ferait rendre ces papiers tant que M. de Guerchy serait ambassadeur en Angleterre ». Si son protecteur était nommé ambassadeur à Londres à sa place, il lui remettrait aussitôt le fatal dossier. Cette solution eût sans doute été la meilleure, mais Broglie ne pouvait évidemment pas suggérer à Louis XV de le nommer à Londres. En désespoir de cause, il pria Guerchy de suspendre ses poursuites contre d'Éon. Mais Guerchy, poussé à bout par le chevalier, refusa de retirer sa plainte. À Londres, les passions s'exacerbaient. La législation sur les libelles pouvait donner lieu à des interprétations différentes, voire contradictoires. Aux yeux de l'opposition, d'Éon passait pour une victime du despotisme ministériel.

Le jour prévu pour l'audience, le 2 juillet 1764, d'Éon comparut devant le tribunal du Banc du roi, et demanda l'ajournement de la procédure, quatre de ses témoins ne se trouvant pas à Londres. Le tribunal refusa sa requête, mais le chevalier ne se présenta pas aux audiences suivantes. Le 9 juillet, il fut condamné pour outrage à un ambassadeur dans l'exercice de ses fonctions. Les jours suivants, on se porta à son domicile pour lui faire connaître la sentence, mais on ne trouva pas l'accusé chez lui. On perquisitionna son habitation, sans rien trouver. Déjà Guerchy se félicitait d'être débarrassé de ce diable d'homme, lorsqu'on apprit brusquement que d'Éon venait de déposer une plainte au criminel contre lui.

« Faut-il prendre d'Éon mort ou vif ? »

D'Éon avait trouvé le moyen de confondre et d'écraser Guerchy. Par un de ces retournements de situation où la lâcheté tient lieu de guide, c'était grâce à Vergy. Vergy cet ennemi de la veille, ce pleutre qu'il méprisait et dont il n'aurait fait qu'une bouchée quelques mois plus tôt, s'il en avait eu la possibilité, Vergy était venu chez lui, l'oreille basse mais le sourire aux lèvres, pour lui rendre les services du traître. D'Éon prit le temps de l'écouter et compris aussitôt ce qu'il pouvait tirer de sa confession. Ce fils de la bourgeoisie de Bordeaux, avocat au parlement, après avoir dilapidé son patrimoine, s'était lancé dans une incertaine carrière littéraire qui se solda bien vite par un échec complet. Il avait cependant réussi à s'attirer la sympathie du comte d'Argental[1], qui l'avait recommandé à Guerchy, peu avant son départ pour l'Angleterre. On lui avait fait comprendre que s'il obéissait aux ordres de l'ambassadeur, il aurait la chance de succéder au secrétaire d'ambassade, dont on n'était pas satisfait. C'est alors que Guerchy le chargea d'une curieuse mission à Londres. « On voulait se servir de moi, dit-il à d'Éon, pour vous perdre comme on espérait perdre par vous M. de Broglie. C'était là le double plan de vos ennemis. Ce fut dans ce but qu'on fit de moi successivement un ferrailleur, un instrument de scandale, un pamphlétaire. On avait spéculé sur ma misère pour m'imposer ces différents rôles que j'eus la faiblesse de remplir quelque temps. Mais les exigences de l'ambassadeur s'étaient accrues avec ma complaisance et vos triomphes. Après avoir tout employé inutilement contre vous, tout jusqu'au poison (car vous avez été empoisonné par l'opium, monsieur, je l'ai su de l'ambassadeur lui-même et je vous l'apprends), on m'a proposé de vous assassiner ! On choisit pour me faire cette infâme proposition le moment où, ayant épuisé toutes mes avances et n'ayant encore rien reçu de l'ambassadeur, j'avais le plus grand besoin d'argent. Les billets que j'avais souscrits à mon hôtelier étaient échus, et faute de paiement immédiat, je courais le risque d'être emprisonné. Le comte de Guerchy le savait et me tendit une bourse d'une main, mais un poignard de l'autre ! J'ai repoussé la bourse et le poignard, car je suis un mauvais sujet, un misérable même, si vous voulez, mais je ne suis pas un assassin... » Vergy fut ensuite emprisonné pour dettes et délivré par des amis qui s'acquittèrent pour lui des sommes qu'il devait. Écœuré par l'attitude de Guerchy, il avait l'intention de rendre sa confession publique et

1. Charles Augustin Feriol comte d'Argental, quoique plus jeune que Voltaire, est l'un de ses amis les plus intimes et l'un de ses correspondants les plus réguliers. Il passe pour avoir été son « bon ange ».

dit au chevalier : « Usez, Monsieur, de mes révélations comme bon vous semblera. Je suis prêt à les affirmer devant Dieu et devant les hommes, à les signer de ma main, à les sceller de mon sang[1]. »

D'Éon n'en croyait pas ses oreilles. Mais pouvait-il faire confiance à un personnage aussi veule ? Pour abattre Guerchy, qu'il avait toujours soupçonné des plus noirs desseins, il était prêt à se servir de cette confession douteuse. Sans doute Vergy diabolisait-il à dessein le rôle de l'ambassadeur. Cependant l'on sait de source sûre que celui-ci voulait enlever d'Éon. Sans vouloir l'empoisonner, il est fort probable qu'il avait fait mettre un narcotique dans le vin qui incommoda le chevalier. D'autre part, il avait bien demandé au duc de Praslin si l'on devait prendre d'Éon « mort ou vif »[2]. Avant de recevoir l'ordre de le prendre vivant, il avait engagé des hommes de main. De fait, le duc de Praslin avait bien envoyé un exécuteur des basses œuvres, un certain Goy, chargé d'enlever d'Éon[3]. Mais Vergy avait-il réellement reçu l'ordre de l'assassiner ? Vergy n'était pas un tueur, mais il avait pu être en relations avec des personnages douteux ou entendre parler d'un projet d'assassinat, ce qui lui permettait de faire ces fracassantes révélations. On pouvait tout supposer.

D'Éon sauta sur l'occasion. « Voilà le complot horrible découvert ! » clama-t-il au comte de Broglie le 2 novembre 1764, en le suppliant de ne pas « l'abandonner au désespoir »[4]. Le malheureux comte de Broglie était dans l'embarras. Il n'avait qu'une idée : filer jusqu'à Londres pour clore une affaire scandaleuse dont les conséquences pouvaient être graves, si l'on venait à découvrir la politique personnelle de Louis XV. Cependant, le souverain ne s'inquiétait pas outre mesure et laissait ses agents dans une expectative de plus en plus angoissée.

Le 19 novembre, Broglie lui adressa un mémoire. Il pensait

---

1. *Seconde lettre à Mgr le duc de Choiseul, ministre et secrétaire d'État en France par M. de Vergy avocat au parlement de Bordeaux*, Liège, 1764.
2. A.A.E. C.P. Angleterre 457, fol. 292.
3. Louis XV à Tercier, 10 avril 1764, Boutaric, *op. cit.*, t. I, p. 320.
4. D'Éon au comte de Broglie, 2 novembre 1764, *in* Boutaric, *op. cit.*, t. I, p. 332.

acheter le silence de d'Éon moyennnant 150 000 livres. C'était le meilleur moyen de le faire tenir tranquille et de récupérer les papiers. Louis XV refusa, faisant valoir que le duc de Praslin n'accepterait jamais de verser une telle somme sans motif sérieux, ce qui eût obligé le souverain à lui révéler l'existence du Secret. Le comte de Broglie eut alors l'idée d'une surprenante transaction. Il irait lui-même à Londres récupérer les papiers en promettant au chevalier une pension de 12 000 livres versées sur le trésor royal et il proposait au roi de prendre en nantissement ses propres biens ainsi que ceux de la comtesse de Broglie. Louis XV accepta ! Et d'Éon aussi. Cependant le roi hésita : comment justifier le départ de Broglie pour Londres ? Le comte insista : il partirait sous le prétexte de régler des affaires personnelles. Le roi se laissa convaincre et le voyage fut prévu pour le mois de mars 1765, mais une révélation qui compliquait encore l'affaire empêcha la réalisation de ce projet.

Les fausses confidences d'un valet de chambre et d'une « salope »

Depuis plusieurs mois, les ministres de Louis XV se doutaient de l'existence du Secret et voulaient découvrir ce que le roi leur cachait. L'étrange affaire d'Éon attisait justement leur curiosité. Leurs propres agents d'information suivaient de près les démêlés du chevalier avec l'ambassadeur. Choiseul et Praslin furent sur le point de voir leurs vœux comblés, lorsqu'ils apprirent l'arrestation à Calais, le 10 janvier 1765, d'un certain Hugonet, porteur, entre autres papiers, d'une lettre écrite par Drouet, secrétaire du comte de Broglie. Hugonet était le valet de chambre du chevalier d'Éon auquel la lettre était adressée. Ses déplacements étaient surveillés depuis longtemps. La missive qu'on lui prit était écrite en clair. Seuls les noms étaient codés : le roi y apparaissait comme *le procureur*.

On assurait le chevalier qu'on ne l'oubliait pas, qu'on allait régler son affaire au mieux de ses intérêts sans le faire rentrer en France ; on lui promettait qu'il recevrait bientôt des ordres s'il consentait enfin à faire preuve de prudence et de sagesse. En attendant on lui envoyait quelques émoluments. Averti aussitôt de cette arrestation, Louis XV se sentit pris au piège de ses ministres. « Voilà à peu près tout découvert », écrivit-il à Tercier. Broglie tremblait. Qu'allaient bien pouvoir avouer Hugonet et Drouet en route vers la Bastille ? Le roi convoqua son lieutenant de police, M. de Sartine. Il fallait l'empêcher de faire éclater le scandale. Le seul moyen consistait, non à le mettre dans le Secret, c'eût été un comble, mais à lui en apprendre assez pour faire appel à sa fidélité et à son sens du devoir. Le monarque lui parla d'homme à homme. « Je me suis ouvert et confié à lui, écrivit le roi à Tercier, il me paraît que cela lui a plu. » Sartine en parut flatté, ému même. Mais son nouveau rôle ne faisait que commencer. Le souverain lui demanda de soustraire les papiers les plus compromettants destinés à d'Éon, dès l'arrivée d'Hugonet à la Bastille, car le duc de Praslin brûlait sûrement d'en prendre connaissance. Il fallait donc agir vite et préparer l'interrogatoire de Drouet et celui d'Hugonet auquel voudrait sûrement assister le ministre. Seul Tercier pouvait faire le tri des papiers et orienter les questions qu'il serait judicieux de poser. À cette fin, Louis XV le pria de « s'arranger avec Sartine [1] ». Des scrupules de conscience assaillirent alors le lieutenant de police. « Je trouve ce magistrat bien timide ; je ne vois cependant pas ce qu'il peut craindre avec les ordres de son maître », s'étonna le comte de Broglie. Sartine finit évidemment par s'incliner devant l'ordre royal et laissa faire le comte de Broglie. « J'ai travaillé quinze heures de suite à arranger des plans d'interrogatoire, de mémoire, de réponse à donner par le sieur Drouet, de dépositions à faire par Hugonet dont l'ensemble puisse cadrer avec ce qui a déjà été dit et vu, et j'ai fait une espèce d'instruction pour M. de Sartine », écrivit Broglie au roi [2].

Tout était prêt pour jouer la comédie au duc de Praslin qui

1. Louis XV à Tercier, le 17 janvier 1765, *in* Boutaric, *op. cit.*, t. I, p. 336.
2. Duc de Broglie, *Le Secret du roi*, t. I, p. 189-190.

assista aux interrogatoires. On commença par Drouet, emprisonné avant Hugonet. Il s'embrouilla un peu dans ses réponses, mais ne révéla rien d'important. Il déclara qu'il avait agi seul, de son propre chef, pour tenter de ramener à la raison son vieil ami d'Éon. Quant aux personnages désignés sous des sobriquets, ce n'était, prétendait-il, que d'anciens protecteurs de la famille d'Éon tels que le comte d'Ons-en-Bray, le marquis de l'Hôpital... Le duc de Praslin comprit qu'il était joué. « Ces gens-là se moquent de moi », dit-il furieux à Sartine. Le lendemain il rapporta l'affaire au Conseil. « Il persiste toujours à croire qu'il n'a pas dit tout à fait la vérité et cela est un peu vrai [...]. Tout s'est bien passé au Conseil et l'on ne s'y est douté de rien », déclara Louis XV à Tercier[1]. Il était néanmoins soulagé. On ne réserva pas le même sort aux deux victimes : Drouet, qui avait menacé de tout révéler s'il restait en prison, fut aussitôt relâché tandis que le malheureux Hugonet y demeura pendant trente mois !

Les ministres de Louis XV avaient parfaitement conscience de la comédie que leur jouait le roi depuis des années. Le Secret était éventé, mais Choiseul et Praslin firent mine de ne pas s'en apercevoir. Le comte de Broglie, leur rival, demeurait au Conseil, toujours impénétrable. Il craignait cependant de nouvelles incartades du chevalier qui risquait de mettre en péril le fragile édifice qu'il se faisait toujours un devoir de défendre. Il restait persuadé que son maître l'abandonnerait à un triste sort, si ses ennemis parvenaient à découvrir ce qu'il cachait soigneusement pour le service du roi.

Ses inquiétudes s'aggravèrent lorsqu'au mois de septembre suivant, la Dufour, une fille de joie menacée d'être arrêtée pour dettes, se réfugia auprès du comte de Guerchy, alors en congé en France. Elle venait de Londres, où elle gravitait dans les milieux interlopes que fréquentaient d'Éon ainsi que beaucoup d'autres Français. Ayant couché avec Hugonet, elle prétendait en savoir long sur le chevalier et affirmait qu'il recevait des émoluments du comte de Broglie. Une aubaine pour Guerchy ! L'ambassadeur la fit aussitôt recevoir par le duc de Praslin. Elle lui raconta qu'elle connaissait

1. Louis XV à Tercier, le 6 février 1765, Boutaric, *op. cit.*, t. I, p. 338.

fort bien d'Éon et qu'elle l'avait caché plusieurs jours chez elle sous des habits féminins entre la date de sa condamnation par le Banc du roi et le dépôt de sa plainte contre Guerchy[1] !

Elle ajouta qu'elle l'avait vu écrire et recevoir des lettres et de l'argent de personnages importants parmi lesquels elle citait le comte de Broglie. Cette fois le duc de Praslin était sûr de découvrir ce qu'il cherchait à savoir. Hugonet était toujours sous les verrous. Il ordonna au lieutenant de police de reprendre l'enquête, et d'organiser une confrontation entre Hugonet et la Dufour, « où l'on n'omettrait pas l'essentiel ».

Tercier avertit Broglie de la part du roi de ces nouvelles péripéties. Exaspéré par la lâcheté de son maître, Broglie laissa éclater sa colère : « Il faut avouer, dit-il à Tercier, que nous éprouvons dans l'exécution des ordres qu'il plaît au roi de nous envoyer, les contrariétés les plus imprévues et les plus embarrassantes. Au surplus, ce Secret que nous gardons est celui de S.M. Si Elle désire qu'il soit connu, rien de plus facile. Un mot de sa bouche fera finir l'inquisition des ministres, inquisition dont elle connaît non seulement le détail, mais les motifs. Eh bien ! quand M. de Choiseul saurait demain que nous entretenons une correspondance avec d'Éon ! quand il saurait que j'ai rédigé par ordre du roi un projet de descente en Angleterre, qu'arriverait-il autre chose, sinon que S.M. leur défendrait d'en parler ? Ils seraient à la vérité jaloux et inquiets de la confiance dont Elle a l'air de nous honorer, mais je ne vois pas le mal que cela pourrait faire ? » Tercier lui répondit qu'il « soupçonnait fort le roi de se divertir » de la situation[2].

Cependant le duc de Praslin n'obtint pas les aveux qu'il escomptait. Sartine savait qu'il se risquait sur un terrain miné. Il prit les devants et déclara au ministre qu'il était inconcevable de prendre au sérieux les déclarations « d'une salope ». Il ajouta que pour mettre en cause des hommes aussi importants que le comte et le

1. Pour toute cette affaire, cf. M. Antoine, *op. cit.*, t. I, p. 375, n. 2, duc de Broglie, *op. cit.*, t. II, p. 198-202 et A.A.E. C.P. Pologne 285, fol. 323-418.

2. Ces lettres datées du 22 octobre et du 12 novembre 1765 sont citées par Broglie, *in Le Secret du roi*, t. II, p. 200.

maréchal de Broglie, un ordre signé du roi serait nécessaire. Prudemment Praslin se contenta de demander de nouveaux interrogatoires et la confrontation entre Hugonet et la Dufour. On n'obtint rien de leurs déclarations. « Ils ont pleuré, dit Tercier, et se sont dit des injures. » Le ministre était de nouveau joué par les agents du Secret. « Je ne suis pas dupe de tout cela, mais au fond, cela ne m'embarrasse guère, grommela-t-il ; ce n'est pas d'Éon qui perdra l'État[1]. »

Le comte de Guerchy accusé de tentative d'assassinat

Alors que Louis XV tergiversait, les affaires du chevalier allaient bon train. Après de longues discussions, les juristes britanniques avaient estimé que l'ambassadeur ne pouvait pas bénéficier du privilège de l'immunité diplomatique. Son cas ne relevant pas de la politique mais du simple droit commun, il relevait par conséquent des tribunaux. Le 27 novembre 1764, devant le tribunal du Banc du roi, Vergy avait renouvelé sous serment et avec force détails les aveux qu'il avait faits à d'Éon en rapportant son dialogue avec l'ambassadeur, l'année précédente[2] :

– Guerchy : « Si vous rencontrez d'Éon que prétendez-vous faire ? »

– Vergy : « Mais me battre sans doute, M. le comte. »

– Guerchy : « Pourquoi donc vous battre ? L'honneur ne vous oblige point à cela vis-à-vis d'un homme qui a voulu vous tuer. Il faut l'assassiner ! Il faut l'assassiner ! »

– Vergy : « Oh ! pour cela, Monsieur, je ne puis ; je hasarderai ma vie, s'il est nécessaire, mais pour assassiner... »

– Guerchy : « Comment s'en défaire autrement ? Ce prétexte est bon. Qu'y a-t-il de meilleur ? »

---

1. *Ibid.*, p. 201-202.

2. Extrait de la déposition du sieur Teyssac de Vergy *in Pièces authentiques pour servir au procès criminel intenté au tribunal du roi d'Angleterre par le chevalier d'Éon de Beaumont contre le comte de Guerchy*, in 4° chez Pierre Bordeaux, Berlin, 1765, p. 25-26, cité par P. Pinsseau, *op. cit.*, p. 117-118.

Vergy aurait alors proposé à l'ambassadeur de faire enfermer d'Éon dans une maison de fous, mais celui-ci aurait prétexté que les démarches seraient trop longues. « Cette tête me pèse, aurait-il ajouté. L'opium n'a rien pu sur lui. »

– Vergy : « Cela me surprend, Monsieur, car l'opium est infaillible. »

– Guerchy : « Cependant, on lui en donna vendredi, mais selon les apparences, Chazal[1] en avait ménagé la dose... »

Cet interrogatoire laisse rêveur. Vergy a-t-il dit la vérité ? Dans quelle mesure d'Éon lui a-t-il dicté ce qu'il devait déclarer ? Y a-t-il eu un marché conclu entre eux, et quelles en étaient les modalités ? Ces questions restent sans réponse. Il paraît cependant difficile de croire que le comte de Guerchy ait demandé à Vergy d'assassiner d'Éon. On se souvient qu'il s'était enquis auprès du roi s'il devait prendre le chevalier « mort ou vif » et qu'il lui fut répondu qu'il devait le faire enlever vivant. Au cas où on lui aurait demandé d'expédier d'Éon dans un monde meilleur, il disposait d'hommes de main spécialistes de ce genre d'affaire et il ne se serait probablement pas servi d'un petit aventurier tel que Vergy.

Au témoignage de Vergy s'en ajoutaient quelques autres, assurément moins graves, selon lesquels le comte de Guerchy avait fait imprimer plusieurs libelles attaquant le chevalier, ce qui était vrai.

En apprenant qu'il allait être traduit en justice devant le *Grand Jury* de Londres pour tentative de meurtre, Guerchy sentit le sol se dérober sous ses pieds. Il supplia toutes les hautes relations qu'il avait dans la capitale pour essayer d'éviter ce déshonneur. Mais la procédure était entamée et rien ne pouvait l'arrêter.

Le *Grand Jury* qui avait à le juger était essentiellement composé de bourgeois qui voyaient dans le chevalier d'Éon un personnage populaire reconnu comme citoyen de Londres et qui, en tant que tel, invoquait les libertés britanniques. Il passait pour une victime du roi de France, souverain d'une puissance ennemie en dépit de la signature de la paix. Juger son représentant coupable d'intentions criminelles était une aubaine pour ce tribunal. Le 1er mars 1765, il

1. Intendant de l'ambassade.

prononça contre l'ambassadeur de France un *indictment*, autrement dit un acte d'accusation. Il déclarait que « Claude Louis François Regnier, comte de Guerchy, étant homme d'un esprit cruel, n'ayant pas la crainte de Dieu devant les yeux, mais suivant l'instigation de Satan ayant conçu la malice la plus noire contre Charles Geneviève Louis Auguste André Timothée d'Éon de Beaumont et sans respecter les lois de ce royaume aurait, le 31 octobre 1763... méchamment, illégalement et malicieusement sollicité et tâché de persuader et de décider le nommé Vergy à assassiner le susdit Charles Geneviève Louis Auguste André Timothée d'Éon de Beaumont... » De ce fait, le comte de Guerchy allait être arrêté et emprisonné avant le début d'un procès qui s'annonçait retentissant.

La situation était incroyable. L'ancien ministre plénipotentiaire du roi de France était parvenu à convaincre les tribunaux britanniques que l'ambassadeur du roi était coupable de préméditation de meurtre à son endroit. Le comte de Guerchy était anéanti, le cabinet britannique embarrassé, les ministres français exaspérés, Louis XV surpris et d'Éon triomphant. Le petit Tonnerrois, par sa folie, tenait tête au monde entier, persuadé désormais que l'avenir des relations franco-britanniques reposaient entre ses mains, ses révélations après le procès pouvant créer un véritable *casus belli*.

À Versailles on s'interrogeait sur le sort réservé au comte de Guerchy. Le philosophe David Hume [1], alors en voyage en France, était l'invité chéri de tous les salons. On le questionnait comme un oracle. Sans pouvoir préjuger de l'avenir, il expliquait le fonctionnement de la procédure britannique, au reste assez différente de celle de la France. Lorsque quelqu'un était accusé d'un crime, on nommait des jurés pour voir si l'accusation pouvait être retenue contre lui. C'est ce qui venait de se passer pour M. de Guerchy, les dix-sept jurés ayant décidé que l'accusation était recevable. De ce fait, on allait envoyer chercher l'accusé par voie de justice et

1. David Hume (1711-1776) venait d'être nommé secrétaire d'ambassade à Paris au côté de lord Hertford. Lorsque ce dernier retournera en Angleterre (juillet 1765), il assurera l'intérim avec le titre de chargé d'affaires jusqu'à l'arrivée de lord Richmond. Il quittera la France en 1766.

lui demander ce qu'il aurait à objecter pour sa justification. S'il ne parvenait pas à prouver la fausseté de l'accusation, on lui ferait son procès. Les démonstrations de David Hume suscitaient les protestations horrifiées de ses auditeurs : le comte de Guerchy était innocent ; l'accusation était portée par deux fous et ne pouvait être sérieusement recevable ; un ambassadeur ne pouvait être soumis qu'à la justice de son maître. Hume répondait que la loi était telle que même l'intervention de S.M. britannique eût été nulle. Il laissait toutefois entendre que si les accusateurs se désistaient, il était possible d'annuler la procédure. Le comte de Broglie était atterré et le roi ne lui donnait toujours pas d'ordres concernant d'Éon.

Noli prosequi

À Londres, le chevalier savourait son triomphe, mais ne recevant pas de nouvelles de son chef, il crut judicieux de lui faire part de sa victoire. Ce n'était qu'un nouveau chantage : « Dans la position où sont les choses, lui dit-il, il faut absolument que l'arrangement que vous m'avez fait proposer soit fini incessamment et que vous arriviez au premier jour sans perdre de temps au 20 de ce mois [...]. Ceci est la dernière lettre que j'ai l'honneur de vous écrire au sujet de l'empoisonneur et du scélérat Guerchy qui serait rompu vif en France s'il y avait de la justice [...]. Je vous donne ma parole d'honneur que sous peu le Guerchy sera arrêté au sortir de la cour et conduit dans la prison des criminels à la cité de Londres. Son ami Praslin viendra l'en tirer, s'il le peut ; vraisemblablement l'ami qui l'en tirera sera le bourreau[1]. » Avant même de recevoir cette lettre menaçante, le comte de Broglie avait respectueusement mis en garde le roi contre de nouvelles provocations du chevalier, si on ne faisait pas un geste envers lui. Il savait désormais que d'Éon voulait poursuivre sa vengeance contre Guerchy et qu'il était prêt à tout révéler du Secret si le comte de Broglie ne venait pas à Londres[2].

1. D'Éon à Broglie 1er avril 1765, *in* duc de Broglie, *op. cit.*, t. I, p. 193-194.
2. *Cf.* M. Antoine, *op. cit.*, p. 336, n. 2 ; p. 339, n. 2. Voir également : C.P. Angleterre, suppl. 16, fol. 198-199.

Le 16 avril, Broglie osa parler fermement à son maître. « Je ne crains point qu'on sache que V.M. a, dès les premiers moments de la cessation de la guerre, songé à préparer en secret les moyens de mettre des bornes à l'injustice et à l'exorbitance (*sic*) des prétentions d'une nation devenue la rivale de la France, qu'elle voudrait même regarder avec supériorité. De pareilles vues ne pourraient être qu'approuvées et applaudies par tout l'univers. Ce que je crains, Sire, c'est que le sieur d'Éon ne s'occupe à raconter avec une adresse criminelle tous les détails des démarches qui ont été faites vis-à-vis de lui qu'il honorera du nom de négociation ; qu'il y joigne mille circonstances controuvées, mais qui n'en seront pas moins adoptées par le public ; qu'enfin en compromettant dans toutes ses indécentes productions l'auguste nom de V.M., il ne parvienne à persuader qu'il était fondé par des ordres secrets de son maître à la résistance qu'il a faite vis-à-vis de l'ambassadeur et à diminuer par là le scandale qu'aurait dû inspirer une conduite aussi inouïe que celle où, successivement, il s'est abandonné[1]. » Louis XV ne répondit pas sur le champ. Le 27 mai, il accepta enfin d'envoyer un premier viatique au chevalier. Ce n'était qu'une façon de gagner du temps. Il fallait trouver le moyen d'éviter le procès de Guerchy et apaiser d'Éon.

À Londres, l'ambassadeur ne vivait plus, n'osait plus sortir de chez lui et s'attendait à voir apparaître une escouade armée qui le conduirait en prison. Bien conseillé par ses hautes relations britanniques, il demanda au roi d'Angleterre de rendre une ordonnance de *noli prosequi*, autrement dit une interdiction de poursuivre, procédure rarement utilisée. Dans ce cas, le souverain devenait à la fois juge et partie et décidait que l'affaire était close. Ce subterfuge juridique soulageait le ministère britannique qui n'avait aucune intention de créer un grave incident diplomatique avec la France. Ainsi George III pria les deux parties de se présenter aux chambres du procureur général à Lincoln's Inn pour s'entendre signifier l'acte de *noli prosequi*, mais, le 30 avril, l'attorney-général refusa

1. Le comte de Broglie à Louis XV, le 16 avril 1765, M. Antoine, *op. cit.*, t. I, p. 342-343.

de le prononcer en raison de la gravité des charges pesant sur l'ambassadeur. Le dossier demeura dans les archives du tribunal, mais l'affaire était enterrée.

Le comte de Guerchy ne recouvra cependant pas la tranquillité. Les gazettes dénoncèrent ce tour de passe-passe politico-judiciaire. Aux yeux du public, l'ambassadeur était un criminel relâché grâce à l'intervention du souverain qu'on accusait d'être aux ordres du roi de France ! Il était hué sur le passage de son carrosse. Un jour une foule menaçante le poursuivit jetant des pierres sur sa voiture. Il échappa de justesse à ses agresseurs en cachant sa croix de l'ordre du Saint-Esprit sous son manteau et en criant qu'il n'était que secrétaire d'ambassade. Il n'osait plus sortir de son hôtel. Très ébranlé par la haine dont il était l'objet, il sollicita un congé et passa l'été de 1765 en France. À son retour, reçu froidement par les autorités anglaises et toujours sujet à la vindicte populaire, il demanda son rappel qu'il obtint sans tarder.

Chapitre V

To be or not to be

Le comte de Broglie continuait de défendre son protégé. En montrant au roi qu'il était plus dangereux de l'abandonner que de le maintenir dans le réseau du Secret, il espérait éviter de nouveaux drames. « Il a deux objets en vue, écrivait-il à son maître, l'un de se venger de ses ennemis ; il ne l'a que trop rempli déjà et les derniers coups qu'il vient de leur porter, tout atroces qu'ils peuvent être, n'en sont pour cela moins terribles. Le second est de donner de l'inquiétude sur la conservation du Secret dont il est dépositaire, afin de se procurer un sort qui lui assure une subsistance [1]... » On le sait, d'Éon l'avait averti que les chefs de l'opposition à S.M. britannique lui faisaient miroiter un bel avenir s'il voulait bien se faire Anglais. Sans une réponse du roi, le chevalier se disait prêt à accepter leurs offres alléchantes. Le comte de Broglie insistait auprès de son maître pour qu'il « ménageât » cet insensé. Il pensait qu'il pourrait désormais le servir comme agent de renseignements à Londres. La France en avait besoin. À cette fin, il convenait de lui donner un statut et de lui assurer de quoi vivre confortablement.

« Une guerre franco-anglaise est-elle inévitable ? »

La France rêvait alors d'une revanche sur l'Angleterre. Plus encore, elle désirait anéantir cette vieille ennemie. Au reste, dans

---

1. Le comte de Broglie à Louis XV, le 20 mars 1765, M. Antoine, *op. cit.*, t. I, p. 335.

toutes les chancelleries d'Europe, on était persuadé de sa probable décadence. On s'imaginait qu'elle allait devenir une seconde Pologne, un État en proie à l'anarchie, dont on pourrait finalement tirer profit. Seul Montesquieu avait vu juste en prédisant « qu'il fallait plus craindre sa haine que l'inconstance de son gouvernement et son agitation intérieure ne semblaient le permettre [1] ».

Le 16 juin 1765, le comte de Broglie adressa un long mémoire à Louis XV pour le convaincre de préparer une nouvelle guerre. « La paix avec les Anglais ne saurait être de longue durée, malgré nos complaisances et malgré le caractère de douceur et de modération de S.M. britannique, parce que le choc et la collision des partis sont toujours la cause des événements en Angleterre », lui disait-il.

« Puisque la guerre est inévitable, poursuivait-il, il est indispensable de s'y préparer, d'autant que c'est le seul moyen, s'il y en a un, de l'éviter ou du moins de l'éloigner. J'ai ajouté qu'il sera fort avantageux d'être les agresseurs afin de pouvoir priver nos ennemis des moyens de se défendre, ce qui rend très nécessaire de ne pas se laisser tromper par le ministère britannique comme cela est arrivé en 1755 [2]. » Cinq jours plus tard, le comte de Broglie faisait parvenir au roi l'état de la flotte française et des troupes ainsi que des cartes. Pour mener à bien un plan aussi ambitieux, il fallait parfaitement connaître les moindres détails de la politique britannique. Seul d'Éon était en mesure de donner des informations qu'un ambassadeur ne pouvait connaître. « Il convient de l'engager à s'expliquer de plus en plus sur les projets et les caractères de M. Pitt et de milord Temple [3] ; outre l'avantage de recevoir par cette voie des éclaircissements sur ces objets que les ministres de V.M. à Londres auraient

1. Montesquieu, *L'Esprit des lois*, livre XIX, chap. XXVII.

2. Broglie à Louis XV, le 16 juin 1765, M. Antoine, *op. cit.*, t. I, p. 359.

3. Richard Grenville, comte Temple (1702-1770), beau-frère de Pitt, fut premier lord de l'Amirauté de 1756 à 1757 dans le cabinet du duc de Devonshire, puis lord du Sceau privé de 1757 à 1761 dans le ministère Newcastle et devint chancelier de l'Échiquier. Sa politique financière gravement critiquée l'obligea à démissionner en 1764.

peine à se procurer, on prendra sur le sieur d'Éon celui qu'il a jusqu'à présent sur ceux qui ont négocié avec lui et lorsqu'on aura de lui des lettres qui dévoileront les secrets de ceux sur la protection desquels il compte, il semble qu'on devra être assuré de la fidélité avec laquelle il observera le secret de ce qui s'est passé avec les personnes autorisées par V.M. à traiter avec lui.

Je ne puis par toutes ces raisons m'empêcher de désirer que le S. d'Éon obtienne à la rentrée du tribunal du Banc du roi la permission de reparaître. Quand il pourra jouir tranquillement à Londres des 12 000 livres de traitement qu'il Lui plaît de lui accorder, cette situation lui laissera le temps de s'occuper à des objets dont je ne désespère pas qu'on ne tire un jour beaucoup d'utilité[1]. »

Le comte de Broglie et Tercier voyaient le parti qu'ils pouvaient tirer du chevalier, si celui-ci voulait bien continuer de collaborer loyalement pour le Secret comme il l'avait fait jusque là. Ses liens privilégiés avec l'opposition constituaient un atout qu'il ne fallait pas négliger. En outre, du temps de sa splendeur, d'Éon avait réussi l'exploit de se faire des relations dans tous les milieux. Ses démêlés avec Guerchy ne lui avaient pas fermé les portes de l'establishment qu'il continuait de fréquenter ; il connaissait également la faune des pamphlétaires et des journalistes, ainsi que la canaille du port.

L'affaire Wilkes

Londres passait alors pour la capitale de la liberté. Mais cette liberté, dont les Anglais ne maîtrisaient pas encore raisonnablement l'usage, engendrait un certain désordre. Le souverain britannique était investi d'une puissance bien inférieure à celle des autres monarques : il régnait, mais ne gouvernait pas. La dynastie de Hanovre, qui succéda à celle des Stuart en 1710, avait contribué à l'effacement de la personne royale. George Ier et George II n'étaient que des Allemands couronnés, méprisés par leurs sujets. George III qui monta sur le trône en 1760 était le premier véritable Anglais de

1. Broglie à Louis XV, le 23 septembre 1765, M. Antoine, *op. cit.*, t. I, p. 372.

cette lignée. En dépit de sa jeunesse et d'une vie privée sans scandale, il était aussi peu considéré par l'establishment que par le peuple britannique. Il souhaitait pourtant redonner quelque lustre à la monarchie. Il aimait le pouvoir, manifestait beaucoup de jalousie à l'égard de ses ministres et se montrait complaisant aux cabales de ses amis. En 1765, un accès de démence [1] l'écarta pendant plusieurs mois des instances dirigeantes. Divisé par des factions irréductibles à l'intérieur même des deux grand partis, tory et whig, le parlement était discrédité ; les ministères se succédaient et gouvernaient par la corruption. Lord Bute, Premier ministre de George III, appelait cela « le maniement de la chambre des Communes ». À chaque incident, on entendait le grondement d'une émeute. Sociétés et clubs politiques entretenaient une correspondance active avec des associations dans les comtés. Le fanatisme religieux achevait d'envenimer les passions. « Les sermons comme les comédies et les mascarades avaient une couleur politique [2]. » Aucun homme d'État digne de ce nom ne se distinguait à l'exception de William Pitt qui, secrétaire d'État aux Affaires étrangères et à la Guerre, avait été l'organisateur de la victoire anglaise sur la France pendant la guerre de Sept Ans. George III n'aimait pas ce whig autoritaire, véritable chef du cabinet de lord Newcastle de juin 1757 à octobre 1761. Depuis lors, il était le meneur de l'opposition, et n'épargnait pas ses critiques aux tories qui détenaient le pouvoir depuis 1763. La presse entretenait une permanente agitation. L'affaire Wilkes, que l'opinion voulut comparer à celle du chevalier d'Éon, était révélatrice du climat délétère de l'Angleterre des années 1760.

Wilkes avait été élu député à la chambre des Communes en 1757 avec le soutien de Pitt. Lorsque ce dernier fut battu par les tories et que lord Bute, très lié avec le roi, le remplaça, Wilkes suivit Pitt dans l'opposition. Il dirigeait alors un journal, le *North Briton*, qui s'affirma comme l'organe le plus critique à l'égard de lord Bute. Il commença par fustiger les préliminaires du traité de Paris, sous prétexte qu'il favorisait beaucoup trop Louis XV (!). En effet Pitt

1. George III était atteint de porphyrie.
2. Macaulay, *Le Comte de Chatham, William Pitt.*

aurait voulu poursuivre la guerre afin d'écraser complètement la France qui aurait perdu ainsi la totalité de ses possessions coloniales. Au nom de la liberté de la presse, le gouvernement ne réagit pas à ces attaques. Cependant, la quarante-cinquième livraison du *North Briton* causa une véritable crise. Un article virulent, mais non signé, critiquait le discours du trône rédigé pour le roi par le Premier ministre et qui célébrait l'heureux traité de Paris. Le *North Briton* accusait clairement lord Bute de trahison. Cette fois le ministère et la majorité tory réagirent. Ils ne pardonnaient pas à un député de porter ce débat devant l'opinion publique par voie de presse. Le 30 avril 1763, un mandat d'arrestation général fut lancé contre plusieurs suspects parmi lesquels figurait évidemment Wilkes. Ce fut un tollé. Wilkes fut relâché en tant qu'élu et le mandat d'arrestation général déclaré illégal. Le député rentra chez lui en triomphe et continua de faire paraître son journal. Il était devenu un héros.

Furieux, ses ennemis l'espionnaient pour trouver l'occasion de le perdre. Une imprudence de Wilkes leur en fournit le prétexte. De ses presses sortit discrètement, en 1764, *An Essay on Woman*, petit opuscule érotique. Il n'était pas destiné au public, mais à ses amis auxquels Wilkes avait l'intention de l'offrir. Il circula bientôt dans tout Londres. Les tories exploitèrent aussitôt cet outrage aux bonnes mœurs. Wilkes fut condamné pour diffamation et obscénité, exclu de la chambre des Communes et déclaré hors-la-loi. Pitt, qui l'avait soutenu jusque-là, l'abandonna. Wilkes n'avait pas attendu le jugement pour prendre un bateau qui le conduisit en France (un comble !) où son exil dura quatre ans.

On compara aussitôt l'affaire d'Éon-Guerchy et l'affaire Wilkes. Elles ne se ressemblaient pourtant pas. Wilkes s'étonnait qu'on pût les comparer, considérant celle de d'Éon comme « infamous ». Lorsque la *Gazette d'Utrecht* publia un article où l'on disait que « Versailles et Westminster prenaient leurs ordres de leurs souverains, Mr Wilkes et le chevalier d'Éon », ce dernier clama qu'il n'y avait rien de commun entre les deux cas : Wilkes, député de l'opposition, diffamait le Premier ministre ; d'Éon, diplomate français, divulguait des documents confidentiels mettant en cause ses supérieurs hiérarchiques. Mais pour l'opinion, d'Éon était une victime du despotisme français et Wilkes était celle du parti conservateur mené par un catholique écossais traître à l'Angleterre, lord Bute. Les partisans de Wilkes défendaient d'Éon avec la même passion. Ce sont eux qui le protégèrent lorsqu'il fut menacé d'emprisonnement et d'enlèvement. Wilkes et d'Éon apparaissaient comme les défenseurs de la liberté et de la vérité. Le chevalier ne mentait pas lorsqu'il écrivait au comte de Broglie que les chefs de l'opposition lui proposaient d'acheter ses papiers et de se faire naturaliser anglais. Par la force des événements, il était devenu le protégé des whigs et l'ami de Wilkes, lequel, en France, dînait parfois avec Broglie et Tercier.

« Il est naturel à un affligé de chercher un autre affligé »

Alors que le comte de Broglie essayait de sauver son protégé, le chevalier se demandait quel sort lui serait réservé. Au début de l'année 1766 ses angoisses redoublèrent. Il se cachait alors sous des vêtements féminins et se faisait passer pour Miss Loughlin comme en témoigne sa correspondance avec son beau-frère Thomas O'Gorman. On s'en souvient, cet Irlandais officier de l'armée anglaise avait épousé Mlle d'Éon en 1757. Il vivait tantôt à Tonnerre avec son épouse et Mme d'Éon mère, tantôt dans les îles britanniques où il exerçait de mystérieuses activités auxquelles il fait allusion dans ses lettres au chevalier, qu'il appelle ma cousine ou ma sœur. Il semble jouer pour lui le rôle d'informateur et de négociateur, tout en écoulant à bon prix les muids de vin de Tonnerre à l'aristocratie anglaise.

Dans sa retraite, le chevalier ressassait ses malheurs : il s'estimait victime de la perfidie de l'ambassadeur et des ministres qui le soutenaient, c'est-à-dire les deux cousins Choiseul, lesquels se méfiaient du comte de Broglie et tentaient de percer le Secret. Le chevalier, qui n'était plus un jeune homme, comprenait que l'affaire Guerchy allait lui coûter sa carrière de diplomate. Cependant pas un instant il ne songeait à se battre la coulpe : il se persuadait qu'il luttait pour faire triompher la vérité et partant son bon droit, sans penser que ses procédés étaient contraires à son devoir et à la décence de son état. Lorsqu'il apprit que Jean-Jacques Rousseau avait résolu de se réfugier en Angleterre, il voulut considérer qu'ils étaient l'un et l'autre victimes du despotisme. Pourtant les charges qui pesaient sur le philosophe étaient sans rapport avec celles qui pesaient sur lui. En 1762, le Parlement de Paris avait condamné l'*Émile* qui développait « le système criminel » de la religion naturelle, et instituait la raison comme seul juge en matière religieuse. Le Parlement accusait également l'ouvrage de contester l'autorité souveraine. Non seulement l'*Émile* avait été voué à la destruction, mais Rousseau aurait dû être arrêté et conduit à la prison de la Conciergerie. Protégé par le prince de Conti et le maréchal de Luxembourg, il avait pu quitter la France pour la Suisse. Mais il s'était alors heurté au Petit Conseil de Genève. C'est pourquoi il avait décidé de se rendre en Angleterre avec David Hume que connaissait d'Éon. Le chevalier prit alors sa plus belle plume pour s'adresser à l'illustre exilé :

> « Ce 20 février 1766,
>
> Monsieur,
>
> Ce n'est que depuis peu que j'ai appris dans ma retraite votre arrivée dans cette île. Si je l'eusse su plus tôt, je vous aurais déjà félicité ; et si j'eusse eu l'honneur de vous connaître personnellement, il y a longtemps que je vous aurais écrit pour vous déterminer à venir plus promptement dans cet asile de la liberté.
>
> La connaissance que j'ai de votre caractère et de vos vertus par vos ouvrages, celle que j'ai de Paris et de Londres, me font croire que vous serez presque aussitôt dégoûté de Londres que de Paris, que vous vivriez beaucoup plus libre, plus tranquille et à meilleur marché, dans quelque retraite un peu éloignée de la capitale. Vous pourriez vous retirer dans la province de Galles, qui est la Suisse de l'Angleterre ; je pourrais vous y procurer quelques bons amis, et vous y aller voir. Si vous aimez la chasse et la pêche, vous pourriez vivre là sans le secours de personne, avec la même liberté et innocence que nos premiers pères.

Permettez ces réflexions à l'intérêt tout particulier que je prends à votre sort, qui me touche aussi sensiblement que le mien propre. Nos malheurs ont presque une origine commune, quoique des causes et des effets différents. On dit que vous aimez trop la liberté et la vérité ; on m'accable du même reproche, et on ajoute que nous pourrions nous rendre plus heureux à peu de frais, vous en humiliant moins les docteurs, et moi en disputant moins avec les ministres. Je conviens que vous les avez terriblement humiliés aux yeux de la philosophie ; mais je ne puis convenir que je dispute avec les ministres ; je reconnais leur autorité, *mais cela ne m'ôte pas, je crois, le droit de me défendre contre la barbarie d'un ambassadeur novice qui viole la loi positive et naturelle, le droit des gens, et son caractère public, qui à mon égard a rompu et déchiré indignement toutes les parties de notre contrat social*[1]. Pour vous en convaincre, je vous envoie ce qui a été publié sur mon affaire ; je vous l'envoie non par la fureur d'étourdir tout le monde et de le rendre juge des injustices atroces que j'ai éprouvées, mais parce qu'il est naturel à un affligé de chercher un autre affligé. C'est adoucir mes maux que de les mettre sous les yeux d'un homme tel que vous. Il n'y a que les sages et un certain public éclairé qui puissent juger dans le silence les crimes de certains grands qui se croient au-dessus de toutes les lois. J'ai lu vos *Lettres écrites de la montagne* et toutes les excellentes répliques à vos adversaires ; permettez-moi donc de vous faire lire aussi mes défenses. Je serais humilié si, après avoir défendu autant qu'il a été en mon pouvoir les droits de l'honneur et de l'humanité, il me restait des torts dans l'esprit d'un homme aussi vertueux, aussi éclairé, que j'aime et respecte autant que vous. Je n'ai pas lieu d'appréhender un tel jugement de votre part ; puisque c'est principalement dans vos ouvrages que j'ai appris que la conservation de soi-même était une loi fondamentale de la nature et arrêtait l'obligation de toutes autres lois, lorsqu'elles lui étaient opposées, que cette loi naturelle est indépendante de toutes les conventions humaines. Ainsi, quelles que soient les dignités et le caractère de mon ennemi, il n'a jamais pu acquérir nul droit sur ma vie ; pas plus que j'avais sur la sienne et celle de mon prochain.

On pourrait, à plusieurs égards, faire un parallèle de la bizarrerie de votre sort et du mien ; vous républicain et protestant, pour avoir fait

1. C'est nous qui soulignons.

imprimer *Émile* dans une république, vous avez été décrété de prise de corps sans avoir été sommé de comparaître ; moi, ministre français, pour avoir fait imprimer une défense contre un autre ministre français qui m'attaquait, j'ai été condamné dans une République sans avoir été entendu. Si je n'ai pas comparu au *Banc du Roi*, ce n'est certainement pas par aucun mépris pour les lois anglaises, qui en général sont beaucoup plus justes que partout ailleurs ; c'est que je savais que par une complaisance politique, on voulait me condamner et non me juger. C'est qu'on m'a refusé le temps nécessaire pour me défendre et avoir mes témoins. Quand je les ai eus pour le terme suivant, on a voulu m'enlever de force pour me transporter en France, et pour m'empêcher de comparaître devant aucun tribunal. La prudence m'a obligé alors à la retraite ; et pendant ce temps, on a condamné mon livre comme un libelle pour n'avoir pas comparu. D'un côté, on condamne ma défense et de l'autre on suspend la justice des Grands jurés d'Angleterre, qui ont trouvé mon ennemi atteint et convaincu des crimes de poison et d'assassinat contre ma personne. Ne pouvant défendre la cause par la vérité, il a cherché à se soustraire à la sévérité des lois et à éblouir par l'autorité en demandant avec la dernière instance un *Noli Prosequi.* Cette demande seule n'est-elle pas l'évidence la plus complète du crime ? Malgré l'équité et la liberté anglaises, je ne puis obtenir justice entière, parce que mon empoisonneur et mon assassin est constitué en puissance. Ses crimes seront au moins rangés dans l'histoire au nombre des grands crimes impunis. Hélas ! mon cher Rousseau, mon ancien confrère dans la politique, mon maître dans la littérature, compagnon de mon infortune, vous qui ainsi que moi avez éprouvé le caprice et l'injustice de plusieurs de mes compatriotes ; c'est à vous que je puis dire avec vérité que je n'aurais jamais osé, à l'exemple de mes parents, à servir le roi et ma patrie avec autant de zèle et d'amour que je l'ai fait, si j'eusse pu croire que la calomnie, le poison et le poignard dussent être à la fin toute la récompense de mes services et de mes blessures. Ne dites pas après cela que vous êtes le seul homme véritablement malheureux, que les bizarreries de votre destinée ne sont qu'à vous. Je conviens qu'il y en a de bien extraordinaires dans le cours de votre vie, mais convenez aussi que l'étoile de ma naissance n'a pas été heureuse.

Cependant, je suis né coiffé, et j'ai fait mentir le proverbe ; rien de tout cela ne doit nous attrister à un certain point ; notre conscience ne nous reproche rien, et nous connaissons par notre propre expérience la malice des hommes. Quoi qu'il en soit, je ne me plains point des maux qu'on m'a faits ; la Providence (grâce à la liberté anglaise et à ma vigilance) n'a pas permis que l'innocent tombât sous les coups de son persécuteur. Le ciel m'a donné la vertu, l'homme injuste ne peut me nuire, j'ai fait rougir la calomnie, j'ai fermé la bouche du méchant et celle de l'imposteur qui étaient déchaînés contre moi, mes ennemis sont déjà revêtus d'ignominie, et la honte les couvre comme un manteau ; dans mon oppression, mon cœur est en paix ; dans ma disette, je suis dans l'abondance. Il y a encore ici des Anglais amateurs de la justice, zélés défenseurs de la liberté ; des Anglais illustres et généreux qui veillent à ma conservation, et je ne doute pas que plusieurs d'entre eux, touchés de vos vertus et de vos rares talents, ne vous vengent de vos malheurs et de vos ennemis.

Je finirai, Monsieur, par vous avouer avec cette bonne foi dont j'ai tâché de faire profession toute ma vie, que je me suis toujours senti naturellement porté à soutenir les démonstrations de vos systèmes ; excepté certains points sur la religion qu'il ne m'est pas permis d'adopter, parce que je soumets (seulement dans un certain petit nombre de lois extraordinaires) ma raison à la foi. Je ne conçois pas plus que vous les mystères que vous examinez ; je ne cherche point à les approfondir pour mon bonheur dans ce monde et dans l'autre. Si on me demandait cent mille écus pour me faire concevoir et croire un mystère, je ne pourrais ni croire ni payer, mais d'un côté on ne me demande rien, et de l'autre on me promet beaucoup ; il est donc plus avantageux de croire aux paroles de Jésus-Christ qui ne peut nous tromper, d'avoir confiance dans les promesses qui portent dans tous les cœurs des hommes heureux ou malheureux cette douce consolation, et l'espérance flatteuse d'un avenir heureux et durable. À tout ce que je ne puis comprendre dans les saintes écritures, dont personne jusqu'à présent n'a mieux dépeint que vous la majesté et l'authenticité, je m'écrie avec saint Augustin *de Altitudo !* Je ne suis cependant pas du nombre de ces catholiques outrés, qui croient tout parce qu'ils ne comprennent rien ; je ne brûle personne, ni sur la terre, ni dans le Ciel. Plût à Dieu, mon cher Rousseau, que mes actions répondissent à la pureté de ma foi, et plût à Dieu que votre foi fût aussi simple et aussi pure que vos actions ; la religion chrétienne aurait besoin d'un homme tel que vous, qui eût la droiture de vos mœurs, le désintéressement de votre conduite, la force de votre logique, le foudre de votre éloquence, joints à la sublimité de votre génie : bientôt vous fortifieriez l'esprit des faibles, vous terrasseriez les raisonnements des forts, vous dissiperiez et balayeriez cette fourmilière de petits auteurs qui sont cent fois plus incrédules que vous, sans pouvoir développer le moindre de vos raisonnements.

J'ai l'honneur d'être avec toute l'estime et l'attachement qu'inspirent vos vertus, vos malheurs,

Monsieur, etc.

P.-S. Lorsque vous verrez M. Hume, notre ami commun, je vous prie de lui faire mille compliments de ma part et mille félicitations sur le bonheur qu'il a eu de tomber avec un seigneur du caractère de Mylord Hertford. Si j'eusse rencontré un tel ambassadeur, je n'aurais jamais passé pendant quelques mois pour fou dans le monde, et je n'aurais jamais eu le malheur de faire des livres. En attendant que je puisse avoir la satisfaction de vous voir et de recouvrer ma liberté, vous pourriez m'écrire sous le couvert de M. Henry Dadwel Esqu. in Golden Square, ami de M. Hume et le mien, ou de M. Humphrey Cotes Esqu. in St Martin lane, ou de mon fondé de procuration, M. Devignolo, The Sixthdow in Warewick Street, Golden Square, London. »

Le chevalier était-il sincère ? On peut douter de la vertu dont il se targue auprès d'un homme qu'il ne connaissait que d'après ses écrits. De toutes façons, il en fut pour ses frais ; Rousseau ne lui répondit pas [1]. On peut même penser qu'un tel rapprochement offensait la misanthropie du philosophe.

« Abandonnez le romanesque »

D'Éon avait fini par acculer l'ambassadeur à quitter son poste dans des conditions humiliantes et le roi consentait à lui assurer un

1. Correspondance complète de Jean-Jacques Rousseau, ed. R.A. Leigh, t. XXVIII, p. 313-318.

avenir dans le Secret, en dépit des tours qu'il avait joués. Le rappel de Guerchy rendait la négociation plus facile. Ainsi fut conclu un nouvel accord. Officiellement d'Éon demeurerait dans la capitale en tant que simple particulier. En réalité il devait adresser chaque mois au roi un compte-rendu détaillé de ce qu'il apprendrait. « Ses relations confrontées avec ce qui reviendra d'ailleurs à V.M., lui procureront des lumières qu'on ne saurait avoir sans cela et on saisira toutes les occasions de les augmenter », écrivait le comte de Broglie à son maître [1].

Avant de nommer un nouvel ambassadeur à Londres, Louis XV envoya un ministre plénipotentiaire afin d'assurer l'intérim. Pour la plus grande joie du chevalier il désigna Durand, autre agent du Secret qu'il avait connu en Pologne. Ils se retrouvèrent au cours de l'été de 1766 comme deux vieux amis et d'Éon ne fit aucune difficulté pour remettre à son collègue le fameux ordre du roi du 3 juin 1763. « Je certifie que ledit ordre m'a été remis en bon état, couvert d'un double parchemin à l'adresse de S.M. et qu'il m'a été représenté renfermé et mastiqué dans une brique cousue à cet effet, prise dans les fondements des murailles de la cave et remise ensuite à sa place », écrivit Durand à l'intention du roi. On voit par ce procès-verbal que d'Éon avait pris toutes les précautions nécessaires pour sauvegarder son trésor.

En échange de ce précieux dépôt, le ministre plénipotentiaire donna au chevalier une lettre de Louis XV où il lut ces phrases tant espérées : « En récompense des services que le sieur d'Éon m'a rendus tant en Russie que dans mes armées, et d'autres commissions que je lui ai données, je veux bien lui assurer un traitement annuel de 12 000 livres, que je lui ferai payer tous les trois mois en quelque pays qu'il soit, sauf en temps de guerre chez mes ennemis et ce jusqu'à ce que je juge à propos de lui donner quelque poste dont les appointements seraient plus considérables que le présent traitement. À Versailles, ce 1er avril 1766. » Durand avait rédigé un autre procès-verbal attestant que ce billet lui avait

1. Broglie à Louis XV, le 29 juin 1765, M. Antoine, *op. cit.*, t. I, p. 369.

été remis par le roi écrit et signé de sa main, à l'intention du chevalier.

Cette relative satisfaction n'aveuglait pas d'Éon. S'il remit à Durand l'ordre réclamé par le roi, il garda soigneusement caché le reste de ses dossiers, c'est-à-dire sa correspondance avec le comte de Broglie et l'essentiel de ce qui avait trait au débarquement en Angleterre, ainsi que la correspondance officielle de son passage à l'ambassade qu'il avait également conservée. Bref un joli brûlot parfaitement monnayable. Son protecteur avait encore de quoi s'inquiéter. Il lui écrivit une lettre digne d'un père au fils prodigue : « Vous observerez, lui disait-il, que la preuve qu'il a plu à S.M. de vous donner elle-même et qui restera entre vos mains, sera un titre à jamais glorieux pour vous. La lettre que je vous trouve heureux d'avoir la permission d'écrire, doit être très courte, point mêlée d'aucun détail. Conduisez-vous ensuite avec modestie et sagesse. Ramenez les esprits les plus prévenus, ne soyez plus ni ministre, ni capitaine de dragons. Abandonnez le romanesque. Prenez l'attitude et les propos d'un homme tranquille et sensé ; avec cela et un peu de temps, on se ressouviendra de vos talents : vos anciens amis pourront se rapprocher de vous ; vos ennemis vous oublieront et votre maître retrouvera un sujet digne de le servir et des grâces dont il l'a comblé. J'ai comme vous et plus que vous essuyé des revers ; j'ai senti que dans le tourbillon général, un particulier peut être sacrifié ; je n'ai jamais imaginé que cela emportât le souverain malheur qui serait le mécontentement fondé de S.M. [1]. »

D'Éon allait-il se comporter en homme tranquille et sensé comme le souhaitait le comte de Broglie ? Le rôle d'espion auquel il se trouvait réduit n'était pas glorieux, mais il allait jouir d'une plus grande liberté qu'en étant investi de fonctions officielles. Sa nouvelle mission continuerait de pimenter son existence.

---

1. Le comte de Broglie au chevalier d'Éon, *in* duc de Broglie, *Le Secret du roi*, t. II, p. 204-205.

« D'Éon est-il vraiment fol ? »

Romanesque, assurément le chevalier l'était ; il jouissait de l'irréalité dans le réel, ne se plaisait que dans l'ambiguïté, ce qui ne l'empêchait nullement de faire preuve du plus grand sérieux dans les tâches qui lui étaient confiées. Aussi se mit-il aussitôt au travail. Ses rapports au comte de Broglie sont toujours d'une extrême précision et leur style est plus celui d'un écrivain à la verve aiguisée que celui d'un diplomate épris de formules redondantes et respectueuses. D'Éon s'exprime en journaliste qui se plaît à rapporter des informations croustillantes ou importantes. Il sait retenir l'attention de son lecteur tout en se mettant personnellement en valeur. Son talent de conteur, son humour font mouche à chaque ligne, mais il n'est jamais coupable de négligence. Il rend compte de la politique intérieure, de la politique extérieure, de la justice, du commerce, de l'industrie, de la vie privée de la famille royale et des princes... Dans chacune de ses *Lettres politiques*, chiffrées ou écrites en clair et souvent signées William Wolff, il donne des renseignements de première main, qu'un diplomate accrédité ne pourrait se procurer. Le chevalier n'est pas, comme on pourrait le penser, une sorte de ludion, un touche-à-tout insaisissable. Il sait parfaitement organiser son temps, choisir ses fréquentations. Il a besoin de peu de sommeil et on ne lui connaît ni amant ni maîtresse. Il a ainsi tout loisir de rencontrer ses informateurs et de vérifier leurs confidences. Il fréquente surtout les cercles de l'opposition. Ces activités ne l'empêchent pas de passer de longues heures à lire et aussi à écrire dans sa bibliothèque qu'il enrichit régulièrement.

Cependant le rapport que fit Durand à son retour en France en novembre 1766 ne manqua pas d'inquiéter le comte de Broglie. Le ministre plénipotentiaire racontait que lord Chatham insistait encore auprès du chevalier pour qu'il se fît naturaliser anglais. Il ajoutait que « la cour de Londres, roi, princes et princesses s'amusaient de la querelle de d'Éon avec M. le comte de Guerchy, que des courtisans dont il avait vu les lettres ainsi que celles de lord Chatham attisaient le feu par des rapports journaliers ; qu'ils demandaient à M. d'Éon des détails dont ils faisaient ensuite usage auprès de leurs maîtres et maîtresses ; que le sieur d'Éon entretenait à ses frais ce coquin de Vergy à Londres et faisait des préparatifs de tout genre pour poursuivre M. de Guerchy ; qu'alors il ferait condamner cet ambassadeur par défaut ou il l'obligerait à revenir en personne et comme particulier en Angleterre se défendre d'une accusation aussi scandaleuse que celle qu'on osait intenter contre lui [1] ». D'Éon n'ayant pas rendu la totalité de la correspondance secrète, le comte de Broglie fit part au roi de ses inquiétudes. Excédé par cette accumulation d'embarras, Louis XV répondit laconiquement : « D'Éon est un fol et peut être dangereux, mais avec les fols il n'y a rien de bon à faire que de les enfermer et sûrement en Angleterre, il est reconnu pour tel, et les Anglais ne peuvent s'en servir que pour les amuser et se gausser de M. de Guerchy. Je ne veux plus revoir ces papiers. Je hais les fols mortellement [2]. » Malgré cette réflexion qui tombait tel un couperet, le roi ne mit pas fin à la collaboration du chevalier. D'Éon venait de lever un lièvre d'importance.

Le frère d'Éon, le frère Vignoles et la révolte du Mexique

D'Éon avait créé son propre réseau d'informateurs au sein duquel un certain Vignoles jouait un rôle essentiel. C'était un moine défroqué qui lui tenait lieu de secrétaire et de conseiller juridique. D'Éon l'avait rencontré alors qu'il végétait à Londres au milieu des pamphlétaires et des libellistes dont regorgeait la capitale. La police britannique le prenait pour un agent autrichien. Rien ne le prouve, mais cet homme était prêt à se vendre au plus offrant. Son passé ne plaidait pas en sa faveur : après avoir quitté l'abbaye de Joyenval, il s'était enfui en Hollande où il s'était marié et lancé

1. Le comte de Broglie à Louis XV, le 6 février 1767, M. Antoine, *op. cit.*, t. II, p. 14-15.
2. Louis XV au comte de Broglie, le 12 février 1767, Boutaric, *op. cit.*, t. I, p. 354-355.

dans le commerce. À la veille d'une banqueroute annoncée il s'embarqua pour l'Angleterre[1]. D'Éon comprit le parti qu'il pouvait tirer de cet homme qui nageait comme un poisson dans les eaux troubles de Londres. Vignoles écumait les tavernes, buvait avec les journalistes et recueillait des informations qu'il transmettait à son maître. Il était, en outre, affilié à la franc-maçonnerie anglaise. Par quel truchement ? On ne sait. Peut-être appartenait-il précédemment à une loge hollandaise ce qui avait facilité son intégration à la loge de « l'Immortalité de l'Ordre » où il avait le grade de Maître. Il semble bien que ce soit lui qui ait fait initier d'Éon le 16 juin 1766. Depuis lors, le chevalier payait régulièrement sa cotisation comme en témoigne son livre de comptes. En 1769, il notait avoir versé 4 livres pour sa réception au troisième grade de maçon. Cette appartenance maçonnique n'a rien d'extraordinaire à une époque à laquelle pratiquement tous les hommes éclairés sont francs-maçons. Il faut remarquer à ce propos que si l'on avait eu alors le moindre doute sur le sexe du chevalier, son initiation n'eût pas même été envisagée.

Vignoles venait de faire la connaissance d'un aventurier français, Guillaume d'Aubarède, comte de Laval, dit le marquis d'Aubarède, mais qui se faisait appeler Cafaro. Après avoir mené une carrière honorable dans l'armée où il avait le grade de colonel, ce d'Aubarède fut révoqué en 1762 et emprisonné à la Bastille pour de vagues affaires de mœurs et de chantage. Remis en liberté l'année suivante, il partit pour l'Espagne rejoindre un cousin lointain, le duc de Crillon, auprès duquel il pensait trouver un appui. Déçu par l'accueil glacial de son parent, d'Aubarède se lança dans une conspiration qui avait pour but de libérer le Mexique de la domination espagnole. Le concours de l'Angleterre paraissant souhaitable aux conjurés, il était venu sonder le gouvernement britannique. Grâce à Vignoles il obtint une audience de Sir Macleane, sous-secrétaire d'État au département du Sud. Celui-ci l'écouta sans rien lui promettre.

Très fier de lui, Vignoles rapporta à d'Éon ces informations inté-

1. *Cf.* M. Antoine, *op. cit.*, t. II, n. 1, p. 40.

ressantes, la France et l'Espagne étant alliées. Le chevalier avertit aussitôt Durand encore à Londres. Sagement le diplomate lui conseilla de raconter l'affaire à l'ambassadeur d'Espagne, le prince de Masserano. Durand pensait faire d'une pierre deux coups. De toute évidence l'information intéresserait le prince de Masserano. Durand savait, en outre, qu'il était ami du comte de Guerchy. Il espérait ainsi qu'il pourrait intervenir auprès de lui pour mettre fin à la querelle homérique qui l'opposait à d'Éon. Le prince de Masserano reçut le chevalier et prit bonne note de ce qu'il lui dit, mais ne lui promit rien. Peut-être était-il prévenu contre lui. Le chevalier de son côté n'avait aucune envie d'une réconciliation avec le comte de Guerchy. Il voulait être récompensé en espèces sonnantes et trébuchantes pour ses révélations. Il souhaitait aussi que ce prince lui servît d'intermédiaire auprès de Louis XV pour monnayer les papiers qu'il détenait encore [1]. À son grand désappointement il n'obtint rien.

Parfaitement au courant de ces tractations, le comte de Broglie redouta un nouvel éclat de son agent. Il venait en effet d'apprendre qu'un créancier du chevalier, un certain banquier répondant au nom de Van Eyck, lui réclamait 20 000 livres. D'Éon ne disposant pas d'une pareille somme risquait bien de faire quelques fracassantes révélations préjudiciables à S.M.T.C. « Plus on laissera languir cette affaire et plus elle se gâtera et elle finira peut-être d'une manière d'autant plus désagréable que le nom de V.M. s'y trouverait compromis, écrivit-il au roi, car malgré le service signalé qu'a rendu l'été dernier M. Durand en retirant l'ordre du 3 juin 1763, il suffirait que ce malheureux d'Éon fût capable de dire historiquement tout ce qui s'est passé vis-à-vis de lui depuis cette époque pour être cru et compromettre V.M., sans parler de tout ceux qu'Elle y a employés [2]. » Aussi proposait-il d'envoyer aussitôt de l'argent à d'Éon. Louis XV céda et Broglie dut rendre à son maître des comptes en règle le concernant [3].

1. *Ibid.*, Broglie à Louis XV, p. 17, n. 2.
2. *Ibid.*, Broglie à Louis XV, le 9 février 1767, p. 19-20.
3. *Ibid.*, Broglie à Louis XV, le 8 juin 1767, p. 59-60.

Pendant que le comte de Broglie plaidait, une fois encore, la cause du chevalier, celui-ci continuait d'entretenir les meilleures relations avec les membres de l'opposition. Il était particulièrement lié avec Humphrey Cotes qui l'hébergeait chez lui. Cet homme d'affaires, financier du parti whig, avait plusieurs fois avancé de l'argent à d'Éon qui rencontrait chez lui l'amiral et le général Cotes ses frères, ainsi que leur cousin l'amiral lord Ferrers. En dépit de la faillite dont il fut victime, Humphrey Cotes demeura le protecteur du chevalier. Si d'Éon se servait de ses relations pour informer le roi, celui-ci ne pouvait que se montrer satisfait, mais si d'Éon ne se trouvait pas rémunéré correctement pour ses bons et loyaux services, il pouvait accepter les propositions dorées des Anglais. Il fallait donc le ménager. Sa situation judiciaire se clarifia de façon inattendue : le 17 septembre 1767, le comte de Guerchy mourut en France. Ce décès « doit faire tomber tous les procès pendants au Banc du roi en Angleterre contre cet ancien ambassadeur et ledit sieur d'Éon, disait Broglie au roi. Moyennant cela, il me semble que la sentence qui a été prononcée contre ce dernier doit tomber aussi [1]... »

« Le comble de la barbarie »

Après la mort de son ennemi intime, le chevalier n'avait plus à craindre les suites du premier procès pour lequel il avait été condamné. Il poursuivit pourtant Guerchy de sa haine au delà de la mort. Alors que son imprimeur à Amsterdam lui demandait s'il devait publier son dernier brûlot intitulé *Dernière lettre à M. de Guerchy*, d'Éon lui répondit : « J'ai été instruit presque aussitôt que vous de la mort de M. de Guerchy. Puisqu'il est mort, Dieu veuille avoir pitié de son âme ! Mais moi je suis vivant et je dois, au roi mon maître, à ma patrie, à moi, à ma famille, à mes proches et au caractère dont j'ai été revêtu en Angleterre ma pleine et entière justification. Ainsi Monsieur, soit que mon ennemi soit

1. *Ibid.*, Broglie à Louis XV, le 21 septembre 1767, p. 78-79.

mort ou vivant, continuez de grâce ce que vous avez commencé. Mon ennemi est malheureusement mort sans réparer le mal qu'il m'a fait. On ne doit point troubler la cendre d'un mort et rappeler sa mémoire seulement pour retracer sa honte : c'est le comble de la barbarie, je le sais. Mais si le mal qu'il a fait a tellement influé sur le malheur de quelqu'un qui survit, que ses os desséchés semblent encore le perpétuer du fond de son sépulcre, l'intérêt personnel qui est la première loi de la nature, ordonne quoiqu'à regret, de citer le cadavre au tribunal du public, non pour le diffamer, mais pour se justifier du blâme qu'il a jeté sur celui qui lui survit. Les Égyptiens, ces peuples si respectueux pour les morts, ne citaient-ils pas, ne jugeaient-ils pas, ne condamnaient-ils pas les mânes de leurs souverains mêmes ? Qu'on rejette donc sur la nécessité tout ce qui se fait contre M. de Guerchy mort. Même dans le tombeau, il est coupable de maux qui existent. Que ne les a-t-il fait réparer, on respecterait sa mort quoique forcé d'abhorrer ses jours [1] ! »

Si d'Éon se sentait désormais parfaitement libre d'aller et venir à sa guise en Angleterre, il remâchait son échec. Il n'était plus qu'un agent secret condamné à glaner des renseignements pour le bon plaisir d'un souverain qui pouvait le révoquer quand bon lui semblerait. S'il rentrait en France, il risquait d'être jeté en prison. Les papiers qu'il détenait encore pouvaient lui permettre de négocier son retour vers la terre natale, qu'il avait fort envie de retrouver. Son beau-frère O'Gorman lui donnait régulièrement des nouvelles de sa mère, de sa sœur et de son domaine. S'il n'avait pas été autant attaché à sa Bourgogne et à sa famille, d'Éon aurait sans doute accepté les propositions britanniques. En attendant des jours meilleurs, il continuait d'envoyer des nouvelles de la vie politique anglaise particulièrement animée au début de l'année 1768 lorsque le fameux Wilkes regagna Londres après avoir passé trois ans dans un prudent exil sur le continent. D'Éon se faisait reporter avant la lettre.

Depuis la mort du comte de Guerchy, d'Éon semblait se calmer. Il

1. *Dernière lettre à M. de Guerchy...*, p. 11, 1er octobre 1767.

se rapprocha du nouvel ambassadeur le comte du Châtelet, qui eut parfois recours à ses services. Sa situation éclaircie auprès du représentant du roi, le comte de Broglie l'exhortait à rendre ses papiers. Une occasion favorable se présenta au printemps de 1768. Le baron de Breteuil, ambassadeur en Russie, puis en Suède et en Hollande, en même temps agent du Secret, vint à Londres à titre privé chez son cousin le comte du Châtelet. Moyennant la promesse d'une gratification royale, d'Éon, qui avait besoin d'argent, accepta de donner au comte du Châtelet la correspondance officielle du temps de son activité et la correspondance secrète au baron de Breteuil [1]. Il jugea cependant utile de conserver encore plusieurs dossiers dont il comptait bien se servir à l'avenir. Il avait tout lieu de penser qu'on aurait besoin de lui, les relations entre la France et l'Angleterre se détériorant à propos de la Corse : au mois de mai 1768, Gênes venait de céder la Corse à la France et Choiseul y envoyait des troupes. Les Anglais qui tenaient à rester maîtres de la Méditerranée en concevaient une vive irritation et le comte du Châtelet n'était plus tout à fait *persona grata* à Londres. Le chevalier en informa le comte de Broglie ; ses rapports se suivent, très détaillés sur toutes les affaires en cours : les démêlés de Wilkes avec le pouvoir, la politique anglaise à l'égard des colonies d'Amérique ; la désertion d'un marin anglais, Elphinston, passé au service de la Russie avec le grade d'amiral... Routine, routine.

En 1769 un nouveau scandale pouvait remettre d'Éon sous les feux de l'actualité. Lors de l'élection de la chambres des communes, un certain docteur Musgrave accusa le duc de Bedford, les lords Bute, Halifax et Egremont de s'être laissé soudoyer par la France lors des négociations du traité de Paris en 1763. Persuadé que d'Éon n'avait plus aucune relation avec la France depuis l'affaire Guerchy, Musgrave espérait que le célèbre chevalier soutiendrait les accusations qu'il portait contre le gouvernement de lord Bute qui avait traité avec le duc de Nivernais. D'Éon n'était-il pas le collaborateur le plus proche de l'ambassadeur à cette époque ?

1. Le comte de Broglie au roi, 30 juin 1768, M. Antoine, *op. cit.*, t. II, p. 116-118.

Mais d'Éon répondit fièrement : « Je vous atteste ici sur ma parole d'honneur et à la face du public que je ne puis vous être d'aucune utilité, que je ne suis jamais entré en marché pour la vente de mes papiers et que je n'ai jamais ni par moi-même, ni par aucun agent autorisé de ma part, proposé de faire voir que la paix avait été vendue à la France. » Malgré ces dénégations une véritable guerre de libelles se poursuivit en Angleterre mais, sagement, d'Éon ne s'en mêla pas.

Le chevalier d'Éon meuble ses loisirs

C'est vers cette époque que d'Éon s'installe dans une confortable demeure londonienne appartenant à un certain Joseph Lautem, 38 Brewer Street, Golden Square, au loyer fort élevé. Il y abrite sa bibliothèque qu'il ne cesse d'enrichir. Ses activités lui laissant du temps libre, il entreprend une œuvre considérable intitulée *Les Loisirs du chevalier d'Éon de Beaumont sur divers sujets d'administration*. Il y aborde tous les thèmes possible : la politique de la Pologne, l'administration de l'Angleterre, son développement économique, sa politique coloniale, le commerce et la législation russes, les finances de la France... Bref un travail de titan qui verra le jour en 1774. Le catalogue de sa bibliothèque dressé en 1791 laisse d'ailleurs rêveur. D'Éon a réuni un ensemble de manuscrits et d'ouvrages imprimés digne des plus grands collectionneurs de tous les temps [1]. Qu'on imagine : neuf grands portefeuilles in folio contenant l'ensemble des manuscrits du maréchal de Vauban avec ses plans dessinés de sa main, ses notes et ses instructions sur les fortifications, la défense et l'attaque des places, la discipline militaire et les campements. Suivent des manuscrits concernant les lois civiles et criminelles en France dont les plus anciens remontent au XVe siècle ; une collection de livres rares en langues orientales ; des

1. La liste complète des ouvrages contenus dans la bibliothèque du chevalier d'Éon a été établie par lui en vue de sa dispersion aux enchères par Christie's à Londres en 1791. Nous y reviendrons ultérieurement.

manuscrits sur les finances françaises ; d'autres sur l'histoire, la politique, les arts et les sciences, les uns en latin, les autres en français ou en anglais ; des bibles manuscrites, d'autres imprimées en langue hébraïque, chaldéenne, syriaque, talmudico-rabbinique, arabe, persane, turque, géorgienne, gothique, grecque, latine, française et anglaise ! Rassurons-nous, il y a autant de dictionnaires que de langues citées ; enfin plus de six cents titres d'ouvrages imprimés comprenant aussi bien tous les dictionnaires imaginables à commencer par l'Encyclopédie, des ouvrages d'histoire, de droit, des traités de casuistique, de théologie, de médecine. Un ensemble cohérent plutôt austère, digne d'un grand lettré. Beaucoup d'ouvrages imprimés sont contemporains ; cependant si l'on trouve les œuvres complètes de Rousseau dans l'édition de 1769, Voltaire n'apparaît qu'une fois avec *Le Tableau philosophique de l'Esprit.*

Au milieu de tous ces ouvrages figurent quelques essais qu'on ne serait pas étonné de trouver chez d'autres collectionneurs mais qu'on regarde ici avec un intérêt particulier. Les principaux textes concernant la condition féminine et publiés le plus souvent par des défenseurs du deuxième sexe se trouvent réunis chez lui. On peut retenir à ce sujet : le *Traité des maladies des femmes grosses et de celles qui sont accouchées* par Moriceau ; *L'Honnête femme* par le R.P. du Bosc ; l'*Histoire des Vestale*s avec un *Traité du luxe des dames romaines* ; *Le Nouvel Ami des femmes ou la philosophie du sexe* ; *Les Vies des femmes illustres de la France* ; *Les Femmes des douze Césars* par M. de Servies ; *La Nouvelle Pandore ou les femmes illustres du siècle de Louis le Grand* par M. de Verton ; les *Recherches sur les habillements des femmes et des enfants ou Examen de la manière dont il faut vêtir l'un et l'autre sexe* par M.A. Le Roi ; une *Apologie des dames appuyée sur l'Histoire* ; le *Dictionnaire historique portatif des femmes célèbres* ; l'*Histoire des Amazones anciennes en modernes* par l'abbé Guyon ; un *Discours sur les femmes adressé à Eugénie suivi d'un dialogue philosophique et moral sur le bonheur* ; un *Essai sur le caractère, les mœurs et l'esprit des femmes dans les différents siècles* par M. Thomas de l'Académie française ; l'*Histoire de Jeanne d'Arc,* *vierge, héroïne et martyre d'État* par l'abbé Lenglet-Dufresnoy ; *La Galerie des femmes fortes* par le P. Le Moyne de la compagnie de Jésus ; les *Étrennes aux dames ou recueil de pièces choisies en vers, tirées des meilleurs auteurs* ; des ouvrages en anglais sur le même sujet : *An Essay in Defense the Female Sex ; The Polite Lady or a Course of Female Education in a Serie of Letters from a Mother to her Daughter ; Biographium Foemineum, the Female Worthies or Memoirs of the Most Illustrious Ladies of all Ages and Nations.*

Une telle bibliothèque permet au chevalier de travailler tranquillement chez lui. Il est capable de passer quinze heures d'affilée à sa table de travail, se nourrissant à peine. Ainsi renoue-t-il avec ses premières amours. On se souvient que dans sa première jeunesse il avait été partagé entre le désir de se retirer dans une thébaïde au milieu des livres, et celui de connaître l'ivresse des combats et le fracas des armes [1]. Le temps des armes semble révolu pour céder la place à celui des livres. Il évoque désormais les heures glorieuses des combats avec lord Ferrers qui est devenu son ami intime. Ce riche seigneur, bibliophile à ses heures, invite fréquemment d'Éon dans sa somptueuse propriété de Stauton Harold dans le Leicestershire. Le chevalier y passe plusieurs semaines, puisant dans cette autre bibliothèque les informations nécessaires à la poursuite de son œuvre. D'Éon serait-il devenu sage ?

1. *Cf.* chapitre Ier.

Chapitre VI

Homme, femme ou...

« Savez-vous que M. du Châtelet est persuadé que d'Éon est une fille ? » C'est Louis XV lui-même qui fait part au général Monnet de cette surprenante révélation le 28 octobre 1770 [1]. Avec le chevalier, il fallait s'attendre à tout. Pourquoi pas à un changement de sexe ? Voilà cependant qui était un peu fort. Alors que le héros de l'histoire s'adonne tranquillement à son œuvre littéraire, cette étrange rumeur court dans Londres et se répand bientôt partout en Europe. Mme du Deffand, Mme d'Epinay s'empressent d'annoncer la nouvelle à leurs nombreux amis. Célèbre depuis ses démêlés avec le comte de Guerchy, le chevalier va-t-il encore défrayer la chronique ? Quel roman ! on s'amuse ; on s'étonne ; on brûle d'en savoir davantage.

Un sexe aux enchères

À quarante-deux ans, d'Éon ne ressemble plus au charmant éphèbe d'il y a vingt ans. Il a grossi, se rase, parle comme un soldat et sa démarche n'a rien de langoureux. On ne lui connaît pas une seule aventure, masculine ou féminine. Il aurait même refusé de flatteuses propositions de mariage. La chasteté dont il se vante ne manque pas d'intriguer, mais pourquoi le prendrait-on pour une femme ? On ne sait d'où est partie la rumeur qui enfle de jour en jour. Les contemporains ne le décrivent pas comme un

1. Louis XV au général Monnet, *in* Boutaric, *op. cit.*, t. I, p. 411.

personnage efféminé. Cependant l'un des pamphlets écrits contre lui sur l'ordre du comte de Guerchy le traitait d'hermaphrodite, ce qui suppose une certaine ambiguïté dans son apparence. On se souvient qu'à cette occasion le chevalier avait riposté vigoureusement contre toutes les autres accusations et dédaigné celle-ci[1]. Quoi qu'il en soit, la presse britannique s'empare de cette nouvelle sensationnelle sans pouvoir fournir les preuves et les précisions que le public attend. Pour certains journalistes, un mystérieux ami indélicat aurait révélé imprudemment un secret bien gardé ; pour d'autres ce serait une lettre du duc de Nivernais adressée à sa « chère chevalière » qui aurait été à l'origine de cette découverte. Dans les salons, les clubs, les pubs, et jusque dans les milieux populaires, les langues vont bon train : le chevalier est-il un homme ? une femme ? un androgyne ? Words, words, words...

À Londres on avait pris l'habitude de parier sur tout et sur n'importe quoi : les chiens, les chevaux, les coqs... Pourquoi pas sur le sexe du chevalier d'Éon ? Dès le début du mois de mars 1771, les premiers paris sont engagés. Les enchères montent très vite. Les pubs et les tavernes affichent les cotes tandis que des bureaux installés au Brook's et au White's Clubs offrent d'incroyables polices d'assurances. Bientôt court une nouvelle rumeur : d'Éon est intéressé aux paris et prolonge en connaissance de cause le mystère de son sexe.

En même temps, des caricatures circulent dans le public. L'une montre le chevalier touchant de l'argent des bookmakers en se moquant de ceux qu'il mystifie, sur une autre on voit d'Éon moitié homme, moitié femme, délibérant s'il dévoilerait le mystère de sa nature ; dans une autre, Épicène d'Éon [*sic*] est proclamée reine des Amazones, tandis qu'un dessin anonyme représente un capitaine de dragons accouchant de deux jumeaux. Sans parler des gravures obscènes qui courent sous le manteau. Les gazetiers, courtiers de nouvelles et folliculaires en tous genres ne sont pas en reste. En France, le rédacteur des *Mémoires secrets* note que « les bruits accrédités depuis plusieurs mois que le sieur d'Éon, ce fougueux

1. *Cf. supra* chap. IV., p. 94.

personnage, si célèbre par ses écarts, n'est qu'une fille revêtue d'habits d'homme, la confiance qu'on a prise en Angleterre à cette rumeur, au point que les paris pour et contre se montent aujourd'hui à plus de cent mille livres sterling, ont réveillé à Paris l'attention sur cet homme singulier, et ceux qui ont étudié avec lui et l'ont connu dans l'âge de l'adolescence, se sont rappelés tout ce qui pouvait favoriser ou détruire une telle conjecture, et voici ce qu'ils racontent.

« Ils ne se rappellent pas en effet avoir jamais eu dans le cours de ses classes, et même hors du collège, aucune preuve testimoniale de sa virilité : ils n'ont aucune idée d'avoir jamais fait de partie de filles avec lui, de lui avoir connu aucune inclination à ce genre de plaisir, et de lui avoir jamais vu de maîtresse. Cependant, il a toujours eu la figure assez mâle ; il s'est livré aux exercices qui caractérisent le plus notre sexe ; il aimait surtout passionnément celui des armes, et s'y était perfectionné au point qu'il est devenu l'origine de sa fortune.

« Ce garçon, né d'une famille honnête, était commis dans les bureaux de l'intendance. On eut besoin alors de négocier avec la Russie : on était dans une sorte de brouillerie ou de froideur avec cette puissance ; on n'avait personne à cette cour. On imagina de chercher quelqu'un qui, sans caractère, pût y aller, y paraître sans être suspect, gagner la confiance du grand-duc, lui porter des paroles, être désavoué ou avoué au besoin.

« On savait que le grand-duc aimait beaucoup les spadassins : on s'informa si l'on pourrait trouver quelqu'un distingué dans le genre de l'escrime, qui y joignît quelques connaissances en politique. Le sieur d'Éon avait alors fait un livre sur les finances ; sa passion pour les armes était publique. On le proposa au ministre des Affaires étrangères ; on l'agréa ; il partit il y a environ vingt ans : il réussit ; il se fit connaître, et de-là son initiation aux négociations dont il a été chargé depuis [1]. »

Entre tant d'autres pièces fugitives, on retrouve, dans l'*Alma-*

1. Bachaumont, *Mémoires secrets*, t. V, p. 222-223.

nach des Muses de 1771, ces quelques vers d'une flatteuse ironie, dus à Baculard d'Arnaud :

« À Mademoiselle ...
qui s'était déguisée en homme

Bonjour, fripon de chevalier,
Qui savez si bien l'art de plaire,
Que par un bonheur singulier
De nos beautés la plus sévère,
En faveur d'un tel écolier,
Déposant son ton minaudier
Et sa sagesse grimacière,
Pourrait peut-être s'oublier,
Ou plutôt moins se contrefaire.
Mon cher, nous le savons trop bien,
(Le ciel en tout est bon et sage),
Pour un si hardi personnage
Dans le fond vous ne valez rien.
Croyez-moi : reprenez un rôle
Que vous jouez plus sûrement.
Que votre sexe se console,
Du mien, vous faites le tourment,
Et le vôtre, sur ma parole,
Vous doit son plus bel ornement.
Hélas, malheureux que nous sommes !
Vous avez tout pour nous charmer ;
C'est bien être au-dessus des hommes
Que de savoir s'en faire aimer. »

Miss Wilkes, la jeune et jolie fille du fameux tribun, aurait poussé la curiosité jusqu'à demander directement à d'Éon la nature de son sexe : « Mlle Wilkes, lui aurait-elle écrit avec une audacieuse ingénuité, présente bien ses respects à M. le chevalier d'Éon, et voudrait bien ardemment savoir s'il est véritablement une femme, comme chacun l'assure, ou bien un homme. M. le chevalier d'Éon serait bien aimable d'apprendre la vérité à Mlle Wilkes, qui l'en prie de tout son cœur. Il sera plus aimable encore s'il veut venir dîner avec elle et son papa aujourd'hui ou demain, enfin le plus tôt qu'il pourra. »

Mais l'affaire prend bientôt un tour moins plaisant. Les parieurs qui ont engagé des sommes importantes brûlent de voir l'énigme enfin résolue. Ne pourrait-on pousser ce maudit chevalier à bout, l'amener à quelque action d'éclat qui leur permettrait d'être enfin fixés ? Leur arrogance augmente de jour en jour.

Jusque-là d'Éon n'a pas réagi. « J'ai le chagrin d'entendre et de lire même jusque dans les papiers anglais tous les rapports extraordinaires qui viennent de Paris, de Londres et même de Saint-Pétersbourg sur l'incertitude de mon sexe et qui se confirment dans un pays d'enthousiastes tel que celui-ci, à tel point que l'on a ouvert publiquement, à la cour et à la cité, des polices d'assurances sur une matière aussi indécente, pour des sommes considérables », confie-t-il au comte de Broglie. Le chevalier mijote une réposte à sa manière. Le 23 mars, il dépose chez le marchand de vin Lautem, son logeur, le petit billet suivant : « Je vous donne avis que j'ai fait assurer ce matin, au café de Lloyd, près de la Bourse, ma canne pour deux mille livres sterling par M. Caffarena Broker et que, demain à midi, je me transporterai en personne audit café, pour payer les primes sur les épaules de ceux qui voudront parier contre moi sur l'objet en question qu'ils ont agité. Il ne tiendra qu'à vous d'en être spectateur[1]. » S'étant assuré ainsi une large publicité, car le sieur Lautem bat aussitôt le rappel de tous les curieux du quartier, le chevalier se rend dès le lendemain à la Bourse et dans différents cafés voisins « où l'on fait les assurances et les agiotages de toutes couleurs ; et là, en uniforme et avec ma canne, je me suis fait demander pardon par le banquier Bird, qui le premier a levé une assurance aussi impertinente, raconte-t-il. J'ai défié le plus incrédule ou le plus brave ou le plus insolent de toute l'assemblée de combattre contre moi avec telle arme qu'il voudrait choisir. Tout le monde m'a fait de grandes politesses et dans l'étonnement,

1. B.M., mss 11339, fol. 186, reproduit par P. Pinsseau, *op. cit.*, p. 146.

pas un seul de ces adversaires mâles de cette grande ville n'a osé, ni parier contre ma canne, ni combattre contre moi, quoique je sois resté depuis midi jusqu'à deux heures à leur assemblée pour leur donner tout le temps de se déterminer entre eux. J'ai fini par leur laisser publiquement mon adresse en cas qu'ils se ravisassent.

Voilà comment il faut absolument mener ces gens-là pour les faire taire. Ils se permettent toutes sortes d'insolences envers les plus grands de la cour ; à plus forte raison contre moi, simple particulier, qu'ils voient exilé de la France et isolé ici. Le banquier Bird m'a déclaré, malgré ses excuses, que lui et ses confrères pouvaient faire des assurances ou paris les plus extraordinaires, même sur la famille royale, excepté sur la vie du roi, de la reine et de leurs enfants, suivant un acte du parlement ; et qu'il était autorisé par une grande dame qu'il n'a jamais voulu nommer à faire une assurance sur mon sexe [1] ! »

Cependant l'acharnement des parieurs ne faiblit pas pour autant. Les enchères continuent de monter follement et la presse renchérit. De fausses lettres circulent ; dans l'une d'elle, Marie de Beaumont reconnaît qu'elle est une fille. Le 17 avril, on peut lire dans une autre feuille qu'un enfant abandonné dans le hall de la chambre des Communes est celui de Wilkes et de Mme d'Éon. Quelques savants discutent en même temps de l'anatomie des hermaphrodites et le bruit court que le chevalier pourrait bien répondre à ces caractéristiques somme toute monstrueuses...

« Je suis un capitaine de dragons »

Les parieurs sont de plus en plus pressés de connaître la véritable nature du chevalier ; mais comme il refuse de se prêter à un jeu aussi indécent, ces messieurs veulent le soumettre de gré ou de force à un examen pour en avoir le cœur net. Une telle perspective horrifie d'Éon qui n'est pourtant pas à un scandale près. Il a beau être un escrimeur de renom, il ne pourra jamais tenir tête à une

1. *Ibid.*, p. 147 et A.A.E. C.P. Angleterre 498, *fol.* 18-21.

bande de spadassins. Le 7 mai, à la surprise générale, le chevalier est introuvable. Il a disparu. Ni ses amis ni ses domestiques ne savent où il est. Il n'a laissé aucune lettre, aucun ordre. Inquiets, ses proches font paraître une petite annonce dans les journaux pour donner son signalement et promettre une récompense à qui pourra donner des renseignements. Personne ne répond. De plus en plus anxieux ses amis redoutent le pire. N'aurait-il pas été kidnappé ou assassiné ? Nouvelle aubaine pour la presse. Les journalistes ne sont pas à court d'idées : Mlle d'Éon serait allée accoucher secrètement en quelque hôpital...

Le 20 juin d'Éon rentre chez lui en parfaite santé : il voyageait en Allemagne. C'est en lisant les journaux à Hambourg qu'il avait appris que ses amis inquiets sur son sort le recherchaient et il avait aussitôt regagné Londres afin de les rassurer. Telle était la version des faits qu'il voulait accréditer. En réalité, il avait eu l'intention de partir pour l'Irlande sous un nom d'emprunt, mais il était finalement resté caché au nord de Londres, on ne sait avec quelles complicités. Son retour dans son appartement de *Brewer Street, Golden Square,* fit autant de bruit que sa disparition six semaines plus tôt. Plus que jamais le chevalier était le point de mire du public. Les parieurs étaient prêts à tout pour connaître enfin la vérité. Certains continuaient d'affirmer qu'il était intéressé à faire monter les enchères. Afin de faire cesser toutes ces insinuations, il se rendit à London City Hall pour déclarer sous serment devant le Lord-Maire qu'il n'était pas le moins du monde intéressé dans les paris et les polices d'assurances. Mais cette belle déclaration ne calma pas les esprits. Les rumeurs persistant, d'Éon accepta l'invitation de lord Ferrers dans sa superbe propriété de Staunton Harold.

Malgré son éloignement de Londres, d'Éon restait au courant de toute l'actualité grâce à son réseau d'agents. Il recevait sans difficulté un abondant courrier posté à des adresses différentes sous des noms d'emprunt. Au début de l'année 1772, il éprouva une grande satisfaction en lisant la lettre que lui adressait Stanislas Poniatowski, roi de Pologne depuis 1764 et qui voulait le prendre à son service. D'Éon hésitait. La proposition de Stanislas lui ouvrait sans doute les perspectives d'une nouvelle carrière, mais il se sentait profondément français, attaché au service de son roi, et le sort de la lointaine Pologne paraissait bien incertain. L'anarchie était telle que la Prusse, l'Autriche et la Russie avaient décidé de la démembrer. Les trois souverains de ces États venaient de conclure un traité leur permettant d'envahir les territoires polonais et de s'adjuger chacun quelques provinces. Ce qui fut réalisé quelques mois plus tard. Le chevalier, qui ménageait l'avenir, adressa une lettre enthousiaste au souverain polonais : « Il y a sur le trône de Pologne un roi qui parle en homme [...] qui aime la vérité comme Socrate et les hommes comme Titus, lui dit-il, si mon corps ne peut être à votre service, mon esprit sera toujours au rang de vos sujets[1]. »

À la même époque, le chevalier apprit qu'une nouvelle conspiration[2] se formait pour renverser la dynastie de Hanovre et la remplacer par celle des Stuarts, bien que le Prétendant, miné par l'alcool et menant une vie oisive en Italie, fût parfaitement incapable de régner. Peu importait aux conspirateurs, qui avaient tout à gagner dans cette affaire et l'Angleterre beaucoup à perdre. Mais l'abaissement de la perfide Albion ne pouvait que servir les intérêts français.

Le chevalier informa aussitôt le comte de Broglie de la proposition polonaise et de la conspiration anglaise. « Voulez-vous avoir une sédition à la rentrée du Parlement aux élections prochaines ? proposait-il au comte de Broglie. Il faudra tant pour Wilkes, tant pour les autres. Wilkes nous coûte très cher, mais les Anglais ont le Corse Paoli qu'ils ont accueilli chez eux et qu'ils nourrissent aussi à notre intention. C'est une bombe qu'ils gardent bien chargée pour la jeter au milieu de nous au premier incendie. Gardons bombe pour bombe. » Il proposait de venir lui-même en France exposer ces deux affaires, à condition que sa liberté fût assurée. Cette manœuvre pour regagner la terre natale échoua. Louis XV ne voulait pas s'engager dans une entreprise hasardeuse en Angle-

1. A.A.E. M.D. France, 2187, d'Éon au roi de Pologne, fol. 165-166.

2. D'Éon à Broglie, 13, 26, 28 mars 1772, A.A.E. C. P. Angleterre 498, *in* M. Antoine, *op. cit.*, t. II, p. 338.

terre et il s'opposait au départ du chevalier pour la Pologne. « Il ne faut envoyer d'Éon nulle part », se récria-t-il[1]. D'Éon devait rester là où il était, ne pas rentrer en France et ne pas causer de nouveaux scandales dans un État comme la Pologne. Néanmoins le souverain acceptait d'envoyer à Londres Drouet, le secrétaire du comte de Broglie, afin de recueillir tous les renseignements possibles de la bouche du chevalier. Le roi priait également Drouet de savoir à quoi s'en tenir sur sa véritable nature.

Le chef du Secret exécuta fidèlement les ordres de son maître, sachant qu'il allait décevoir son agent avec lequel il prit beaucoup de précautions afin de ménager sa sensibilité : « Je ne suis pas étonné que le roi de Pologne ait eu la bonté de vous faire dire des choses obligeantes par son chambellan, lui écrivit-il. Ce prince vous a connu, a entendu parler de vous avantageusement en Prusse et il sait l'utilité dont vous pourriez lui être, mais vous devez sentir aussi qu'il n'y a nul endroit où vous puissiez servir plus utilement le roi qu'à Londres, surtout dans les circonstances actuelles. De même, il n'y a point de lieu où vous puissiez être plus en sûreté qu'à Londres, contre les malices de vos ennemis. Continuez donc votre correspondance avec moi et S.M. : c'est le vœu du roi qui vous recommande de ne point quitter l'Angleterre sans ses ordres. Mais Sa Majesté approuve la correspondance qu'il vous est proposé d'entretenir avec le roi de Pologne[2]. » D'Éon voyait s'évanouir tout espoir de retour ; il savait que les compliments du comte de Broglie n'étaient que de pure forme. Il était trop fin pour ne pas le comprendre. S'il voulait revenir en France, il fallait trouver un autre stratagème.

1. A.A.E. Mém. et Doc. France 540 bis, fol. 68-69, *in* M. Antoine, *op. cit.*, t. II, p. 339, 9 avril 1772.

2. Le comte de Broglie au chevalier d'Éon, le 11 mai 1772, Boutaric, *op. cit.*, t. I, p. 430-431.

L'aveu

Drouet partit pour Londres au mois de mai ; d'Éon l'accueillit avec de grandes marques d'amitié. Les deux hommes se connaissaient : on n'a pas oublié la mésaventure du malheureux Drouet emprisonné en même temps qu'Hugonet en 1765. D'Éon lui donna force détails sur la conspiration en faveur des Stuarts dont le succès paraissait improbable. Drouet estimait, en outre, « qu'on pourrait tirer beaucoup d'utilité du Sieur Wilkes en lui fournissant sous-main les moyens d'entretenir la division entre le roi et la nation », et le chevalier était l'homme idéal pour mener à bien cette entreprise. D'autre part Drouet affirmait que « les connaissances acquises dans son voyage étaient plus intéressantes qu'une révolution, quel qu'en pût être l'objet : c'était la paix qu'il voyait certaine, aussi longtemps que le roi d'Angleterre se laisserait diriger par les conseils de M. Bute [1] ».

La seconde mission de Drouet relevait à la fois de la casuistique jésuite et de l'opéra-bouffe. Demander à d'Éon, cet incontrôlable personnage célèbre pour ses esclandres, s'il était une femme travestie, exigeait habileté, sang-froid et humour. Drouet réfléchit sans doute longtemps avant d'aborder le sujet brûlant, mais le chevalier se doutait bien qu'il allait être interrogé à ce propos. Peut-être le souhaitait-il. Il parla avec plus de facilité que ne le pensait son interlocuteur. Avec abandon même. Ses parents, lui expliqua-t-il, trompés à sa naissance par des apparences douteuses, et désirant surtout, comme toute famille noble, avoir un héritier mâle, l'avaient élevé comme un garçon alors qu'il appartenait au sexe opposé. Joignant le geste à la parole, il prit la main de son collègue et lui fit tâter ses parties intimes, feignant de faire cet aveu sous l'empire de l'amitié. Il adjura cependant Drouet de garder son secret. Mais le secrétaire du comte de Broglie s'empressa de rompre son serment pour en faire part à son maître lequel, aussitôt, le répéta au roi : « Je ne dois pas à son sujet oublier d'avoir l'honneur d'instruire Votre Majesté que les soupçons qui ont été élevés l'année dernière sur le sexe ce person-

1. *Cf.* M. Antoine, *op. cit.*, t. II, p. 356-357, n. 3.

nage extraordinaire sont très fondés. Le sieur Drouet à qui j'avais recommandé de faire de son mieux pour les vérifier, m'a assuré à son retour qu'il y était en effet parvenu et qu'il pouvait me certifier, après avoir examiné et palpé avec beaucoup d'attention, que le dit sieur d'Éon était une fille et n'était qu'une fille ; qu'il en avait tout les attributs et toutes les incommodités régulières. Ce qu'il a seulement de singulier c'est qu'il assure n'avoir jamais eu le moindre désir, ni le moindre attrait pour le plaisir, quoique dans la conversation il se permette toutes les libertés que ses habillements autorisent. Il faut convenir qu'il ne manquait plus que cette anecdote à son histoire. Le sieur Drouet a appris de lui que c'est la princesse Daschkoff, à qui il avait confié son sexe à Pétersbourg, qui a eu l'indiscrétion de le révéler à Londres et c'est ce qui a donné lieu aux bruits qui ont couru et aux paris considérables qui en ont été la suite. Il a prié le sieur Drouet de lui garder le secret, observant avec raison que s'il était découvert, son rôle serait entièrement fini. J'ose supplier V.M. de vouloir bien permettre que sa confiance dans son ami ne soit pas trahie et qu'il n'ait pas à la regretter [1]. »

On imagine le sourire de Louis XV amateur d'histoires scabreuses. Il n'y prêta pourtant qu'une attention distraite. D'Éon n'était qu'un subalterne sans intérêt et le fameux Secret auquel il avait tant travaillé depuis vingt ans devenait le Secret de Polichinelle. Sans en parler ouvertement, ses ministres en connaissaient l'existence et tout cela n'intéressait plus guère le roi. Le souverain vieillissait dans les bras de sa dernière maîtresse, la comtesse du Barry. L'ambassadeur d'Autriche notait que S.M. « s'affaissait et qu'il pourrait manquer dans peu ». Qu'adviendrait-il de ses agents s'il venait à disparaître ? Ce réseau qu'il avait patiemment tissé n'existait que par lui. D'Éon ne pouvait manquer d'être angoissé en songeant à l'avenir. Si le nouveau monarque ne le reconduisait pas dans ses fonctions, il n'était plus à Londres qu'un étranger sans le sou et sans espoir de regagner la France où il risquait d'être embastillé.

D'Éon avait l'imagination fertile et il était capable de mener

1. Broglie à Louis XV, le 12 juillet 1772, M. Antoine, *op. cit.*, t. II, p. 360.

avec un imperturbable sérieux les devoirs de sa charge, tout en commettant les pires folies. On l'a vu ainsi se lancer dans une campagne insensée contre le comte de Guerchy sans cesser de donner tranquillement les informations qu'il devait à son maître. Ce diable de chevalier se plaisait à jouer un double jeu qui faisait probablement le sel de sa vie dépourvue d'aventures érotico-sentimentales. En tenant compte de sa situation précaire en Angleterre et de son comportement ambivalent, comment expliquer l'extraordinaire confidence faite à Drouet ? Il savait que le secrétaire du comte de Broglie serait trop troublé pour garder son secret comme il s'y était engagé. D'Éon ne se serait pas livré à cette comédie s'il n'avait pas voulu qu'il fût révélé. Désormais Louis XV et le comte de Broglie étaient convaincus que le chevalier était une chevalière, tout simplement parce celui-ci avait voulu le leur faire croire. Et sans nul doute avait-il préparé soigneusement sa mise en scène pour que Drouet le crût.

Il était sûr que la nouvelle se répandrait à la cour, à la ville et bientôt dans toute l'Europe. Il apparaîtrait alors comme un phénomène, un être d'exception qui pouvait concentrer sur lui tous les regards et devenir un personnage de légende : ainsi continuerait-il d'exister.

Mais comment était née la rumeur alors que personne n'avait vu le chevalier autrement vêtu qu'en habits masculins ? D'Éon prétendait que la princesse Daschkoff, récemment installée à Londres, avait révélé cette vérité à la bonne société britannique. Rien n'est moins sûr. Cette aristocrate russe fort liée à la grande-duchesse Catherine au moment de son avènement au point d'avoir aidé les conspirateurs de la future souveraine à assassiner son époux Pierre III, n'avait que dix ans lorsque d'Éon quitta Saint-Pétersbourg. Il n'aurait pas songé à faire une confidence de cette importance à une enfant, fût-elle particulièrement précoce ! On peut même penser qu'il ne l'avait jamais rencontrée. D'ailleurs la princesse Daschkoff ne parle pas de lui dans ses mémoires. Il est toutefois possible qu'elle ait évoqué dans les salons de la capitale les bals de l'impératrice Élisabeth où les hommes venaient habillés en femme et les femmes en homme.

Dans son autobiographie restée à l'état de manuscrit, le chevalier prétend que, blessé lors d'une malencontreuse chute de cheval, le médecin qui l'avait soigné s'était rendu compte qu'il n'appartenait pas au sexe qu'on lui attribuait. C'est ainsi que se serait propagée la rumeur. Cependant tout laisse à penser que c'est d'Éon, expert en intrigues, qui lança lui-même la nouvelle pour attirer de nouveau l'attention sur lui, revendiquer sa virilité et passer pour victime avant de se laisser quasi-officiellement extorquer un aveu qui pouvait le servir auprès du roi. En effet le souverain n'employait pas de femmes dans son réseau d'espions : il devrait donc mettre fin à la carrière de son étrange agent, le faire revenir en France et laisser tranquille cette femme d'exception à laquelle on ne manquerait pas de s'intéresser. C'est du moins ce qu'ont pensé les plus sérieux biographes du chevalier. Si tel était le projet de d'Éon, il comportait le risque de l'enfermement dans un couvent à son retour en France. Mais d'Éon comptait bien négocier les papiers qu'il conservait précieusement : c'était son talisman.

Féminisme, antiféminisme et transvestisme au siècle des Lumières

En admettant que cette hypothèse soit la bonne – ce que nous avons tout lieu de penser – pourquoi le chevalier à l'esprit si inventif eut-il eu recours à ce subterfuge-là plutôt qu'à un autre pour regagner la terre natale ? Pourquoi se faire passer pour une femme dans une société où l'on considérait encore l'homme comme supérieur à la femme ? Depuis l'Antiquité la gynophobie était monnaie courante. Les misogynes ressassaient toujours les mêmes arguments tirés des Anciens et des Pères de l'Église. La femme ? « Une erreur de la nature », une sorte de monstre apparu sur la terre par suite d'un déplorable accident, prétendait Aristote. Depuis lors on avait disserté à l'infini sur sa redoutable malice, son impudicité, son caractère versatile, veule et cruel. On citait à l'appui d'innombrables témoignages de sa perfidie : Adam trahi par Ève, David,

Salomon, Hercule, Samson, victimes comme lui de la maléfique puissance féminine. Malheur à qui se laissait prendre aux sortilèges des filles d'Ève, sources de tous les désordres ! Cependant, timidement des voix favorables à ces créatures inférieures s'élevèrent. Le conflit entre féministes et antiféministes connut des temps forts où l'ardeur apologétique des uns et l'hystérie des autres s'affrontèrent avec violence. Des controverses sur la supériorité de l'un ou l'autre sexe inspirèrent quantité de traités et les historiens ont enregistré ces poussées de fièvre sous l'appellation de « querelle des femmes ». En 1673, un ouvrage fit date dans l'histoire du mouvement féministe. Il s'agit de l'*Égalité de l'homme et de la femme* dont l'auteur François Poullain de la Barre peut passer à bon droit pour l'un des esprits les plus clairvoyants de son époque. Ce libertin, né à Paris en 1647, docteur en théologie, curé dans le diocèse de Laon et qui avait embrassé la religion protestante, s'était retiré à Genève où il s'était marié. Alors que depuis des siècles féministes et antiféministes se battaient pour la « supériorité » de l'un ou l'autre sexe, ce qui faussait la question, il fut le premier à revendiquer non la supériorité de l'un ou l'autre sexe, mais l'égalité de l'homme et de la femme. Il montrait que les qualités des femmes les rendent aptes à remplir dans la société tous les emplois réservés aux hommes : enseignement, sacerdoce, gouvernement, commandement des armées, justice, sciences. Il ne confondait pourtant pas égalité et identité : si la femme est l'égale de l'homme, elle ne lui est pas semblable, d'où la spécificité de sa place dans le monde.

À l'aube des Lumières, le féminisme fait partie des options majeures des « Modernes » par opposition aux « Anciens », c'est-à-dire aux tenants d'un antiféminisme primaire et borné. Des auteurs de renom mettent leur plume au service des thèses gynophiles, comme Marivaux dont *La Colonie*, représentée au théâtre des Italiens en 1729, lance des répliques qui font mouche sur les spectateurs et incite les femmes à prendre en main la défense de leurs intérêts. Destouches, La Chaussée, Lesage, Beaumarchais, d'autres encore font applaudir les idées féministes sur les scènes parisiennes. À Londres, depuis 1759, Mme Leprince de Beaumont (sans lien avec d'Éon de Beaumont) publie un journal intitulé le *Journal des Dames* consacré à la défense des droits des femmes. Les philosophes plaident en faveur de l'égalité des sexes qui dépend d'après eux de l'égalité de l'enseignement : « Les forces seraient égales si l'éducation l'était aussi », affirme Montesquieu. Et Helvétius d'écrire : « Si les femmes sont en général inférieures aux hommes, c'est qu'en général elles reçoivent une plus mauvaise éducation. » Diderot plaide pour elles. Seule exception notable : Jean-Jacques Rousseau pour lequel l'influence excessive des femmes dans la société est à l'origine de toutes les corruptions. Bref, les femmes sont à la mode. Mais de là à passer pour l'une d'elles...

Changer de sexe, se travestir est considéré comme un crime sous l'Ancien Régime. Cependant s'il n'engendre pas la débauche ou d'autres crimes, le transvestisme n'est plus condamné aussi sévèrement qu'au Moyen Âge. Même en ces temps reculés les théologiens considéraient cette pratique comme tolérable si elle permettait aux femmes de conserver leur virginité ou d'accomplir un destin extraordinaire au service de la foi, telles qu'Eugenia d'Alexandrie ou Anastasia de Constantinople, dont l'exemple inspira certaines saintes de l'époque médiévale. Prendre l'habit masculin signifiait pour elle le renoncement à la sexualité et le désir de s'élever spirituellement au rang d'homme, la supériorité masculine ne faisant alors aucun doute. Aux XVIe et XVIIe siècles, celles qui s'habillent en homme revêtent le plus souvent l'uniforme militaire et participent aux combats. Le thème de la femme guerrière est venu d'Italie où est né le personnage d'Orlando.

Pendant les guerres de religion et plus tard pendant la Fronde, princesses et nobles dames lèvent des troupes, font d'harassantes chevauchées, mènent la vie des camps et commandent parfois des troupes. Renouvelant le mythe de l'Amazone, référence que l'on retrouve dans tous les ouvrages féministes, on les représente à la manière des guerrières antiques à la chevelure onduleuse, casquées, armées, pourvues de membres robustes et de poitrine généreuse. Elles sont censées concilier les vertus des deux sexes : la chasteté, vertu essentiellement féminine, et la valeur guerrière, vertu virile par excellence. Au reste plusieurs femmes de condition plus modeste se font passer pour des hommes afin de combattre dans les armées de Louis XIV. Elles ont inspiré des romans comme *L'Héroïne mousquetaire* ou *L'Histoire de la dragonne* exaltant les vertus guerrières de ces héroïnes qui finissent décorées de la croix de Saint-Louis [1]. En 1757 une certaine Marie Bertrand fit beaucoup parler d'elle parce qu'elle avait servi dans l'armée. Son capitaine déclara que « cette pucelle normande avait de celle d'Orléans la vertu et le courage [2] ».

On le sait, les écrits féministes et les héroïnes guerrières passionnaient le chevalier, comme en témoigne sa bibliothèque où l'on retrouve la plupart des ouvrages gynophiles. Il cultivait dans le secret de son cabinet le mythe de l'Amazone guerrière auquel ses écrits postérieurs et son comportement feront référence. Son contemporain Diderot ne dit-il pas dans son essai sur les femmes qu'il y a des hommes qui sont femmes et des femmes qui sont hommes ? Le chevalier était-il un homme qui se pensait femme ? une femme qui se pensait homme ? un androgyne ? Voltaire ne tarda pas à le surnommer « l'amphibie ».

Un cailletage politique

Alors que l'Europe entière s'intéressait à son sexe, le chevalier poursuivait d'arrache-pied son œuvre littéraire dans le silence de sa bibliothèque qu'il se ruinait à enrichir. Il y travaillait quinze heures par jour sans recevoir qui que ce fût. Un seul repas frugal rompait ses journées d'études. C'est du moins ce qu'il a dicté à son biographe La Fortelle. Sans doute cet emploi du temps est-il en grande partie exact, mais il fallait bien que le chevalier trouvât le temps de s'informer pour alimenter sa correspondance avec le comte de Broglie. Cependant de ses apartés avec ses agents, de ses

1. Sur ce sujet *cf.* Sylvie Steinberg, *La Confusion des sexes*.
2. Cité par S. Steinberg, *op. cit.*, p. 88.

sorties dans l'aristocratie anglaise à cette époque, on ne sait rien. En 1771, il avait signé un contrat avec le libraire Rey d'Amsterdam pour la publication de son grand œuvre intitulé *Les Loisirs du chevalier d'Éon sur divers sujets importants d'Administration*, dédié de façon assez grandiloquente au duc de Choiseul exilé dans son château de Chanteloup depuis la fin de 1770. On se souvient pourtant que le ministre avait abandonné le chevalier lors de ses démêlés avec le comte de Guerchy. Mais d'Éon se prit à jouer au grand seigneur, comparant la disgrâce du duc à la sienne. Sans nulle doute, sa prétention dut irriter Choiseul, ce fou de chevalier ayant osé lui écrire : « À l'heure où les courtisans de votre fortune vont vous renier et s'éloigner de votre disgrâce, je m'en rapproche et viens mettre à vos pieds l'hommage de mon dévouement et de ma reconnaissance qui ne finiront qu'avec ma vie[1]. » Quoi qu'il en fût, d'Éon espérait gloire et fortune de ce savant ouvrage en treize volumes dont il avait livré les manuscrits en trois versements de quatre volumes chacun. La publication de l'ensemble eut lieu en 1774. Il s'agissait d'une vaste compilation de traités concernant l'économie, la politique et le commerce de certains états européens. Le premier tome est consacré à la république de Pologne ; le second au royaume de Naples ; d'Éon fait un abrégé chronologique de l'histoire sainte dans le troisième ; il se livre à des remarques générales sur le commerce dans le quatrième ; il étudie l'évolution de la législation, du commerce, des poids et mesures de la Russie dans le cinquième ; le sixième est un pot-pourri composé de diverses réflexions ; le septième concerne l'Angleterre, le huitième l'Écosse et les colonies britanniques ; le neuvième, le dixième, le onzième et le douzième traitent de l'administration du royaume de France ; un index très précis compose le dernier volume. Pas de plan clairement défini, mais l'itinéraire d'un chercheur érudit qui s'attarde là où il veut quand il veut. « Mon destin n'est pas de m'astreindre à traiter à fond ni dans un ordre méthodique toutes les matières diverses que le titre de l'ouvrage annonce, dit-il : ce

1. Le chevalier d'Éon au duc de Choiseul, cité par P. Pinsseau, *op. cit.*, p. 132, n. 20.

serait une entreprise au-dessus de mes forces. Il y en a que j'aime mieux indiquer qu'examiner, parcourir qu'approfondir ; d'ailleurs je ne puis renfermer ni contraindre mes loisirs dans un ordre si didactique : enfants de mon désœuvrement ou de mes caprices, ils suivront l'impulsion de la liberté qui leur a donné naissance. » Le chevalier voulait cependant faire œuvre utile afin que le lecteur éclairé trouvât dans ses écrits maints enseignements sur les matières de gouvernement et d'économie et réfléchît à la nécessité de réformer bien des abus. On y découvre un d'Éon favorable aux commerçants, hostile aux financiers, déplorant le nombre de jours chômés improductifs en France. Il admire le modèle donné par les pays protestants où l'on travaille davantage, ce qui assure un meilleur niveau de vie des citoyens et la prospérité de l'État. Il met en garde les dirigeants contre la dépopulation du fait du célibat considéré comme un fléau, car un État ne peut s'enrichir que par la consommation. D'Éon adhérait aux thèses populationnistes de son temps. Rien de particulièrement original dans sa pensée. Mais c'était la substantifique moelle de ses loisirs. Rien d'autre. « L'étude est un plaisir dans les moments heureux et un refuge dans l'adversité [1] », mettait-il en épigraphe pour se poser encore une fois en victime.

D'Éon adressa son œuvre à ses plus belles relations : le maréchal de Belle-Isle, l'abbé de Bernis, le comte Bestouchev, la marquise de l'Hôpital, le président Hénault, le chevalier Douglas, Fréron, Marmontel, Soufflot... Mais l'ouvrage dédié à un ministre disgracié fut interdit en France, privant ainsi son auteur de ses principaux acheteurs. À Londres, il rencontra un succès mitigé. Un article du *Journal encyclopédique* [2], qui paraissait à Amsterdam, critiqua son étude sur la Pologne, dont les informations se révélaient obsolètes et incomplètes. (En réalité, il avait plagié le manuscrit d'un autre agent du Secret, Perron de Castera qui avait exercé des fonctions diplomatiques à Varsovie et qui était mort douze ans plus tôt [3].) Un

1. *« Eruditio inter prospera ornamentum, inter adversa refugium ».* Il s'agit d'une sentence de Diogène Laërce.

2. Le *Journal encyclopédique*, août 1774, t. VI.

3. *Cf.* abbé A. Berga, « Un problème de bibliographie historique », *in Revue historique* CXXIX (1918).

autre article était plus indulgent à propos de ce qu'il avançait sur Naples. D'une façon générale la critique jugeait qu'il y avait trop de digressions sans intérêt. La *Correspondance littéraire* était sévère : « Ce volumineux ouvrage embrasse une foule d'objets et n'en approfondit aucun. L'auteur, pour avoir l'air de ne rien ignorer, avance les choses les plus hasardeuses, et sa manière d'écrire est le plus souvent aussi ennuyeuse que superficielle ; c'est un *cailletage* politique qui ne finit point et qui justifiera peut-être, aux yeux de beaucoup de lecteurs, les gageures qu'on faisait il y a quelques années dans tous les cafés de Londres, pour savoir si M. le chevalier d'Éon était en effet du sexe dont il porte l'habit[1]. » Le libraire-imprimeur se désolait. Malgré la publicité qu'il avait faite dans les gazettes de Leyde, d'Amsterdam, d'Utrecht et de La Haye, à la fin de l'année 1774 il n'avait vendu que 500 exemplaires. Il perdait beaucoup d'argent et d'Éon en gagna peu.

Les Mémoires secrets d'une fille publique

D'Éon se morfondait lorsqu'il reçut de nouvelles instructions du comte de Broglie. Celui-ci lui demandait de s'informer si le sieur Morande travaillait à la rédaction d'un libelle dirigé contre Mme du Barry, intitulé *Mémoires secrets d'une femme publique, ou recherches sur les aventures de Mme la comtesse du B*** depuis son berceau jusqu'à son lit d'honneur*[2]. L'auteur présumé n'était autre que Charles Théveneau de Morande, pamphlétaire et maître chanteur dont le *Gazetier cuirassé*[3] avait déjà fait trembler tout Versailles, deux ans plus tôt. « Quelle somme d'argent pourrait-on

1. *Correspondance littéraire*, octobre 1775, t. XI, p. 139.

2. Plusieurs autres écrits séditieux fleurissaient à la même époque dans ce paradis du libelle qu'était la Grande-Bretagne. Citons, entre autres, *Mémoires pour servir à l'histoire de Louis XV, La France vengée de ses tyrans, Avis à la branche espagnole sur ses droits à la couronne de France, au défaut d'héritier, Réponse au tocsin des rois*, etc.

3. *Le Gazetier cuirassé* (1771) était un violent pamphlet dirigé contre Mme du Barry.

donner au sieur de Morande pour le déterminer à faire le sacrifice de son manuscrit ou de son imprimé ? » La réponse du chevalier ne se fit pas longtemps attendre. Très fier de lui il écrivit au comte de Broglie, le 18 juillet 1773 :

« Vous ne pouviez guère vous adresser ici à personne plus en état de seconder, et même terminer au gré de vos désirs, l'affaire dont vous me parlez, parce que M. Morande est de mon pays, qu'il se fait gloire d'avoir été lié avec une partie de ma famille en Bourgogne, et dès son arrivée à Londres, il y a trois ans, son premier soin fut de m'écrire qu'il était mon compatriote [1], qu'il désirait me voir et se lier avec moi. Je refusai pendant deux mois sa connaissance, et pour cause : depuis, il a si souvent frappé à ma porte, que je l'ai laissé entrer chez moi de temps en temps, pour ne point me mettre à dos un jeune homme dont l'esprit est des plus turbulents et des plus impétueux, qui ne connaît ni bornes, ni mesures, ne respecte ni le sacré, ni le profane. Voilà quel est l'individu. *Fenum habet in cornu. Tu, Romane, caveto* [2]. C'est pour cela que je le tiens à certaine distance.

« C'est un homme qui met à composition plusieurs personnes riches de Paris, par crainte de sa plume. Il a composé le libelle le plus sanglant qui se puisse lire contre le comte de Lauraguais, avec lequel il s'est pris de querelle. À ce sujet, le roi d'Angleterre (si souvent attaqué lui-même dans les journaux) demandait, la semaine dernière, au comte de Lauraguais, comment il se trouvait de la liberté anglaise. “Je n'ai pas à m'en plaindre, sire, répondit le comte ; elle me traite en roi !”

« Je ne suis pas instruit que de Morande travaille à l'histoire scandaleuse de la famille du Barry, mais j'en ai de violents soupçons. Si l'ouvrage est réellement entrepris, personne n'est plus en état que moi de négocier sa remise avec le sieur Morande. Il aime beaucoup sa femme, et je me charge de faire faire à celle-ci tout ce que je voudrai. Je pourrais même lui faire enlever le manuscrit, mais cela pourrait faire tapage entre eux ; et je serais compromis,

1. Tous deux sont originaires de Bourgogne. Morande est né à Arnay-le-Duc.
2. Prends garde, Romain, il est enragé.

et il en résulterait un autre tapage plus terrible. Je pense que si on lui offrait 800 guinées, il serait fort content. Je sais qu'il a besoin d'argent à présent ; je ferai tous mes efforts pour négocier à une moindre somme. Mais à vous dire vrai, Monsieur, je serais charmé que l'argent lui fût remis par une autre main que la mienne, afin que, d'un côté ou d'un autre, on n'imagine pas que j'ai gagné une seule guinée sur un pareil marché [1]. »

Le pamphlet portait gravement atteinte à la maîtresse royale, mais surtout à la personne du roi et à la monarchie avec ragots empoisonnés, médisances, calomnies et gravelures habituelles, sous le couvert de pseudo-mémoires. Louis XV y était mis en scène « faisant le café de *Chonchon*, qui lui disait en riant à gorge déployée : "Croirait-on que tu es le maître de vingt millions de sujets et que je suis ta sujette ?" Cette même *Chonchon* se faisant mettre ses pantoufles, en sortant de son lit, par l'archevêque de Reims [le cardinal de la Roche-Aymon], qui les baisait comme celles du pape ; la même qui, soupant à Trianon avec Sa Majesté, ôte la perruque au chancelier et, pendant qu'on la met en papillotes, couvre de son mouchoir ce *chef* de la justice [2] ».

Cependant Louis XV refuse de poursuivre Morande. « Ce n'est pas la première fois qu'on a dit du mal de moi dans ce genre, répondit-il à Broglie ; ils sont les maîtres : je ne me cache pas. L'on ne peut sûrement que répéter ce que l'on a dit de la famille du Barry ; c'est à eux à voir ce qu'ils veulent faire et je les seconderai. Je vous renvoie tous vos papiers [3]. »

Le 18 août, le comte de Broglie ordonne à d'Éon de suspendre toute négociation, mais de continuer à veiller sur la conduite et l'imprimerie de Morande. D'Éon poursuit ses bonnes relations avec le pamphlétaire. Ils s'entendent même si bien que Morande

1. « Campagnes du sieur Caron de Beaumarchais en Angleterre pendant les années 1774-1775 » du 27 mai 1776, publié par F. Gaillardet, *Mémoires sur la chevalière d'Éon*. Paris, Dentu, s. d. [1866], p. 219.

2. *La Police de Paris dévoilée*, Paris, Strasbourg, Londres, an II [1795], 2 vol., t. I, p. 266.

3. Louis XV au comte de Broglie, Boutaric, *op. cit.*, t. II, p. 368.

n'hésite pas à lui demander conseil. D'Éon exulte ; il va donc être tenu au courant de tout ce qui peut intéresser son maître. De mystérieux inconnus viennent justement de proposer 5 000 livres à Morande pour acheter son libelle, mais celui-ci méfiant a refusé l'offre. Il compte bien faire monter les enchères. Bientôt il s'inquiète ; il a l'impression d'être épié et fait part de ses angoisses à son ami d'Éon. Morande ne se trompe pas. D'Éon toujours bien informé sait de quoi il retourne. Le chevalier a rencontré un certain Lormoy chargé de préparer l'enlèvement de Morande en lui faisant miroiter la somme de 5 000 livres. Ce Lormoy agit au nom de Mme du Barry manipulée par le duc d'Aiguillon[1], lequel pense qu'un rapt rondement mené serait la meilleure façon d'échapper au chantage. D'Éon conseille à Morande d'accepter l'offre de Lormoy, persuadé qu'avant l'arrivée des hommes de main, il pourra de son côté enlever l'affaire pour un moindre coût et en retirer toute la gloire, tout en faisant croire à Morande qu'il l'a sauvé.

Le chevalier d'Éon reste aux aguets. Le duc d'Aiguillon a fait appel à des spécialistes du coup de main, entraînés au kidnapping et prêts à tout pour de l'argent, bref aux hommes de la connétablie, autrement dit de la police militaire ; eux seuls sauront s'emparer du maître chanteur sans ameuter le voisinage. Le chef de la bande est un « espion de police », pilier de tavernes et de tripots, risque-tout, parce que n'ayant plus rien à perdre. On lui a promis une prime de 100 000 livres, s'il parvenait à capturer son homme « par finesse », sans donner l'éveil aux autorités britanniques. Il prend la mer à la fin de l'année 1773, avec cinq autres aigrefins, parmi lesquels un certain Receveur. Leur plan est simple : faire croire à Morande qu'ils apportent à Lormoy l'argent et les pouvoirs pour

1. Petit-neveu du cardinal de Richelieu, Emmanuel Armand de Vignerot du Plessis de Richelieu, duc d'Aiguillon, s'était distingué sur les champs de bataille, en particulier pendant la guerre de Sucession d'Autriche. En 1753, il fut commandant en chef en Bretagne. Sa querelle avec La Chalotais, procureur-général du Parlement de Bretagne, est restée célèbre. Il dut démissionner en 1768 après un retentissant procès. Il gardait cependant l'appui du roi. La disgrâce de Choiseul lui valut son entrée dans le gouvernement dit du « triumvirat ». Il y était secrétaire d'État des Affaires étrangères (1771-1774).

traiter avec lui, l'inviter à quelque partie fine à la campagne ou sur la Tamise, puis le jeter dans une chaloupe et le ramener en France. Mais à Londres, Théveneau de Morande est déjà au courant de tout ce qui se trame contre lui. Il fait d'abord mine de ne rien savoir, écoute les propositions des sbires, emprunte même une trentaine de louis à chacun d'eux. Puis, laissant tomber le masque, il abreuve la presse londonienne d'articles indignés contre le gouvernement de la France. Quoi ! violer ainsi la généreuse hospitalité britannique ! Envoyer un commando pour enlever un citoyen sur le sol de la liberté ! En quelques heures, il enflamme la vieille passion des Anglais pour la tolérance, l'individualisme et d'indépendance nationale. L'opinion se déchaîne contre les argousins français. Une populace furieuse assiège leur hôtel, les forçant à s'enfuir à toutes jambes, sous peine d'être lynchés. Également compromis, Lormoy se sauve en même temps qu'eux. Moins rapide que ses camarades, le nommé Receveur est rattrapé par la meute, enduit de poix et jeté dans la Tamise. On le repêche, mais il passera plusieurs semaines à l'asile de fous de Bedlam, avant de retrouver ses esprits. Ainsi s'achève la piteuse expédition commanditée par le duc d'Aiguillon. Morande exulte. Enchanté d'avoir déjoué les plans du ministre, il en profite pour faire monter la pression. Six mille exemplaires des *Mémoires secrets* seront mis incessamment sur le marché, menace-t-il. Des prospectus courent déjà l'Europe. Dans l'entourage du roi et de la du Barry, c'est le désarroi [1]. Morande s'en sort bien, mais d'Éon qui a suivi scrupuleusement les instructions du comte de Broglie remâche son amertume.

1. Sur toute cette affaire, *cf.* les lettres de Morande à d'Éon de septembre à novembre 1773, A.A.E. C.P., Angleterre 562, fol. 372, 503, 170, 374 ; un mémoire de Lormoy à Louis XVI du 1er juillet 1784, France 1398, fol. 176-1784. Cités par M. Antoine, *op. cit.*, t. II, p. 475.

Les crapauds en eau trouble

Quelques semaines plus tard, Morande débarque tout excité chez son ami d'Éon. Deux seigneurs inconnus de lui, et qui tiennent à garder leur incognito, les attendent dans un carrosse stationné au coin de la rue. Ils se disent prêts à acheter le libelle, mais ne veulent rien conclure avec Morande avant d'avoir parlé au chevalier. D'Éon se méfie. Ces prétendus seigneurs sont peut-être des aventuriers, des espions ou encore des policiers chargés de l'enlever lui aussi ; on n'est jamais trop prudent avec les amours des rois. Malgré les supplications de Morande qui risque de voir s'évanouir un joli magot, d'Éon refuse de rencontrer les deux visiteurs. Il le laisse partir après lui avoir vivement conseillé de songer à l'avenir de son épouse et de ses enfants.

Ce vieux routier des intrigues apprend bien vite que les deux compères chargés d'acheter le pamphlet ne sont autres que le duc de Brancas, comte de Lauraguais, et Pierre Augustin Caron de Beaumarchais. Le premier appartient à la plus haute noblesse et veut supprimer un libelle que prépare Morande contre lui, qu'il surnomme comte de Bracassé. Mais que vient faire le second, cet homme-orchestre, cet aventurier de génie ? Fils d'horloger, tout d'abord horloger lui-même, professeur de harpe de Mesdames filles de Louis XV, agent secret du roi, homme d'affaires redoutable, dramaturge à ses heures, on ne sait jamais ce qu'il cherche, ni ce qu'il mijote. D'Éon brûle de rencontrer cet être extraordinaire qui s'installe chez Morande, lequel se fait un malin plaisir de ne pas provoquer l'entrevue que souhaite son ami le chevalier. Morande sait trop bien que d'Éon risquerait de renverser la situation à son avantage, comme en témoignent deux lettres du pamphlétaire. La première peut être datée de l'arrivée de Beaumarchais à Londres [1] :

« Je vous souhaite bien le bon soir, lui dit Morande [2]. J'ai un

1. A.N. 277 AP I, dossier Morande, « Épaves des papiers du chevalier d'Éon », lettre reproduite *in* Gunnar et Mavis von Proschwitz, t. I, p. 221.

2. Charles Thévenot ou Théveneau de Morande (1741-1805), né à Arnay-le-Duc en Bourgogne, département de la Côte-d'Or, fils de Louis Théveneau,

rhume affreux. J'ai Beaumarchais en main ; c'est un homme adorable. [...] Il écrit si joliment que j'ai envie de me pendre. Jamais Voltaire n'approcha de son style [1]. Vous en jugerez demain. Je vous porterai le tout. » Sans doute le chevalier insista-t-il auprès de Morande qui lui adressa cette réponse ambiguë.

« Mon cher maître,

M. de B[eaumarchais] jusqu'à jeudi au soir ne quittera pas ses pantoufles, ayant beaucoup à s'occuper de ses affaires, ce qui est la cause de ses réticences continuelles pour voir du monde ; désirant beaucoup de vous connaître il m'a promis d'aller chez vous, mais chaque fois que je l'ai pressé, son travail est devenu une excuse que je ne puis combattre avec avantage, ne le voyant jamais qu'occupé. Samedi dernier, j'oubliai net de vous répondre et je vous en demande bien pardon. Hier, j'espérais vous voir. N'étant pas venu, je vous annonce une supercherie qui est tout ce que je puis faire : c'est de vous faire souper jeudi au soir ensemble sans vous prévenir en apparence et en vous prévenant tous les deux. Vous êtes gens d'esprit ; vous vous arrangerez. Quant à moi, je ne puis que vous appareiller une rencontre. Je suis rebuté de m'engager pour tel ou tel jour et d'avoir toujours long bec. Si vous étiez venu hier vous n'auriez pas dîné ensemble par la raison toute simple qu'il n'est pas sorti de sa chambre avant huit heures du soir. Voilà sa vie, ce qui joint à la tête que vous lui connaissez, ne donne pas beaucoup de facilité à le vaincre et à le dissiper. Si vous êtes ce soir à Marylebone [2], n'ayez pas l'air de le connaître à l'abord, mais joignons-nous ; il y sera avec moi. Et je vous promets de lever toutes les difficultés que son amour pour le travail et sa paresse pour sortir ont fait naître. Je vous souhaite le bonjour et suis bien sincèrement votre affectionné... »

---

notaire, et de Philiberte Belin. Aux prises avec la justice, le chevalier de Morande s'enfuit en 1769 en Angleterre, où au mois d'août 1771, il publia son *Gazetier cuirassé*.

1. Allusion aux *Mémoires* publiés par Beaumarchais dans le cours de l'affaire Goëzman, entre septembre 1773 et février 1774.

2. Quartier central de Londres.

La proposition resta lettre morte. Quelques jours plus tard, Beaumarchais repartit pour la France. Morande feignait d'être navré que la rencontre n'eût pas eu lieu : « Il m'a chargé, disait-il, de vous faire mille remerciements de votre lettre, en ajoutant qu'il vous doit ces remerciements de plus longue date, ayant reçu à Paris par la petite poste cette même lettre avec un billet écrit de la main gauche qui lui faisait compliment sur son courage et lui disait que cet envoi était un hommage dû au seul homme qui eût montré de la fermeté dans le pays de l'esclavage. Il se flatte que vous lui accorderez la permission de vous voir à son retour. Mon message fait, je suis bien fâché de n'avoir pas pu réussir à vous mettre ensemble plus tôt ; les obstacles se sont succédés et quoique accidentels tous (au moins à ce que j'ai vu et à ce que je crois très fermement), ils m'ont privé du plus grand plaisir que je pusse avoir [1]. »

En réalité Morande se félicitait d'avoir écarté un personnage aussi redoutable que le chevalier, lequel apprit bientôt que les deux compères avaient conclu un contrat mirifique en faveur maître chanteur moyennant la destruction des deux libelles : il touchait 1 500 louis comptant, 4 000 livres de pension sur sa vie et 2 000 livres de pension à vie pour sa femme s'il venait à mourir ! D'Éon félicite Morande non sans ironie, insinuant qu'il était sot de ne pas avoir exigé une pension pour ses enfants légitimes et bâtards, son chien et son chat.

Mais quelle ne fut pas sa surprise lorsque Morande vint lui demander par quel moyen faire disparaître les six mille exemplaires des *Mémoires d'une fille publique* ! En brûlant ceux du comte de Lauraguais dans une cour, lui et ses compères avaient failli mettre le feu aux maisons de Lincoln Square ! Bon prince, d'Éon lui conseilla de louer pour une nuit un four à briques à un mile de Londres pour faire un feu de joie sans danger. Ainsi fut fait.

Pendant que le duc de Brancas et Beaumarchais prennent joyeusement la route de la France, d'Éon fait ses comptes qui ne sont

1. *Ibid.*, p. 222.

guère brillants. En pensant que ces tractations coûtent la bagatelle de 154 000 livres au trésor royal alors que lui, d'Éon, aurait négocié l'affaire pour 1 000 livres au maximum, il enrage mais il préfère dire puisqu'on a fait fi de ses propositions, qu'« il avait cru devoir laisser les crapauds nager en eau trouble [1] ».

---

1. B.M. Tonnerre : R 22. Campagnes du sieur Caron de Beaumarchais en Angleterre, cité par P. Pinsseau, *op. cit.*, p. 141.

CHAPITRE VII

Dans la barque de Caron

Depuis plusieurs mois d'Éon s'inquiétait. La manière dont il avait été tenu à l'écart des dernières négociations l'avait profondément blessé. Depuis l'été de 1773, il n'avait pas reçu d'ordre du comte de Broglie. Afin de satisfaire aux vœux du duc d'Aiguillon, Premier ministre de fait sans en avoir le titre, Louis XV avait exilé le chef du Secret dans son château de Ruffec. D'ailleurs le Secret ne signifiait plus grand-chose ; dans la plupart des chancelleries européennes on avait réussi à déchiffrer cette fameuse correspondance et le roi ne semblait pas s'en soucier. L'avenir du chevalier était de plus en plus compromis. Il voulait rentrer en France, mais ses erreurs passées l'en empêchaient. Alors qu'il cherchait désespérément le sésame libérateur, une nouvelle imprévue fondit sur lui : Louis XV était mort de la petite vérole le 10 mai 1774, après seulement quelques jours de maladie. Qu'allaient devenir les agents de la diplomatie parallèle si son successeur renonçait à son existence ?

Cet être singulier

Le jeune Louis XVI, qui montait sur le trône sans avoir été initié aux affaires, devait être instruit de tout en même temps. Le comte de Broglie lui adressa aussitôt un long rapport pour lui révéler les arcanes du Secret. Il lui signalait la correspondance entretenue par son aïeul avec ses agents et le suppliait de faire rechercher les documents confidentiels qui se trouvaient entre les mains de diverses personnes parmi lesquelles figurait le chevalier d'Éon, détenteur des pièces les plus compromettantes. « J'imagine qu'il est possible que V.M. en ait entendu mal parler », annonçait le comte de Broglie avant d'entreprendre une habile défense du chevalier. « Cet être singulier (puisque le sieur d'Éon est une femme) est plus que bien d'autres encore, un composé de bonnes qualités et de défauts et il pousse l'un et l'autre à l'extrême, disait-il au monarque. Il sera nécessaire que j'aie l'honneur d'entrer à ce sujet dans de plus grands détails vis-à-vis de V.M., lorsqu'elle aura pris un parti définitif sur la correspondance secrète. J'ose, en attendant, prendre la liberté de la supplier de ne pas se déterminer entièrement sur son compte, sans avoir permis que je misse sous ses yeux mes respectueuses observations à cet égard[1]. »

Louis XVI étudia scrupuleusement le dossier du Secret avec le comte de Vergennes, son ministre des Affaires étrangères, qui y était lui-même affilié. La décision du roi fut sans appel : il fallait supprimer une institution qui apportait plus de tracas que d'avantages. Le comte de Broglie reçut l'hommage sans réserve rendu aux qualités de discrétion, de prévoyance et de dextérité qu'il avait déployées au cours des négociations les plus épineuses, mais ne retrouva pas la faveur du souverain. Quant aux agents subalternes, désormais privés d'emploi, ils furent gratifiés de pensions plus ou moins importantes, selon leurs grades et leurs états de service. Encore une fois, le malheureux comte de Broglie plaida la cause du chevalier au risque d'être accusé de légèreté. Il réussit à convaincre Vergennes de faire revenir le chevalier en France et de lui maintenir sa pension de 12 000 livres, à condition toutefois qu'il voulût bien rendre la totalité des papiers qui restaient entre ses mains, qu'il ne fît plus jamais allusion à ses démêlés avec le comte de Guerchy et le duc de Praslin et qu'il observât une conduite mesurée pour le reste de ses jours. Le roi demanda à son ministre des précisions sur son rôle. « Il me paraît que c'est une tête à laquelle il

1. Le comte de Broglie à Louis XVI, le 30 mai 1774, Boutaric, *op. cit.*, t. II, p. 393-394.

faut bien prendre garde[1] », dit le souverain. Il accéda cependant aux pressantes sollicitations du comte de Broglie parce qu'il « n'était pas sans inconvénient de laisser en Angleterre » un personnage aussi dangereux, comme le supposait Vergennes.

Sans savoir à quels prodiges de diplomatie se livrait le comte de Broglie pour le sauver, le chevalier s'impatientait. Avec une rare forfanterie, il alla jusqu'à lui intimer la conduite qu'il devait tenir : « Il est temps et pour vous et pour moi que vous instruisiez ce jeune monarque que depuis plus de vingt ans vous étiez le ministre secret de Louis XV et moi le sous-ministre sous ses ordres et sous les vôtres, osa-t-il lui écrire ; que depuis douze ans j'ai sacrifié en Angleterre toute ma fortune, mon avancement et mon bonheur pour avoir voulu obéir strictement à son ordre secret du 3 juin 1763, et aux instructions secrètes y relatives ; que par des raisons particulières connues uniquement du feu roi, il a cru devoir me sacrifier en public à la faveur de son ambassadeur Guerchy [...] mais que sa justice et son bon cœur ne lui ont jamais permis de m'abandonner dans le secret et qu'il m'a donné au contraire par écrit, de sa propre main, sa promesse royale de me récompenser et de me justifier un jour à venir[2]. »

Sans paraître choqué du ton adopté par d'Éon, son protecteur lui annonça qu'il pouvait rentrer en France où il jouirait d'une totale liberté et de sa pension, à condition de se montrer enfin raisonnable et de remettre ses papiers à l'homme de confiance qui allait se rendre auprès de lui, à Londres.

L'Amazone blessée

On dépêcha à Londres le marquis de Prunevaux, capitaine au régiment de Bourgogne-Cavalerie, pour conduire cette négociation. Celui-ci devait remettre au chevalier un sauf-conduit en même

1. Louis XVI à Vergennes, le 22 août 1774, *in Louis XVI and the Comte de Vergennes : correspondence, (1774-1787)*, p. 157.
2. D'Éon au comte de Broglie, le 7 juillet 1774, Boutaric, *op. cit.*, t. II, p. 434.

temps qu'un billet par lequel le comte de Broglie l'exhortait à se soumettre de bonne grâce et avec reconnaissance aux volontés du roi. « En mon particulier, concluait l'ex-ministre secret, je suis charmé d'avoir pu contribuer à vous procurer une retraite aisée et honorable dans votre patrie [1]. »

D'Éon reçut aimablement M. de Prunevaux, mais lorsque celui-ci lui fit part de la décision et des offres du comte de Vergennes, le chevalier lança feu et flammes. Quoi ! Traiter ainsi un ancien ministre plénipotentiaire ! Était-ce là la récompense des pertes et des disgrâces qu'il avait subies au service de Sa défunte Majesté ? Non, non et non ! Un envoyé du roi de France, capitaine de dragons et décoré de la croix Saint-Louis, ne se laisse pas traiter comme un vulgaire domestique ! Il se montra si intraitable que M. de Prunevaux en avertit aussitôt Vergennes, lequel chargea le comte de Broglie de ramener une fois de plus le rebelle à la raison. L'ancien chef du Secret lui fit parvenir une nouvelle lettre pleine de sages avertissements, en prenant garde surtout de ne pas le heurter de front : « À mon arrivée à Ruffec, lui écrit-il, j'apprends avec le plus grand étonnement que vous n'avez pas accepté les propositions qui vous ont été faites par M. le comte de Vergennes, et que vous avez méconnu le prix des bontés que le roi voulait bien avoir pour vous en vous conservant le même traitement qu'il avait plu au feu roi de vous accorder. Je vous avoue que je ne puis concevoir sur quel fondement vous appuyez une pareille résistance. [...] Je désire donc que vous écoutiez la voix de la raison, du devoir et même de votre propre intérêt, et que vous répariez par une prompte obéissance des torts qu'une plus longue résistance aggraverait d'une manière irréparable [2]. »

Nouvelle démarche de Prunevaux : cette fois d'Éon, ô surprise, le reçoit aimablement. « Il prit un ton de confiance, de douceur et de résignation que je ne lui avais jamais vu, raconte M. de Prunevaux. Ce n'était plus celui d'un dragon, mais c'était celui d'une Amazone blessée qui voit couler son sang. Il reprit son histoire

1. Le comte de Broglie au chevalier d'Éon, 10 septembre 1774, A.N. K 159.
2. Broglie à d'Éon, 18 janvier 1775, Boutaric, *op. cit.*, t. II, p. 442-443.

entière depuis le moment où son père le fit baptiser et élever comme un garçon dans le désespoir où il était d'en avoir perdu un et dans la crainte de n'en avoir pas par la suite. Enfin après ne m'avoir laissé aucun doute sur son physique, il me représenta toutes les horribles fatigues qu'il avait essuyées, toutes les peines, toutes les craintes, tous les dangers où sa rare complexion l'avait jeté [1]. »

Cette histoire commençait à agacer Louis XVI, lequel n'avait guère envie d'entendre parler de cet excentrique au sexe incertain. « Mlle d'Éon est enfin donc déclarée par sa propre bouche, écrivait-il après avoir pris connaissance de la lettre de Prunevaux. C'est un commencement de confiance qu'il a en M. de Prunevaux qui pourra le mener à une conversation amicale ; mais je pense que vous vous obstinez trop à son retour en France, d'autant plus que cela ferait de mauvaises affaires ici ; j'ai déjà eu part des inquiétudes de la famille de M. de Guerchy sur son retour ; le premier point est d'avoir ses papiers, si nous pouvons les avoir et s'il s'obstine à rester en Angleterre, nous pourrons l'y laisser et même avec la pension. Alors il ne sera plus nuisible et même je pense que ce sera une voie d'accommodement, car je ne crois pas qu'il veuille jamais rentrer en France [2]. » C'était mal connaître le chevalier.

Lorsque M. de Prunevaux revient à la charge auprès du chevalier-chevalière, bien persuadé que cette fois il va l'emporter, ce n'est plus l'Amazone blessée qui l'accueille, mais un dragon furibond. Il lui remet sans ménagement un mémoire par lequel il pose lui-même au roi et au ministre les conditions de son retour. En sus de la pension promise, il exige qu'on le réintègre, fût-ce à titre provisoire, dans ses emplois et titres (en particulier celui de ministre plénipotentiaire dont la privation est à l'origine de ses extravagances) et qu'on lui paie toutes les indemnités dont une pièce annexe donne le détail.

Il est vrai que la cour de France lui devait des sommes importan-

1. M. de Prunevaux au comte de Broglie, 4 décembre 1774, *Louis XVI and the Comte de Vergennes : correspondence...*, p. 174, n. 1.

2. Louis XVI à Vergennes, le 18 décembre 1774, *ibid.*, p. 174.

tes[1] : une partie des frais qu'il avait avancés lors de sa mission en Russie ne lui avait jamais été remboursés, de même que les dépenses parfaitement justifiées qu'il avait engagées à Londres même. Mais il eut le tort de mêler aux demandes les mieux fondées des prétentions littéralement extravagantes. Il réclamait non seulement ses appointements de capitaine pendant une période de quinze années, plus le remboursement de ses folles dépenses pendant son fastueux intérim, mais encore le remboursement des sommes fabuleuses que lui avait occasionnées son séjour à Londres pendant douze ans, tant pour la nourriture de feu son cousin, M. d'Éon de Mouloise, et de lui-même, « que pour les frais extraordinaires que les circonstances ont exigés ». Rien que pour ce dernier article, il ne lui revenait pas moins de 100 000 livres ! Le plus baroque venait ensuite. M. d'Éon se croyait en droit de percevoir une indemnité de 6 000 livres pour un diamant de cette valeur qu'il aurait dû recevoir du prince Poniatowski,

« Plus, continuait-il, M. le comte de Guerchy a détourné le roi d'Angleterre de faire à M. d'Éon le présent de mille pièces qu'il accorde aux ministres plénipotentiaires qui résident à sa cour,

ci 24 000 livres.

« Plus, n'ayant pas été en état, depuis 1763 jusqu'en 1773, d'entretenir ses vignes en Bourgogne, M. d'Éon a non seulement perdu mille écus de revenu par an, mais encore toutes ses vignes, et croit pouvoir porter cette perte à la moitié de la réalité,

ci 15 000 livres.

« Plus, pour nombre de papiers de famille perdus par Hugonnet lors de son arrestation,

ci 27 000 livres. »

Etc., etc.

Le total du compte se montait à 318 477 livres et 16 sols ! Outre cela, le chevalier demandait que la pension de 12 000 livres que lui offrait le ministère fût convertie en contrat de rente viagère de même somme sur l'Hôtel de Ville de Paris ou sur le Clergé. Sage

1. A.A.E. MD. France, 2187, fol. 167 et suiv.

précaution, pensait-il, pour en garantir le paiement. « *Timeo Danaos et dona ferentes !* » s'était-il écrié.

Lorsqu'il présenta son compte au marquis de Prunevaux, celui-ci leva les bras au ciel :

« Mais c'est monstrueux !

– Monstrueux pour vous, répliqua d'Éon. Pour vous qui parlez toujours en écus là où on ne parle que guinées ; monstrueux dans votre pays natal du Morvan où un cheval coûte deux louis, un bœuf dix livres et un âne un écu... Mais pour moi, je suis à Londres depuis treize ans ! Et un dindon y coûte six livres ! Sans être rôti ! »

Un monument du délire...

En parcourant la stupéfiante facture du chevalier, Vergennes faillit s'étrangler. Sa première réaction fut de la jeter au feu. Puis il se ravisa : ce brigand avait entre ses mains de quoi provoquer le scandale du siècle, une véritable bombe à retardement. Il se contenta donc de faire suivre le mémoire à Louis XVI, accompagné de cette note datée du 26 janvier 1775 :

« Sire,

« J'ai l'honneur d'envoyer à Votre Majesté la note chiffrée que j'ai reçue du sieur d'Éon ; elle n'est remarquable que par sa prolixité et par les traits de présomption et d'avidité qui s'y révèlent. En un mot, c'est un nouveau monument du délire de cet esprit, par trop singulier. J'aurais désiré épargner à Votre Majesté la lecture de cette rapsodie, mais je ne puis éconduire les demandes de cet être singulier sans les ordres de Votre Majesté, et je la supplie de me prescrire ce qu'elle veut que je lui réponde.

« Le sieur d'Éon met à un si haut prix la remise des papiers dont il est dépositaire, qu'il faut renoncer pour le présent à les retirer ; mais comme il pourrait n'être pas sans inconvénient de le priver de toute ressource, en le mettant dans la nécessité d'abuser du dépôt, de donner lieu à un éclat toujours fâcheux, si Votre Majesté l'approuve, on pourrait laisser les choses au même état où elles se trouvaient à l'avènement de Votre Majesté au trône, c'est-à-dire continuer le paiement par quartier du traitement que le feu roi avait bien voulu faire au sieur d'Éon, avec la liberté de le manger hors de France, où il voudra. À mesure que l'objet s'éloignera, il ne pourra devenir que plus indifférent, et l'abus en sera moins à craindre. Je supplie Votre Majesté de daigner me faire savoir ses intentions [1]. »

Louis XVI répondit le jour même : « Je vous renvoie, Monsieur, la note de d'Éon. Je n'ai jamais vu pièce plus impertinente et plus ridicule. S'il n'y avait pas des papiers importants, il faudrait l'envoyer promener ; et comme vous pensez, il faudra employer bien mal douze mille livres à lui faire garder le secret, qui sera moins important plus il s'éloignera [2]. »

Cependant Vergennes était inquiet ; après avoir longuement conféré avec le comte de Broglie en présence du maréchal du Muy, ministre de la guerre, il fit remarquer au roi l'importance des papiers détenus par le chevalier. « Nous osons supplier V.M. de lire avec une attention particulière le mémoire coté n° 2 : il renferme un plan bien combiné de débarquement en Angleterre. Nous souhaitons que V.M. ne soit jamais dans le cas d'en faire usage, mais dans le besoin il pourrait être d'une grande utilité. C'est pour cet effet que quoique V.M. nous ait donné l'ordre de brûler tous les monuments de la correspondance secrète, nous la supplions très humblement de nous permettre d'en excepter un travail dont on ne peut se flatter que l'application ne deviendra pas indispensable au moment où on s'y attendra le moins [3]. »

Pendant ce temps, le chevalier s'acquittait scrupuleusement de sa mission d'informateur : il envoyait régulièrement des rapports précis sur l'évolution de la politique anglaise qui intéressait vivement le ministre des Affaires étrangères, les colonies d'Amérique étant alors sur le point de se révolter. Vergennes reconnaissait si

---

1. Vergennes à Louis XVI, 26 janvier 1775, Boutaric, *op. cit.*, t. II, p. 444.
2. Louis XVI à Vergennes, 26 janvier 1775, Boutaric, *op. cit.*, t. II, p. 445.
3. Vergennes à Louis XVI, le 3 février 1775, Boutaric, *op. cit.*, t. II, p. 447.

bien les mérites de d'Éon qu'il conseilla au comte de Guines, le nouvel ambassadeur de France, de s'adresser à lui pour mieux connaître les intentions de l'opposition. Mais combien de temps d'Éon resterait-il fidèle aux intérêts français ? Le ministre le savait endetté ; il savait également que les Anglais ne manqueraient pas de lui proposer encore d'importantes sommes d'argent pour entrer en possession de ses papiers et lui offrir de se faire Anglais. Il fut donc décidé de lui envoyer un autre négociateur. On lui dépêcha un sieur de Pommereux, capitaine de grenadiers et ami de la famille d'Éon. Ce Pommereux, convaincu que le chevalier était une femme, ne trouva rien de plus astucieux pour *la* séduire que de lui déclarer sa flamme dès leur première rencontre. Quelques jours plus tard, il lui proposait de l'épouser et lui promettait une dot de cent mille écus de la part du roi, si *elle* consentait à lui accorder sa main. On imagine l'éclat de rire intérieur du chevalier ! Flairant le piège, il éconduisit son prétendant, en lui serinant que sa « créance royale », comme il disait, s'élevait à trois cent cinquante mille livres – pas un sol de moins[1] ! Et Pommereux s'en retourna en France. Bredouille comme l'avait été Prunevaux. Le roi et Vergennes avaient alors bien d'autres préoccupations que les incartades de ce fol exilé d'Outre-Manche.

Le temps passait et d'Éon restait sans nouvelles de France. Poursuivi par ses créanciers, il décida de mettre en sûreté ses papiers chez lord Ferrers qui lui prêta 100 000 livres sterling pour éponger ses dettes les plus criantes. Aucune proposition ne venait de Versailles. L'avait-on oublié ? Ce silence prolongé commençait à user ses nerfs. S'il ne voulait pas perdre ses derniers atouts, il lui fallait à tout prix trouver un moyen de renouer les négociations, sans être en position de demandeur. Il rêvait de rencontrer un intermédiaire jouissant d'une certaine considération, et prêt à plaider sa cause auprès des autorités.

Or, voilà qu'il s'en présente un tout désigné, dont le renom le servira cent fois mieux que tout autre, du moins le croit-il, dont les goûts (à part celui des femmes), l'arrivisme et le caractère présen-

1. Vergennes à Louis XVI, *Correspondence*, *op. cit.*, p. 175, n. 1.

tent maintes similitudes avec les siens, et qui semble en grande faveur à la cour. Il s'agit de l'homme qui a négocié avec Morande le pamphlet contre Mme du Barry, de l'auteur du *Barbier de Séville* fêté dans toutes les cours d'Europe, de l'ardent défenseur des insurgés américains contre l'Angleterre, bref de Beaumarchais en personne[1].

Deux « animaux extraordinaires »

Lequel des deux compères provoqua la première rencontre ? La version du chevalier et celle du dramaturge sont bien différentes. D'Éon n'a jamais raconté qu'il avait tenté de rencontrer Beaumarchais lorsque celui-ci était venu négocier avec Morande le rachat de son pamphlet contre Mme du Barry. Dans une longue lettre adressée à Vergennes le 27 mai 1776 et que nous reproduirons intégralement plus loin, il laisse entendre que c'est Beaumarchais qui lui fit des offres de service de la part du ministère. « Semblable à un noyé que le feu roi et son ministre secret, par des raisons d'une sublime politique, ont pour ainsi dire abandonné au torrent d'un fleuve empoisonné, je me suis un instant accroché à la barque de Caron, comme à une barre de fer rouge[2]... » D'Éon évoque ce premier tête-à-tête avec lui comme une inéluctable fatalité : deux aventuriers aussi proches que dissemblables lui paraissaient destinés à se connaître. « Nous nous vîmes tous deux, notera-t-il, conduits sans doute par une curiosité naturelle aux animaux extraordinaires de se rencontrer. »

Cependant si l'on en croit Beaumarchais, c'est d'Éon qui força sa porte :

« Pendant que je travaillais jour et nuit à Londres, écrit-il, cet infortuné, apprenant que j'y étais, est accouru chez moi. Je ne

---

1. Sur les relations entre d'Éon et Beaumarchais, *cf.* Maurice Lever, *Pierre-Augustin Caron de Beaumarchais*, Fayard, t. II, chap. III.

2. *Cf. infra* chap. VIII, p. 208-217.

recherchais son amitié ni sa confiance. Il est venu me prier d'accepter l'une en me forçant d'être dépositaire de l'autre.

« Lorsque je l'ai eu bien assuré que je n'avais nulle mission qui eût rapport à lui, il s'est vivement affligé que je n'eusse pas été chargé de négocier avec lui son retour en France. "Il y a longtemps, dit-il, que je serais rendu à ma patrie et que le roi aurait reçu tous les papiers importants relatifs à la confiance de Louis XV, et qui ne doivent pas rester en Angleterre." Il m'a fait voir sa correspondance avec M. de Broglie et M. de Vergennes et, sa confiance n'ayant plus de bornes, il m'a prié de le mettre aux pieds de M. le prince de Conti, et d'engager ce prince à le servir auprès de Votre Majesté [1]. »

Beaumarchais est désormais l'objet de tous les soins de la part du chevalier. Il l'appelle tendrement son « ange tutélaire », lui offre son portrait, lui fait livrer une édition complète de ses *Loisirs* en treize volumes magnifiquement reliés, tâche de l'apitoyer sur son sort, lui avoue en pleurs qu'il n'est qu'une faible femme sans défense, et pour lui donner une preuve de confiance, lui raconte l'histoire des papiers d'État dont il est dépositaire, et les offres auxquelles il a résisté. D'Éon lui fait clairement comprendre qu'il veut rentrer en France, libre et lavé de toutes les inculpations qui pèsent sur lui ; il voudrait même qu'il fût reconnu que le comte de Guerchy a voulu le faire assassiner ; il réclame des compensations pécuniaires substantielles ; enfin il souhaite que son état de femme soit officiellement reconnu. Il raconte à Beaumarchais l'histoire qu'il tente de faire accréditer : seule la volonté paternelle l'a obligé à se faire passer pour un garçon. Il est ainsi parvenu à se comporter comme un officier dont la valeur a été reconnue par ses chefs. Néanmoins, il laisse entendre que lorsque le prince de Conti l'a engagé au service du Secret du roi, il savait qu'il n'était pas du sexe auquel on le croyait appartenir. Beaumarchais a-t-il réellement cru ce roman ? Cet homme si doué pour l'intrigue, rompu à la feinte et à la ruse, expert reconnu du beau sexe, libertin cynique,

1. Lintilhac, *Beaumarchais et ses œuvres*, p. 392-393 ; Gudin de La Brenellerie, *Histoire de Beaumarchais : Mémoires inédits,* p. 166-169.

sceptique invétéré, jouisseur impénitent, le railleur le plus redouté de son temps, le père de Figaro a-t-il réellemnt fini par prendre un capitaine de dragons de quarante-sept ans pour une fille d'Ève ?

En tout cas d'Éon joue son rôle à la perfection : « Je confesse avec plaisir, quoique avec douleur, la honte et les larmes que l'aveu et la déclaration de ma propre faiblesse m'ont arrachées », lui écrit-il ; « je vous ai découvert le secret de mon sexe », ajoute-t-il[1]. Il feint si bien de se laisser toucher par le récit de ses malheurs qu'à peine rentré dans son bureau, il plaide la cause de l'infortunée auprès du roi : « Quand on pense que cette créature tant persécutée est d'un sexe à qui l'on pardonne tout, le cœur s'émeut d'une douce compassion. [...] J'ose vous assurer, Sire, qu'en prenant cette étonnante créature avec adresse et douceur, quoique aigrie par douze années de malheurs, on l'amènera facilement à rentrer sous le joug, et à remettre tous les papiers relatifs au feu roi à des conditions raisonnables. Cette malheureuse femme m'a fait une véritable compassion, car elle eût cru m'insulter en ne me faisant qu'une demie confidence. S'il faut l'en croire, le roi d'Angleterre l'a fait assurer, ces jours derniers, qu'il appuierait la demande qu'elle fait de prendre congé comme plénipotentiaire.

« Je lui ai beaucoup observé que la décence politique me paraissait un obstacle invincible à cette prétention et que, devant renoncer pour jamais à toute carrière virile, il devait lui suffire d'être parfaitement justifiée de tous les torts qu'on lui avait imputés, pour rentrer en France sous les habits de son sexe. À la manière dont elle m'a écouté, j'ai entrevu que le succès de son retour dépend absolument de l'habileté du négociateur qu'on y enverra. »

Aussi bon comédien que le chevalier, Beaumarchais a sans doute feint de le prendre pour une femme, afin d'en faire une proie plus facile dans les négociations à venir. On s'étonnera plutôt de la candeur avec laquelle son ami Gudin, qui l'accompagnait dans ce voyage et qui raconte les infortunes de cette « femme intéressante ».

---

1. Lettres du chevalier d'Éon à Beaumarchais des 7 et 30 janvier 1776, *in* Gaillardet, *op. cit.*, « Pièces justificatives » IV et VI, p. 413 et 429.

« Cette femme qui avait perdu sa jeunesse, flétri ses charmes dans des occupations militaires, dissipé sa vie sans connaître l'amour, l'amitié, la maternité, car elle avait été réduite à vivre avec assez d'austérité au milieu de la licence des camps et des corps de garde, pour que son sexe n'y fût pas soupçonné, écrit-il ; cette femme pouvait-elle reprendre la modestie, la modération, les habitudes tranquilles qu'elle n'avait jamais connues ? [...] Vivre en homme et se faire respecter par les armes était le seul dédommagement qu'elle eût du sacrifice de toutes les affections de la nature, qu'elle avait immolées pour obtenir des honneurs virils [1]. » D'Éon avait même exhibé aux yeux du brave Gudin ébahi ses jambes couvertes de cicatrices, « restes de blessures qu'elle avait reçues lorsque, renversée de son cheval tué sous elle, un escadron lui passa sur le corps et la laissa mourante dans la plaine [2] ».

La transaction

Au mois de juin 1775, Beaumarchais repart et obtient un rendez-vous de Vergennes. Après lui avoir rendu compte de sa mission concernant les pamphlets imprimés non plus contre Mme du Barry, mais maintenant contre la reine Marie-Antoinette, il aborde l'affaire d'Éon. Il se dit sûr de pouvoir parvenir à un arrangement avec le chevalier-chevalière. Après avis du roi, Vergennes veut bien convenir de toutes les garanties raisonnables que pourra demander d'Éon pour le paiement régulier de sa pension de 12 000 livres, et pour convertir ladite pension en rente viagère. Quant au remboursement des dettes, les prétentions du chevalier sont jugées beaucoup trop élevées : « Il faut qu'il se réduise, et considérablement, pour que nous puissions nous arranger, déclare Vergennes à Beaumarchais. Comme vous ne devez pas, Monsieur, paraître avoir aucune mission auprès de lui, vous aurez l'avantage de le voir venir, et par conséquent de le combattre avec supériorité. M. d'Éon

1. Gudin de La Brenellerie, *op. cit.*, p. 172.
2. Loménie, *op. cit.*, t. I, p. 418.

a le caractère violent, mais je lui crois une âme honnête, et je lui rends assez de justice pour être persuadé qu'il est incapable de trahison. [...]

« Vous êtes éclairé et prudent, vous connaissez les hommes, ajoute le ministre, décidément en veine d'amabilités, et je ne suis pas inquiet que vous ne tiriez bon parti de M. d'Éon, s'il y a moyen. Si l'entreprise échoue dans vos mains, il faudra se tenir pour dit qu'elle ne peut plus réussir, et se résoudre à tout ce qui pourra en arriver. La première sensation pourrait être désagréable pour nous, mais les suites seraient affreuses pour M. d'Éon : c'est un rôle bien humiliant que celui d'un expatrié qui a le vernis de la trahison ; le mépris est son partage[1]. »

De retour à Londres, Beaumarchais n'a pas trop de peine à convaincre d'Éon d'accepter les conditions du ministère. Celui-ci ne demande d'ailleurs pas mieux que de venir à composition, bien conscient – et l'on ne se sera pas fait faute de le lui rappeler – que cette négociation serait la dernière. Le 14 juillet 1775, Beaumarchais peut enfin annoncer la bonne nouvelle à Paris : « Je tiens à vos ordres le capitaine d'Éon, brave officier, grand politique et rempli *par la tête* de tout ce que les hommes ont de plus viril. Je porte au roi les clefs d'un coffre de fer, bien scellé de mon cachet, bien déposé, et contenant tous les papiers qu'il importe au roi de ravoir. C'est ainsi que j'en usai envers le feu roi au sujet d'un autre expatrié dont on redoutait la plume[2]. Au moins pendant que je vais essayer auprès de vous l'œuvre commencée auprès de d'Éon, le roi et vous serez bien certains que tout reste *in statu quo* en Angleterre et qu'on ne peut abuser de rien contre nous d'ici à la fin de la négociation que je crois à peu près finie[3]. » Mais ce coffre de fer que Beaumarchais apporte triomphalement à Versailles ne lui aurait pas été remis par le chevalier : d'Éon se plaindra plus tard

1. Lettre de Vergennes à Beaumarchais du 21 juin 1775, *in* Loménie, *op. cit.*, t. I, p. 419-420.

2. Allusion à Morande.

3. Lettre de Beaumarchais à Vergennes du 14 juillet 1775, *in* Gaillardet, *op. cit.*, p. 322.

à Vergennes qu'il s'agissait d'un larcin exécuté par Morande sur les ordres de Beaumarchais chez lord Ferrers ! Lequel des deux faut-il croire ? De toutes façons, le coffre ne renfermait que des papiers sans grande valeur. Tout laisse donc supposer que d'Éon avait tendu un piège à son prétendu sauveur ; qu'il lui avait abandonné un faux trésor comme un appât. D'Éon voulait des garanties, un véritable contrat avant de livrer ce qu'il avait de plus cher.

On ne sait comment « les deux animaux extraordinaires » s'expliquèrent sur ce point lors du retour de Beaumarchais. Ce dernier revenait en possession d'un ordre de mission en bonne et due forme signé par Louis XVI et contresigné par Vergennes ainsi rédigé :

« De par le roi,

« Sa Majesté étant informée qu'il existe entre les mains du sieur d'Éon de Beaumont plusieurs papiers relatifs aux négociations et correspondances secrètes, tant avec le feu roi, son très honoré aïeul, qu'avec quelques-uns de ses ministres d'État, et Sa Majesté voulant faire retirer lesdits papiers, elle a, pour cet effet, donné pouvoir et commission par ces présentes au sieur Pierre-Augustin Caron de Beaumarchais de se transporter à Londres, pour y traiter de la recherche de toutes les pièces et papiers dont il s'agit, les retirer des mains ou dépôts où ils pourront se trouver, les rapporter en France et les remettre au pouvoir de Sa Majesté. Sa Majesté autorise le sieur Caron de Beaumarchais à prendre à ce sujet les arrangements et à passer tous actes qu'il estimera nécessaires, enfin à imposer, pour l'entière exécution de sa commission, toutes les conditions que sa prudence lui suggérera, Sa Majesté voulant bien, à cet égard, s'en rapporter à ses lumières et à son zèle. [...]

« À Versailles, le 25 août 1775 [1]. »

Le chevalier redoutait de devenir le jouet de Beaumarchais dont les pouvoirs, on le voit, étaient fort étendus. Mais seul ce diable d'homme pouvait lui permettre d'obtenir ce qu'il souhaitait. Moyennant la restitution de ses papiers, on lui promettait une rente de 12 000 livres annuelles comme il le souhaitait ; le montant des

1. BMT : R 7, *in* P. Pinsseau, *op. cit.*, p. 177, n. 1.

dettes du feu roi à son égard devait être revu, à la baisse évidemment ; enfin il devait recevoir des mains de Beaumarchais un sauf-conduit pour rentrer en France, signé et daté du souverain. Une autre condition lui était imposée : l'obligation de porter désormais les habits de son sexe. Dès lors que le chevalier d'Éon se disait femme, il ne devait reparaître en France que sous des vêtements féminins. Louis XVI ne pouvait tolérer qu'un personnage aussi célèbre s'exhibât dans son royaume sous un travesti condamné par la morale. Quand Beaumarchais aborda ce sujet, le chevalier, qui ne s'y attendait guère, poussa les hauts cris et se mit à jurer « comme un estafier allemand ». Mais il eut beau tempêter, supplier, protester, se prévaloir de ses grades militaires, rien n'y fit : ou il adoptait définitivement le costume féminin, ou il renonçait pour toujours à remettre les pieds dans sa patrie. Cruel dilemme. Conscient toutefois qu'il ne pouvait résister davantage sans éveiller des soupçons sur son véritable état-civil, il finit par céder, victime de sa propre supercherie. En espérant que cette exigence resterait purement platonique, et qu'avec le temps, tout finirait par s'arranger.

En attendant la conclusion de tous ces accords, Beaumarchais exigea la livraison des documents : « Elle me conduisit chez elle, raconte Beaumarchais, et tira de dessous son plancher cinq cartons bien cachetés et étiquetés *Papiers secrets à remettre au roi seul*, qu'elle m'assura contenir toute la correspondance secrète et la masse entière des papiers qu'elle avait en sa possession. Je commençai par en faire l'inventaire et les parapher tous, afin qu'on n'en pût soustraire aucun ; mais pour m'assurer mieux que la suite entière y était contenue, pendant qu'elle écrivait l'inventaire, je les parcourais tous rapidement [1]. » C'est alors, et alors seulement – on ne prend jamais assez de précaution – que Beaumarchais remboursa sa créance de 100 000 livres à lord Ferrers, qui lui remit en échange les billets souscrits par le chevalier d'Éon.

Cela se passait le 5 octobre 1775, jour anniversaire de la naissance du chevalier. Un mois plus tard, le 4 novembre, le traité

1. Loménie, *op. cit.*, t. I, p. 425-426.

officiel passé entre l'envoyé spécial du roi de France et le chevalier d'Éon, entièrement rédigé de la main de Beaumarchais, était signé des deux parties. Comme le principal intéressé y abdiquait solennellement son nom et son sexe pour ne plus s'appeler désormais que Mlle d'Éon, il fut décidé d'un commun accord de l'antidater au 5 octobre, afin de lui conférer symboliquement les qualités d'un acte de baptême.

Conclu entre Pierre Augustin Caron de Beaumarchais, chargé spécialement des ordres particuliers du roi de France et demoiselle Charles Geneviève Louise Auguste André Thimothée d'Éon de Beaumont, ce contrat long de plusieurs pages, intitulé « TRANSACTION », a tout l'air d'une comédie. On s'amusera des noms de code de la correspondance secrète : l'*Avocat* (le roi), le *Substitut* (le comte de Broglie), le *Procureur* (M. Tercier), le *Mielleux* (le duc de Nivernais), l'*Amer* (le duc de Praslin), le *Lion rouge* ou *Porcelaine* (le duc de Choiseul), le *Novice, Bélier* ou *Mouton cornu* (le comte de Guerchy), l'*Intrépide* ou *Tête de Dragon* (le chevalier d'Éon), etc. On y voit Beaumarchais *exiger*, au nom du roi, « que le travestissement qui a caché jusqu'à ce jour la personne d'une fille sous l'apparence du chevalier d'Éon cesse entièrement. Et sans chercher à faire tort à C.G.L.A.A.T. d'Éon de Beaumont d'un déguisement d'état et de sexe dont la faute tout entière revient à ses parents, rendant même justice à la conduite sage, honnête et réservée, quoique mâle et vigoureuse, qu'elle a toujours tenue sous ses habits d'adoption, j'exige absolument, dit-il, que l'équivoque de son sexe qui a été jusqu'à ce jour un sujet inépuisable de paris indécents, de mauvaises plaisanteries qui pourraient se renouveler surtout en France, et que la fierté de son caractère ne souffrirait pas, ce qui entraînerait de nouvelles querelles qui ne serviraient peut-être que de prétextes à couvrir les anciennes et à les renouveler, j'exige absolument, dis-je, au nom du roi, que le fantôme du chevalier d'Éon disparaisse entièrement et qu'une déclaration publique, nette précise et sans équivoque du véritable sexe de C.G.L.A.A.T. d'Éon de Beaumont, avant son arrivée en France et la reprise de ses habits de fille, fixe à jamais les idées du public sur son compte : ce qu'elle doit d'autant moins refuser aujourd'hui qu'elle n'en paraîtra que plus intéressante aux yeux des deux sexes, que sa vie, son courage et ses talents ont été également honorés ». Un peu plus loin, Beaumarchais entrant totalement dans le jeu de l'Amazone, n'hésite pas à la comparer à Jeanne d'Arc « qui sauva le trône et les états de Charles VII, en combattant sous des habits d'homme [1] ».

De son côté d'Éon, « fille connue jusqu'à ce jour sous le nom du chevalier d'Éon », se soumettait à la volonté du roi. *Elle* renonçait à toute poursuite à l'encontre de la famille du comte de Guerchy ; *elle* s'engageait à remettre tous les papiers en sa possession. Mais *elle* devait aussi s'engager à adopter dorénavant la conduite d'une femme. « Je me soumets à déclarer publiquement mon sexe, à laisser mon état hors de toute équivoque, à reprendre et à porter jusqu'à la mort mes habits de fille, affirmait-elle (ici d'Éon avait écrit "que j'ai déjà portés en diverses occasions connues de S.M." phrase barrée par Beaumarchais), à moins qu'en faveur de la longue habitude où je suis d'être revêtue de mon habit militaire, poursuivait-elle, et par tolérance seulement, S.M. consente à me laisser reprendre ceux des hommes, s'il m'est impossible de soutenir la gêne des autres après avoir essayé de m'y habituer à l'abbaye royale des dames Bernardines de Saint-Antoine des Champs, à Paris ou à tel autre couvent de filles que je voudrai choisir où je désire me retirer pendant quelques mois en arrivant en France. » D'Éon n'hésitait pas à faire part de ses exigences : « J'oserais observer, déclarait-*elle*, qu'à l'instant où j'obéis à S.M., en me soumettant à quitter pour toujours mes habits d'homme, je vais me trouver dénuée de tout, linge, habits, ajustements convenables à mon sexe, et que je n'ai pas d'argent pour me procurer seulement le plus nécessaire. » Aussi sollicitait-*elle* de nouvelles bontés de S.M. pour lui procurer un trousseau digne de son nouvel état. Elle

---

1. Voltaire notait, de son côté : « D'Éon sera une pucelle d'Orléans qui n'aura pas été brûlée. » (Lettre au comte d'Argental [vers le 5 mars 1777], *in* Voltaire, *Correspondance*, Pléiade, t. XII, p. 778). On peut lire le texte intégral de la transaction *in* Gaillardet, *op. cit.*, p. 326-332, P. Pinsseau, *op. cit.*, p. 184-190.

demandait également la permission de porter la croix de Saint-Louis sur ses vêtements féminins.

En qualité de représentant du roi, Beaumarchais disserta sur le port de la décoration avec un feint sérieux de comédie : « Considérant, disait-il, que la croix de Saint-Louis a toujours été regardée uniquement comme la preuve et la récompense de la valeur guerrière et que plusieurs officiers après avoir été décorés, ayant quitté l'habit et l'état militaire pour prendre ceux de prêtre ou de magistrat, ont conservé sur les vêtements de leur nouvel état, cette preuve honorable qu'ils avaient fait leur devoir dans un métier plus dangereux, je ne crois pas qu'il y ait d'inconvénient à laisser la même liberté à une fille valeureuse qui, ayant été élevée par ses parents sous des habits virils et ayant bravement rempli tous les devoirs périlleux que le métier des armes impose, a pu ne connaître l'habit et l'état abusif sous lesquels on l'avait forcée à vivre que lorsqu'il était trop tard pour en changer, et n'est point coupable pour ne l'avoir point fait jusqu'à ce jour. Réfléchissant encore que le rare exemple de cette fille extraordinaire sera peu imité par des personnes de son sexe et ne peut tirer à aucune conséquence [...] il n'y a pas d'apparence que ses travaux finis, le roi en l'invitant à reprendre les habits de son sexe, l'eût dépouillée et privée de l'honorable prix de sa valeur, ni qu'aucun galant chevalier français eût cru cet ornement profané parce qu'il ornait le sein et la parure d'une femme qui dans le champ d'honneur s'était toujours montrée digne d'être un homme. »

La comédie se poursuivait avec l'affaire du trousseau. Beaumarchais donnait deux mille écus à la demoiselle d'Éon pour se faire confectionner les vêtements de son sexe « à condition, précisait-il, qu'elle n'emporterait de Londres aucun de ses habits, armes et nul vêtement d'homme afin que le désir de les reprendre ne fût pas sans cesse aiguisé par leur présence, consentant seulement qu'elle conservât un habit uniforme complet du régiment où elle a servi, le casque, le sabre, les pistolets et le fusil avec sa baïonnette comme un souvenir de sa vie passée ou comme on conserve les dépouilles chéries d'un être aimé qui n'existe plus. Tout le reste me sera remis à Londres, ajoutait Beaumarchais, pour être vendu et l'argent employé selon le désir et les ordres de S.M. » Suivaient la signature de Beaumarchais et celle de d'Éon considéré désormais comme une femme.

La chevalière d'Éon

On a peine à croire qu'un homme véritable puisse faire aussi légèrement le sacrifice de son sexe. D'Éon joue cependant le jeu jusqu'au bout, tout en conservant ses vêtements masculins à Londres où chacun le considère comme une femme en dépit des apparences. Le 5 décembre 1775, il écrit cette lettre surprenante au comte de Broglie : « Monsieur le comte, il est temps de vous désabuser. Vous n'avez eu pour capitaine de dragons et aide de camp, en guerre et en politique, que l'apparence d'un homme. Je ne suis qu'une fille qui aurait parfaitement soutenu mon rôle jusqu'à la mort, si la politique et vos ennemis ne m'avaient pas rendu la plus infortunée des filles. Vous connaîtrez par la facilité que j'aurai à me détacher du monde que je n'y demeurais que pour vous ; et puisque je ne peux plus travailler ni combattre sous vos ordres et ceux de M. le maréchal, votre frère, je renoncerai sans peine à ce monde trompeur, qui cependant ne m'a jamais séduite que dans ma jeunesse si tristement passée [1]... »

D'Éon voulait que cette inversion d'identité suscitât l'admiration, mais pas le scandale. Et surtout que personne ne pût penser à une supercherie. Aussi se présentait-il comme une innocente victime de parents follement désireux d'avoir un fils et qui avait su relever un incroyable défi ; seule la malignité de ses ennemis l'obligeait à révéler une vérité qui devait couvrir de gloire une fille qui était parvenue à se conduire comme un homme (être d'essence supérieure), aussi bien sur les champs de bataille que dans la diplomatie. Sujet de curiosité, l'énigmatique d'Éon devait devenir un sujet de vénération. C'est ainsi que le voulait le chevalier-cheva-

1. B.M.T. R 10, cité par P. Pinsseau, p. 156.

lière qui soignait la mise en scène de son entrée dans la gent féminine.

Le chevalier, qui s'est toujours vanté de passer pour un dragon de vertu, joue une incroyable comédie à Beaumarchais qui s'en amuse follement. Puisqu'elle veut être prise pour Mlle de Beaumont, ancien capitaine de dragons, elle joue à la dragonne enfin libre d'aimer. Elle rêve de prendre dans ses rets l'un des hommes les plus brillants et les plus retors de son siècle. Elle le couvre de cajoleries, signe ses billets « votre petite dragonne », se révèle coquette, caressante, capricieuse, jalouse, tendre, vindicative, bref plus femme que nature. Ne va-t-elle pas jusqu'à lui écrire : « Je comprenais bien en moi-même qu'il serait affreux à mon propre cœur de me battre contre ce que j'aime le plus, contre celui qui se dit mon libérateur, et que ce libérateur ne voudrait jamais se battre contre sa petite dragonne, quelque terrible qu'il soit dans son uniforme. Je vous dirai comme Rosine dans votre *Barbier de Séville* : "Vous êtes fait pour être aimé" et je sens que mon plus affreux supplice serait de vous haïr. » Voulant s'excuser auprès de lui de son caractère vif et emporté, elle le prie de s'en prendre à l'éternel féminin : « Attribuez tout cela à nos vapeurs, à nos faiblesses, lui écrit-elle : *Quid levius fumo ? Flamen. Quid flamine ? Ventus. Quid vento ? Mulier. Quid mulier ? Nihil*[1] *!* » Et ailleurs : « Je ne croyais encore que rendre justice à votre mérite, qu'admirer vos talents, votre générosité ; je vous aimais sans doute déjà ! Mais cette situation était si neuve pour moi que j'étais bien éloignée de croire que l'amour pût naître au milieu du trouble et de la douleur. Jamais une âme vertueuse ne deviendrait sensible à l'amour, si l'amour ne se servait pas de la vertu même pour le toucher[2]. »

Quel sujet de pièce pour Beaumarchais ! « Tout le monde me dit que cette fille est folle de moi, écrit-il à Vergennes. Mais qui

---

1. « Qu'y a-t-il de plus léger que la fumée ? La flamme ; que la flamme ? Le vent ; que le vent ? La femme ; que la femme ? Rien. » (BM. de Tonnerre : R. 17 bis. Cité par Gaillardet, *op. cit.*, « Appendice n° VI », p. 422).

2. Lettre de d'Éon à Beaumarchais du 30 janvier 1776, *in* Gaillardet, *op. cit.*, « Appendice n° VI », p. 429.

diable se fût imaginé que pour bien servir le roi dans cette affaire, il me fallût devenir galant chevalier autour d'un capitaine de dragons ? L'aventure me paraît si bouffonne que j'ai toutes les peines du monde à reprendre mon sérieux pour achever convenablement ce mémoire[1]. » Laissant cette vieille fille enamourée à son délire, Beaumarchais s'en retourne à Versailles rendre compte de sa mission à Vergennes et s'entretenir avec le ministre des derniers arrangements à prendre avec la chevalière.

Les choses enfin en arrivent au point que le bruit se répand à Londres et à Paris du prochain mariage de M. Caron de Beaumarchais avec la demoiselle d'Éon de Beaumont ! Naturellement, la nouvelle fait la joie des chansonniers. « On a beaucoup ri de l'accouplement et il y a une foule de bonnes gens qui la croient sur parole », rapporte le chroniqueur de *L'Espion anglais*. Selon lui, les deux acteurs de cette bouffonnerie auraient quantité de points communs ; mais ceux qui les séparent sont tellement plus nombreux, et tellement peu à l'avantage du dramaturge qu'il faut espérer, pour la demoiselle, que cette union ne se fasse pas. « Certes, tous deux ont beaucoup d'esprit et de gaieté, prodiguent les saillies et les sarcasmes ; ils sont très caustiques, ils cultivent les lettres. Artisans de leur fortune, ils s'en font gloire ; ils aiment le bruit et l'éclat ; ils ont eu quantité d'aventures romanesques ; ils se sont faufilés chez les grands, et procuré une réputation immortelle. Mais Mlle d'Éon n'a de méchanceté que dans l'esprit, et le sieur de Beaumarchais l'a dans le cœur. La première n'a percé que par son mérite, ses talents, par sa bonne conduite, par sa réserve, sa sagesse ; le second, peu délicat sur les moyens de parvenir, a employé toutes sortes de bassesses et d'infamies : on lui reproche même des escroqueries et des crimes. L'une a trop de jactance, sans doute : excessivement prévenue en sa faveur, elle en parle sans cesse ; elle croit que tout l'univers doit être rempli d'elle, et l'on serait révolté de ses rodomontades, si sa franchise et sa bonhomie ne les lui faisaient pardonner. L'autre, plus impudent, quelquefois plus adroit, sait employer à propos le voile de la modestie, ou même le

1. Loménie, *op. cit.*, t. I, p. 433-434.

manteau de l'hypocrisie, ce qui le fait détester, malgré l'admiration qu'il cause, qu'il arrache par les ressources de son génie. Celle-là, enfin, plus jalouse d'estime encore que de renommée, n'a jamais eu de recours à des manœuvres viles et détournées pour exciter l'étonnement ; elle s'est laissé volontiers appeler étourdie, crâne, mauvaise tête, mais n'a jamais souffert qu'on l'entamât du côté de la probité et des sentiments. Celui-ci, plus avide de renommée que d'estime, ne regarde les honnêtes gens que bons à faire des dupes ; il brave le mépris public. Que lui importe ce qu'on pense de lui ? ce qu'on en dit en arrière ? pourvu qu'on l'accueille, qu'on le fête en société, qu'on le loue en sa présence. Il serait donc impossible que des êtres d'une nature aussi opposée pussent jamais sympathiser et vivre ensemble [1]. »

---

1. *L'Espion anglais ou Correspondance secrète entre Milord All'Eye et Milord All'Ear. Nouvelle édition, revue, corrigée et considérablement augmentée* (Londres, Adamson, 1784-1785, 10 vol.), t. IX, p. 6-7. Il n'est pas jusqu'au *Courrier de l'Europe* qui n'ait brocardé la crédulité de Beaumarchais (pourtant l'un de ses fondateurs et plus illustres rédacteurs) et son prétendu mariage avec la demoiselle d'Éon : « Enfin, le sexe d'un certain chevalier, ou d'une certaine chevalière, va cesser d'être une énigme. La personne qui depuis si longtemps remplit l'Angleterre d'incertitudes sur la nature de son existence physique, va passer dans les bras d'un agent de la cour de France [Beaumarchais], plus célèbre par ses succès dans sa première négociation avec le chevalier de M-e [Morande] que par les talents qu'il a développés en dernier lieu dans la conclusion de son traité avec l'illustre chevalière. On assure que malgré tout ce que l'Europe admire de délié et de brillant dans l'esprit du négociateur, la subtile Amazone l'a joué comme un écolier, et c'est pour rétablir, à quelques égards, le niveau entre elle et lui qu'il s'est déterminé à l'épouser, ne voyant pas d'autre moyen de se trouver *à deux de jeu* avec elle. » (*Courrier de l'Europe*, n° 4 du 9 juillet 1776).

Chapitre VIII

Les fourberies du barbier de Séville

D'Éon était trop subtil pour s'imaginer avoir séduit Beaumarchais, mais il jouissait du trouble qu'il jetait par ses affabulations romanesques pimentées de vérités incroyables. Il avait enfin trouvé un partenaire à sa mesure qui entrait dans son jeu sans s'y laisser prendre. Tous deux improvisaient une comédie au dénouement incertain, dont ils multipliaient les péripéties à plaisir. L'extravagance du chevalier risquait de l'emporter dans une intrigue vertigineuse. Jusqu'où pouvait aller cette bouffonnerie dont le ministre des Affaires étrangères et le monarque se tenaient informés ? Chacun des deux farceurs voulait triompher de l'autre sans savoir exactement quelle victoire il fallait en attendre. Le jeu l'emportait sur la réalité. Beaumarchais n'avait rien à perdre dans cette aventure, mais d'Éon risquait gros.

D'Éon se rebiffe

À Londres, le chevalier continuait d'occuper le devant de la scène, mais la publicité qui s'attachait à sa personne n'était pas de son goût. En effet les paris sur la nature de son sexe avaient repris. Le 11 novembre 1775, il éprouva un véritable haut-le-corps en lisant une annonce du *Morning Post* déclarant « qu'un seigneur bien connu dans ces sortes de négoce (les paris) s'était engagé à faire clairement décider cette question avant l'expiration de quinze jours ». Allait-on l'enlever et le mettre publiquement nu pour s'assurer d'une vérité qui ferait le tour du monde et rapporterait en même temps beaucoup d'argent aux parieurs ? D'Éon n'eut aucun mal à reconnaître Beaumarchais dans ce « seigneur bien connu ». Celui-ci venait de quitter Londres, mais laissait sur place son fidèle Morande, que le chevalier accusa bientôt d'être de mèche avec son patron pour relancer ces odieux paris sur son sexe. Non tout à fait sans raison, il faut bien le dire, car même s'ils en furent empêchés, nous savons en tout cas qu'ils en eurent l'intention. Le 8 mai 1776, en effet, Morande déclara devant témoins qu'il avait eu le dessein de trafiquer avec Beaumarchais dans les paris ouverts sur le sexe du chevalier, et qu'ils avaient même consulté plusieurs juristes, pour savoir si ces assurances étaient légales. Tous ayant répondu par la négative, les deux compères renoncèrent à leur projet[1].

---

1. *DÉCLARATION QUI ÉTABLIT QUE LES SIEURS DE MORANDE ET BEAUMARCHAIS ONT TENTÉ, MALGRÉ LE CHEVALIER D'ÉON, DE FORMER DES SPÉCULATIONS FRAUDULEUSES SUR SON SEXE.*

« Nous soussignés, Charles-Geneviève, etc., d'Éon de Beaumont, ancien capitaine de dragons, etc., François de La Chèvre, demeurant in *Queen street, Golden square,* Jacques Dupré, esquir., demeurant dans *New-Bond street,* et Jean de Vignoles, esquir., demeurant dans *Warwick street,* attestons sur notre honneur que, le jeudi onze d'avril de la présente année 1776, étant à dîner chez M. le chevalier d'Éon dans *Brewer street, Golden square,* et nous y trouvant avec ledit chevalier d'Éon et M. Charles Théveneau de Morande, esquir., demeurant dans *Duke street, Oxford road,* que nous connaissons pour être l'ami intime et le confident de M. Caron de Beaumarchais, par nous de même connu pour avoir été chargé par le roi de France pour traiter avec ledit chevalier d'Éon des clauses et conditions de sa rentrée en France, la conversation tomba sur ce qu'au mois de novembre 1775, on avait tenté de renouveler le feu des paris sur le sexe dudit chevalier d'Éon ; que ledit chevalier d'Éon déclara devant nous que le sieur Caron de Beaumarchais et le sieur Morande, présent, avaient voulu l'engager, lui, le chevalier d'Éon, à entrer de concert avec eux dans le commerce de ces polices, en lui représentant cette démarche comme un moyen infaillible de gagner de fortes sommes d'argent.

« Et sur ce que ledit sieur Charles de Morande tâchait d'éluder toute réponse catégorique, ledit chevalier d'Éon interpella vivement ledit sieur Théveneau de Morande de déclarer nettement et clairement “si lui, Charles Théveneau de Morande, n'avait pas proposé en octobre 1775 audit chevalier d'Éon, tandis que le sieur Caron de Beaumarchais était ici pour ses négociations, d'entrer d'un

Ulcéré par l'annonce du *Morning Post*, d'Éon fit passer dans le même journal, un *Avis au public* dans lequel il démentait formellement l'information parue l'avant-veille, et qu'il attribuait soit aux manœuvres frauduleuses d'une immorale cupidité, soit à la malice de « certains grands seigneurs qui cherchaient à exercer contre son repos un reste de vengeance impuissante ». Il déclarait enfin « qu'il ne manifesterait son sexe qu'autant qu'il ne se ferait plus de police, et que si cela était impossible, il serait forcé de quitter furtivement un pays qu'il regardait comme une seconde patrie [1] ». L'avis parut deux jours de suite, les 13 et 14 novembre 1775. « Dès le matin du premier jour, raconte le chevalier, Morande tout en émoi et tout consterné, courut chez mon avocat Vignoles, puis revint avec lui chez moi pour me déclarer que Beaumarchais serait furieux contre moi à cause de cette annonce ; qu'elle romprait tous les bons projets qu'il avait sur moi ; que je n'étais l'ami de personne, et que j'étais l'ennemi de moi-même, etc. [2]. »

---

commun accord dans des polices formées sur son sexe ?" À quoi le sieur de Morande répondit affirmativement et sans ambiguïté. Sur quoi, le chevalier d'Éon ayant repris qu'il se respectait trop pour avoir jamais songé à partager l'infamie dont ledit Caron de Beaumarchais et lui, de Morande, avaient voulu le couvrir, lui demanda "si malgré son refus, lui et son ami, le sieur Caron de Beaumarchais, n'avaient pas eu la sottise de trafiquer dans lesdites polices sur son sexe" ; et à cela, nous avons entendu le sieur de Morande répondre qu'il en avait eu réellement l'intention ; mais que pour ne rien donner au hasard, ils avaient consulté de célèbres jurisconsultes anglais pour savoir si, dans le cas où l'on gagnerait par ces polices, la loi permettrait de forcer les perdants à payer leurs engagements ; mais que la réponse unanimement négative des avocats l'avait seule fait renoncer à ce projet de gagner de l'argent sur lesdites polices ; et il témoigna beaucoup de mauvaise humeur contre le refus constant du chevalier d'Éon de se prêter aux opérations honteuses que lui, de Morande, et le sieur Caron de Beaumarchais, son associé, méditaient sur le sexe femelle dudit chevalier.

« Londres, le 8 mai 1776.

« Signé : JACQUES DUPRÉ, J. DE VIGNOLLES, DE LA CHÈVRE, LE CHEVALIER D'ÉON. »

(BM. de Tonnerre : R. 18 bis et British Museum : Ms. ii. 341.)

1. Gaillardet, *op. cit.*, p. 342.
2. *Ibid.*

Dès son retour à Londres, Beaumarchais s'enquiert des dernières nouvelles auprès de Morande, qui lui fait lire les articles du *Morning Post* et le met en garde contre l'humeur batailleuse du chevalier. Quant aux retrouvailles, laissons au chevalier le soin de les conter lui-même :

« Le 29 décembre, M. de Beaumarchais arrive à Londres sans me rien dire. Le lendemain 30, il envoie son valet de chambre sur les onze heures du matin, me dire que monseigneur Caron de Beaumarchais est arrivé fort fatigué de ses courses. Moi qui, depuis deux mois, par maladie, n'étais pas sorti réellement deux fois de ma chambre, je m'habille pour l'aller trouver chez lui, et lui envoie l'hôte de ma maison, pour savoir s'il veut dîner chez moi. Il me fait faire réponse que non, qu'il dînait chez son ami Morande, et qu'il fallait que je fusse de ce dîner. Je l'accepte par complaisance ; j'arrive chez Beaumarchais, je le trouve riant, folâtrant avec les deux frères Morande ; je le félicite sur son bon visage de Paris, en comparaison de celui qu'il avait emporté de Londres en novembre. Il me répond que son mal n'était pas au visage, et qu'il était peu dangereux pour les hommes. Je fais semblant de ne pas comprendre l'impolitesse de son discours dans ma position. Un instant après, son valet de chambre, ainsi que le frère cadet de M. de Morande sortent : l'aîné reste seul avec M. Caron et moi.

« Aussitôt, le sieur de Beaumarchais me chante une chanson qu'il a composée, dit-il, à Paris tout exprès sur lui et moi, dans laquelle lui joue le rôle de la femme, et moi celui de l'homme ; rôles qui, par parenthèse, nous convenaient parfaitement.

« Peu de temps après, il fit tomber la conversation sur l'*Avis au public* que j'avais fait insérer dans le *Morning Post* des 13 et 14 novembre dernier ; je lui dis que je n'aurais jamais donné au public cet avis, si des personnes qu'il connaissait bien n'avaient pas, par des paragraphes précédents, cherché à allumer de nouveau le feu des polices sur mon sexe, feu qui ne tendait qu'à me faire mourir de chagrin.

« Aussitôt, le fameux Beaumarchais, avec une colère et une dignité d'ambassadeur très extraordinaire, s'est levé, chapeau sur la tête, pour me dire, avec un ton de colère et d'emportement capable d'intimider toutes les personnes de mon sexe, que mon avis inséré dans le *Morning Post* du 13 novembre dernier était mal écrit, sans esprit, sans tournure, bête, sot et impertinent, depuis le commencement jusqu'à la fin ; que d'ailleurs j'avais manqué à ma parole d'honneur. Aussitôt, je me suis levé de ma chaise, en colère, ai mis mon chapeau sur la tête, et ai déclaré, en bon français, au sieur de Beaumarchais que la négociation et des négociateurs tels que lui pouvaient s'aller faire foutre, et lui ai demandé si Caron avait quelque chose à répondre à cela. Comme il est resté interdit et n'a répondu que par des bêtises, je l'ai laissé chez lui et, le lendemain matin, j'ai pris une chaise de poste pour me rendre au château de lord Ferrers, dans le comté de Leicester, où je suis resté pendant les mois de janvier et février de cette année [1]. »

Le ton monte

Le lendemain, d'Éon reçoit un mot badin et amical de Beaumarchais qui se dit « tout ému de la vive et féminine colère » manifestée par la chevalière la veille au soir, et du mâle compliment d'adieu dont elle les a gratifiés (allusion à la sommation de se faire foutre !). Il lui reproche néanmoins son emportement, et lui fait d'amères plaintes sur son ingratitude ; bref, il tente par des accents tout de douceur et de gravité, mêlés de propositions habilement sous-entendues, d'attendrir et de ramener à lui la brebis égarée. Mais d'Éon avait quitté Londres pour le château de lord Ferrers à Staunton-Harold, et ne reçut le poulet qu'avec une quinzaine de retard. Croyant tout espoir de conciliation définitivement enterré, Beaumarchais change de ton : la galanterie de l'amoureux fait place aux ruses du politique. Persuadé que sa « dragonne » possède encore des papiers secrets, il en exige la restitution, tout en lui

1. *Campagnes du sieur Caron de Beaumarchais [...]*, par d'Éon (BM. de Tonnerre : R 22 ; *in* Gaillardet, *op. cit.*, p. 343-344 et P. Pinsseau, *op. cit.*, p. 195-196).

conseillant la plus entière soumission à son souverain. Sa lettre du 9 janvier 1776 est un petit chef-d'œuvre de roublardise enrobée de tendresse amoureuse :

« En quelque endroit de l'Angleterre que vous soyez, vous avez eu plus de temps qu'il n'en fallait pour répondre à ma lettre du 31 décembre dernier. Puisque vous ne l'avez pas fait, je juge qu'il vous convient que nous redevenions étrangers l'un pour l'autre, comme par le passé. Je suis trop galant pour avoir en ceci un autre avis que le vôtre. Ainsi, après vous avoir écrit amicalement dans ma dernière : *Cherchez, mon enfant, qui vous flagorne et dissimule avec vous par faiblesse ou par intérêt ; aujourd'hui, je vous écris : je n'en ai ni le temps, ni la volonté.*

« Seulement, je vous invite à vous conduire sagement, si vous voulez être heureuse. La clémence, la bonté, la générosité du roi, grâce à mes soins, ont passé votre espoir. Que votre ingratitude pour moi, mon enfant, ne s'étende pas jusqu'à ce bon maître ! C'est le meilleur avis que je puisse vous donner.

« Souvenez-vous que je vous ai imposé de sa part le plus profond silence sur vos anciens démêlés avec ceux que vous nommez vos ennemis. J'ai promis pour vous que vous y seriez fidèle ; gardez-vous de le rompre légèrement ! Que la rage d'imprimer ne vous entraîne pas en quelque désobéissance ! Et surtout, ne manquez à aucune des conditions auxquelles vous vous êtes soumise en contractant avec moi ! Vous seriez inexcusable aujourd'hui. Ce tort affreux répandrait sur le passé les plus tristes lumières ; et de ce moment, votre bonheur et votre honneur seraient détruits.

« Ne manquez pas de me faire parvenir, le plus promptement possible, les pièces suivantes qui, à la vérification des papiers entre les pièces et les inventaires, se sont trouvés à vide dans les portefeuilles, M. de Vergennes collationnant avec moi.

« Je vous salue [1]. »

Furieux de se voir traité en petite fille capricieuse, le chevalier-chevalière répond par une lettre de trente-huit pages [2] !

---

1. Gaillardet, *op. cit.*, p. 346-347.

2. Première réponse de M. le chevalier d'Éon à M. de Beaumarchais, le 7 janvier 1776, citée par Gaillardet, *op. cit.*, p. 403 et suiv.

« Il y a longtemps, monsieur, commence-t-il, que je connais la supériorité de votre esprit et de vos talents, et vous m'avez donné en France, auprès du roi et de M. de Vergennes, trop de preuves de l'excellence de votre cœur pour que vous n'ayez pas un droit acquis sur ma sensibilité et ma reconnaissance pendant tout le reste de mes jours. Mais vous me permettrez de vous dire que le ton de despotisme que vous affectez dans vos jugements depuis la signature de notre transaction préparatoire, et depuis votre dernier retour de Paris, est trop révoltant pour moi, et vous rend aussi impraticable que l'était M. Pitt en 1761, lors de la négociation de la dernière paix. [...]

« Ce serait perdre votre temps et vos peines que de vouloir me convertir sur une opinion qui concerne uniquement la délicatesse que je dois avoir sur mon honneur personnel. Je ne veux pour aucune considération et pour aucune somme au monde que le public puisse croire que je suis intéressée dans les infâmes polices qui se sont élevées sur mon sexe. C'est là, Monsieur, un véritable principe d'honneur que je me suis fait à moi-même, et duquel je ne puis me départir, ainsi que je vous en ai déjà prévenu et fait prévenir par votre ami, M. Gudin, avant votre dernier départ pour Paris. Il peut se faire que les beaux esprits se moquent de ma délicatesse et de mon paragraphe dans le *Morning Post* du 13 novembre dernier ; qu'ils regardent le cas où je me trouve comme une occasion de piller les poches des Anglais ; c'est une chose à laquelle je ne consentirai jamais par mon propre fait quand je devrais être blâmée de toute la France. Qu'on regarde tant qu'on voudra mes principes et mes raisons pour des balivernes, même pour des sottises, peu m'importe. J'aime encore mieux que le public m'appelle bête et sotte que voleuse et friponne. Sur ce chapitre, j'ai élevé dans mon cœur mon propre tribunal qui est cent fois plus sévère et plus délicat que le tribunal respectable des maréchaux de France, juges naturels du point d'honneur. Si les réflexions que je viens de faire sont solides, elles me justifient ; si elles sont fausses, mon erreur sera mon excuse.

« Dans ces circonstances critiques, et après les explications beaucoup trop vives de part et d'autre que nous avons eues sur ce misérable objet, pour dissiper la colère que vos reproches déplacés ont fait naître dans mon cœur, j'ai été rejoindre milord Ferrers à sa terre. Depuis plus d'un mois, il me priait d'aller passer ma convalescence près de lui. J'avais grand besoin de ce changement d'air après avoir gardé mon lit et ma chambre presque tout le mois de novembre et de décembre. D'ailleurs, j'ai encore plusieurs affaires à terminer avec milord et l'emportement où vous m'avez jetée m'a plongée dans une indisposition.

« Je vais donc, monsieur, profiter de mon petit séjour à la campagne pour vous ouvrir mon cœur, et vous parler avec la sensibilité de mademoiselle de Beaumont et la franchise du chevalier d'Éon. [...]

« Vous parlez de générosité et cependant, lorsqu'il s'agit de solder avec l'argent du roi le compte d'une infortunée victime du secret du roi depuis vingt ans, vous employez le même esprit, les mêmes tracasseries, les mêmes ruses et dextérités que s'il s'agissait de solder le mémoire du comte de La Blache avec l'argent de M. de Beaumarchais [1]. Jugez vous-même, je vous prie, de vos procédés généreux à mon égard ! Vous me direz sans doute, monsieur, que dans la transaction vous avez eu la générosité de stipuler de vous-même au nom du roi mon trousseau de fille à 2 000 écus, c'est-à-dire 250 guinées, et vous croyez avoir fait un effort de générosité surprenant !

« Je répondrai à cela : que ce n'est pas moi qui ai demandé cette métamorphose, c'est le feu roi et M. le duc d'Aiguillon, c'est le jeune roi et M. le comte de Vergennes ; c'est vous-même en vertu de vos pouvoirs ; c'est la famille de Guerchy, qui trembla au seul

---

1. Allusion de d'Éon à une affaire judiciaire très médiatisée, qui opposa Beaumarchais au comte de La Blache, légataire universel du riche banquier Pâris-Duverney. Ce dernier avant de mourir avait signé à Beaumarchais une reconnaissance de dettes de 15 000 livres et le rendait quitte d'une ancienne dette de 139 000 livres. La Blache prétendait que les pièces produites par Beaumarchais étaient fausses. L'affaire se politisa. Finalement Beaumarchais fut condamné à verser une importante somme à La Blache (*cf.* Maurice Lever, *Pierre-Augustin Caron de Beaumarchais*, t. I, p. 307-348).

nom d'homme qui me reste encore par mon baptême ! *Que l'on me rende le poste politique que l'on m'a injustement enlevé aux yeux de l'Europe ; qu'on me laisse courir ma carrière militaire, je ne demande rien autre chose ; je serai content. Je me crois plus en sûreté sous un habit de capitaine de dragons qu'avec une jupe parce que je ne serai point exposée à tous les discours qu'on tient d'ordinaire aux femmes* [1].

« Croyez vous de bonne foi que je pourrai acheter à Londres et même à Paris un beau trousseau de fille avec 250 guinées ? Mes habits d'homme et mes armes que je dois rendre à Londres même, suivant la transaction, valent deux fois cette somme [...]. Si jamais je ne fusse sortie de dessous les ailes de ma mère, si toujours j'étais restée dans ma province où l'argent est fort rare, elle m'aurait encore donné, ainsi qu'elle a fait pour ma sœur, un trousseau du double de celui que vous m'avez généreusement accordé ; j'ai méprisé de montrer à cet égard aucune vanité, aucune avidité, aucun intérêt ; cette maladie n'est pas la mienne et ma vie passée dépose que j'étais plus digne de porter le casque que la cornette et de mourir dans le champ de la gloire que dans un lit de plumes parmi les nonnes. Il me semble que le destin s'est toujours joué de mon existence et ma résignation à ses cruels coups, plus tristes pour moi que la mort, est la preuve la plus complète de mon sacrifice et de ma parfaite obéissance aux ordres du roi et que je n'ai pas voulu retarder par un vil intérêt la remise des papiers secrets qui l'intéressaient si fortement. [...]

« Je pense que ce bon roi [Louis XV] aurait été cent fois plus prodigue que le généreux Beaumarchais envers une personne qui a été fille, homme, femme, soldat, politique, secrétaire, ministre, auteur, suivant l'exigence et la nécessité du service public ou secret de son maître et qui, sous toutes ses diverses formes, a toujours réussi dans ses commissions, a toujours été connue et respectée comme un brave et honnête homme au milieu même de ses plus grands malheurs au milieu même de ses ennemis !

« Si pour terminer ces malheurs, il doit y avoir une perte d'ar-

1. C'est nous qui soulignons.

gent entre le roi et moi, ce n'est pas à moi qui ne possède rien à la supporter. Ne suis-je pas assez malheureux en devenant femelle, de mâle que j'étais, en perdant tout le temps de ma vie, mon état et le fruit de mes travaux politiques et militaires ?

« Si par pure obéissance aux ordres du roi, je me condamne moi-même à demeurer dans un cloître avec mes semblables, compagnes de mon infortune, je ne prévois que trop que je pourrai me repentir et être malheureuse ; mais c'est apparemment la volonté de la Providence puisqu'elle ne me laisse nuls moyens de l'éviter. C'est un de ces coups particuliers du destin qui s'attache à ma ruine, dont il est aussi impossible à mon courage de se défendre à présent qu'il l'a été à ma sagesse de le prévoir. [...]

« Je suis fille et vieille, par conséquent d'un caractère un peu extraordinaire. Jamais créature n'eut moins d'attachement que moi pour l'argent mais je sais que je suis vieille et que je serai bientôt oubliée et abandonnée ; je ne puis vivre un moment avec la crainte de manquer de pain. »

Suit la liste précise de toutes ses réclamations, depuis sa pension de 12 000 livres qui ne lui a pas été versée intégralement jusqu'aux dettes à ses créanciers londoniens toujours pas remboursés, et qu'il s'en voudrait d'abandonner « en levant l'ancre sans rien dire », et son titre de censeur royal qu'on ne lui a pas restitué. En outre, il exige le grade de colonel, étant à cette heure le capitaine le plus âgé du royaume, et insinue qu'il possède encore des papiers secrets ne figurant pas à l'inventaire du 4 novembre 1775 ; il ne les remettra, menace-t-il, qu'après avoir obtenu satisfaction.

Que Beaumarchais l'ait attaqué dans son honneur en publiant son annonce dans le *Morning Post*, qu'il ait eu l'audace de parler de « vive et féminine colère » à propos de sa réponse pour réfuter ses assertions mensongères et infamantes, d'Éon ne peut l'admettre. Il ne veut pas que le public anglais devienne « la dupe des faiseurs de police qui regardent son sexe comme la roue de fortune ou la mine du Pérou ». Cette fois, il ne plaisante plus avec Beaumarchais. Il lui parle d'homme à homme, si l'on peut dire !, pour aborder l'affaire de son changement de sexe. « Si vous étiez dans ma triste position, si vous deviez aux yeux de l'Europe entrer dans un couvent ou dans le monde comme une fille sage et vertueuse, voudriez-vous qu'il fût dit dans ce monde que vous avez fait fortune par votre sexe exposé aux yeux du public ? Je n'aurais jamais mis mon *Avis* dans la gazette du 13 novembre, si deux jours auparavant, il n'eût point paru dans la même gazette un avis tendant à rallumer le feu des polices. Vous avez trop d'esprit et de pénétration pour en ignorer totalement l'auteur. Il était de mon devoir et de mon honneur de jeter un tonneau d'eau sur le feu. Je l'ai fait et je l'ai éteint. [...] Vos reproches déplacés m'ont brisé le cœur parce que vous l'avez attaqué par l'endroit le plus sensible qui était l'honneur. » Prudemment d'Éon achève sa lettre par quelques paroles d'apaisement qui portent le sceau de l'ambiguïté. « Je sens que mon plus affreux supplice serait de vous haïr. Tout ce contraste de caractère irrité, qui malgré moi est en moi, et qui est exactement celui de ma mère et de ma sœur, fera sans doute faire à un philosophe comme vous mille réflexions sur le caractère incompréhensible des femmes. Attribuez cela à nos vapeurs et à nos faiblesses. [...] Je suis et serai toujours votre tendre et fidèle amie : les expressions ne rendent jamais qu'à demi les sentiments du cœur[1]. »

Les désarrois d'une « fille extravagante »

Dans sa réponse, datée du 18 janvier[2], Beaumarchais réfute point par point les prétentions de « sa tendre et fidèle amie » ; il lui reproche d'avoir conservé indûment des papiers secrets, de l'avoir escroqué de cent vingt mille livres, et la menace de faire opposition sur sa rente viagère auprès du Parlement. Et il ajoute : « Si j'envoyais votre misérable lettre en France, elle n'affligerait que vos amis ; tous vos adversaires en triompheraient justement. La voilà, diraient-ils, telle que nous l'avons toujours dépeinte. Ce n'est plus

1. Gaillardet, *op. cit.*, p. 242.

2. Beaumarchais à Mlle d'Éon, le 18 janvier 1776, cité par Gaillardet, *op. cit.*, p. 411 et suiv.

contre ses prétendus ennemis qu'elle exerce aujourd'hui ses folles et détestables ruses ; c'est contre son seul ami, celui qu'elle a nommé son appui, son libérateur et son père ! La voilà ! »

Mais d'Éon ne se tient pas pour battu. Aussitôt, il reprend la plume qu'il trempe cette fois dans le fiel, pour réclamer à nouveau son dû. Qu'on applique les clauses de la transaction ! qu'on lui paie ces « fortes sommes » qu'il attend toujours ! qu'on tienne parole, et il tiendra la sienne ! Cette longue lettre à Beaumarchais marque un changement de ton ; chaque mot tend à culpabiliser l'adversaire, à le faire rougir de sa goujaterie, à le faire tomber dans le piège du remords. D'Éon se prend au jeu de la femme sans défense. On sent percer, sans que l'auteur ose se l'avouer à lui-même, la plainte inconsolable d'une victime sans bourreau, et qui s'en invente un pour justifier ses pleurs. Mieux peut-être que tout autre écrit de la chevalière (et Dieu sait qu'ils sont nombreux), celui-ci nous paraît lever un pan du voile sur le mystère de sa nature. Il a beau s'emmêler dans l'emploi du masculin et du féminin (signe évident de son désarroi), une chose éclate aux yeux du lecteur : si la main qui tient la plume est celle d'un homme, la sensibilité qui la guide appartient à une femme. Ces pages frémissantes en disent plus long, à cet égard, que ne le faisaient naguère ses enjôlements de courtisane.

« Pourquoi, lui écrit-*elle* (et ce féminin n'a jamais mieux convenu qu'ici), pourquoi, pendant votre dernier voyage à Londres, y avez-vous gagné une maladie vénérienne qui a été connue de tout Paris, tandis que, pour vous amuser sans doute à mes dépens, ou pour me rendre ridicule, vous faisiez entendre dans les cercles de vos élégantes que vous deviez m'épouser après que j'aurais demeuré quelques mois à l'abbaye de Saint-Antoine ? [...] Mais quel souvenir me rappellent ces réflexions ! Il me dit seulement que par une confiance aveugle en vous et en vos promesses, je vous ai découvert le mystère de mon sexe, que par reconnaissance je vous ai donné mon portrait, et que par estime vous m'avez promis le vôtre. Il n'y a jamais eu d'autres engagements entre nous. Tout ce que vous avez avancé au-delà sur notre mariage, suivant ce que l'on m'a écrit de Paris, ne peut être regardé par moi que comme un véritable persiflage de votre part. Si vous avez pris au sérieux ce simple gage de souvenir et de gratitude, votre conduite est aussi pitoyable que votre maladie ; c'est là un véritable mépris et une infidélité qu'une femme de Paris, quelque apprivoisée qu'elle soit avec les mœurs à la mode des maris, ne pourrait pardonner. À plus forte raison une fille dont la vertu est aussi sauvage que la mienne, et dont l'esprit est si altier, lorsqu'on blesse la bonne foi et la sensibilité de son cœur. Pourquoi ne me suis-je pas rappelé [*sic*] en ce moment que les hommes ne sont tous sur la terre que pour tromper la crédulité des filles ou des femmes !... Hélas ! il est des injustices si sensibles et si outrageantes quand elles nous viennent de ceux auxquels nous sommes le plus sincèrement attachés [*sic*] qu'elles font perdre la tête à la personne la plus prudente. [...] Je ne croyais encore que rendre justice à votre mérite, qu'admirer vos talents, votre générosité, je vous aimais sans doute déjà ! Mais cette situation était si neuve pour moi, que j'étais bien éloignée [*sic*] de croire que l'amour pût naître au milieu du trouble et de la douleur. Jamais une âme vertueuse ne deviendrait sensible à l'amour, si l'amour ne se servait pas de la vertu même pour la toucher. Cessez, monsieur, d'abuser de mon état, et de vouloir profiter de mon malheur pour me rendre aussi ridicule que vous. Vous ! pour qui j'avais conçu tant d'estime, que je regardais comme le plus vertueux de tous les hommes. Vous ! qui m'avez su persuader que vous aviez quelque respect pour ma position extraordinaire. C'est vous-même qui me couvrez d'opprobre et qui creusez sous mes pas un abîme d'autant plus malheureux pour moi que vous en dérobez à mes yeux la profondeur. Par quelle fatalité m'avez-vous choisie [*sic*] pour la malheureuse victime du délire de votre esprit et de vos mœurs ? [...] »

Signé : « LE CHEVALIER ET LA CHEVALIÈRE D'ÉON » [*sic*]

Beaumarchais répond avec hauteur, en froid négociateur, insensible aux larmes et aux reproches. Il prend plaisir à humilier le chevalier-chevalière qu'il prie de se « repentir » et de raison recouvrer. Sinon le sieur Caron se verra obligé de rompre toute relation avec *elle* et de retourner en France ayant remporté pour seul succès « d'avoir démasqué une fille extravagante sous le manteau de l'homme de mauvaise foi. » Comme il tient les cordons de la bourse qu'il peut ouvrir ou fermer à volonté, selon les dispositions de la demoiselle, il ne désespère pas de lui faire entendre raison. Qu'elle reprenne ses habits de femme, qu'elle rende les papiers en sa possession, qu'elle rentre en France, et on n'en parle plus ! Sinon, qu'elle se retire à *Golden Square* jusqu'à la fin de ses jours.

La « fille extravagante » répondit[1] hautement à celui qui se posait en maître : elle ne rendrait la totalité des papiers que lorsque les articles de la transaction seraient exécutés. Mais les exigences imposées par le roi à sa métamorphose en femme pèsent désormais d'un poids insoutenable au chevalier-chevalière. Que son sexe puisse être un objet de spéculation le révolte. « C'était sans doute pour me montrer à la foire de Saint-Germain, ou plutôt pour me faire mourir que vous vouliez que moi, malade depuis trois mois, je quittasse promptement mes chers habits d'homme ? », s'écrie-t-il. Mais son désarroi est plus grand encore. En tant que femme, il perd aussi sa raison de vivre. « Quel service puis-je rendre au roi sous mes habits de fille ? Sous mon uniforme au contraire, je puis le servir en guerre comme en paix, comme j'ai toujours eu le courage et le bonheur de le faire depuis vingt-deux ans. » Mais n'est-ce pas lui, d'Éon, qui a voulu se faire passer pour une fille d'Ève ? Il faut donc jouer le jeu qu'il s'est imposé. Aussi est-il bien obligé d'ajouter, victime consentante : « Si cependant Sa Majesté et ses ministres persistent toujours dans l'exécution de notre transaction, je la remplirai par obéissance, mais vous êtes tenu, dit-il à Beaumarchais, [...] de me faire accorder toutes mes justes demandes contenues dans ma dernière lettre. Alors je rendrai fidèlement tout le restant des papiers. Donnez-moi mon trousseau, payez ma dot et les frais de la noce, alors la bonne harmonie sera rétablie entre nous », ajoute-t-il, la mort dans l'âme.

---

1. Seconde réponse de Mlle d'Éon à M. Caron de Beaumarchais, le 30 janvier 1776, Gaillardet, *op. cit.*, p. 414 et suiv. Pièces justificatives n° 21.

Les fureurs de Mlle d'Éon de Beaumont contre un laquais parvenu

À Paris comme à Londres, on est persuadé que d'Éon est une femme. Alors que les Anglais veulent en avoir la preuve, les Français sont surtout curieux de voir ce singulier personnage et de connaître la suite de ses aventures. Avant de se mettre en route pour la terre natale, d'Éon attend impatiemment son dû. Mais le temps passe. Beaumarchais reste insensible à ses récriminations. « Je ne vous dis rien de mon héroïne parce qu'elle est toujours au milieu de ses radotages », écrit-il à Vergennes. Ce silence pèse tant à d'Éon qu'il rédige à l'adresse du ministre un réquisitoire en règle contre celui qu'il considère comme l'artisan de ses malheurs : l'ancien « ange tutélaire », aujourd'hui objet de sa rage et de sa rancœur. Sa main tremble en écrivant son nom, et il n'a pas de mots assez durs pour peindre la noirceur de son âme. Un flot d'insinuations perfides se déverse sous sa plume. Il s'agit d'humilier son ennemi en dénonçant son orgueil, son arrogance et ses fautes. Quatorze pages de fureur.

« Londres, le 27 mai 1776

« Je pense n'avoir pu donner une plus grande preuve de ma modération et de la reconnaissance dont je me croyais redevable envers M. de Beaumarchais qu'en ayant différé depuis le mois d'octobre à vous rendre un compte fidèle de la conduite bizarre et déshonnête que cet espèce d'envoyé extraordinaire a tenue tant envers moi qu'envers Mylord Ferrers. Comme la plupart des faits sont consignés dans la correspondance dont j'ai l'honneur de vous envoyer ci-jointe, et quoique le style des lettres de M. de Beaumarchais ne soit que le diminutif de l'insolence de ses discours et de sa conduite, de peur d'abuser de votre patience et d'un temps que vous savez mieux employer aux besoins de l'État, je me contenterai de vous observer ici, monseigneur, que la véritable raison secrète de la mauvaise humeur de M. de Beaumarchais envers moi, dans cette affaire, provient du refus constant que je lui ai fait, ainsi qu'à son intime ami, le sieur Morande, de les laisser avec leurs associés gagner tout l'argent des polices scandaleuses qui se sont élevées sur mon sexe, sans qu'ils aient pu même m'ébranler par leur promesse de mettre dans ma poche sept ou huit mille louis, si je voulais avoir pour eux cette infâme complaisance. Ceux qui ont bien connu la trempe de mon caractère en France, en Russie, à l'armée, en Allemagne, et les Anglais qui m'ont vu refuser constamment quinze mille guinées en 1771 pour une pareille occupation, n'auront pas de peine à concevoir qu'en cette circonstance, mon indignation a été cent fois plus grande que mon humiliation.

« Si ce refus obstiné de ma part a eu le malheur de m'aliéner le cœur de M. de Beaumarchais, mon esprit s'est encore plus aliéné de lui par les actes d'infidélité, de manque de parole d'honneur, et d'une impertinence aussi incroyable que son libertinage. Ce sont tous ces faits contenus dans cette correspondance, et les notes y jointes, qui ont empêché la conclusion d'une affaire malheureuse, qui dure depuis tant d'années, et qui, sous la justice de votre ministère, devait être heureusement terminée, sans l'avarice sordide et la conduite impudique, malhonnête et insolente du sieur Caron de Beaumarchais.

« Croyez-vous, Monseigneur, que depuis près d'un an que le sieur Caron galope de Versailles à Londres, et de Londres à Paris, tant pour mon affaire particulière que pour les autres affaires générales et importantes de la cour, *dont il se dit lui-même et lui seul chargé*, tout le temps qu'il m'a accordé pour son travail sérieux et badin avec moi, calculé ensemble, ne peut pas composer l'espace de quatre ou cinq heures. Il semble qu'il soit venu à Londres plutôt pour ses plaisirs que pour les affaires, plutôt pour négocier avec Morande qu'avec moi. Il n'a jamais travaillé une heure de suite chez moi ; jamais il n'a rien approfondi. Quelque petites phrases, cent bons mots étrangers à notre besogne : voilà à quoi tout son travail s'est réduit. Peut-il appeler cela besogne faite ?

« La célébrité qu'ont donnée au sieur Caron ses *Mémoires contre Goëzman*[1], son *Barbier de Séville*, et sa facilité à être l'ins-

1. Condamné à payer une forte somme au comte de La Blache sur le rapport du juge Goëzman, Beaumarchais accuse ce magistrat de corruption (1773-1774) et publie contre lui quatre *Mémoires* dans lesquels il fait le procès de la justice

trument ou le jouet de la faction de quelques grands en France ; tout cela joint à son impudence naturelle lui a donné l'insolence d'un laquais parvenu ou d'un garçon horloger qui, par hasard, aurait trouvé le mouvement perpétuel. Déjà, il se croit un grand seigneur ; il lui faut un lever, un coucher, des compagnons de voyage, et des complaisants dans ses plaisirs journaliers et nocturnes. L'on doit même imputer à son avarice si ce sycophante ministérial n'a point encore de table et de parasites.

« Trop grand seigneur pour traiter lui-même avec moi, qui ai eu l'honneur de négocier avec les rois, l'impératrice de Russie et leurs premiers ministres, ce Caron avait subdélégué son ami Morande pour négocier à sa place auprès de moi, tandis que lui, enveloppé dans sa robe de chambre, ne la quittait que pour courir à ses plaisirs. Et s'il passait quelquefois un instant chez moi, c'était la plupart du temps sans se donner la peine de descendre de sa voiture : il lui suffisait de me dire un mot à ma porte de son char de triomphe. J'ai eu, contre mon propre gré, la patience de patienter trop longtemps. Mais à la fin, ennuyée de tant d'insolence, et de ses tours et de ses détours, des bavardages et des mensonges de son plat Morande, quoique plus spirituel et plus adroit que lui en affaires, j'ai envoyé paître ce Caron et ai mis à la porte son conseiller Bonneau qui, non content de lui avoir procuré une bonne vérole au mois d'octobre dernier, le mène régulièrement trois fois par semaine dans les bordels de Covent Garden à Londres, où ils font ramasser plusieurs groupes de filles des rues qu'ils font dépouiller, pour servir et danser toutes nues pendant leurs sales et merveilleuses orgies. La connaissance de ces danses nocturnes, de ces saltimbanques avec de pareils *ministraillons noctambules* est publique ici. On y sait que le directeur de ces ballets impudiques est le sieur Caron de Beaumarchais, chargé par le roi et ses dignes ministres d'arranger, en tout bien et tout honneur, les affaires de Mlle de Beaumont.

---

telle qu'on la pratique. Ces textes rencontrent un succès considérable auprès du public mais un « blâme » du Parlement (*cf.* Maurice Lever, *Pierre-Augustin Caron de Beaumarchais*, t. I, p. 397-453).

« Il est bien triste pour moi, dans ma position, d'en voir le maniement dans des mains aussi déshonnêtes et aussi impures. Lorsque vous avez eu la bonté, monseigneur, d'envoyer ici M. de Beaumarchais, je croyais n'avoir à traiter qu'avec lui seul. Quel a été mon étonnement lorsque je me suis vu avoir plus à négocier avec son favori Morande, auteur du *Gazetier cuirassé*, c'est-à-dire avec un homme qui n'a ni mœurs, ni fortune, ni réputation à perdre, et qui est l'âme de tous les plaisirs et de tous les conseils du sieur Caron ! Mais le sieur Caron eût-il traité directement avec moi, ni sa position personnelle, ni sa conduite ici n'auraient pu me permettre de continuer avec lui aucune négociation publique.

« Je ne crois pas en effet que le sieur Caron, blâmé au parlement de Paris [1], blâmable dans tous les tribunaux et dans toutes les sociétés honnêtes, soit fait pour réparer la réputation d'un seul homme victime des passions des grands, à plus forte raison d'une fille vertueuse. Morande est encore moins propre à donner ce qu'il n'a pas. Ce n'est qu'avec répugnance que je prononce le nom de cet associé : il est au-dessous de mon mépris. Un homme qui, après avoir été enfermé à Bicêtre [2], après avoir fait mourir de chagrin son père, vient à Londres pour y faire imprimer son *Gazetier cuirassé*, amas confus de sottises contre le feu roi et toute sa cour, qui s'y rend auteur des *Mémoires secrets d'une femme publique*, c'est-à-dire de la comtesse du Barry, qui fait mettre à contribution et le marquis de Marigny et d'autres seigneurs de cette force, en leur laissant redouter le fiel de sa plume ; un homme qui lui-même fait imprimer des sottises contre lui-même dans les papiers anglais, pour avoir la méchanceté de les attribuer au comte de Lauraguais, et le plaisir d'y répondre ; puis qui, trois semaines après, demande grâce et pardon dans les papiers publics au comte de Lauraguais, en s'avouant lui-même un menteur, un calomniateur, et l'auteur des satires qui avaient paru contre lui-même, peut bien être l'ami et le confident du sieur Caron et de ses pareils, mais n'est pas fait

1. Le 26 février 1774, Beaumarchais avait été condamné au « blâme » (perte de ses droits civiques) par le Parlement de Paris à l'issue de l'affaire Goëzman.

2. Allusion au passé trouble de Morande qui avait été emprisonné en France.

pour être celui du chevalier d'Éon, ni pour négocier, même en sous-ordre, avec lui. Un homme qui, dans le seul mois de décembre dernier, a fait accoucher de son estoc sa femme, ses deux servantes et quelques voisines, peut bien aller de pair pour l'esprit, le talent et la sottise de conduite avec le fameux Beaumarchais, mais non pas avec le chevalier d'Éon, et encore moins Mlle de Beaumont, dont la conduite et les mœurs ont toujours été, en tout temps et en tous lieux, au-dessus du soupçon.

« Je vous supplie donc, monseigneur, de ne pas prendre comme un manque de respect envers vous, ni une mauvaise volonté de ma part, la résolution sage et constante où je suis de n'avoir plus aucune négociation à faire avec deux pareils sujets.

« Je ne vous dirai pas que le sieur Caron a communiqué au sieur Morande ce que j'ai écrit à son sujet au feu roi et à M. le comte de Broglie en 1774, par rapport à son ouvrage sur Mme du Barry ; que de pareilles infidélités et tant d'autres sont bien désagréables dans mon état ; mais je me plaindrai de ce qu'il lui communique presque toutes mes affaires avec la cour, et que celui-ci s'en va par la ville, les distribuant de café en café, de maison en maison.

« Est-ce ainsi que vous prétendiez être servi, monseigneur, dans une affaire sur laquelle vous me faisiez imposer un silence profond ? Cette imprudence est cependant une des moindres qu'on ait commises.

« À quel risque, en effet, M. de Beaumarchais ne s'est-il pas exposé en faisant à mon insu retirer de l'hôtel du Lord Ferrers le coffre de mes papiers ministériels par son ami Morande, qui peu de temps après a témoigné le regret qu'il avait de n'avoir pas retenu ce coffre pour mettre M. de Beaumarchais ou la cour de France à contribution ! Quel autre risque n'a pas encore couru mon autre cassette particulière contenant ma correspondance secrète avec feu le roi et M. lecomte de Broglie, lorsque, la nuit du 9 novembre dernier, M. Caron s'embarqua à Douvres pour Calais ! Il était si accablé sous le triste poids d'un cruel mal vénérien, qu'il oublia à l'auberge son manteau, et sur un vaisseau voisin du sien la cassette de la correspondance. Les matelots anglais, plus attentifs, la jetèrent d'un bord à l'autre, et elle manqua de tomber à la mer. Le sieur Caron, dans sa barque, n'avait des yeux que pour une petite cassette, qu'il traîne partout avec lui, contenant les vieux diamants de ses femmes et de ses maîtresses, ainsi que mille ducats, dont il dit que l'impératrice-reine l'a gratifié pour une mission qui a manqué lui faire couper le cou, à ce qu'il dit, dans la forêt de Nuremberg [1].

« Il est si glorieux d'avoir eu cet emploi que, semblable à un galérien, il porte à son cou une chaîne d'or à laquelle est suspendue une boîte ovale d'or, contenant une petite commission secrète, large tout au plus d'un pouce ou deux, signée par Louis XVI, en date du 14 juillet 1774. Avec ce talisman, qui par hasard lui a sauvé la vie par un miracle aussi étonnant que celui qu'il débite avoir couronné son voyage incroyable d'Espagne [2], il se croit bien supérieur aux ministres des rois, et au-dessus non seulement du *blâme des parlements anciens et modernes*, mais même du jugement intérieur des particuliers, cent fois plus redoutable que les arrêts des parlements en fourrures. À cela que répondre, sinon que M. de Beaumarchais a la tête tournée par les caresses indiscrètes de quelques uns de nos princes, et qu'*il est toujours le même*, c'est-à-dire plein d'esprit et d'ignorance des affaires de ce monde, rem-

1. Au mois de juillet 1774, sur l'ordre de Sartine, alors lieutenant de Police, Beaumarchais avait reçu l'ordre d'aller secrètement à Londres détruire un pamphlet stigmatisant la non-consommation du mariage royal. Sous le pseudonyme de Ronac, il avait poursuivi le maître-chanteur de Londres jusqu'à Vienne où l'impératrice l'avait fait emprisonner, le prenant pour un dangereux intrigant. Dans le récit qu'il fit de son équipée à travers l'Europe, Beaumarchais inventa plusieurs épisodes dont un guet-apens, dont il aurait été victime dans la forêt de Neustadt (*cf.* Maurice Lever, *Pierre-Augustin Caron de Beaumarchais*, t. II, chap. Ier, p. 24-60).

2. En 1764-1765, Beaumarchais avait été envoyé en Espagne par Pâris-Duverney pour apurer un certain nombre de comptes et mettre au point plusieurs projets. Il avait bien l'intention de devenir fournisseur aux armées de l'Espagne. Ses projets n'aboutirent pas et il romança son « voyage en Espagne ». Il se présentait comme un frère venu à Madrid sauver l'honneur de sa sœur séduite et abandonnée par son amant. (*cf.* Maurice Lever, *Pierre-Augustin Caron de Beaumarchais*, t. I, chap. VI-VII, p. 159-231).

pli d'orgueil et d'impertinence ? Il ne voit pas, cet homme qui se croit illuminé, que les grands se servent de lui *comme le singe se sert de la patte du chat pour tirer les marrons du feu, et troubler l'eau claire.*

« Je vous supplie, Monseigneur, d'être bien persuadé que j'ai la vertu et le courage d'un homme, et de l'homme le plus vertueux et le plus courageux. Je puis bien, ainsi que je l'ai fait, donner par complaisance à quelques femmes et *amis particuliers* [1], ou par nécessité à mes médecins et chirurgiens, la démonstration de mon sexe ; mais je ne le ferai jamais voir pour aucune somme au monde !

« Louis XV m'exhortait toujours à la patience, à la modération et à l'espérance d'un changement de temps et de ministère, en promettant de m'accorder un poste militaire ou politique dont les appointements seraient plus considérables que la pension de 12 000 livres qu'il avait la bonté de me faire.

« Louis XVI, moins timide, veut me rendre justice. Le comte de V[ergennes] le désire de tout son cœur. N'est-il donc pas cruel pour moi, qu'ayant de mon côté le plus grand désir, les talents, l'expérience et le courage de bien servir le roi et ma patrie, en guerre comme en politique, et la volonté de faire tout ce qui est juste et agréable aux ministres de ma cour, je me trouve arrêté par l'avarice et les finesses du sieur Caron ? et que les passions de M. de Beaumarchais mettent des entraves à la conclusion de mes affaires, en reculant le terme de ma tranquillité au lieu de l'avancer ?

« Il n'est pas cependant dans mon caractère de me rebuter ; l'innocence méprise les dangers, et doit vaincre les obstacles sous la justice du règne de Louis XVI et de votre ministère. Des gens qui voulaient faire un trafic infâme sur mon honneur sont indignes de se présenter devant moi. J'aime mieux mourir de faim et ne jamais revoir ma patrie que de vivre et revoir mes pénates par le secours de l'infamie et de pareils boucs émissaires.

1. Les mots en italique ont été rayés et retirés après coup par le chevalier d'Éon.

« Au point où en sont mes affaires, il ne faut plus qu'un honnête homme pour les terminer. Choisissez-en, monseigneur, un digne du roi, digne de vous, et digne de moi. Mon beau-frère seul, le chevalier O'Gorman, porteur de cette lettre, avec vos pouvoirs, peut tout finir sans dépense, et vous portant le restant de mes papiers, je les remettrai avec la même candeur à M.... ou à M.... Si le sieur Caron avait eu à me remettre autant de bonne foi et d'argent qu'il a employé d'esprit et d'insolence en vingt-quatre heures, il aurait terminé toutes mes affaires. Cet homme d'esprit peut bien composer les *Fourberies de Scapin* et du *Barbier de Séville* ; mais conduire une négociation sérieuse à une heureuse fin, non : *il n'en est pas capable ; il a trop d'esprit et pas assez de bon sens, beaucoup de pénétration et nulle application au travail.* Ses courses fréquentes et rapides de Versailles à Londres, auxquelles il attache tant d'importance et si peu de secret, ne sont propres qu'à inquiéter l'administration anglaise et les ministres étrangers. On croirait qu'il a sur les bras toutes les négociations de l'Europe ; cependant, il n'a que la mienne, le trafic qu'il médite des polices sur mon sexe et sur le commerce des bois pour la marine, bois courbes et tortueux comme son esprit. Si vous ajoutez à cela son projet de commerce sur les chiffons, son espionnage et ses malices avec Morande pour inquiéter, avec leur imprimerie secrète, des personnages à Londres, à Paris et à Versailles, *vous saurez tout ce que contient sa tête et son portefeuille.*

« Il s'imagine connaître parfaitement l'Angleterre, parce qu'il connaît fort bien toutes les postes de Douvres ici, les théâtres et les bordels de Londres ; déjà il se croit un grand homme d'État, parce que, d'un ton emphatique et épigrammatique, il déclame quelques maximes paradoxes de politique, qu'on ne pourrait trouver *que dans le supplément de Machiavel* ; parce qu'avec le ton naturel de sa modestie orgueilleuse, il fait confidence au public qu'*il n'y a que les papiers d'un portefeuille qui l'embarrassent, mais jamais les affaires.* Cependant, malgré ce profond savoir, cette dextérité et ses courses légères à Versailles pour abréger, dit-il, la longueur du travail et le faire plus solidement, il m'a apporté un sauf-conduit pour retourner en France *comme homme*, tandis qu'il voulait que je reprisse sur-le-champ à Londres *mes habits de fille* ; il stipule dans sa transaction que je dois lui remettre tous mes *habits d'homme*, et il ne m'apporte point *les vêtements de mon nouveau sexe*, ni ne me donne l'argent stipulé pour mon trousseau. De sorte que si j'avais exécuté à la lettre cette transaction, je me serais trouvée toute nue à Londres au mois de décembre dernier : *admirable moyen inventé par le sieur Caron pour me faire donner, malgré moi, au public, la démonstration de mon sexe ; et par là, malgré moi, empocher l'argent des polices que lui et ses associés avaient achetées d'avance.*

« Je ne puis, monseigneur, mieux comparer l'ambassadeur extraordinaire Caron qu'à *Olivier le Daim, barbier*, non de Séville, mais de Louis XI. Il a sa naissance, toute sa vanité et son insolence ; on peut dire des deux qu'un homme de basse extraction élevé à une dignité ressemble à un mendiant qu'on met à cheval : ils courent tous deux au diable, dit le proverbe anglais. En 1472, ce barbier favori eut l'effronterie de prendre sur lui la commission de réduire la ville de Gand ; mais les Gantois qui le connaissaient se moquèrent de lui. En 1775, le Barbier de Séville prend sur lui la commission délicate de tondre et de désarmer à Londres l'indomptable capitaine de dragons, et de vouloir réduire une femme au silence. Mais le chevalier d'Éon, qui connaît l'audace de Beaumarchais, et qui est en état de faire la barbe à tous les barbiers de Séville, a pitié du sieur Caron. Il devrait sentir, ce Caron, que cette commission est au-dessus de ses forces, surtout quand au lieu de bonne foi, il apportait la ruse ; quand au lieu d'argent, il apporte des paroles insolentes.

« Je pourrais encore comparer l'envoyé Beaumarchais à Laigues, que le cardinal de Retz envoya avec autant de répugnance que de complaisance à Bruxelles. Voici l'idée que ce cardinal avait de son envoyé, et comme il s'en explique lui-même : “Le valet de chambre qu'il m'envoyait apportait une dépêche de lui pleine d'esprit qui me fit pitié. Il ne parlait que des bonnes intentions de l'archiduc et de la sincérité de Fuensaldagne, et de la confiance que nous devons prendre en eux. Il croyait déjà gouverner Fuensaldagne. Quel plaisir d'avoir un négociateur de cette espèce, dans une cour où nous devions avoir plus d'une affaire. Noirmontier, qui était son intime ami, avoua lui-même que la dépêche était impertinente. Cette dépêche de Laigues fut la première et la dernière."

« Il en sera sans doute de même de celle de l'envoyé extraordinaire Beaumarchais ; on y verra partout de l'esprit et nulle part un jugement solide sur les affaires politiques, dont il n'a pris connaissance qu'en galopant. Comme il s'était mis en tête qu'en m'épousant, il deviendrait bientôt ambassadeur extraordinaire, et Morande son secrétaire d'ambassade, ils peuvent prendre tous deux, en passant, cette leçon politique de mademoiselle de Beaumont. Quels que soient mon sort et la décision de mon affaire, je vous supplie d'être bien persuadé que je ne cesserai d'être avec une parfaite reconnaissance et un profond respect,

« Monseigneur,

« Votre dévoué serviteur,

« LE CHEVALIER D'ÉON[1]. »

La mission d'O'Gorman

Le 1er juin 1776, à six heures du matin, accompagné de son beau-frère O'Gorman et d'un garde du corps, d'Éon quitte discrètement Golden Square soi-disant pour se rendre chez lord Ferrers. En réalité il se dirige vers Douvres où son beau-frère doit s'embarquer pour la France. Il s'agit de remettre en mains propres à Vergennes cette lettre incendiaire ainsi que d'autres papiers accablant Beau-

1. A.A.E., C.P. Angleterre t. 516, fol. 211-225. Nous reproduisons cette lettre d'après la copie adressée confidentiellement par Vergennes au baron de Breteuil. Le ministre des Affaires étrangères voulait sans doute connaître l'avis du baron sur d'Éon qu'il avait rencontré à Londres. Je remercie le marquis de Breteuil qui a bien voulu me communiquer cette importante pièce d'archives.

marchais et de plaider sa cause auprès du ministre. Mais comme rien ne reste secret dans le petit marigot des espions de Londres, Morande bien informé avertit aussitôt Beaumarchais de la démarche de l'Amazone qui lui inspire bien des craintes. « C'est une espèce fort dangereuse qu'une bête triste et qui rumine, lui dit-il ; et l'Amazone est cette bête-là ; elle n'a d'ailleurs rien de sacré sur la terre, ni liens, ni serment, ni promesses, ni amis : elle mentira, calomniera, fera jurer, fera faire des affidavits, des procès-verbaux, des testaments de mort... rien ne lui coûtera, pas même les délations. »

Cependant O'Gorman arrive sans encombre à Versailles où il est reçu par Vergennes[1]. Il lui déclare que d'Éon ne veut plus traiter avec Beaumarchais ; qu'il s'engage à remettre le reliquat de ses papiers et d'être fidèle à son roi et à sa patrie « soit en qualité d'homme, soit en qualité de fille », s'il obtient un sauf-conduit et le remboursement de ce qu'on lui doit. Le messager précise que d'Éon préfèrerait que ce soit en qualité d'homme. Vergennes est catégorique : le chevalier ne peut rentrer en France sous le costume masculin. Il courrait ainsi de grands dangers ; ses nombreux ennemis, les Guerchy, les Choiseul ainsi que la parentèle du duc de Nivernais ne le laisseraient pas en paix. Mais « sachant bien la gêne que le vêtement de femme pourrait lui porter » il ne voit aucun inconvénient à ce qu'il vive en homme hors de France, soit en Angleterre, en Hollande ou en Suisse. Quant à ses exigences financières, le ministre réserve sa réponse. O'Gorman fait alors valoir que la situation particulière de d'Éon, fille obligée de se faire passer pour un garçon depuis l'enfance et ayant servi comme tel le feu roi, a de quoi émouvoir Louis XVI. Vergennes promet d'évoquer le sujet avec le roi et de donner audience à O'Gorman dix jours plus tard.

Alors que O'Gorman prend la route de la Bourgogne, Beaumarchais qui a reçu la lettre de Morande accourt auprès de Vergennes pour se défendre, se doutant bien qu'on avait remis au ministre

---

1. Lettre d'O'Gorman à d'Éon, 14 juin 1776, A.A.E., Lettres d'O'Gorman à d'Éon, fol. 60-62, dossier non encore coté.

quelques documents accablants. Beaumarchais n'avait pas la conscience très claire. Il avait bel et bien spéculé sur le sexe du chevalier, ce qui était du plus mauvais effet pour un négociateur. Mais ce que d'Éon ignorait c'est que Beaumarchais était chargé par le ministère d'affaires infiniment plus importantes que celles du chevalier. Beaumarchais n'eut aucun mal à se disculper auprès de lui, en invoquant l'extravagance du personnage dont le roi et Vergennes étaient bien convaincus.

Le 7 juillet, O'Gorman rencontre de nouveau Vergennes. Une entrevue d'une heure et demie n'apporte rien de nouveau malgré le plaidoyer de l'Irlandais qui rappelle tous les malheurs de d'Éon. Le ministre ne veut plus entendre parler des tentatives d'assassinat fomentées par le comte de Guerchy ; il admet seulement que Beaumarchais ne s'est pas comporté comme il aurait dû le faire. Il affirme d'autre part ne rien pouvoir accorder de plus à d'Éon que sa pension de 12 000 livres, ajoutant que la sienne propre ne s'élevait qu'à 8 000 ! D'Éon pouvait donc aller se rhabiller... à condition que ce fût en fille[1] !

Le 15 juillet, Vergennes convoque une dernière fois O'Gorman... en présence de Beaumarchais. Le ministre leur demande d'enterrer la hache de guerre et d'oublier le passé. C'est Beaumarchais et nul autre qui doit poursuivre la négociation engagée avec d'Éon. Si le chevalier-chevalière remet la totalité de ses papiers et adopte les habits de son sexe, il obtiendra le sauf-conduit qui lui permettra de rentrer en France et personne ne lui cherchera querelle. « Tous deux m'ont prié instamment de vous disposer de mon mieux pour cet effet, écrivit O'Gorman à d'Éon. Ce que je leur ai promis sans cependant oser leur promettre du succès[2] », ajoutait-il.

---

1. Lettre d'O'Gorman à d'Éon, 7 juillet 1776, A.A.E., Lettres d'O'Gorman à d'Éon, fol. 60-62, dossier non encore coté.

2. Lettre d'O'Gorman à d'Éon, 18 juillet 1776, A.A.E., Lettres d'O'Gorman à d'Éon, fol. 60-62, dossier non encore coté.

Vous languissez expatriée

On ne sait comment d'Éon accueillit son beau-frère. Datée du 18 août, la lettre de Beaumarchais qu'il reçut à peu près en même temps ne fit rien pour arranger les choses. Elle était froide et sans réplique possible. L'auteur du *Barbier de Séville* parlait au nom du ministre, lui-même au service du roi.

« Je voudrais, ma chère d'Éon, lui disait-il, n'avoir jamais eu que des choses agréables à vous écrire. En ce moment même, oubliant tout ce que votre conduite a d'injuste et d'outrageant pour moi, je voudrais que M. le comte de Vergennes eût choisi pour vous répondre quelqu'un dont le ministère vous fût moins odieux. Je voudrais surtout avoir emporté sur ce ministre les points essentiels auxquels vous paraissez tant attachée. Mais indépendamment du poids que son caractère imprime à ses raisons, elles me paraissent en elles-mêmes inexpugnables et sans réplique.

« Le roi de France, me dit ce ministre, peut-il accorder à une fille un sauf-conduit qui se rapporte à l'état d'un officier ? Qui donc a servi le roi ? Est-ce Mlle ou M. d'Éon ? Si S.M., apprenant après coup la faute que ses parents ont commise en sa personne contre la décence des mœurs et le respect des lois, veut bien l'oublier et ne pas lui imputer comme un tort celle de l'avoir continuée sur elle-même en connaissance de cause, faut-il que l'indulgence du roi pour elle aille jusqu'à charger le feu roi du ridicule de son indécent travestissement, en employant cette phrase du modèle qu'elle a l'assurance de nous envoyer elle-même : Ordre de ne plus quitter les habits de son sexe, comme l'a ci-devant exigé le service du roi, mon aïeul, etc. ? Jamais le service du roi n'a exigé qu'une fille usurpât le nom d'homme et l'habit d'officier et l'état d'Envoyé. C'est en multipliant ainsi ses prétentions téméraires que cette femme est parvenue à lasser la patience du roi, la mienne et la bonne volonté de tous ses partisans. Qu'elle reste en Angleterre ou qu'elle aille ailleurs, vous savez bien que nous ne mettons pas à cela le moindre intérêt. Sur son extrême désir de repasser en France, je lui ai fait dire par vous que l'intention du roi était qu'elle n'y rentrât que sous les habits de son sexe et qu'elle y menât la vie silencieuse, modeste et réservée qu'elle n'eût jamais dû abandonner. Je n'ajouterai pas un mot à cela.

« De ma part, ma chère, j'y ai bien réfléchi. D'honneur, je ne conçois pas plus que le ministre, de quelle utilité peut vous être le nouvel essai que vous tentez sur sa complaisance. Si votre retour en France vous est indifférent, que ne vivez-vous tranquille où vous êtes avec ce que le roi vous a donné, sans revenir incessamment sur des choses faites et sans renouveler toujours des demandes inaccordables ? Si votre dessein est réellement d'y rentrer, que veut dire tout ce pointillage ? Espérez-vous un temps plus convenable, un roi plus magnanime, un ministre plus équitable, un solliciteur plus empressé, des conditions meilleures ? La vie s'use et vous languissez expatriée.

« Bonjour ma chère. »

La messe était dite. D'Éon avait plus rien à espérer du ministre ni du roi. Beaumarchais confirmait ce qu'O'Gorman lui avait déjà annoncé.

CHAPITRE IX

Le retour de l'Amazone

La partie semblait perdue : puisqu'il avait lui-même revendiqué son appartenance au sexe féminin auprès du ministre et du roi, d'Éon devait se transformer en femme pour regagner la France. Il était pris à son propre piège. Alors qu'il négociait les conditions de son retour, une odieuse campagne de presse se déchaîna contre lui. Lorsque son beau-frère revint à Londres porteur des ordres de Vergennes, le chevalier-chevalière allait être traduit devant le tribunal du Banc du roi.

La plume de Morande

D'Éon était une célébrité dans toute l'Europe, mais principalement à Londres, où il vivait depuis des années en se targuant d'être resté au pays de la liberté : jusqu'alors, il passait pour une victime de l'absolutisme du roi de France et son amitié avec Wilkes lui valait la sympathie de l'opposition whig à S.M. britannique. Mais au mois de février de cette année 1776, une nouvelle sensationnelle publiée dans le *Public Ledger* fit l'effet d'une bombe. D'Éon n'était pas celui ou celle que l'on croyait ; il jouait un méprisable double jeu depuis son arrivée à Londres en 1763. En dépit des retentissants scandales dont il avait été l'objet, il n'était que l'âme damnée de Louis XV. L'article intitulé *The Discovery of Sex* prétendait dévoiler toute la vérité sur ses activités occultes grâce à la découverte de sa correspondance secrète avec le roi, alors qu'il était considéré en France comme hors la loi. On apprenait que, par des voies détournées, le monarque l'avertissait des pièges dans lesquels il risquait de tomber alors qu'il demandait officiellement son arrestation. Louis XV protégeait le chevalier parce qu'il savait par le prince de Conti que d'Éon était une femme, victime de ses parents : ceux-ci ayant voulu à tout prix un héritier mâle avaient élevé leur enfant en laissant croire que c'était un garçon. Fort de ce secret, le roi s'était servi de cet être ambigu à des fins diplomatiques : il l'avait envoyé comme femme en Russie pour s'immiscer dans l'intimité de la tsarine. Ayant reconnu ses talents, il avait continué de l'employer en Angleterre. Selon l'auteur de l'article, la découverte de ses lettres à Louis XV avait confondu d'Éon, qui avait bien été obligé de reconnaître son appartenance au sexe féminin.

Beaumarchais et Morande avaient fourni la matière de cet article dans lequel le faux et le vrai se trouvaient si étroitement mêlés que d'Éon apparaissait sous des traits nouveaux. On retenait surtout que le chevalier-chevalière trompait son monde depuis des années. Ce n'était qu'une misérable espionne à la solde du roi de France à laquelle on prêtait toutes sortes d'aventures. Le public était désormais persuadé que d'Éon était une femme. Mais encore fallait-il en avoir la preuve, car les fameux paris restaient suspendus depuis l'*Avis au public* publié dans le *Morning Post*. Partie prenante dans cette affaire, Morande concocta un libelle infâme qui devait acculer d'Éon à dévoiler publiquement le mystère de son sexe. Rompu à toutes les ruses des maîtres chanteurs, il fit déposer une copie de son pamphlet à « Madame d'Éon » dont il attendait une réponse. Fou de colère, d'Éon répliqua... en homme-femme :

« Mademoiselle d'Éon a lu ce soir avec autant de dégoût que de mépris la misérable épître que le misérable auteur du *Gazetier Cuirassé*, savoir le sieur Théveneau de Morande, a pris la peine, en suant six semaines comme un bœuf, de transcrire et de lui adresser aujourd'hui après-midi. Il peut en faire l'usage qu'il voudra. Mlle d'Éon, comme elle l'a déjà dit au sieur de Morande lui-même, ne peut lui adresser audience qu'à Hyde Park ; elle s'y trouvera avec son frère le chevalier d'Éon, qui depuis longtemps et dans tous les pays, en paix comme en guerre, s'est toujours chargé de venger l'honneur de sa sœur. En attendant, elle se joint au chevalier pour prier instamment M. de Morande, ou de se tenir tranquille ou de s'en aller faire f... en bon français [1]. »

Morande répliqua qu'il ne pouvait répondre à Mlle d'Éon que dans un lit [2]. Suprême offense pour ce bretteur exceptionnel. O'Gorman qui revenait de France s'en fut chez Morande et le pria de lui envoyer ses témoins afin de venger l'honneur de sa famille. Pris de panique, Morande plus habitué au maniement d'une plume assassine qu'à celui d'une épée se rendit au tribunal du Banc du Roi présidé par lord Mansfield pour demander la protection des autorités britanniques et porter plainte contre d'Éon, qui contrevenait à la loi en le provoquant en duel. À son tour d'Éon porta plainte contre Morande pour diffamation. L'affaire tourna court. Des témoins déposèrent contre le chevalier-chevalière pour s'être répandu en propos calomnieux contre Morande. Le chevalier fut obligé de s'engager à verser une caution de 600 livres sterling pour sa promesse de ne pas attaquer Morande.

Mlle d'Éon dévoilée

Ce procès fit un tort considérable à d'Éon. Entre le mois d'août et le mois de septembre, il n'y eut pas moins de quarante-deux longs articles à son propos. Les journalistes adoptèrent tout d'abord un ton ironique, voire plaisant en évoquant l'éventualité du duel d'Éon-Morande. On parlait de « Mlle d'Éon jusqu'à présent connue sous le nom du chevalier d'Éon » et on se demandait comment une femme pouvait oser se battre. D'Éon n'était qu'une virago et Morande le « galant gazetier » implorant l'aide de la jus-

1. *Réponse du chevalier d'Éon au libelle de trente-huit pages in-folio que le sieur Morande lui a adressé le 3 août 1776 après-midi sous le nom de Mme d'Éon, in* P. Pinsseau, *op. cit.*, p. 203.

2. *Westminster Gazette*, 6-10 août 1776.

tice pour lui et pour son épouse [1]. Un journaliste du *Morning Post* affirmait que Morande, sachant parfaitement à quoi s'en tenir sur le sexe de d'Éon, aurait été blâmé s'il s'était battu en duel avec cet être ambigu qui était une femme [2]. La *Westminster Gazette* ajoutait que le gazetier avait vécu cinq ans dans la plus grande intimité avec d'Éon. Les journalistes se répondaient par gazettes interposées en un crescendo ininterrompu. On romançait la vie du chevalier pour l'avilir. « *As a man she has been excelled to the skies. As she is a woman it is a pity that we are compelled to despise her* », lisait-on dans la *Westminster Gazette* [3]. Le *Morning Post* rapportait que Mlle d'Éon se faisait passer pour la fille naturelle de Louis XV, qui aurait pris le nom de princesse Augusta ; on racontait qu'elle avait falsifié sa généalogie pour se targuer d'une ascendance prestigieuse. La *Westminster Gazette* assurait que ce clerc de M. Bertier de Sauvigny ne passerait jamais pour un écrivain, ni pour une princesse. Aussi fallait-il cesser d'être la dupe d'une petite bourgeoise de Bourgogne qui avait perdu la tête [4]. Enfin le *Public Ledger* politisa l'affaire : « Ce n'est pas le moment pour les Anglais d'être mystifiés par un imposteur femelle qui préfère les culottes aux jupons », fulminait-il. Et le rédacteur de mettre ses lecteurs en garde contre les espions français [5]. Le 2 septembre le même journal revenait sur l'aventure russe de d'Éon pimentée par quelques nouveaux détails. Il ajoutait que son élévation comme ministre plénipotentiaire était un accident nullement dû à son mérite, mais à la stupidité (*imbecility*) du duc de Nivernais. Le chevalier-chevalière avait fait preuve d'une criminelle lâcheté en accusant sans preuve le comte de Guerchy et pour l'heure, il s'enrichissait avec les paris auxquels il était sans nul doute intéressé [6] !

---

1. *The Public Advertiser*, 22 août 1776. *Westminster Gazette*, 24 août.
2. *The Morning Post*, 23 août 1776.
3. *Ibid.*, « Comme homme on l'aurait portée aux nues. Comme c'est une femme, nous sommes obligés de la mépriser. »
4. *The Morning Post*, 27 août 1776.
5. *The Public Ledger*, 24 août 1776.
6. *The Public Ledger*, 2 et 4 septembre 1776.

Comment le chevalier d'Éon fut reconnue femme

Le jugement rendu contre *Mlle* d'Éon paraissait prouver que le chevalier-chevalière était une femme. La fièvre monta chez les parieurs ; ils voulaient toucher leur argent avant le départ de l'Amazone. C'est alors qu'un chirurgien, Mr Hayes, fit assigner au Banc du Roi son adversaire Mr Jack, banquier de son état, pour avoir à lui payer les 700 £ promises s'il s'avérait que le chevalier était bien une femme. Grand émoi à Londres. Tant de choses dépendaient du verdict !

En Angleterre ce sont des jurés qui se prononcent sur le fond de la contestation ; le juge, en l'occurrence ici lord Mansfield, résume ce qui s'est dit et insiste sur ce qu'il y a de plus frappant avant que le jury rende son verdict. Lord Mansfield réunit un jury de bourgeois sérieux et décida qu'il siègerait non dans le bruyant Westminster Hall, mais dans le plus sélect Guildhall.

Le jour du procès, une foule considérable se pressait aux abords de la salle d'audience. On montra aux jurés le contrat passé entre les joueurs, ce que les Anglais appellent une *police d'assurance*, autrement dit une promesse de payer, en échange d'une somme que l'on reçoit, une autre somme convenue dans le cas où le sujet du pari serait vérifié en faveur de la partie désignée. Mr Hayes présenta ensuite deux témoins, un garçon chirurgien qui faisait souvent office de sage-femme, et... Morande désigné comme « ami du chevalier ». La tension montait dans la salle. On était suspendu aux lèvres du garçon chirurgien, lequel déclara avoir été appelé quelques années plus tôt auprès de d'Éon malade. À sa grande surprise, il s'aperçut que c'était une femme souffrant d'un mal qu'il qualifiait de *female disorder*. D'Éon lui aurait fait promettre de ne jamais révéler son secret. Il rompait aujourd'hui son serment, parce qu'il se trouvait devant un tribunal.

Le garçon chirurgien ayant achevé sa déposition, Morande parla à son tour. Il jura que le 3 juillet 1774, d'Éon l'avait introduit dans sa chambre, qu'il lui avait montré ses vêtements féminins, ses boucles d'oreille et dévoilé ses seins. Quelques temps plus tard, à la demande du chevalier-chevalière, Morande revint dans sa chambre, alors que le chevalier était au lit ; d'Éon prit la main de son visiteur et la glissa sous ses draps afin de lui prouver qu'il était bien une fille.

Un silence gêné suivit ces deux déclarations. Les avocats de Mr Jack n'essayèrent pas d'infirmer ces témoignages. Ils déclarèrent simplement qu'une cause aussi indécente n'aurait jamais dû être soumise à la Justice ; ils ajoutèrent que puisque le sieur Hayes était sûr de la véritable nature du chevalier avant de prendre son pari, celui-ci devait être considéré comme nul. La partie adverse répondit que le sieur Hayes était de parfaite bonne foi, n'ayant eu d'autre certitude que celle de la rumeur publique.

Lord Mansfield prit alors la parole[1] : « Ce pari, dit-il, est une spéculation semblable à toutes celles qui ne sont que trop usitées dans ce pays : elles ne sont pas expressément proscrites par les lois. Il n'y a point d'acte du parlement qui les interdise : tout ce qu'on peut exiger, c'est qu'il n'y ait point de supercherie. Le sieur Hayes ne peut être accusé de fraude ; il n'y a point de connivence entre lui et le chevalier d'Éon ; il paraît qu'ils ne se sont ni vus ni parlé. Il en est de même du contrat qui lui sert de titre. Tout à l'extérieur favorisait les conjectures du sieur Jack. La personne dont le sexe était soupçonné paraissait toujours sous un uniforme guerrier et connu ; elle tirait des armes ; elle querellait ; elle offrait sans cesse le combat à tout homme qui voulait l'accepter ; elle avait un titre militaire authentique et justifié par des services réels dans les dernières guerres en Allemagne. » Et lord Mansfield d'énumérer les hauts faits de d'Éon avant de déclarer que toutes les apparences justifiaient la confiance de Mr Jack. Il poursuivit : « Le demandeur au contraire avait tout contre lui. En supposant qu'il eût réellement découvert la vérité, rien de plus difficile que

1. En Angleterre ces sortes de discours n'étant pas retranscrits, mais recueillis de mémoire par les assistants et ensuite par la presse, nous reproduisons ici l'article de Linguet : « Gagure [*sic*] sur le sexe du chevalier d'Éon, jugée à Londres dans la cour du Banc du Roi » *in Annales politiques, civiles et littéraires du* XVIII*e siècle*, t. I, 1777, p. 383-395.

d'en administrer la preuve. Le chevalier se refusait à la fournir : personne ne pouvait l'y contraindre et il est très probable que ce mystère n'aurait jamais pu être éclairci sans les querelles particulières du chevalier avec quelques-uns de ses compatriotes qui l'ont indirectement révélé. » Lord Mansfield faisait là clairement allusion à l'affaire du duel et au précédent procès dont le fond était de toute évidence le sexe du chevalier-chevalière. Le raisonnement était spécieux. Mais comment pouvait-il en être autrement ?

Le 1er juillet 1777, les jurés ne délibérèrent que deux minutes pour se prononcer en faveur de Mr Hayes. C'était reconnaître implicitement que d'Éon appartenait au sexe opposé à celui sous lequel il vivait officiellement, bien que la preuve tangible de ce que l'on considérait comme certain manquât.

Pour comprendre ce verdict, il ne faut pas oublier l'importance des sommes en jeu. Ceux qui avaient parié que d'Éon était une femme (c'étaient les plus nombreux) avaient tout intérêt à obtenir raison. Mr Hayes qui avait assigné Mr Jack avait parié pour le sexe féminin. Il lui fallait trouver des témoins, quitte à les payer. On doit d'ailleurs s'étonner que les deux témoins aient pu être pris au sérieux. Morande était à priori suspect. Connu comme pamphlétaire et maître chanteur, adversaire du chevalier dans un précédent procès, il aurait dû inspirer la méfiance. Un serment ne signifiait rien à ses yeux. Cet homme qui avait refusé de se battre contre d'Éon sous prétexte que c'était une femme avait tout intérêt à inventer n'importe quel roman (tant mieux s'il était scabreux !) et à payer un acolyte. Il y a fort à parier que le garçon chirurgien ait été son complice. On aurait pu désigner un médecin à sa place : d'Éon avait une santé délicate ; il devait consulter des médecins. Mais un garçon chirurgien faisait beaucoup mieux l'affaire. Il était juste assez compétent pour être pris au sérieux sur un tel sujet, sans mettre en danger une réputation qu'il n'avait pas et qu'il n'aurait sans doute jamais.

Une si grande confusion

Fuyant la calomnie et la publicité, d'Éon passait alors le plus clair de son temps chez son ami lord Ferrers. Le procès l'avait écœuré. Le mystère de son identité sexuelle n'était ni un délit ni un crime. Il ne relevait pas de la compétence d'un jury. Si le chevalier appartenait bien au sexe féminin, il n'avait pas revêtu l'uniforme pour faire scandale. Il avait donné sa propre version du travesti sous lequel il avait vécu ; qu'on ait livré sa personne à une curiosité malsaine, insultante, le bouleversait au plus profond de son être. Jusqu'alors, il avait joué sur l'ambiguïté de sa nature et se plaisait à entretenir le doute. Des juges avaient osé décider de son identité. On ne change pas de sexe impunément. Être reconnu comme femme par un tribunal était pour lui à la fois un blâme et un viol.

Il était désormais pressé de retrouver la France, ne sachant plus que souhaiter. Un brouillon de lettre à l'intention de sa mère traduit son désarroi mieux que tout autre commentaire : « Peu m'importe que le Banc du roi d'Angleterre m'ait déclaré fille ou femme ; il ne m'a rien donné et rien ôté ; je suis dans le même état que j'étais avant et après la guerre, *in eodem statu ante bellum*. Je n'ai pas perdu un pouce de terrain. Pour ma consolation personnelle, je me suis opposé à cela ; mais mon infortune me met en si grande confusion que je crois que je suis à la fin de tous mes malheurs en me soumettant volontairement à mon sort ; que cette dernière catastrophe, cette sanglante catastrophe sera la dernière de ma vie. J'aime mieux vivre dans un état paisible et inconnu pour y jouir de la tranquillité en ne me mêlant plus des affaires militaires et politiques d'un monde si corrompu que je les abandonne au diable d'où elles sont sorties. Qu'il les domine, qu'il les gouverne comme il voudra. Le monde entier mérite d'avoir un tel maître pédagogue. Ma retraite sera à l'avantage public et à mon bénéfice particulier. Le jugement du roi d'Angleterre contre moi est la justification de ma conduite. La prudence enforce [*sic*] mon obéissance. Adieu ma bonne mère, je me recommande à votre souvenir[1]. » On remar-

1. B.L. Add. 29994.

quera que dans cette brève et troublante missive, d'Éon parle de lui au masculin comme il avait l'habitude de le faire avant que la rumeur de son appartenance au sexe opposé n'ait été tenue pour acquise.

Ce procès restera un épisode fondateur de son existence. En 1785, lorsqu'il tenta d'écrire son autobiographie, il adopta un ton bien différent. « Toute mon affaire, dit-il, a été tirée au clair au Banc du roi d'Angleterre et de France, imprimée en beaux caractères et gravée au burin et à l'eau-forte. Pour moi, je me borne ici uniquement à ce qui concerne mon changement de condition aussi extraordinaire que le procès dont il n'y a point d'exemple dans les douze tribus d'Israël[1]. » Il rend hommage à son ami Linguet présent aux audiences et qui en avait rendu compte dans ses célèbres *Annales*[2]. Il ajoute cependant quelques explications justifiant la déposition du garçon chirurgien. « Voulant éviter un orage mêlé de pluie, de grêle et de vent, raconte-t-il, j'ai précipité la course de mon cheval à la descente du pont de Westminster et mon cheval en tombant a fait passer mon corps par-dessus sa tête bien en avant. Je ne conterai pas les contusions que j'ai eues, mais il m'est impossible de ne pas ressentir pour toujours la terrible confusion que j'en ai reçue ; car à la suite de ma chute, il m'est survenu non pas une petite, mais une perte intarissable de bon ou de mauvais sang qui a exercé la fidélité ou l'infidélité de mes esculapes affidés. Quoique je les ai payés chèrement, ils n'ont été fidèles à mon secret qu'autant qu'on ne leur a rien demandé, mais quand ils ont été sommés en justice de répondre la vérité devant l'auguste tribunal du roi d'Angleterre, la crainte s'est emparé d'eux ; ils ont parlé autant que leurs chères femmes auraient pu faire dans un *public market* ou dans la boutique d'un apothicaire sans sucre.

« Après mon procès au Banc du roi, après le verdict du jury, le jugement fatal du 2 juillet 1777 s'en est ensuivi. Le lord Mansfield, célèbre juge du Banc du roi et chef des douze juges d'Angleterre, prononça la sentence que celle qui s'était appelée le chevalier

---

1. ULBC, box I, file I, *La Grande Épître*, chap. III, n° 2.
2. *Cf. supra* p. 228.

d'Éon jusqu'à ce jour était une personne qui n'avait rien de ce que promettait le nom d'homme qu'elle avait pris ; que c'était une virago cachée sous l'uniforme. Pour quelle raison ? Il l'ignorait ; mais que, suivant le rapport des médecins et chirurgiens, il paraissait par l'état sage de la personne que ni Mars ni Vénus n'y avait aucune part, ni concouru à ce mystère caché.

« Ce jugement fut la seule consolation qui pouvait rester à une fille qui pendant la dernière guerre d'Allemagne avait été cacher sa chasteté parmi les braves dragons pour la mettre en sûreté contre les ennemis du dedans et du dehors.

« J'avais pressenti que la mort subite de Louis XV serait un jour funeste à l'existence de ma personne sous l'habit d'homme et qu'elle allait nécessairement faire découvrir le mystère de mon sexe et de ma correspondance secrète avec le roi. Elle fit en effet écrouler de toutes parts mon état d'homme ; elle entraîna le procès qui m'a fait déclarer femme en Angleterre et qui, en France, m'a fait proclamer fille intacte [1]. »

Huit ans après le procès, comme on le verra, c'est un nouveau d'Éon qui est né. La métamorphose du chevalier en vierge guerrière s'opérera en plusieurs étapes au long d'un processus psychopathologique que nous suivrons grâce aux divers écrits qu'il a laissés et jamais publiés. Lorsqu'il écrira ces pages, d'Éon voudra se persuader qu'il est réellement femme. Mais au moment où il s'apprête à quitter l'Angleterre, c'est un être déchiré par ses contradictions.

En route pour la France

Le chevalier-chevalière préparait discrètement son retour en France. Après bien des échanges épistolaires avec Vergennes, il finit par obtenir le remboursement d'une partie de ses dettes par l'intermédiaire de Beaumarchais qu'il vouait aux gémonies : il l'accusait d'avoir conservé une partie de son argent et méditait une

1. ULBC, *La Grande Épître*, chap. III, n°s 2, 3.

vengeance contre lui. Il ne savait pas combien de temps il resterait dans sa patrie. C'est pourquoi il conserva son appartement de Golden Square, où il laissait sa prodigieuse bibliothèque comprenant plus de six mille volumes sans compter les manuscrits. Il confiait ce trésor à Lautem, auquel il allait continuer de payer son loyer. Il ne voulait pas que ce bien si précieux pût être saisi par ses créanciers.

Le 14 août 1777, d'Éon quitte Londres presque en cachette, tant il redoute un enlèvement. Heureusement personne ne le reconnaît ; personne ne le suit. Il embarque sans difficulté et aborde au port de Boulogne le lendemain dans la soirée. Depuis 1762, il n'a pas foulé le sol français. Il était parti le cœur gonflé d'espoir, à l'aube d'une carrière diplomatique pleine de promesses. Son fol acharnement contre Guerchy l'a irrémédiablement brisée. Une réputation flatteuse accompagnait alors le chevalier d'Éon. Son retour en France après plusieurs scandales et un changement de sexe excite plus la curiosité que l'admiration. Quel accueil lui sera-t-il réservé ? Quel genre de vie pourra-t-il mener ? Il tient serré contre son cœur le sauf-conduit délivré par le roi ainsi que la dernière lettre de Vergennes datée du 12 juillet, car on ne sait jamais ce qui peut arriver, surtout quand on connaît les usages des services secrets. « Si vous ne vous étiez pas livrée à des impressions de défiance que je suis persuadé que vous n'avez pas puisées dans vos propres sentiments, il y a longtemps que vous jouiriez dans votre patrie de la tranquillité qui doit aujourd'hui, plus que jamais, faire l'objet de vos désirs, lui écrivait le ministre. Si c'est sérieusement que vous pensez à y revenir, les portes vous en sont encore ouvertes. Vous connaissez les conditions qu'on y a mises : le silence le plus absolu sur le passé ; éviter de vous rencontrer avec les personnes que vous voulez regarder comme la cause de vos malheurs et enfin de reprendre les habits de votre sexe. La publicité qu'on vient de lui donner en Angleterre ne peut vous permettre d'hésiter. Vous n'ignorez pas sans doute que nos lois ne sont pas tolérantes sur ces sortes de déguisements. Il me reste à ajouter que si, après avoir essayé du séjour de la France, vous ne vous y plaisiez pas, on ne s'opposera point à ce que vous vous retiriez où vous le voudrez.

« C'est par ordre du roi que je vous mande tout ce que dessus. J'ajoute que le sauf-conduit qui vous a été remis vous suffit ; ainsi rien ne s'oppose au parti qu'il vous conviendra de prendre. Si vous vous arrêtez au plus salutaire, je vous en féliciterai ; sinon je ne pourrai que vous plaindre de n'avoir pas répondu à la bonté d'un maître qui vous tend la main.

« Soyez sans inquiétude. Une fois en France, vous pourrez vous adresser directement à moi sans le secours d'aucun intermédiaire. J'ai l'honneur d'être, etc.[1]. »

Troublante visite au carmel de Saint-Denis

Accompagné par un ami, M. Le Sesne de La Chèvre, d'Éon voyage sous l'uniforme de dragon qu'il n'a jamais quitté. Tout se passe le mieux du monde jusqu'à une halte au carmel de Saint-Denis où il est attendu depuis deux jours, on se sait pour quelle raison, par le prieur dom Boudier. D'après le récit laissé dans l'ébauche de ses mémoires[2], d'Éon n'avait pas l'intention de s'attarder en ce saint lieu, mais c'est dom Boudier qui le retint. « Ce fut pour moi, dit-il, l'avant-coureur de mon sort. »

Le prieur le reçoit fort amènement mais, à la grande surprise du chevalier-chevalière, il le conduit dans l'appartement réservé aux dames venues faire visite aux religieuses où on lui sert un excellent déjeuner. Son café bu, d'Éon veut partir, mais le prieur le retient. Il désire le présenter, ou plutôt présenter Mlle d'Éon, à Madame Louise, la plus jeune des filles de Louis XV retirée au carmel dans l'espoir d'expier les péchés de son père par ses prières. Malgré la clôture qui la maintient hors du monde, la princesse essaie d'exercer une influence sur son neveu Louis XVI, en ce qui concerne les mœurs et les affaires religieuses. Le chevalier-chevalière suit le

1. La Fortelle, *La Vie militaire, politique et privée de Mlle d'Éon*, p. 49-50.
2. Tout ce passage est extrait de son manuscrit autobiographique, ULBC, box 1, file 1, chap. III, n°s 3, 4, 5, 6, 7, 8, 9, 10, 11, 12.

prieur jusqu'au parloir où se trouve la princesse, cachée derrière le rideau vert de la grille.

« Comment est habillée Mlle d'Éon ? demande-t-elle.

– Elle est encore en habit de voyage, c'est-à-dire en uniforme, répond le prieur.

– Hélas, est-ce qu'elle a oublié qu'elle s'appelle Charlotte Geneviève Louise Auguste Marie d'Éon ? Quand elle aura repris sa robe, qu'elle revienne, je la reverrai avec plaisir.

– Madame, reprend dom Boudier, bientôt Mlle d'Éon sera digne de vous être présentée.

– Madame, ne m'imputez point ce péché, dit d'Éon. J'ai été élevée ainsi ; votre auguste père le savait et s'est servi de moi, mais maintenant qu'il est mort, je suis devenue une servante inutile. Cependant notre roi mort vaut autant qu'un roi vivant. Je sais ce que je ferai ; je me lèverai et m'en irai vers ma mère et lui dirai : “Ma bonne mère, j'ai péché contre le ciel et devant vous et je ne suis plus digne d'être appelé votre fils, mais bientôt mon péché sera ôté et celle qui a été cachée parmi les dragons et les volontaires de l'armée sera bientôt volontairement ou par la force de la loi appelée votre chère fille et bien aimée à la cour et à la ville.” Maintenant mon salut est plus près de moi que lorsque je suis partie de Londres. Ma nuit est passée et mon jour approche dans lequel je serai dépouillée de ma peau de dragon, de mes armes et de mes œuvres de ténèbres ; bientôt je serai revêtue de la lumière et des vertus de votre robe pour me conduire honnêtement et comme en plein jour. »

Madame Louise pria d'Éon de passer dans la pièce voisine pour s'entretenir seule avec dom Boudier. Le chevalier-chevalière alla se promener dans le jardin du cloître en attendant le prieur qui revint avec le confesseur de la princesse, le père Tabourin. Celui-ci l'exhorta sévèrement à « convertir son habit rouge en robe de satin blanc pure et sans tache » et le prévint que Madame Louise écrirait le soir même au roi pour lui demander de mettre fin au scandale de ce travesti. Le père Tabourin défendit à d'Éon de rencontrer Voltaire. « Il vous pervertira, lui dit-il, c'est l'Église que vous devez consulter ; hors de l'Église point de salut. » Décontenancé par une avalanche de mises en garde, d'Éon ne savait plus à quel saint se vouer. « Ceci est un terrible coup de grâce frappé à la porte de mon cœur et un coup mortel lancé contre le pont-levis de ma culotte », déclara-t-il au prêtre qui ne le prit pas sur le ton de la plaisanterie. « Ne parlez pas ainsi, Mademoiselle, ce que vous a dit Madame Louise est plus sérieux que vous ne le pensez. Entrons dans le chœur de notre Église pour faire notre prière sur le tombeau de Louis XV et nous demanderons à Dieu la grâce d'éclairer vos pas dans le nouveau chemin que vous devez tenir. »

Un peu plus tard, dom Boudier reconduisit d'Éon dans l'aile réservée aux femmes afin d'y souper. Le chevalier-chevalière se récria : « Je suis comblée de vos politesses et de vos bontés, mais je suis bien tentée de faire préparer les chevaux de poste pour retourner à Londres, car d'après ce que je vois ici, je n'ai pas envie de voir le reste à Versailles, car si je n'étais pas fille, j'aurais peur d'être envoyé à l'abbaye réformée de La Trappe. »

« Dieu vous garde d'une tel dessein, s'écria dom Boudier. Vous ignorez sans doute que depuis Boulogne où vous êtes débarquée, on vous suit à la piste et vous serez bientôt arrêtée si vous rebroussez chemin. C'est l'habit d'homme qui porte ombrage à votre esprit. Reprenez votre robe, elle vous déliera de vos tentations. Elle vous fera trouver grâce devant Dieu, le roi, la reine. Elle mettra un grand intérêt pour vous dans le cœur de notre pieuse Madame Louise et celui de notre saint archevêque. Vous redeviendrez fille chrétienne. Le Seigneur sera avec vous et vous comblera de dons et de gloire, voilà ce que je vous prédis. »

D'Éon était atterré : « Je vois que j'ai franchi le Rubicon. Je ferai comme César, je ne rétrograderai point. Il ne s'agit pas ici du salut de la République, il ne s'agit que du salut d'une pauvre fille, la protégée du feu roi. Jamais je ne me suis sauvée du champ de bataille, ainsi je ne me sauverai pas du chemin de Versailles. » Fermement invité à passer la nuit à Saint-Denis, le chevalier-chevalière en habit de dragon se retira dans l'une des chambres réservées aux visiteuses. Les frères convers du couvent n'en croyaient pas leurs yeux. « Je crus voir encore les hussards noirs du roi de Prusse à mes trousses », écrivit d'Éon. Le lendemain matin il reprit tristement la route avec le sieur Le Sesne de La Chèvre. « Le vin est tiré, je le boirai jusqu'à la lie », lui dit-il.

Les Pays-Bas d'un capitaine de dragons

Arrivé à Versailles, d'Éon s'installa chez son ami l'avocat Falconet. Il pourrait toujours le conseiller ou le défendre si quelque coup du sort le frappait. Dès le lendemain il fit savoir au comte de Vergennes qu'il attendait ses ordres. Le ministre des Affaires étrangères de Louis XVI ne tarda pas à le recevoir. Il avait, lui aussi, fait partie du Secret et le sort de l'un de ses agents ne pouvait pas le laisser indifférent. Mais il brûlait de voir cet extravagant personnage qui donnait tant de fil à retordre. La conversation s'engagea facilement. Vergennes lui parla de sa correspondance secrète, il évoqua le maréchal de Belle-Isle et le cardinal de Bernis qui avaient naguère protégé d'Éon et finit par déclarer : « Je vous félicite de n'être plus le chevalier d'Éon, mais bien Mlle d'Éon [1]. » Il l'embrassa sur les deux joues et lui annonça qu'il tenait à *la* présenter à son épouse. Mme de Vergennes n'était pas encore levée. « Elle est bien paresseuse », murmura le ministre qui conduisit le capitaine de dragons dans un salon où attendaient deux visiteurs à la mine austère : M. Lieuteau médecin du roi et M. Lassonne médecin de la reine. Ils étaient chargés d'examiner d'Éon. Vergennes allait rentrer dans son bureau, mais le chevalier-chevalière le retint : « M. le comte, pourquoi vous retirez-vous ? lui dit-il, mon affaire étrange dépend de votre département. » Sans mot dire, le ministre quitta le salon, laissant d'Éon avec les deux médecins. « La pudeur ne me permet pas d'en dire davantage », écrit le héros avant d'ajouter : « Le fantôme du capitaine de dragon a disparu comme l'ombre de la lune ou si vous aimez mieux comme la cire vierge exposée au feu du réverbère. »

1. *Ibid.*, n°s 13-14.

Les médecins ne revenaient pas de leur étonnement : d'Éon rougissait comme une vierge effarouchée lorsque revint le comte de Vergennes. « Nous avons visité les pays-bas de notre brave capitaine, ils sont en aussi bon ordre que s'ils avaient toujours été sous la domination de la maison d'Autriche », déclarèrent les deux praticiens. Le ministre était ravi : « Mademoiselle, vous tirez la cour d'un grand embarras. » Il s'en fut aussitôt annoncer la nouvelle au comte de Maurepas, Premier ministre sans en avoir le titre, au roi et à la reine. Il retrouva d'Éon une heure plus tard et le pria de revêtir des vêtements de femme le plus tôt possible, afin de mettre fin au scandale de son existence.

D'Éon avait conservé l'espoir qu'on lui permettrait de garder l'uniforme puisqu'on lui accordait le droit d'arborer la croix de Saint-Louis. Il eut beau insister, Vergennes s'exprimant au nom du roi se montra inflexible. Il lui offrit à déjeuner et avant de le quitter lui annonça la plus incroyable nouvelle : la reine elle-même lui envoyait sa couturière, la célèbre Mlle Bertin, pour lui confectionner un trousseau complet !

Retour à Tonnerre

Brisé par ces émotions, d'Éon obtint la permission d'aller voir sa mère à Tonnerre. Il ne se fit pas prier plus longtemps et prit la première voiture à sa disposition pour regagner sa chère Bourgogne. En le voyant descendre de son attelage, Mme d'Éon s'évanouit. Le chevalier-chevalière la transporta aussitôt dans sa chambre et demanda à tous ceux qui l'entouraient de les laisser seuls. Au bout de quelques instants, la vieille dame revint à elle et prit son enfant dans ses bras. « J'ai bien peur que vous ne soyez venu ici par un coup de votre tête et de votre cœur me surprendre en l'état où vous êtes, croyant me faire grand plaisir ; mais je crains fort que vous ne soyez bientôt arrêté [1] », lui dit-elle. D'Éon la ras-

---

1. Tout le passage concernant Tonnerre est extrait du même manuscrit chap. IV, n°s 1, 2, 3, 4, 5, 6, 7.

sura et appela ceux qui se trouvaient dans la maison. En quelques instants tout Tonnerre accourut chez eux. On avait suivi les aventures du chevalier-chevalière qui passait pour le héros de la petite ville. Pendant toute la soirée on n'entendit que des coups de feu éclatant en signe de joie. « Cela me parut le symbole mystérieux du renversement de mon état et de ma fortune en France », devait-il écrire. D'Éon se coucha de bonne heure, mais à peine s'était-il mis au lit que sa mère vint à son chevet. « D'Éon, lui dit-elle, si vous croyez être quelque chose, quoique vous ne soyez rien, vous vous séduisez vous-même. Songez à ce que vous êtes et que bientôt vous vous retrouverez ici comme ma fille chérie que votre père et moi avons cachée depuis votre enfance avec tant de peine et de soin. Mais aujourd'hui tout cela est inutile ; le mystère caché est plus que dévoilé car il est manifesté. Tout le monde ici croyait et se disait qu'à votre retour en France, on vous obligerait à reprendre votre robe. » D'Éon renchérit : après « être passé entre les mains des harpies de Londres et de Versailles », il ne pouvait plus exister que comme fille dans le monde ou dans un cloître, si bien que la reine avait la générosité de lui accorder les services de son « ministre de la mode », Mlle Bertin. Il ajouta qu'il était cependant désespéré de devoir être présenté dans cette tenue au roi et à la reine. Mme d'Éon encouragea son enfant à se dépouiller une fois pour toutes de ses oripeaux masculins pour revêtir les jupes d'une femme qu'elle n'aurait jamais dû quitter.

« Comment pouvez-vous avoir encore en tête la folie de croire que vous serez dispensé de cette loi générale ? » lui dit-elle.

Malgré tout le respect qu'il devait à sa vieille mère, d'Éon lui répondit :

« Quoi ! Jusqu'à ma mère est aujourd'hui contre moi ; celle qui dans ma jeunesse m'a mis en culotte veut aujourd'hui me l'ôter, elle-même, pour me mettre en jupe. Puisque selon vous, la cour a toujours raison, il faut donc, ma pauvre mère, vous consoler de la mort du pauvre dragon ; ses jours sont comptés, il ne lui reste plus que quelques jours à vivre en habits d'homme.

– J'aime autant vous voir morte que de vous voir en habits d'homme, gémit-elle.

– J'aime encore mieux, ma bonne mère, vivre avec vous en cornette et en jupe que de jamais vous revoir en chapeau et en culotte. »

La pauvre femme pleura beaucoup, répéta qu'elle se réjouissait de retrouver une fille sans peur et sans reproche et finit par se retirer dans ses appartements. Alors le chevalier se laissa aller à son désespoir. Il cacha sa tête sous sa couverture, pleura longtemps et compta le nombre de jours qu'il lui restait à vivre en homme.

Roulements de tambour et clameurs le réveillèrent le lendemain matin. Accompagnés par une fanfare, le maire, les échevins, les greffiers, le curé, les vicaires, les chanoines et tous les notables de la ville se frayèrent un chemin au milieu d'une foule de curieux jusqu'à la demeure de Mme d'Éon. Ayant revêtu son uniforme à la hâte, surpris et heureux, le chevalier-chevalière les accueillit, écouta leurs compliments et soutint sans trop de gêne les regards de ces braves gens qu'il connaissait pour la plupart et dont il recevait régulièrement des nouvelles par son beau-frère, le fidèle O'Gorman.

Les jours suivants les visites se succédèrent. La popularité de son fils surprenait Mme d'Éon qui croyait vivre un étrange conte. Mais que pensait-elle ? Qu'éprouvait-elle ? S'il y avait quelqu'un qui savait à quoi s'en tenir sur le délicat sujet du sexe de son enfant, c'était bien elle. On imagine le trouble de cette femme en retrouvant à la place de l'éphèbe de vingt-quatre ans un dragon bedonnant aux allures de soudard et qui devait se métamorphoser en fille sous peine d'être emprisonné !

D'après le chevalier-chevalière, elle ne cessait de lui répéter qu'elle était pressée qu'il s'habillât selon sa véritable condition. « J'aime cent fois mieux vous voir avec votre robe que de vous voir souffrir ainsi et être un objet muet de scandale. » Comme il continuait de porter son uniforme, elle voulut lui offrir ses robes et ses dentelles. Il refusa ce présent prétextant que sa sœur serait jalouse (!) mais lui répéta que Mlle Bertin préparait sa nouvelle garde-robe. Mme d'Éon s'inquiéta de savoir comment son cher chevalier parviendrait à prendre le ton et les manières d'une femme. Dans un élan d'amour filial, il lui proposa de partir avec lui pour Versailles, mais la brave femme répondit modestement : « Je puis bien vous instruire pour vivre à Tonnerre avec la sagesse, la prudence et la décence d'une fille chrétienne et de bonne famille, mais je suis trop âgée pour quitter ma maison de ville, mon bien à la campagne et mes vignes, n'ayant demeuré que peu de temps à Paris autrefois. N'ayant jamais été à Versailles, je ne suis pas en état de vous façonner pour aller à Paris et à Versailles vivre parmi les grandes dames. Qui n'a point vu la cour, n'a rien vu. » Et la pauvre mère de déplorer le passé :

« Plût à Dieu, ma chère fille, que vous fussiez restée dans votre jeunesse auprès de votre mère comme je le voulais. Vous seriez plus heureuse aujourd'hui, mais votre père a voulu vous élever à la Jean-Jacques ; faire de vous une espèce de garçon, de docteur et de philosophe manqué.

– Cela est vrai, répondit-il, mais quand le fait est fait, il n'est plus à faire. J'ai la gloire de n'être pas tombée en chemin et elle ne me sera pas enlevée.

– Plus heureuse est la fille, reprit-elle, qui comme vous a vu ses pays-bas et qui, comme vous, les a défendus jusqu'à ce que mort s'ensuive.

– Vous voyez ma mère, que je ne suis pas morte parmi les dragons et que jamais je n'ai eu d'embonpoint mal placé.

– À cet égard, je vous rend toute justice. Votre sagesse m'a assuré sur le passé et me rassure sur l'avenir. Continuez comme vous avez commencé pour votre perfection. Avec le secours de Dieu, la grâce de Notre Seigneur, l'autorité de la loi, la protection du roi et de la reine, rien ne vous manquera.

– C'est aussi à quoi je travaille, en combattant selon l'efficace qui agit puissamment en moi. Je ne suis pas saint Augustin, mais vous êtes, ma mère, sainte Monique qui me convertissez par vos prières et votre exemple. »

Un tel dialogue écrit huit ans plus tard par d'Éon a toutes les apparences ici encore d'une justification *a posteriori* et appelle bien des commentaires sur sa métamorphose.

Tonnerre en émoi

Le retour du chevalier faisait évidemment le sujet de toutes les conversations. Il était populaire, on l'aimait bien car il n'avait jamais cessé de s'intéresser à sa ville natale et à ses habitants. Cependant la curiosité l'emporta sur la sympathie. On avait suivi ses démêlés avec le comte de Guerchy, on savait qu'il avait beaucoup voyagé et qu'il entretenait les plus hautes relations de par le monde. Imaginer que cet homme célèbre, dont on connaissait la famille, qui avait passé son enfance et une partie de son adolescence à Tonnerre, pût être une femme, paraissait inconcevable. On ne pariait pas sur son sexe comme en Angleterre, mais on se posait bien des questions. D'après lui, la ville était divisée en deux camps : les prêtres et leurs inévitables punaises de sacristie d'un côté, les militaires et les notables éclairés de l'autre. Cette petite guerre civile municipale lui valut un courrier abondant. Les officiers, persuadés qu'il était un homme, l'encourageaient à conserver son uniforme de dragon et à reprendre du service. Au contraire les membres du clergé l'exhortaient à revêtir au plus vite des vêtements de femme. Il reçut même une lettre anonyme lui interdisant d'entrer dans une église parce que l'attention des fidèles se porterait uniquement sur lui. Les bigotes de Tonnerre s'étaient juré de ne pas ouvrir leur salon à la chevalière tant qu'elle ne paraîtrait pas dans la tenue qui devait être la sienne. Mme d'Éon lui dit que les hommes avaient décidé de le provoquer par les femmes puisqu'elles n'avaient rien à craindre. « Pourquoi oubliez-vous, ma mère, de dire par les prêtres, qui sont pires que les femmes ? » répondit d'Éon [1].

Un jour, il reçut une lettre du confesseur de sa mère ; le vieil abbé tenait à rencontrer l'enfant de sa pénitente avant sa mort. D'Éon se rendit auprès de lui. Après les politesses d'usage, le prêtre lui dit :

« Pourquoi ne vous confessez-vous pas à moi ? Je pourrais apporter quelque soulagement à votre état.

1. *Ibid.*, chap. v.

– Mon révérend père, je ne suis pas préparé à cela. Je me confesse à Dieu avant de me confesser aux hommes car ce n'est point les hommes que j'ai offensés.

– Mais vous avez un péché d'habitude dont je voudrais vous débarrasser.

– Quel est-il donc, mon révérend père ?

– C'est de porter l'habit d'homme ; vous devez bien vous douter que votre naissance et votre éducation n'est pas un mystère pour moi.

– Ne jugez point selon l'apparence des personnes ; si par la confession vous savez quelque chose contre moi, vous devez vous taire. Si vous savez que je suis fille d'après mon procès à Londres et à Versailles, j'en sais autant que vous et le public autant que nous. Prenons patience ; n'allons pas si vite en besogne. Laissez la cour tirer mon affaire au clair [...]. D'après les libertés de l'église anglicane, j'ai pris son exemple de me confesser à Dieu avant de me confesser aux renards, aux scribes et aux pharisiens qui sont dans l'usage secret d'en tirer avantage pour eux-mêmes ou leur église [...]. Je loue ma mère, ma grand-mère et toutes les commères de ma famille sur l'ardeur de leur zèle en religion, mais je ne puis les louer en tout. Elles ont leurs modèles, j'ai les miens. Je crois qu'il devrait être de la prudence des poules mouillées de ne point trop se confier au renard qui vient les essuyer avec un mouchoir blanc à la main [...]. La confession auriculaire a toujours mis une grande discordance entre l'alliance des chrétiens sur la terre. » Le chevalier quitta le vieux prêtre en lui souhaitant de vivre longtemps encore dans la sainteté, ce qui fut le cas.

D'Éon n'avait jamais mâché ses mots et conservait son inimitable franc-parler. Il refusa avec autant d'autorité de devenir le parrain de l'enfant d'une protégée de Julie de Lespinasse retirée au couvent des Ursulines de Tonnerre.

Madame d'Éon recevait beaucoup de visites. Les bonnes âmes ne cessaient de lui répéter : « Madame, que voulez-vous dire contre la loi ? Que voulez-vous faire contre le roi ? Votre cher fils de sa nature est une bonne fille ; tant qu'elle aurait porté l'uniforme d'un capitaine de dragons, elle serait restée courageuse comme un démon et se serait moquée de tout le monde à pied et à cheval. Elle ferait cent fois mieux de se glorifier d'avoir été trouvée fille sans tache au milieu des dragons et de reste, parmi nous qui l'aimons et rendons justice à sa vertu et à son courage, où peut-on être mieux que dans le sein de sa famille, de ses amis et de sa patrie[1] ? » La pauvre femme ne savait plus que penser tandis que le chevalier-chevalière comptait les jours qui le séparaient de sa prise de robe. Il se sentait cependant soutenu par ses véritables amis qui n'habitaient pas la tranquille cité arrosée par l'Armançon, où l'on boit du vin gouleyant à souhait. Ceux-ci osaient évoquer avec franchise l'invraisemblable situation dans laquelle il se trouvait, comme en témoigne cette lettre inédite de Mme Tercier qui était restée en relations suivies avec lui[2] : « Je ne suis pas étonnée, lui dit-elle, que vous ayez tant de peine à vous faire au nouveau déguisement que vous allez prendre, qu'il vous gêne et vous embarrasse ; il est bien fait pour cela. Aux yeux de vos amis, vous serez toujours un brave homme et un sujet fidèle ; ils vous aimeront également et chériront votre amitié dans n'importe quels habits. Je vous prie de me mettre à la tête de vos amis qui vous sont le plus attachés ainsi que toute ma famille qui me charge de vous faire mille tendres compliments. J'ai l'honneur d'être Monsieur, etc. » Pour ses amis, d'Éon était et restait un homme.

Il conservait l'espoir d'en garder encore les apparences lorsqu'il reçut une lettre accablante du comte de Broglie : Louis XVI ne pouvait pas lui permettre de garder son uniforme. Lord Mansfield avait en effet écrit à lord Stormont, ambassadeur d'Angleterre en France, que si le jugement du plus haut tribunal d'Angleterre n'était pas respecté, cette négligence serait considérée comme une offense à S.M. britannique[3].

---

1. *Ibid.*, chap. IV, n° 5.

2. Marie Marthe Baizé, née en 1730, avait épousé Jean Pierre Tercier en 1749. Cette lettre autographe datée du 4 novembre 1777 fait partie d'un fonds privé.

3. ULBC, box 1, file 1, chap. IV, n°s 7, 8 : « The public are scandalised so that may obtain in a just and convenient satisfaction for the injuries they have received by the female captain in the society at large and in the different courts.

L'enterrement du capitaine d'Éon

À la fin du mois d'août, il quitta Tonnerre à trois heures du matin sans avoir prévenu qui que ce fût à l'exception de sa mère qu'il alla tendrement embrasser. Elle lui donna sa bénédiction et il partit. Pour l'heure, il devait se rendre à la pressante invitation de M. Bertier de Sauvigny, son premier protecteur qu'il n'avait pas vu depuis fort longtemps et qui devait lui faire part des intentions du comte de Maurepas. Son voyage ne manqua pas d'agrément : il s'arrêta au château de Posey chez la marquise Le Camus ; à Joigny, il coucha chez le maire royal de la ville. Le lendemain, il fit étape au château de M. Radix de Chevillon, frère de son ami Radix de Sainte-Foy et le surlendemain, il arriva chez M. Bertier en son château de Sainte-Geneviève près de Fontainebleau où séjournait alors la cour.

Son hôte était soucieux : le comte de Maurepas était au courant des interventions du comte de Broglie et voulait éviter un incident ridicule avec la cour de Saint-James. Le mentor du jeune monarque, hostile au principe même d'une diplomatie secrète, s'opposait vivement à toute mesure d'indulgence en faveur de d'Éon, autant par haine des Broglie qu'il voulait éloigner du roi que par souci de moralité. D'ailleurs sa vertueuse épouse, « qui, disait d'Éon, n'avait vu le monde que par le trou d'une bouteille ou de la vessie de son respectable époux », ne pouvait tolérer la reconnaissance d'un travesti. Aussi Maurepas avait-il décidé de brusquer les événements. Selon le chevalier-chevalière, il voulut régler son sort « par un coup d'éclat qui nécessairement aurait une grande influence sur son esprit et sur son cœur ». Il s'agissait bien

---

The part of her conduct which to have given most offence to our government in the face of Europe and civilized nations, the attention of the public has been fixed on her arrival and reception at Versailles at the present juncture. The existence of Mlle d'Éon in man's clothes which be reprobated as contrary to very principle of religion and every dictate of morality. In these circumstances, his christian Majesty supported by the most solid principles of a wise policy, ordered that female captain shall put in pettycoat in nunery for her female instruction with the formality prescribed by the law. »

sûr de le contraindre à s'habiller en femme. « Ce coup d'État a été pour moi un coup de conversion, dit-il, et pour le public bien des coups de langue et de conversation, un sujet de grandes et petites conjectures et on a lié à cet événement naturel beaucoup de dispositions passées et présentes surnaturelles [1]. »

Assez gêné, M Bertier de Sauvigny dit à d'Éon : « Malgré votre uniforme, je suis obligé de vous appeler Mademoiselle car la reprise de votre robe est urgente. Vous êtes arrivée au terme de votre carrière militaire et politique. Mais du jour que vous cesserez de porter l'habit d'homme, votre gloire comme fille commencera à apparaître. Vous acquérrez la bienveillance de la cour, le respect des hommes et l'estime des femmes ; par là vous concilierez votre repos et votre liberté [2]. »

Le soir même d'Éon, la mort dans l'âme, écrivit au comte de Maurepas pour lui annoncer qu'il se soumettait à la volonté du roi. Il promettait de se rendre sans plus tarder auprès de Mlle Bertin pour essayer ses robes. « Mlle d'Éon n'a plus qu'un pas à faire pour enterrer son frère, le capitaine de dragons », assurait-il au ministre [3].

---

1. *Ibid.*, n° 4.
2. *Ibid.*, n° 7.
3. *Ibid.*, n° 7.

Chapitre X

Le calvaire d'un dragon en jupons

Comment un capitaine de dragons peut-il se métamorphoser en femme ? Depuis que son sexe avait été mis aux enchères, d'Éon toujours animé d'une humeur guerrière avait pris un malin plaisir à se pavaner en uniforme, arborant ostensiblement la croix de Saint-Louis. Il achevait ainsi de jeter le doute chez ceux qui spéculaient sur sa véritable nature. Mais cette fois le sort en est jeté. Le roi l'exige : le chevalier doit se muer en chevalière. Revêtir les robes de Mlle Bertin lui semble une épreuve insurmontable, le châtiment grotesque de ses provocations et de ses folies inavouées.

Une place intenable

Quelles que soient les circonstances, d'Éon ne perd jamais le sens de l'humour. Il annonce sa capitulation à Vergennes en un style badin où perce cependant quelque amertume[1]. Puisque Mlle Bertin est chargée de faire de lui « une fille passablement modeste et obéissante », il affirme qu'il lui serait « cent fois plus facile d'être sage que modeste et obéissante » ; comble d'ironie, il ajoute que seuls le comte de Vergennes et le comte de Maurepas « peuvent lui donner la force nécessaire pour se vaincre lui-même et prendre ce caractère de douceur conforme à la nouvelle existence qu'on lui force de reprendre ». Il achève sa lettre en clamant que « le rôle de lion lui serait plus facile à jouer que celui de brebis et

1. Le chevalier d'Éon au comte de Vergennes, le 29 août 1777, coll. privée.

celui de capitaine de dragons que celui de fille douce et obéissante ». On le croit volontiers car il ne s'était jamais montré sous un tel jour.

Pour achever cette tragi-comédie, il choisit la date du 21 octobre 1777, fête de sainte Ursule, « en souvenir des quatre mille vierges massacrées en Angleterre », pour consacrer son symbolique changement de sexe, sa « conversion miraculeuse » qu'il prétend devoir à Mlle Bertin puisqu'elle exécute les ordres du monarque tout puissant. Cette « marchande de modes », au faîte de sa gloire, régnait sur la boutique du « Grand Moghol », rue Saint-Honoré à Paris où elle habillait de la tête aux pieds les femmes les plus élégantes de la capitale. La reine Marie-Antoinette séduite par ses créations avait pris l'habitude de la recevoir deux fois par semaine et de lui commander quantité de toilettes. La Bertin s'enorgueillissait de « son travail avec S.M. » devenue sa principale cliente. Surnommée bientôt « ministre de la mode », les prétentions de cette dame n'avaient d'égales que les excentricités de ses toilettes. Sans vouloir prêter à la reine de perfides intentions, il paraît évident que Marie-Antoinette avait commandé les robes de la chevalière à Mlle Bertin afin d'offrir un divertissement à la cour où l'extravagant personnage devait être présenté. C'était un spectacle d'un genre inédit pour une société toujours friande de plaisirs nouveaux. La reine voulait inviter d'Éon dans ses petits appartements, mais Vergennes l'en avait dissuadée. Il eût été de mauvais goût que l'épouse de Louis XVI reçût chez elle un être aussi peu fréquentable. On jasait déjà beaucoup sur la dissipation de cette princesse. Que n'aurait-on pas imaginé si elle avait témoigné le moindre intérêt à une personne aussi peu fiable !

Le 21 octobre, accompagnée par ses petites mains, Mlle Bertin se présente de bon matin chez le chevalier-chevalière à Versailles. D'Éon essaie encore de se dérober en rappelant qu'il a vécu quarante-huit ans en garçon et qu'il vaudrait mieux le laisser poursuivre ainsi son existence. Mais Mlle Bertin a reçu des ordres et doit les exécuter : « Si Louis XV vous a armé chevalier des Français, Louis XVI vous arme chevalière des Françaises et la reine couronne votre sagesse en m'ordonnant de vous apporter cette nouvelle armure qui doit accompagner votre coiffure et votre parure pour devenir général en chef de toutes les braves femmes en France. Il faut qu'on soit édifié et non scandalisé par la conduite de Mlle d'Éon [1]. »

D'Éon a lui-même fait le récit de cette mémorable prise de robe dans une lettre [2] fort piquante au baron de Bon, l'un de ses anciens compagnons d'armes [3], où il compare son corps à une place forte assiégée par les troupes légères de la marchande de modes :

« Je ne puis mon très cher baron, bon ami de ma mère et de ma grand-mère, me dispenser de vous informer que le 21 du courant, fête de sainte Ursule, vierge et martyre, Mlle Bertin avec sa troupe d'élite que je considérais d'abord comme un corps d'observation a fait une marche forcée pendant la nuit ; et à la pointe du jour, par surprise et par force, s'est emparé de ma personne et de Moncontour [4], seule place fortifiée qui me restait dans mes pays-bas. À peine La Grenade, du régiment de Picardie que vous avez connu à l'armée et qui me servait de valet de chambre, a eu le temps d'évacuer ma garde-robe qu'aussitôt pour le remplacer est entrée une grande fille de chambre nommée Geneviève Maillot amenée par Mlle Bertin et qui s'est chargée de rétablir les fortifications de cette place qui étaient à rase-terre et que le marquis de Montalembert, digne disciple du maréchal de Vauban, jugeait imprenables.

« Les ordres de la cour ont été donnés à Mlle Bertin surintendante du génie de la toilette de la reine et des fortifications de sa garde-robe pour assurer la subsistance de mes nouvelles troupes

---

1. ULBC, box 1, file 1, *La Grande Épître de Mlle d'Éon*, chap. VIII, n° 2.

2. Cette lettre autographe inédite datée du 28 octobre 1777 est conservée dans un fonds privé.

3. Le baron de Bon était colonel à la suite du régiment d'Autichamp Dragons. Il avait été promu maréchal de camp et se trouvait alors ministre plénipotentiaire à Bruxelles.

4. Allusion à une célèbre bataille livrée par les protestants sous le commandement de l'amiral de Coligny contre les catholiques commandés par le duc d'Anjou, le 3 octobre 1569. Cette sanglante bataille vit la défaite des protestants qui battirent en retraite.

légères et auxiliaires et pour les pourvoir des objets d'habillement et d'équipement dont elles ont besoin pour le service ordinaire et extraordinaire de cette place qui se trouve centrale dans mon petit royaume de Congo.

« Jusqu'à présent, je ne vois qu'une bonne provision de poudre royale pour charger nos mines, mais nous sommes sans armes, sans canons et sans affûts pour nous remonter et mettre la place en état de défense qui dans la position présente n'est pas tenable, ni à l'abri d'un coup de main dans cette saison où le jour est court et la nuit longue et obscure. Nous n'avons que des vessies, des lanternes et un peu de lune après minuit pour nous éclairer dans le brouillard qui est si grand qu'on ne peut avancer qu'avec crainte et danger. La nuit dernière, je crus qu'il était de ma prudence de faire une ronde d'avant porte. Je crois avoir saisi un ennemi par les cheveux, qui tentait à la faveur des ténèbres de la nuit de s'introduire dans les casemates de la place. Je fus fort étonné d'entendre crier : « Halte là, mon brave capitaine, vous me prenez par le téton. » C'était ma fille de chambre, Geneviève Maillot, qui m'a déclaré qu'elle était somnambule. Dans l'obscurité, je ne sais sur quel point arrêter ma pendule. Il nous faudrait un certain nombre de pots à feu pour éclairer nos avant-postes et les devants de notre rempart. Il nous faudrait au moins une petite provision de mèches soufrées pour faire sauter la mine principale du centre de la place en cas de surprise et nous retirer dans nos ouvrages à cornes[1]. Comment, sans mèches et sans chandelles, puis-je joindre pendant la nuit les deux têtes de la tranchée par une ligne parallèle ? Je risque la nuit d'être tué à la tête des travaux car il m'est défendu de porter casque et cuirasse tandis que le code de Briquet[2] ordonne à tout officier qui attaque ou défend une place de porter le pot de fer en tête et la cuirasse sur sa carcasse. Le fichu de la

1. Il s'agit de fortifications consistant en un ouvrage avancé hors du corps de la place composé d'une courtine et de deux demi-bastions.

2. Le code de Briquet est une compilation des ordonnances royales concernant les gens de guerre.

modestie[1], même celui de sainte Thérèse, n'est guère propre à parer le coup de mousquet ou de fauconneau[2]. J'ai bien de la peine des inquiétudes à rendre à bon marché car j'ai encore bien des changements à subir avant ma dissolution totale. M. de Warville, major des gardes de la prévôté de l'hôtel du roi, m'a été envoyé pour maintenir la tranquillité dans mon petit canton.

« Les changements sur moi opérés par Mlle Bertin sont sans nombre et sans fin. Elle a d'abord produit le licenciement de tous les habits et manteaux rouges de ma garde-robe, y compris les vestes et culottes de peau de chamois, les bottes et les éperons, les pistolets, épées, sabres et carabines. En cet état, une fille a beau avoir été capitaine de dragons, quelle défense peut-elle faire avec du fil et une aiguille ? Un éventail est un triste boulevard[3], une jupe est un faible rempart et n'est bonne que pour arborer pavillon blanc, prévenir l'effusion inutile du sang humain pour obtenir une trêve, une suspension d'armes qui m'accorde les honneurs de la guerre par une capitulation honorable et convenable dans la nécessité impérieuse où je me trouve réduite à ma propre force, c'est-à-dire à ma propre faiblesse. Je comptais sur un renfort du maréchal et du comte de Broglie. Malgré leur génie, leur zèle, leurs efforts et leur courage, il n'a pas été en leur pouvoir de ravitailler ma place qui n'est pas encore revenue de sa première consternation. On parle de me mettre au couvent à Versailles pour m'instruire de la nouvelle tactique qu'il me faut apprendre pour entrer dans la compagnie franche des filles d'honneur de notre Auguste Reine. Que de fil j'aurai à retordre ! J'aimerais autant aller chez ma mère planter mes choux car ici je n'aurai plus de tête à enlever avec la lame, le sabre ou l'épée, ni à lancer de dard[4], ni à tirer de coup de pistolet ou de carabine, ni à faire assaut de pied ferme ou à cheval. Ce qui me désole est que je ne puis dire à Mlle Bertin "adieu paniers, vendange est faite". Je serais fâché de faire un tel compli-

1. Sorte de guimpe que portaient les femmes sur la poitrine, sous le fichu.
2. Petit canon léger.
3. Boulevard signifie ici rempart.
4. À prendre ici au sens de lance ou de pique.

ment à cette aimable demoiselle qui a un esprit aussi bon que son cœur et qui saisit toutes les occasions de rendre à la reine un témoignage favorable de Mlle d'Éon qui doit renoncer à l'infanterie, à la cavalerie et à l'état-major du maréchal de Broglie, et ne plus songer qu'à se mettre sur un pied respectable pour plaire aux troupes légères de la Reine. Je ne vois point encore l'intention prononcée du roi sur mon sort ultérieur. En attendant, il veut que je sois dressé et formé sur la décence requise d'une femme avant d'être présenté à la cour. »

Le capitaine de dragons et la maîtresse du grand Moghol

Huit ans plus tard, dans son autobiographie, d'Éon n'adopte pas un ton gaillard pour évoquer son entrée dans le monde des femmes. Il réinvente son dialogue avec Mlle Bertin à laquelle il prête des propos quasi mystiques peu conformes au style de la couturière. Il a voulu donner une élévation morale à cette conversation. Ce texte, où la vérité et le fantasme se mêlent étroitement, est un plaidoyer destiné à attendrir les âmes pieuses qui liront l'histoire de sa vie. Il faut le considérer comme un document laissant entrevoir les abîmes dans lesquels se perdaient l'âme et l'esprit de son auteur.

« Vertueuse Bertin, honnête messagère du cabinet de la reine, je vois très bien que mon heure est venue afin que j'accomplisse l'ordre de la loi et du roi », aurait-il déclaré à la marchande de modes, après qu'elle l'eut baigné et savonné. « Comme une victime, je suis immolée en sacrifice puisque vous me faites du mal pour me faire du bien ! » Reprenant soudain le sens de la réalité il ajoute : « Toutes les femmes vont me montrer du doigt et toutes les filles me feront la nique en me voyant nippée et parée comme une poupée ou au moins comme une vestale qu'on mène à l'autel de l'hymen[1]. »

– Mlle Bertin : « Laissez-là le qu'en-dira-t-on. Les discours des

1. ULBC, box 1, file 1, *La Grande Épître*, chap. VIII, extrait de la grande Conférence entre Mlle Bertin et Mlle d'Éon, n° 3.

fous doivent-ils nous empêcher d'être sages ? [...] La robe que je vous ai faite s'élargira bientôt et je vous prédis que du prétendu abîme de votre malheur doit sortir la certitude de votre bonheur. Je suis contente de vous avoir dépouillée de l'armure et de la peau du dragon pour vous armer de pied en cap de notre coiffure, de notre robe et de notre parure. Bénissez Dieu, vous pouvez en toute sûreté doubler le cap de Bonne Espérance pour parvenir à la vie bienheureuse que nous devons tous chercher au travers des peines, des troubles et des souffrances de cette vie. Demain vous souffrirez moins. Dans peu vous jouirez du repos et de la félicité qui est l'apanage d'une fille catholique et apostolique suivant le bréviaire de Rome et de Paris, noté, corrigé et mis à l'usage des vierges de Sainte-Marie et des femmes de la reine. Vous n'êtes pas encore canonisée, mais bientôt vous serez béatifiée quand votre prochain mariage sera accompli canoniquement[1]. »

– Mlle d'Éon : « Quand je réfléchis à mon état passé et présent, je n'aurai jamais le courage de sortir dans l'état où vous m'avez mis. Vous m'avez tellement illuminée et enluminée que je n'ose me considérer dans le miroir [...]. Quand vous êtes venue à moi, j'ai cru que vous m'apportiez la mort, à présent je vais à vous pour avoir la vie car je ne cours plus après la fausse gloriole des dragons mais après la gloire solide des filles de la paix[2]. »

Après ces belles paroles Mlle d'Éon se serait effondrée en larmes. Mlle Bertin la consola : « Vous n'ignorez pas, lui dit-elle, les sentiments de joie que le public de Paris a témoignés en entendant chanter les vers récemment imprimés sur l'Héroïne de Tonnerre et qui se chantent par toute la France. » D'Éon prétend que ce fut « une espèce de calmant à sa douleur car quand un cœur n'est pas encore entièrement à Dieu, il est à moitié au monde, dit-il, il n'y a que la vanité qui le console parce que le monde aime mieux la gloire des hommes que celle de Dieu[3] ». Mlle d'Éon paraissant enfin raisonnable, Mlle Bertin voulut la préparer à sa

1. *Ibid.*, n° 3 et 4.
2. *Ibid.*
3. *Ibid.*, n° 5.

présentation à la cour. Il fut décidé que la nouvelle chevalière irait « faire son noviciat » dans l'ancien château de Diane de Poitiers.

Sanglé dans sa belle robe, les pieds serrés dans des chaussures à talons, un bonnet de gaze sur la tête, l'ancien capitaine de dragons essaie de se croire une femme. Mais pas question de faire des promenades dans le parc avec un tel accoutrement : il étouffe dans son corps de baleines ; à chaque pas, il risque de se prendre les pieds dans ses jupes ; volants et dentelles entravent ses mouvements. Il n'ose plus bouger. Heureusement la lecture vient à son secours. En lisant il oublie son malheur, mais un soir, alors qu'il se laisse aller tranquillement à son plaisir favori, la chandelle met le feu à sa coiffe qui brûle une partie de ses cheveux... Chaque jour, Geneviève Maillot envoyée par Mlle Bertin l'habille, le coiffe, lui apprend à marcher en glissant sur le plancher, à jouer de son éventail et tente de lui inculquer ces mille détails qui tissent la vie quotidienne d'une femme. D'Éon n'en peut plus de tant de futilités lorsque arrive le 23 novembre, jour de sa présentation à Versailles.

Comme un renard qui aurait perdu sa queue

Le chevalier avait été reçu à la cour de Pétersbourg et à celle de Saint-James ; il avait rencontré la tsarine Élisabeth, le roi et la reine d'Angleterre, fréquenté l'aristocratie russe et la noblesse britannique ; il écrivait personnellement à Louis XV et à ses ministres ; le prince de Conti l'avait admis chez lui. Sans être né, d'Éon connaissait les grands de ce monde, les cours et les courtisans, leurs faiblesses, leur cynisme et leur égoïsme. Apparaître dans la galerie des Glaces sous le déguisement confectionné par Mlle Bertin (car il s'agissait bien là d'une mascarade) était pour lui le comble de l'humiliation. Mais il fallait se soumettre à la volonté royale et au jugement cruel de la cour la plus sophistiquée d'Europe. Il s'exécuta en prévoyant parfaitement les risées dont il allait être l'objet. Il y avait ce jour-là dans le château autant de monde que pour une visite princière. Lorsqu'il parut, chacun retint son souffle ; tous les regards étaient fixés sur lui. Il faisait figure de curiosité, voire de monstre. Il tint son rôle de soudard en dentelle comme il convenait. Sans nul doute le roi et la reine lui adressèrent la parole. Mais il est peu probable que le chevalier ait rapporté avec exactitude sa conversation avec Marie-Antoinette que nous avons déjà citée [1].

Les gazettes se firent un devoir et une joie de commenter l'étrange apparition de Mlle d'Éon. Tous les avis concordaient : on ne pouvait pas prendre pour une femme ce personnage, qui avait l'apparence d'un hideux travesti. Sa démarche incertaine sur des souliers pointus, ses bras velus et musclés, ses gestes brusques, ses cheveux noirs coupés en rond sous un pouf emplumé, sa barbe noire affleurant sous la poudre et le rouge, tout son extérieur démentait son vêtement. « Il est difficile d'imaginer quelque chose de plus indécent que Mlle d'Éon en jupes », notait le baron Grimm. Dans la belle robe de Mlle Bertin, d'Éon avait encore plus l'air d'un homme depuis qu'il était femme.

La singularité de Mlle d'Éon piqua la curiosité de la cour et de la ville. On courut partout pour la rencontrer, aux spectacles, aux promenades, à Versailles comme à Paris. La prétendue demoiselle continuait d'étonner et jouissait de la surprise qu'elle causait. On s'arrachait sa présence dans les soupers et dans toutes les réunions mondaines. Un certain chevalier de Malte, le sieur Leblanc, gros automate et parasite des tables de financiers, lui servait de chaperon et de secrétaire. Il l'accompagnait partout et se goinfrait tandis qu'elle parlait. La chevalière se prêtait de bonne grâce à toutes les invitations. Elle paraissait souvent en robe noire, comme « veuve du Secret de Louis XV », la gorge couverte jusqu'au menton, le chef coiffé d'une toque également noire à la manière des dévotes. Elle sautait lestement d'un carrosse, montait les escaliers quatre à quatre, s'asseyait les jambes écartées, se frappait les cuisses en entendant un bon mot et conservait les propos d'un grenadier. D'Éon avait toujours aimé les provocations. Celle-là était réellement formidable.

« Ma vie est devenue si agitée qu'elle est pire que celle d'un

1. *Cf. La Reine et le dragon*, p. 11 et suiv.

galérien ; on ne me laisse pas le temps de dormir, écrit Mlle d'Éon à un ami anglais. Les dames m'usent la peau des joues à force de me baiser et de me caresser et les hommes depuis les plus grands jusqu'aux plus petits, soit par curiosité ou jalousie, voudraient à force de dîners et de soupers m'accabler d'indigestions si je n'avais la prudence anglaise de discerner les amis d'avec les curieux. Ce qu'il y a d'accablant pour moi est la multitude de questions que les hommes me font et surtout nos dames de la cour et de la ville. Elles sont si multipliées et si rapides dans leurs demandes qu'elles me font toutes à la fois que je ne réponds plus qu'à la dernière question qui m'est faite par la plus jolie femme[1]. » Un soir un jeune seigneur lui demanda si elle savait filer et coudre. « Non, lui dit-elle, M. le marquis, je ne sais que découdre et enfiler[2]. » Et l'aimable assemblée de l'applaudir pour la plus grande confusion du blanc-bec. L'abbé Sabatier de Castres lui consacrait un article dans sa nouvelle édition des *Trois Siècles*. On s'arrachait son image chez Le Tellier, le grand marchand de gravures parisien. Curtius lui demandait de poser pour lui afin de la présenter dans sa galerie d'hommes et de femmes célèbres en cire au Palais-Royal.

D'Éon était en même temps accablé de lettres, de vers et d'épîtres de toutes sortes sans compter les pressantes sollicitations des abbés et des abbesses, lesquels souhaitaient son entrée au couvent pour donner enfin un sens à sa vie et l'aider à préparer son salut. « Bientôt, ils me partageront ainsi que les puissances du nord ont partagé la Pologne[3] », ricanait-il. Mais d'Éon n'avait pas la moindre envie de mettre une grille entre le monde et lui. Depuis qu'il était en France, il revivait malgré son accoutrement féminin auquel il ne s'habituait guère. « Depuis que j'ai quitté mon uniforme et mon sabre, je suis aussi sotte qu'un renard qui aurait perdu sa queue[4] », gémissait-il.

1. D'Éon à M. Duval Siguray, joaillier du roi George III, 9 janvier 1778. « Les confidence de la chevalière d'Éon, lettres inédites » par Paul-Émile Schazmann *in Revue de France*, 1938, p. 105-115.

2. *Ibid.*

3. *Ibid.*

4. *Ibid.*

D'Éon intriguait tout ce que la France comptait d'hommes et de femmes illustres. Voltaire rêvait de voir ce phénomène, cet amphibie comme il l'appelait. Pendant le séjour du chevalier-chevalière à Tonnerre, le patriarche de Ferney avait espéré qu'il lui ferait visite dans sa retraite. Depuis lors il en attendait des nouvelles et s'interrogeait, lui aussi, sur la nature de son sexe. « Je ne puis croire que ce ou cette d'Éon, ayant le menton garni d'une barbe noire très épaisse et très piquante, soit une femme, écrivait-il. Je suis tenté de croire qu'il a voulu pousser la singularité de ses aventures jusqu'à prétendre changer de sexe, pour se dérober à la vengeance de la maison de Guerchy, comme Pourceaugnac s'habillait en femme pour se dérober à la justice et aux apothicaires. Toute cette aventure me confond. Je ne puis concevoir ni d'Éon, ni le ministère de son temps, ni les démarches de Louis XV, ni celles qu'on fait aujourd'hui. Je ne connais rien à ce monde [1]. »

On avait généralement beaucoup de mal à croire que d'Éon était une femme et on cherchait la cause de cette incroyable métamorphose. L'affaire Guerchy était avancé comme l'argument le plus plausible. Le bruit courait que la comtesse de Guerchy était intervenue auprès du roi ou de Maurepas pour éviter un duel entre son jeune fils et le chevalier. La lame de d'Éon passait pour redoutable et le petit Guerchy risquait bien de se faire tuer pour venger l'honneur de son père. Les partisans de Mlle d'Éon pensaient que le roi et ses ministres n'auraient jamais toléré pareille mascarade s'ils n'avaient été sûrs de ce qu'ils exigeaient. Ceux qui avaient vécu en Angleterre et les Anglais estimaient que d'Éon était bien une fille. Étaient-ils influencés par les procès et les campagnes de presse ? On ne sait, mais ils le croyaient à l'instar de Keate, familier du chevalière à Londres et ami de Voltaire toujours curieux d'en savoir davantage sur « l'amphibie ». « Il possédait, lui dit-il, des talents extraordinaires, un génie bien cultivé et orné avec toute sorte d'érudition, comme ses écrits l'ont bien prouvé, un esprit brillant, accompagné d'une gaieté du cœur qui le faisait goûter et

1. Lettre de Voltaire au comte d'Argental, 19 décembre 1777, *in* Voltaire, *Correspondance*, Pléiade, t. XIII, p. 124-125.

rechercher par tout le monde [...]. J'ai eu depuis bien des années le plaisir de le connaître intimement, et je puis vous assurer que cette connaissance m'a fait estimer son cœur, autant que j'ai estimé ses talents.

« Vous n'ignorez pas non plus que depuis quatre ou cinq ans, il a été question de son sexe. Quelques-uns de ses amis ont eu leurs soupçons là-dessus bien du temps, mais les arrangements qu'il vient de faire avec la cour de France ont éclairé le monde à l'égard de ce sujet. De sorte qu'il n'en est plus question aujourd'hui, et nous ne parlerons plus à présent du chevalier d'Éon que sous le titre de Mme de Beaumont. J'ai été réjoui de la voir enfin dans son appareil féminin, et de voir le guerrier et le politique déposer ses lauriers, pour exciter encore notre respect par des [*sic*] nouveaux attraits. Vous croiriez comme moi que toutes les femmes de l'Europe doivent lui ériger un autel pour avoir tant fait pour l'honneur de son sexe. Elle leur a franchi des [*sic*] nouvelles routes à la Renommée, en les [*sic*] prouvant qu'il leur est possible de cultiver tous les arts de la politique, d'acquérir la gloire des conquérants, et de soutenir la Vertu au milieu des plus grandes tentations [1]. »

On trouve ainsi sous la plume de Keate le thème de la femme héroïque qui s'est élevée au niveau de l'homme, thème cher aux pionniers d'une sorte de féminisme qui sera ultérieurement exploité par d'Éon.

Grandeur et misère d'une fille chaste

La célébrité de la nouvelle chevalière était telle, son verbe si haut et sa conduite si peu conforme à son état que Vergennes jugea bon de l'envoyer apprendre les bonnes manières chez M. Genet, premier commis des Affaires étrangères, père de Madame Campan et de Madame Auguié, toutes deux femmes de chambre de la reine. Assez gêné par cette pensionnaire d'un genre très particulier, le

1. Lettre de Keate à Voltaire, le 15 août 1777, *in* Voltaire, *Correspondance*, Pléiade, t. XIII, p. 252-253.

collaborateur du ministre décida de l'appeler « *my dear friend* » évitant ainsi toute hésitation entre l'emploi du masculin et du féminin. Ses très nombreux correspondants adressaient cependant leurs lettres à « Mlle ou à Mme d'Éon » et lui donnaient souvent du « chère héroïne ».

Le chevalier-chevalière restait une curiosité. Le fréquenter était devenu le comble du snobisme. Mme de Fourqueux, l'épouse d'un conseiller d'État qui tenait salon, n'avait jamais vu d'Éon. Comme tant d'autres maîtresses de maison, elle rêvait de le recevoir. Un ami lui promit d'exaucer ses vœux. On fixa une date, Mme de Fourqueux convia sa société habituelle qui comptait plusieurs femmes bien décidées à découvrir le véritable sexe de l'amphibie. Elles complotèrent entre elles afin de résoudre ce problème si singulier. La soirée commença le mieux du monde. La chevalière fut égale à elle-même, parfaitement à son aise, plaisantant et buvant allégrement. Lorsqu'elle voulut passer à la garde-robe, toutes les dames prétextèrent le même besoin. Faisant fi des convenances, elles se précipitèrent sur la malheureuse afin de satisfaire leur curiosité. Mlle d'Éon les supplia de ménager sa pudeur, se défendit comme un diable, mais finit par laisser pénétrer leurs mains jusqu'à la plus intime partie de son être ; en découvrant un sexe masculin, elles se mirent à hurler. Affolée, Mme de Fourqueux accourut : la chevalière, en larmes, les conjura de garder son secret.

Le lendemain, l'heureuse hôtesse s'empressa de raconter l'aventure à quelqu'un qui pouffa de rire : la prétendue chevalière n'était qu'un peintre, nommé Masson, plutôt farceur que véritable artiste et habitué à jouer bien des rôles, celui de femme en particulier ! Mme de Fourqueux et ses amies étaient furieuses et le chevalier-chevalière rit à gorge déployée de cette mystification qui ajoutait encore à sa renommée, bien qu'elle fût de fort mauvais goût.

Il y eut d'autres « demoiselles d'Éon ». Au théâtre de Mlle Guimard on donnait une parodie d'*Ernelinde* où les rôles de femmes étaient tenus par des hommes et ceux des hommes par des femmes. Le sieur Dugazon campait d'Éon à s'y méprendre. On prêtait au chevalier-chevalière des aventures qu'il n'avait jamais eues. Ne disait-on pas qu'il avait été l'amant de la reine d'Angleterre et que le roi avait exigé ce déguisement pour mettre fin aux calomnies ? Cependant on se gaussait bien davantage de ses amours avec Beaumarchais. On se souvient qu'avait couru le bruit de leur mariage. Beaumarchais n'avait-il pas répété à qui voulait l'entendre que « cette fille était folle de lui ? » Encore une fois, d'Éon était pris à son propre piège puisqu'il avait feint de jouer à la « petite dragonne » avec le père de Figaro : il avait absolument voulu le persuader qu'il était fille pour obtenir son retour en France dans les conditions qu'il souhaitait.

Depuis son retour en France, le chevalier-chevalière ne se privait pas de dire ce qu'il pensait du sieur Caron partout où il passait. Il osait même raconter que cet escroc lui avait promis le mariage. Beau et séduisant, vivant en ménage avec une compagne qui lui avait donné une fille, amant de Mme de Godeville, une sensuelle aventurière, Beaumarchais n'avait évidemment jamais eu l'intention de s'unir à une vieille fille ridicule au sexe incertain. Mais ses multiples activités, le mystère qui entourait certaines d'entre elles, sa fortune récente lui valaient une réputation sulfureuse et beaucoup d'ennemis. Aussi tous les ragots étaient-ils pris pour argent comptant. Les calomnies de la nouvelle vedette de Paris augmentaient le nombre de ses ennemis. Beaumarchais s'en plaignit à Vergennes : « Je ne demande pas que la Dlle d'Éon soit punie, je lui pardonne, disait-il ; mais je vous supplie de permettre au moins que ma justification soit aussi publique que l'offense qui m'est faite puisqu'il est enfin prouvé qu'on n'a jamais pu faire un peu de bien à cette femme, sans qu'il en soit toujours résulté beaucoup de mal pour ceux qui s'y sont intéressés [1]. » Le ministre lui répondit qu'il n'avait pas à s'inquiéter : « Vous avez le gage et le garant de votre innocence dans le compte que vous avez rendu de votre gestion dans la forme la plus probante, fondée sur des titres authentiques et dans la décharge que je vous ai donnée de l'aveu du roi. »

---

1. Gunnar et Mavis von Proschwitz, *op. cit.*, t. I, p. 450-451. Sur cette affaire, voir *ibid.*, chap. XI, p. 81 et suiv. Mettra date cette lettre du 27 décembre 1777 (*Correspondance secrète, politique et littéraire,* t. VI, p. 3-5).

Fort de cette réponse qui l'innocentait, Beaumarchais adressa cette lettre cinglante à la chevalière : « Un autre eût cherché, Mademoiselle, à se venger de vos calomnies de façon à vous ôter pour toujours l'envie de nuire à vos bienfaiteurs. Il me suffit de vous en ôter le crédit en vous faisant connaître : ma lettre à M. le Comte de V[ergennes] et la réponse de ce ministre que je vous envoie prouveront à chacun que ma justification est le seul objet que j'ai sollicité. Qu'un ménagement si peu mérité vous fasse rentrer en vous-même et vous rende au moins plus modérée, puisque mes services accumulés n'ont pu vous inspirer ni justice, ni reconnaissance. Cela est essentiel à votre repos ; croyez en celui qui vous pardonne, mais qui regretterait infiniment de vous avoir connue, si l'on pouvait se repentir d'avoir obligé l'ingratitude même[1]. » Et Beaumarchais de publier ces trois lettres dans le *Courrier de l'Europe*.

Le sang du chevalier-chevalière ne fit qu'un tour ; il trempa une fois de plus sa plume dans l'encre la plus noire pour confondre son ennemi auprès du ministre. C'est une fois de plus une lettre-fleuve qu'il adressa à Vergennes le 20 janvier 1778.

« Quoique je sache mon Beaumarchais par cœur, j'avoue, Monseigneur, que son imposture et la manière dont il s'y prend pour l'accréditer m'ont encore étonnée. Que veut dire cet homme par l'emphase avec laquelle il relève ses prétendus services ? Eh ! quels sont donc ceux qu'il m'a rendus ? Serais-je assez malheureuse pour que l'intérêt que vous avez daigné prendre à ma position fût tout entier le fruit de la sublime éloquence du sieur Caron ? [...) Que dois-je au sieur Caron ? Arrivé à Londres sur les dispositions favorables que vous aviez prises à mon égard, qu'a-t-il fait ? Chargé de pleins pouvoirs du roi et de vos instructions, il s'est conduit avec un pair et amiral d'Angleterre[2], mon créancier, de manière à me faire rougir pour mon pays. Jamais la lésine, les petits manèges des plus plats usuriers n'ont été employés aussi scandaleusement. Son portefeuille plein de lettres de change, il a

1. *Ibid.*, t. I, p. 453.
2. Lord Ferrers.

payé au nom de l'État une dette sacrée, avec des billets à six, douze, dix-huit mois, et même vingt-quatre d'échéance ; il a pris un escompte de sept pour cent, il a demandé quittance d'une somme plus considérable que celle qu'il avait donnée et il a, sur sa parole d'honneur, escroqué environ 233 louis à ce même pair mon ami, lord comte Ferrers.

« Pour ce qui me concernait personnellement, dès qu'il m'a vue incapable de me prêter à son infâme projet de gagner de l'argent au moyen des polices d'assurance sur mon sexe, il semble qu'il ait voulu essayer jusqu'à quel point il pourrait pousser la vilénie, l'indiscrétion, l'insolence et la crapule. Grâce à ses airs, à ses ruses, à ses infidélités, à ses sales liaisons avec Morande, auteur du *Gazetier cuirassé* et des *Mémoires de Madame la comtesse du Barry*, mon exil a été prolongé pendant plus de deux ans. Il a abusé de ma procuration, manqué à ses paroles d'honneur comme à ses écrits. Ne pouvant me rendre malhonnête, il a essayé de me tourner en ridicule en publiant par tout Paris qu'il devait m'épouser après que j'aurais demeuré trois mois à l'Abbaye des Dames de Saint-Antoine [...].

« Beaumarchais est si désintéressé à ce qu'il publie lui-même, qu'il ne veut jamais rien, pas même pour le pauvre Caron. Cependant, j'avais à Londres une belle vierge en miniature d'après le Corrège ; ce M. Caron, si désintéressé, me dit qu'il aimait beaucoup les vierges : je la donnai à M. Caron. J'avais une Vénus d'après le Carrache ; M. Caron me dit qu'il aimait aussi beaucoup les Vénus : je la donnai à M. Caron. J'avais un grand et magnifique coffre-fort de fer avec des serrures merveilleuses à secret, pour mettre ma correspondance ; M. Caron me dit qu'il aimait beaucoup les coffres-forts : je le donnai à M. Caron. J'avais un portrait de moi, où j'étais représentée avec mon uniforme ; M. Caron en eut envie : je le donnai à M. Caron. Il m'avait offert le sien : jamais il ne me l'a donné. J'avais une superbe paire de carabines turques ; M. Caron me dit qu'il aimait beaucoup les carabines turques ; je les aime et sais m'en servir : je ne les donnai point à M. Caron. J'avais encore un grand nombre d'autres belles armes, en fusils, pistolets et sabres ; M. Caron me dit qu'il aimait beaucoup les armes ; néanmoins, comme je les aime aussi, je ne donnai point mes armes à M. Caron, quoique je ne sois pas comme lui lieutenant-général et commandant en chef d'une armée de chiens, lièvres, lapins, perdrix, faisans, bécasses, bécassines, et autres animaux de la vénerie.

« Ces deux refus, joints à celui d'entrer dans le noble plan de vider la poche des parieurs anglais sur mon sexe, ont fait tout mon tort près de ce bienfaiteur sycophante. J'avoue que je ne me suis point portée à me repentir. [...] Tout ce qu'il fait, il le fait pour lui-même, et s'il n'eût pas cru trouver un grand intérêt pour sa personne dans mes propres affaires, il aurait fait tout au plus pour moi un couplet de chanson.

« D'après tout ceci, vous voyez, Monseigneur, qu'en fait de bons offices, si nous comptions, ce serait lui qui me devrait de la reconnaissance. Quant à moi, je suis très convaincue que je ne lui dois que du mépris, et je vous proteste que je paie cette dette de manière à tranquilliser sur ma conscience les plus sévères casuistes. En vous parlant avec cette naïveté, je ne vous apprends rien de nouveau. Ma façon de penser au sujet du sieur Beaumarchais vous est connue ; je vous l'ai dès longtemps manifestée. Et lui-même sait parfaitement à quoi s'en tenir, puisque vous avez jugé à propos de lui communiquer mes diverses missives contenant tout sa brillante négociation ; celle entre autres du 27 mai 1776, que j'eus l'honneur de vous adresser par le chevalier O'Gorman.

« Quand j'ai été à Paris et dans ma province dîner et souper dans les plus grandes maisons (où je suis admise depuis plus de 35 ans, tant par curiosité que par la considération, l'estime et l'état dont mes pères ont joui, ainsi que moi, dans le monde), je n'ai jamais accusé, ni à table, ni devant les valets, Caron d'avoir retenu à son profit particulier 60 000 livres sur les fonds qu'il était chargé de me remettre ; mais j'ai avancé une chose très vraie, en disant en particulier à trois on quatre personnes à Paris qu'il avait le pouvoir du roi et de son ministre de me les remettre, et qu'il ne me les a pas encore remis, quoique, s'il avait de l'honneur, il y serait obligé, et par la promesse qu'il m'avait faite le 15 juillet 1775, à son départ de Londres pour Versailles, et par le quatrième article de votre transaction du 5 octobre 1775, il ne me les a pas remis ; donc il m'en a fait tort. Il me les aurait certainement remis, si j'eusse voulu avoir pour lui la lâche complaisance de consentir à la proposition qu'il m'a faite et fait faire de le laisser gagner tout l'argent des polices anglaises sur mon sexe. Il est content de lui-même ; vous faites semblant d'en être satisfait aujourd'hui que je suis à Versailles ; mais cela ne dit pas que je suis contente.

« Mylord Ferrers n'était pas plus satisfait que moi à Londres de l'infidélité, de l'insolence et de l'usure de Beaumarchais, puisqu'il vous en a porté plainte par sa lettre en date de Londres, le 24 mai 1776, que vous lui avez fait des excuses au nom de Beaumarchais, par votre lettre en date de Versailles, le 15 juillet 1776, et que vous lui avez fait passer par votre lettre en date de Versailles, le 6 mai 1777, une lettre de change de 375 louis, pour remplacer les comptes pris à tort et à travers, et qu'il reste encore à payer en billets 233 louis à ce pair, à cet amiral d'Angleterre, dont Caron a escamoté le paiement contre la parole d'honneur qu'il lui avoir donnée ; oui, escamoté avec l'adresse dont le juif Ephraïm serait seul capable [...]. Et si, pour en convaincre Caron devant le public, il est nécessaire d'en avoir un certificat légalisé par la chambre des pairs d'Angleterre, je le ferai venir quand vous voudrez. En attendant, vous pouvez tenir pour certain que toute la probité des quatre ministres réunis, en y comprenant même celle des premiers commis, ne serait pas capable de faire de Caron un honnête homme dans mon affaire. On en est si convaincu en Angleterre, qu'au lieu de l'appeler Beaumarchais, le surnom de *Bon marché* lui est resté.

« Caron ne vous aurait peut-être pas encore, monseigneur, retourné ces 60 000 livres, si par deux lettres pressantes vous ne l'eussiez pas forcé, au mois de juillet 1776, de vous rendre les comptes exacts de sa négociation vis-à-vis de moi en Angleterre.

« Je suis étonnée que ce Caron soit si délicat sur mes discours à Paris ; je lui en ai tenu de bien plus durs à Londres, lorsque j'étais en uniforme, le chapeau sur la tête, l'épée au côté, la canne en main, et que j'avais l'honneur de parler à Son Excellence Caron qui le premier, chapeau en tête, s'émancipa un instant à faire l'insolent vis-à-vis de moi dans son propre appartement, mais qu'en un instant je fis rentrer en lui-même et réduisis au silence en présence de son intime ami *Morande le Poltron.* [...]

« Puis-je répondre de tous les discours, de toutes les plaisanteries que tant de fausses demoiselles d'Éon peuvent faire dans Paris [1] ? Caron, qui est si naturellement enclin à mystifier tout le monde, voudrait-il encore profiter d'un moment de crédit usurpé dont il jouit pour obtenir à lui seul ce privilège exclusif ? Tout ce que Caron débite de mes prétendus discours à Paris sont de puants mensonges de sa part. [...]

« Ne soyez pas étonné du bruit qu'il cherche : descendu en droite ligne d'une famille à double carillon, il est semblable au mulet ; il mettrait volontiers une cloche à ses deux oreilles plutôt que de ne pas étourdir les passants du bruit de son existence. Sa vanité et son avarice, ses deux passions favorites, y trouveraient une franche lippée : car d'un côté on parlerait lui, et de l'autre il ne manquerait pas de vendre à quelque libraire l'histoire de nos démêlés, quelque peu d'honneur qu'ils lui fissent. Il peut être supérieur à Mlle d'Éon en esprit, en talents, et surtout en industrie ; mais le public impartial le reconnaîtra toujours pour bien inférieur en honneur, en vertu et surtout en courage. Il peut dire avec toute l'éloquence et la singerie dont il est capable tout le mal de moi qu'il voudra, je lui répondrai par le refrain de sa chanson favorite : *Dites blanc, dites noir : elle est toujours la même.* Je serai toujours en état de faire la barbe à tous les barbiers de Séville. Je ne crains pas plus sa redoutable plume que sa formidable épée, qui n'a jamais vu le jour depuis qu'elle est sortie de chez le fourbisseur.

« Mais si je suis peu sensible aux attaques de Beaumarchais, je le suis infiniment aux impressions qu'il s'efforce de vous donner, et aux termes qu'il emploie en parlant de ma personne. Je ne suis point ingrate envers lui ; il ne m'a fait, pour ainsi dire, que du mal. Je ne suis point folle, et la preuve, c'est que je n'ai pas donné dans

1. Allusion à l'affaire Masson.

ses panneaux. Je n'étais pas criminelle, à moins que ce ne fût l'être que de consacrer sans réserve en paix, en guerre, dans le nord et le midi, sa tête et son bras au service de son roi et de sa patrie.

« Dès lors, n'est-il pas singulier, pour ne rien dire de plus, qu'un Caron sorte de la boutique de son père pour venir insulter publiquement un militaire décoré et un ancien ministre que son sexe et ses services extraordinaires lui devraient rendre respectable ? Si je portais encore les habits que les ordres du monarque m'ont fait quitter malgré moi, il aurait tremblé de me provoquer de la sorte. Ah ! mon obéissance n'aura-t-elle donc d'autre effet que d'enhardir mes ennemis et de me livrer sans défense aux bravades et aux affront des lâches que mon coup d'œil eût jadis glacés d'effroi ? [...]

« Au fait, monseigneur, tout ce qui me regarde se réunit à un point bien simple. Ai-je eu le bonheur d'être utile à l'État dans plusieurs circonstances très importantes ? Je n'imagine pas que quelqu'un réponde négativement à cette question, lorsque Louis XV de sa propre main et de son propre mouvement m'en a donné le témoignage le plus authentique et le plus glorieux pour moi et ma famille en date du premier avril 1766.

« Dès ce moment, j'ai donc droit à une récompense. Mais est-ce ce fameux Caron, ce divin Beaumarchais qui m'a procuré les occasions de me distinguer dans le nord, à l'armée et en Angleterre ? Qui m'a fourni les moyens de contenter le feu roi et de satisfaire l'administration ? En ce temps, il n'avait pas même d'existence morale.

« M'a-t-il aidé du moins à obtenir la récompense à laquelle je pouvais prétendre ? Monseigneur, vous êtes équitable ; je ne penserai jamais que vous ayez attendu le bavardage amphigourique du sieur Caron pour vous déterminer à mon sujet.

« D'ailleurs, ai-je en effet été récompensée ? Avant l'arrivée de l'envoyé extraordinaire Caron en Angleterre, je jouissais de douze mille livres de rente qu'il a depuis, en trahissant ma confiance, placées sur les fonds des Affaires étrangères. Ces douze mille livres m'avaient été accordées par Louis XV [...].

« La Cour me devrait 318 477 livres 16 sous. Caron m'en a donné, ou plutôt il s'est laissé arracher 61 714 livres 6 sous. Maintenant, il soutiendrait, si je le laissais dire, que le surplus de 256 763 livres 10 sous est soldé par son premier paiement. Jugez vous-même, monseigneur, des obligations que j'ai à ce grand négociateur, et de la gratitude qu'il m'inspire.

« Je voudrais pouvoir me dispenser de l'imiter en quoi que ce soit, mais ses lettres injurieuses qu'il a le front de m'envoyer à moi-même circulent et me présentent sous les plus odieuses couleurs. En conséquence, daignez, monseigneur, écouter la prière qu'il vous fit et que je vous adresse à plus juste titre, de mettre aux pieds du roi mes plaintes et mes griefs, afin qu'il impose silence à cet imposteur, et arrête le cours d'une diffamation qui n'a de fondement que dans son impudence et dans son penchant à nuire et à tracasser. Mais non, monseigneur, faites-lui grâce, laissez-le jouir en repos du mépris qu'il inspire à toutes les âmes sensibles, laissez-le jouir de cette brillante et infâme fortune qu'il a méditée en Angleterre sur les polices de mon sexe. Quand il s'agit d'argent, il ne sent plus rien, il est comme un cadavre, il ne sent pas qu'il pue. Toute ma vie, comme militaire, j'ai été aussi chatouilleuse sur l'honneur qu'une fille doit l'être sur la vertu de chasteté. Le scrupule que j'ai toujours apporté dans ce double objet de ma conduite me donne aujourd'hui la consolation de dormir et de mourir tranquille, malgré la calomnie et la méchanceté des hommes. On peut faire passer ma vie par le creuset : elle en sortira, j'espère, aussi pure que l'or : si ce n'est aux yeux de Dieu, du moins à ceux hommes. [...]

« Ne vous laissez pas toucher le cœur, monseigneur, par des paroles aussi mielleuses et aussi amphibiques que les siennes sur sa prétendue faiblesse des femmes. Il faut au contraire l'endurcir, car les larmes de Caron en cette occasion ne sont que des larmes de crocodile ; sa prudence est celle du serpent.

« Si je vous envisageais, monseigneur, comme un ministre à l'ordinaire, je m'estimerais bien malheureuse en étant noircie dans votre esprit par une langue, par une plume, je dirai plus, par une âme à la Caron. Mais rassurée par votre justice et votre pénétration, je n'ai rien à craindre de la prévention et des traits empoisonnés de la calomnie. Qu'elle est grande ma satisfaction de n'avoir plus rien à faire avec cet adroit charlatan, mais uniquement au comte de Vergennes, c'est à-dire au plus vertueux des ministres et au plus honnête des hommes !

« Je suis avec un profond respect, Monseigneur, votre très humble, etc. » La diatribe était signée « La Chevalière d'Éon de Beaumont[1]. »

Contre Carillon, fils d'horloger

On ne connaît pas la réponse de Vergennes. Il avait déjà reçu tant de lettres de l'incroyable personnage. Ce nouveau rebondissement des aventures du chevalier-chevalière avec son ex-futur époux passionnait l'opinion. On attendait les réactions de l'Amazone. Elle répondit par voie de presse avec une ironie digne de l'auteur du Barbier. L'intitulé de cette diatribe en donne le ton : c'est une longue plaisanterie sur les qualités du sieur Caron, fils d'horloger qui prétend à la noblesse :

TRÈS HUMBLE RÉPONSE À TRÈS-HAUT ET TRÈS PUISSANT SEIGNEUR,
MONSEIGNEUR PIERRE-AUGUSTIN CARON OU CARILLON, DIT
BEAUMARCHAIS,
BARON DE RONAC EN FRANCONIE, ADJUDICATAIRE GÉNÉRAL DES BOIS DE PÉQUIGNY, DE TONNERRE ET AUTRE LIEU, PREMIER LIEUTENANT DES CHASSES DE LA GARENNE DU FOR-L'ÉVÊQUE ET DU PALAIS, SEIGNEUR DES FORÊTS D'AGIOS, D'ESCOMPTE, DE CHANGE, RECHANGE ET AUTRES ROTURES, ETC., ETC., ETC.
PAR CHARLOTTE-GENEVIÈVE, LOUISE, AUGUSTE ANDRÉE,
THIMOTHÉE D'ÉON DE BEAUMONT,
CONNUE JUSQU'À CE JOUR SOUS LE NOM DU CHEVALIER D'ÉON, CI-DEVANT DOCTEUR CONSULTÉ, CENSEUR ÉCOUTÉ, AUTEUR CITÉ, DRAGON REDOUTÉ, CAPITAINE CÉLÈBRE, NÉGOCIATEUR RESPECTÉ, AUJOURD'HUI

1. *Correspondance secrète, politique et littéraire*, t. VII, p. 63-79.

PAUVRE FILLE MAJEURE, N'AYANT POUR TOUTE FORTUNE, QUE LES LOUIS QU'ELLE PORTE DANS SON CŒUR, ET SUR SON CŒUR.

Si l'Amazone s'égaie en citant ses titres et qualités, elle élève bientôt le ton. Elle accuse Beaumarchais d'avoir de l'avoir trompée et trahie avant d'aborder le sujet du larcin dont le sieur Carillon serait coupable : « Jugez de l'étonnement où me jettent les plaintes que vous adressez au trône sur mes propos à votre sujet. Les personnes les plus qualifiées vous en ont averti, dites-vous, que j'allais vous forcer à me restituer soixante mille livres en vous perdant d'honneur. Il est aisé de voir que cette menace est sortie de la bouche de quelque imposteur mal instruit de mes affaires. Si consultant moins votre vanité que la bienséance, vous m'eussiez demandé raison à moi-même plutôt qu'au ministre des bruits qui couraient, je vous aurais dit qu'au lieu d'une fortune de 60 mille livres, c'était une somme de 256 763 livres 10 sols dont je prétendais être frustrée : salaire légitime de mes services secrets et publics en tout genre honnête, pendant plus de vingt ans. Je vous aurais rappelé que cette juste réclamation de l'ancien ministre plénipotentiaire de France vous a servi à brillanter votre néant dans le cabinet d'un ministre, dont l'économie ne doit pas être une des moindres vertus ; et que sa place met dans la malheureuse nécessité de soutenir l'honneur amphibie d'une espèce d'agent qui ne peut avoir aucune part dans son estime. Néanmoins, si votre âme s'ouvre un jour au repentir du tort que vous m'avez fait, pour régénérer votre crédit, en obtenant à mon occasion les entrées familières chez le ministre ; et que sur les bruits des excellentes affaires qui vous sont venues par ce moyen, vos remords vous portent à me rendre les 256 763 livres 10 sols que votre machiavélisme m'a fait perdre, je recevrai sans scrupule cette restitution qui, je vous l'assure, loin de vous perdre d'honneur, vous en fera autant pour le moins que l'hommage rendu d'office à votre désintéressement. Au reste, je ne vous forcerai à rien, Monseigneur. Pas même à me rendre cette belle Vierge d'après le Corrège, que j'ai donnée à M. Caron, parce qu'il me disait qu'il aimait les Vierges ; ni cette Vénus d'après le Carrache que j'ai donnée à M. Caron, parce qu'il aime encore plus les Vénus ; ni ce grand et singulier coffre-fort avec des serrures à secret que j'ai donné aussi à M. Caron, parce qu'il aime par-dessus tout les beaux yeux d'un coffre-fort. Il me suffit que mon bon cœur se soit arrêté à l'article de mes armes qui tentaient aussi votre cupidité gloutonne, mais sur lesquelles l'honneur de m'en avoir dépouillée ne vous avait donné aucun droit. Il me suffit que la faiblesse de mon sexe ait confondu la force du vôtre, en se refusant avec persévérance à l'infâme marché que vous avez osé me proposer, pour m'associer à un vol de grand chemin, et me faire partager le prix de ma honte. Il me suffit enfin d'avoir flétri de mon blâme public le jugement du tribunal anglais, qui a prétendu faire gagner à vos consorts cette cause d'iniquité, dont l'opprobre ne peut se consommer, et les paiements se réaliser, qu'en vertu d'un consentement qu'on ne m'arrachera jamais, ou par une insulte que je ne crains point pour ma cendre, partout où régneront les mœurs. En attendant, repaissez votre espoir des complaisances que peuvent avoir pour vous certains bouffons qui amusent Paris, en me personnifiant dans de fort bonnes maisons, où cela ne dure qu'un moment, parce que ce n'est pas moi. Votre partie est sans doute déjà liée avec le peintre Musson pour ranimer par ses facéties le feu des gageures sur mon sexe, et faire remonter vos primes avec votre impudence. C'est ainsi que Figaro va faisant la barbe à tout le genre humain ; et moi qui n'ai point de barbe, je rirai de voir avec quelle burlesque effronterie il a osé faire lire à un ministre qui ne connaît de farces que celles du grand théâtre de l'Europe, le couplet du crescendo de Basile pillé de lui-même et d'autrui ; et je dirai : *Ecce iterum Crispinus.* Voilà comme nous jouirons tous deux des biens que nous tenons l'un de l'autre : vous, Monseigneur, de votre risible importance, et moi de mon estimable nullité ; vous du grand nom qui vous restera dans Israël, pour escomptes de 375 livres sterling sur la somme de 4 625 livres sterling que vous aviez à payer à mon acquit, pour une partie de la créance. Sans intérêt de mon généreux protecteur lord comte Ferrers, pair et amiral d'Angleterre ; et moi de la bienveillance que cet illustre ami m'a conservée ; vous enfin, de l'idée de m'avoir fait connaître en France, où j'étais connue longtemps avant vous, et le serai longtemps après vous ; et moi, du plaisir d'avoir frustré le sordide intérêt que vous aviez de faire connaître mon sexe en Angleterre, d'avoir sauvé l'honneur de mon roi, de ma patrie, de ma famille, de mon sexe, et de l'ordre de Saint-Louis que je lui fais porter, en refusant dans ma misère six mille guinées sur les cinquante mille, dont ma honte vous eût assuré l'infâme profit... Et venez encore vous plaindre que je ne vous rends pas justice, mon cher Seigneur.

« Bonjour, bonsoir, et adieu. Joignez celle-ci aux autres dans votre portefeuille, où l'on vous conseillera de les laisser.

« (Signé) LA CHEVALIÈRE D'ÉON. »

La chevalière ajoutait « une note géographique, historique et non politique » troussée à sa façon pour préciser les titres de son cher adversaire. « Bien des gens peuvent ne pas connaître la baronnie de Ronac en Franconie. Il est à propos de les instruire par le fait suivant. Sous le nom de Ronac, anagramme de Caron, Pierre Augustin eut en Franconie, l'an 1774, une aventure de moulins à vent, qui le fit qualifier de fripon sur les lieux, d'imposteur à Vienne, et de visionnaire à Paris, comme son voyage d'Espagne. Cette note est tirée de Busching, Géogr., t. III, p. 774, chap. de la Franconie ou franche coquinerie [1]. »

L'Amazone ne s'en tenait pas là. Elle ajoutait un *Appel à ses contemporaines* datée du même 2 février 1778, jour de la Purification. Elle livrait en opprobre à toutes les femmes de son siècle le sieur de Beaumarchais qui avait voulu élever son crédit sur l'une d'elles, obtenir des richesses en pariant sur son sexe et venger son espoir déçu en la traînant dans la boue. Le 8 février, elle publiait une nouvelle diatribe intitulée *Cartel dans mon nouveau genre*. Elle reprenait les mêmes griefs contre Beaumarchais. Non seulement elle ne lui devait pas la moindre reconnaissance pour les raisons que l'on sait, mais surtout, elle se disait outrée par les faux bruits qu'il faisait courir : jamais elle ne lui avait déclaré son amour

1. *Correspondance secrète, politique et littéraire*, t. VI, p. 82-89.

et il ne pouvait pas se targuer de posséder des lettres enflammées qu'elle lui aurait envoyées.

Quelques jours plus tard, d'Éon criait victoire : on venait d'apprendre que le Banc du roi avait déclaré illégaux les paris ouverts sur le mystère de son sexe, contraires à la décence, à la morale et aux bonnes mœurs, et se trouvaient de ce fait annulés. D'Éon adressa aussitôt une nouvelle lettre à ses semblables datée du 10 février 1778 :

« Victoire ! mes contemporaines, victoire, et quatre pages de victoires ! mon honneur, votre honneur triomphent. Le grand juge du tribunal d'Angleterre vient de casser et d'anéantir lui-même, en présence des douze grands juges d'Angleterre, ses propres jugements concernant la validité des polices ouvertes sur mon sexe. Voilà le glorieux effet de la terrible leçon que j'ai donnée à ce tribunal au moment où je partais pour la France. Son arrêt définitif, du 31 janvier, a reçu l'opposition de ceux qui avaient soutenu, d'après ma conduite, que j'étais homme, et qu'on voulait forcer à payer leurs gageures en exécution de ces deux jugements. Il a eu le courage de prononcer dans les termes mêmes de mes protestations publiques, en langue anglaise, que la vérification nécessaire blessant la bienséance et les mœurs, et qu'un tiers sans intérêt (c'est moi, c'est la chevalière d'Éon), pouvant en être affecté, la cause devait être mise au néant. Il a observé que les cours de justice se déshonoreraient en servant les fantaisies ridicules de ces êtres méprisables qu'on nomme *Gamblers*, ce qui veut dire joueurs ou parieurs escrocs, et que les tribunaux ne doivent plus recevoir de semblables causes de pareils effrontés qui, sans respect humain, venaient troubler la majesté du tribunal, injurier l'honneur et la réputation de mademoiselle d'Éon, qu'il fallait les livrer tous à l'infamie, à l'exécration publique, et ne pas s'occuper de leurs brigandages. Tous les juges ont réuni leur voix à l'opinion du lord Mansfield, et la salle du *Banc du roi* a retenti d'applaudissements à Westminster. Voici l'observation de l'éditeur du *Saint-James's Chronicle* du 3 février sur ce jugement ; elle est traduite littéralement : "*Les parieurs qui avaient gagé à coup sûr se trouvent ainsi frustrés de la riche moisson qu'ils se croyaient à la veille de faire, et qu'ils avaient si longtemps attendue. Cet arrêt fait rester en Angleterre une somme au moins de soixante-quinze mille livres sterling (environ dix-huit cent mille livres tournois), que sans cela il aurait fallu envoyer à M. Panchaud, banquier, pour lui et pour un petit nombre d'amis qu'on avait honnêtement admis dans le secret pour duper les crédules parieurs de la ville de Londres. Un de ceux-ci, pressé par l'exécution du dernier jugement, avait malheureusement payé le 30 au soir.*"

« Ô ma patrie, que je vous félicite de n'avoir point reçu tout cet or par une voie aussi infâme ; vous avez tant de bras, tant de cœurs tous prêts à enlever à l'audacieuse Angleterre des dépouilles et plus riches et plus glorieuses !

« Magistrats, qui avez reçu mes serments, ministres qui m'avez accréditée, généraux qui m'avez commandée, camarades qui m'avez suivie, ordre royal et militaire de Saint-Louis qui m'avez enrôlée, partagez ma joie ! Ombre de Louis XV, reconnaissez l'être que votre puissance a créé : *J'ai soumis l'Angleterre à la loi de l'honneur !* Femmes, recevez-moi dans votre sein : je suis digne de vous.

« La chevalière d'ÉON [1]. »

---

1. *Correspondance secrète, politique et littéraire*, t. VI, p. 95-97.

Chapitre XI

« Fille du tonnerre de la paix et de la guerre[1] »

Il paraît qu'on ne naît pas femme mais qu'on le devient. Mais comment devient-on femme lorsqu'on est un homme ? Le chevalier-chevalière est un être dont la complexité s'accroît au fil des jours depuis cette métamorphose imposée et consentie. Il cherche dans le religion des secours pour comprendre ce qui le conduit à assumer sa nouvelle condition.

La prisonnière

À Versailles, la chevalière refusait de vivre comme une femme et se sentait « prisonnière de guerre » dans la belle demeure de M. Genet. Les efforts de ses filles chargées de l'éduquer l'exaspéraient. Si elle ne les imitait pas, ces dames la critiquaient. L'Amazone devait prendre modèle sur ces élégantes compagnes habituées à tous les usages de la cour. Elles lui apprenaient à s'habiller, à se coiffer, à se farder, à s'asseoir délicatement avec une robe à panier, et à se comporter en toutes circonstances comme une personne du sexe faible bien élevée. C'était beaucoup demander à un capitaine de dragons ! Un jour, elles lui firent recommencer trois fois sa toilette « pour être digne d'aller avec elles au château[2] ». Non seulement la chevalière devait supporter son déguisement, surveiller ses attitudes, mais elle se trouvait contrainte d'adopter les mêmes

1. ULBC, box 1, file 1, *La Grande Épître*, chap. x, n° 4.
2. ULBC, box 1, file 1, *La Grande Épître*, chap. I, n°s 15, 16, 17.

occupations que ses amies. « Elles ne font que m'entretenir de leurs chiffons, de leur coiffure et de leur parure sans jamais me parler de leurs amours. Je vois qu'elles y songent la nuit et le jour ; cela m'a amusé quelque temps, à la fin cela m'ennuie. Croyez-vous qu'avec mon genre de vie et mon caractère je sois propre à m'amuser, à m'habiller, à me déshabiller, à coudre et à broder toute la journée avec les vestales de la cour[1] ! » gémissait-elle. L'Amazone rêvait de rester tranquille en robe de chambre à lire au coin du feu, de boire son vin de Tonnerre plutôt que l'eau de Ville d'Avray qui lui donnait la colique ! Lorsqu'elle se plaignait du nouveau régime qu'elle endurait, on lui répondait suavement que son succès auprès du roi et de la reine dépendait de ses progrès en féminité. Et d'Éon de se lamenter *in petto* : « Je ne suis qu'un zéro à la cour, j'aime mieux être dehors que dedans[2]. »

Le mal-être de l'héroïne s'aggravait de jour en jour. Elle ne supportait plus d'être regardée comme un animal de foire doué de raison et dont la verve étincelante ajoutait à la curiosité qu'elle causait inévitablement. Il y avait une folle indécence à contempler ce travesti qui conservait toutes les apparences d'un soudard malgré ses leçons de maintien. Ses afféteries rendaient sa présence encore plus dérangeante. Les invitations submergeaient l'Amazone. Celle de Voltaire, peu de temps avant la fameuse représentation d'*Irène*, ne fut pas la moindre. En pénétrant dans la demeure de l'illustre vieillard, quai des Théatins, Mlle d'Éon, les yeux baissés, son manchon sous le nez, avait l'air emprunté, honteux même, lorsqu'elle passa au milieu des domestiques de la maison accourus pour la dévisager. Elle resta peu de temps auprès du malade qui lui reprocha de ne pas être venue à Ferney. Faisant allusion à *La Pucelle,* elle lui répondit « qu'il avait si mal traité sa cousine Jeanne d'Arc qu'elle n'avait pas osé l'aller visiter dans son château de peur qu'il lui en arrivât autant ». Voltaire protesta qu'il y avait grande différence entre de telles héroïnes et qu'il célè-

1. *Ibid.*
2. *Ibid.*

brerait Mlle d'Éon malgré elle[1]. Cette entrevue qu'elle avait, semble-t-il, fort peu goûtée lui inspira cette épigramme vengeresse :

« Voltaire en santé se fait gloire
De ne rien craindre,
De ne croire
Dieu ni démon
Mais aussitôt qu'il est malade
Le bonhomme craint la grillade
Comme un dindon[2]. »

Mais c'est Voltaire qui eut le mot de la fin : « D'Éon sera une pucelle d'Orléans qui n'aura pas été brûlée », écrivit-il à d'Argental.

Que faire ?

La chevalière était lasse, désespérée ; elle tomba malade ; on la saigna quatre fois sans améliorer son état. Elle rêvait de redevenir le sémillant chevalier et revêtait parfois en cachette le seul uniforme qui lui restât. Et l'habit faisait le moine, l'espace d'un instant. M. Genet qui veillait sur elle la mit en garde : « Vous feriez une imprudence extrême de vous mettre en homme à Versailles, lui dit-il. Votre doute fait voir la justesse de votre esprit. Persistez à n'en rien faire. Les premiers commis que vous réunissez en feraient un embarras. Mais si M. Gérard[3] vous donne à dîner à sa campagne, vous pourrez vous émanciper un peu plus. Au moins cela sera plus pardonnable[4]. »

Quel sens désormais donner à son existence ? D'Éon ressentit

---

1. D'Éon à Duval-Siguray, 17 décembre 1778, *in* « Revue de France », 1938.
2. B.M. de Tonnerre : L (1773-1783) *in* P. Pinsseau, *op. cit.*, p. 218.
3. M. Gérard de Rayneval était premier commis au ministère des Affaires étrangères.
4. M. Genet à Mlle d'Éon et chevalier d'Éon [*sic*] rue de Conti, A.A.E. M.D. France 2189, fol. 293.

l'appel des armes. La France allait s'engager dans la guerre d'Amérique. Mettre son épée au service du roi pour servir la cause des Insurgents, partir loin, oublier la honte de ces derniers mois, revivre en homme, en officier... La situation semblait propice à réaliser ses ambitions. Dans les bureaux de la Guerre, on étudiait un plan de débarquement sur les côtes anglaises. D'Éon connaissait le sujet mieux que personne. Il piaffait de jouer de nouveau un rôle. Le prince de Montbarey, ministre de la Guerre, avait rassemblé des troupes sur les côtes de Picardie, de Normandie, de Bretagne et d'Aunis. Une escadre était armée à Brest. Le 17 juin, sans déclaration de guerre, une frégate française, *La Belle-Poule*, fut attaquée par *L'Aréthuse*, frégate anglaise. Quelques jours plus tard, deux autres frégates subirent le même sort. L'indignation était telle qu'on voulut en découdre au plus tôt avec les Anglais. Le 30 juin, on donna l'ordre au comte d'Orvilliers d'attaquer la flotte de l'amiral Keppel. Le sang de la chevalière ne fit qu'un tour : le 27 juin 1778, elle implora le secours de Sartine, alors ministre de la Marine : « Après tout ce que j'ai fait depuis trente ans en guerre et en paix, je suis honteuse et malade de chagrin de me trouver en jupes au moment où l'on va entrer en guerre et dans un temps où je puis servir mon roi et ma patrie avec le zèle, le courage et l'expérience que Dieu et mon travail m'ont donnés [...]. Je veux bien par obéissance aux ordres du roi et de ses ministres rester en jupes en temps de paix, mais en guerre, cela m'est impossible. Je n'ai l'âme ni d'un moine, ni d'un abbé pour manger en ne faisant rien la pension que le feu roi a daigné m'accorder [...]. Aidez-moi, Monseigneur, à sortir de l'état léthargique où l'on m'a plongée [...]. Alors je donnerai par écrit ma parole d'honneur aux ministres à Versailles de n'attaquer jamais personne. Vous entendez ce que je veux dire. Si vous ne pouvez pas, Monseigneur, déterminer M. le comte de Maurepas à me laisser la liberté constante de reprendre mes habits d'homme, obtenez-moi au moins celle de les porter les jours de la semaine pour que je puisse entretenir ma santé par l'exercice du cheval, de la chasse et des armes et que je ne sois obligée de porter mes habits de fille que les fêtes et dimanches [1]. »

---

1. BMT. R 34.

D'Éon se heurta à une fin de non recevoir. Sans se décourager, il s'adressa cette fois à Vergennes, lui demandant instamment de pouvoir mettre son épée au service du roi dans la guerre qui se préparait contre l'Angleterre. Vergennes lui opposa le même refus. En haut lieu, on ne voulait plus entendre parler de cet énergumène bien trop célèbre, dont les exploits continuaient d'occuper l'opinion et dont les effigies allégoriques se multipliaient dans le royaume et même au-delà des frontières. Les artistes ne se pressaient pourtant pas pour faire son portrait. Seule Marie-Anne Collot, la belle-fille de Falconet, voulut immortaliser ses traits. Elle exécuta son buste, hélas disparu, et qui aurait apporté beaucoup à la connaissance du chevalier-chevalière ainsi qu'à la perception qu'en avaient ses contemporains. *L'Almanach des Muses* rendit grâce aux deux héroïnes par ce quatrain enthousiaste :

> « Ce marbre où de d'Éon le buste est retracé,
> À deux femmes assure une gloire immortelle ;
> Et par elles vaincu, l'autre sexe est forcé
> D'envier à la fois l'artiste et le modèle [1]. »

On ne peut que regretter la disparition de l'œuvre de Mme Collot, car il n'existe pas de véritable portrait du chevalier-chevalière, à l'exception d'un dessin de Gabriel de Saint-Aubin conservé au château de Blérancourt, sans qu'on puisse cependant être sûr qu'il représente bien d'Éon. Un tel personnage attirait surtout les caricaturistes. Déjà à Londres, on l'avait représenté en 1773 sous les traits d'une majestueuse Pallas Athénée, symbolisant la femme virile et guerrière, le casque en tête, l'égide au bras gauche autour de laquelle on lit ce vers : « *At nunc dura dedit vobis discrimina Pallas* », autrement dit : « Aujourd'hui Pallas vous offre une destinée bien différente et bien difficile ». À côté d'elle sont disposés des tambours, des fusils, des canons, des boulets, des drapeaux sur lesquels on lit : « les ruines de l'univers l'écraseraient sans l'effrayer » ; et dans le lointain, on aperçoit une citadelle et un

1. *Almanach des Muses*, 1781.

camp. Au bas de la gravure sont représentés les principaux événements de la vie de la chevalière accompagnés de l'éloge de ses vertus et de ses talents : « Elle est auteur d'un grand nombre d'ouvrages ; elle est plus célèbre encore par sa vertu que par son nom, par son épée que par sa plume, par ses actions que par ses talents et surtout par son courage héroïque et inébranlable contre les plus rudes coups de la fortune ; par la fermeté invincible de son cœur et de son esprit dans l'oppression et dans les divers procès et combats qu'elle a soutenus et livrés tant en Allemagne qu'en France et en Angleterre, dont elle est sortie innocente et victorieuse après une guerre de plus de douze ans. »

En France, la chevalière apparut casquée sous les traits de Minerve, déesse de la guerre. D'Éon lui-même fit graver par B. Bradel son portrait de profil en capitaine de dragons du sexe féminin, le sein décoré de la croix de Saint-Louis et le chef couvert d'un casque surmonté par un énorme coq. Voltaire qui était encore de ce monde pouvait écrire à son ami d'Argental : « On m'a envoyé un chevalier d'Éon gravé en Minerve [1], accompagné d'un prétendu brevet du roi qui donne douze mille livres de pension à cette amazone, et qui lui ordonne le silence respectueux, comme on l'ordonnait autrefois aux jansénistes. Cela fera un beau problème dans l'Histoire. Quelque académie des Inscriptions prouvera que c'est un des monuments les plus authentiques. D'Éon sera une pucelle d'Orléans qui n'aura pas été brûlée. On verra combien nos mœurs sont adoucies [2]. » Une autre gravure popularisait l'héroïne en Jeanne d'Arc revêtue d'une armure de fantaisie, chaussée de curieuses bottes éperonnées et coiffée d'un chapeau à plumes laissant échapper une longue chevelure bouclée. D'une main, elle porte l'étendard fleurdelisé du roi et de l'autre semble inviter ses troupes à la suivre. Une double estampe montrait la même personne en officier de dragons d'un côté et en jolie femme

---

1. *Le Chevalier d'Éon*, gravé par Charles-François Le Tellier, d'après J.-B. Bradel, qui sert de frontispice à *La Vie militaire, politique et privée de demoiselle d'Éon* par M. de La Fortelle, Paris, 1779.

2. Lettre de Voltaire au comte d'Argental [vers le 5 mars 1777], *in* Voltaire, *Correspondance*, Pléiade, t. XII, p. 777-778.

de l'autre. Un dessinateur facétieux fit du chevalier-chevalière un hermaphrodite artistique moitié en uniforme, moitié en robe de cour. Et naturellement, bien d'autres représentations de caractère obscène couraient sous le manteau.

La tentation du cloître

Une telle publicité amusait d'Éon, mais ne relâchait pas le carcan de sa nouvelle existence. Passer pour une femme d'exception ne lui souriait guère s'il fallait vivre comme une personne du sexe imposé. Les ministres importunés par ses caprices et ses perpétuelles demandes firent pression sur plusieurs abbesses pour tenter de convaincre la chevalière de prendre le voile ou de se retirer en dans l'un des nombreux couvents du royaume. La comtesse de Maurepas, exaspérée par ce scandale permanent, s'y employa elle-même. La chevalière, docteur en droit canon et qui avait longuement étudié les Saintes Écritures pouvait aisément éblouir les religieuses par ses connaissances théologiques. Elle répondit à l'invitation de la Supérieure de la maison de Saint-Cyr au mois de septembre 1778 en des termes plutôt ambigus. Après avoir donné sa parole de chevalier [*sic*] qu'elle viendrait seule pour ne pas causer la moindre dissipation parmi les religieuses, elle a l'audace d'ajouter : « J'ai couru toute ma vie comme une vierge folle après l'ombre des choses tandis que vous, vierges prudentes, vous avez attrapé la réalité en restant stables dans la maison du Seigneur et le sentier de la vertu [...]. Je souhaite que Dieu préserve les personnes de notre sexe de la passion, de la vaine gloire et surtout de celle des armes. Moi seule sais tout ce qu'il m'en a coûté pour m'élever au-dessus de moi-même. Pour quelques jours brillants et heureux que j'ai eus, que de mauvaises nuits j'ai passées. Mon exemple en vérité est meilleur à admirer de loin que de près. Je ne suis heureuse qu'en fumée. Je reconnais que tout est vanité dans ce monde et que le vrai bonheur ne peut se trouver que dans la vertu et Dieu seul que vous suivez[1]. »

1. B.M. de Tonnerre, L 58, 12 septembre 1778, *in* P. Pinsseau, *op. cit.*, p. 228.

Ces déclarations dont la sincérité ne pouvait être mise en doute que par ceux qui connaissaient bien l'Amazone, son attitude réservée lors de sa visite à Saint-Cyr, impressionnèrent si favorablement les religieuses qu'elles lui adressèrent des lettres enflammées. L'une des sœurs n'hésita pas à lui dire qu'elle était sur la voie de la sainteté. Un missionnaire de passage lui envoya ces trois quatrains exaltant ses vertus :

« De l'antique Pallas, d'Éon a tous les traits,
Elle en a la sagesse et le mâle courage ;
Je me trompe : d'Éon par d'historiques faits
Cent fois plus que Pallas mérite notre hommage

Qu'était-ce que Pallas ? Un être fabuleux,
Un brillant avorton du cerveau des poètes.
Le brave d'Éon vit et cent mille gazettes
Vantent par l'univers ses exploits glorieux.

Sa plus belle victoire et sa gloire suprême
N'est pas d'avoir été si longtemps la terreur
De nos fiers ennemis, par sa rare valeur,
Mais d'avoir su si bien triompher d'elle-même. »

Le missionnaire, lui aussi, mêlait allégrement le masculin et le féminin pour célébrer un personnage hors du commun pour lequel il éprouvait une évidente admiration. Mais peut-être était-il lui-même un être quelque peu ambigu...

La robe d'innocence

La chevalière se rendit également à Fontevrault et dressa une liste des saints lieux où elle aurait pu se retirer. On la vit même entretenir une correspondance suivie avec quelques mères supérieures. Cependant la vie contemplative ne pouvait la séduire. Elle ne cessait de rappeler les hauts (!) faits de sa vie militaire et ses heures de gloire dans la carrière diplomatique. Jamais elle ne serait ce qu'elle appelait « une poule mouillée ».

Elle ne manqua pas de faire cependant mille politesses à tous les représentants du clergé, à commencer par l'archevêque de Paris Monseigneur de Beaumont qu'elle alla voir vêtue d'une longue robe blanche, qu'elle désigne à plusieurs reprises comme « sa robe d'innocence ».

« Votre prompte obéissance à l'ordre de la loi et du roi me prouve que la grâce du Seigneur a frappé votre cœur, lui dit l'archevêque. Votre changement du mal en bien vous deviendra utile et glorieux devant Dieu et les hommes.

– Hélas Monseigneur, répondit d'Éon, je ne sais ce que j'ai fait à Dieu qui ne m'a pas donné un cœur de femme. Aujourd'hui je sens bien qu'il est plus avantageux pour moi d'être une bonne fille qu'un mauvais garçon, mais si je n'eusse pas eu la passion des armes et du cheval, je ne serais jamais devenu capitaine des dragons [...] chevalier de Saint-Louis, ministre plénipotentiaire de France [...] mais à force de combattre à pied ou à cheval, à force de travailler jour et nuit, je suis devenu une espèce de comte de Broglie bon au poil et à la plume pour le service secret et public de Louis XV selon sa volonté, sa direction et son bon plaisir. Je ne suis plus aujourd'hui qu'une pauvre demoiselle suivant à la piste les femmes de la cour et du palais de la reine à Versailles, où je vais demeurer incessamment pour mon gain ou pour ma perte. Tel est mon sort présent et à venir que j'estime autant qu'un billet de la loterie royale [...]. Je vois que tout le bonheur ou le malheur qui est venu au-devant de moi à ma rencontre dès ma jeunesse ne m'est arrivé que par la permission de la Providence et que cette Providence est la suprême intelligence qui conduit toutes choses. Il est certain qu'il faut s'abandonner à Dieu, mais qu'il ne faut pas s'attendre tellement à la Providence [*sic*] qu'on ne fasse rien de son côté. »

Après s'être gratté la tête et passé longuement la main sur le visage, l'archevêque répondit : « Les œuvres de la grâce sont aussi admirables que celles de la nature et la moindres des œuvres de la nature est plus parfaite que celles de l'art. À l'œuvre, on connaît l'ouvrier, mais pour cela il faut trouver la simplicité de l'esprit unie à la force de la foi pour travailler sans cesse à l'œuvre de son salut [...]. Loin de désespérer de son salut, il faut toujours l'espérer en s'humiliant et en le demandant à Dieu par la prière et les mérites de Notre-Seigneur. Sachant qu'il vaut mieux pour vous souffrir pour le bien que pour le mal, résistez donc à toutes tentations par votre fermeté dans la foi, sachant aussi que les mêmes souffrances s'accomplissent en la personne de vos sœurs répandues dans les monastères et dans le monde et qu'ainsi elles vous sont communes [...]. Nous devons rester chacun à notre poste comme une sentinelle à l'armée jusqu'à ce qu'il plaise à Dieu de nous relever pour nous appeler à lui [1]. »

Les termes de cette conversation que d'Éon rappelle dans ses mémoires ne sont sans doute pas ceux qui ont été prononcés, mais ils contribuent (quoique modestement) à éclairer le cheminement intérieur du héros. Il sait qu'il ment à l'archevêque en se faisant passer pour ce qu'il n'est pas. Le poids de l'imposture s'ajoute au trouble profond qui a dû toujours être le sien quant à sa véritable identité sexuelle. Il est difficile d'imaginer le bouleversement intérieur de ce bon chrétien qui refuse de vivre dans le péché, mais qui s'y investit totalement. Aussi, tout en faisant des efforts extraordinaires pour se persuader qu'il appartient au genre qui n'est pas le sien, il réinterprète la religion catholique d'une façon très personnelle, en essayant de concilier grâce et prédestination afin de se persuader qu'il peut faire son salut.

D'autre part l'allusion énigmatique à sa robe d'innocence, souvent répétée dans ses écrits, met en évidence sa volonté de se métamorphoser réellement en femme. Mais cette volonté ne se manifestera qu'au moment où il aura perdu tout espoir de garder ses vêtements masculins. Érudit, s'étant nourri de toute la littérature « féministe » existant, il se réfère sûrement à des rites de passage vestimentaires qu'il réinvente à sa façon. Ainsi les petits

1. ULBC, *La Grande Épître...* chap. x.

garçons quittaient leur robe et mettaient un chapeau vers l'âge de cinq ans ; les petites filles ne quittaient évidemment pas leur robe mais mettaient un bonnet vers le même âge. En projetant sur l'enfance des filles un rite de passage destiné aux garçons, il inverse ce passage vestimentaire qui l'a fait homme malgré lui. Ainsi peut-on comprendre cette robe d'innocence qui symbolise son retour au monde des femmes qu'il n'aurait jamais dû quitter[1]. « Depuis que j'ai été revêtue de ma première robe d'innocence par ordre de la loi et du roi, je me trouve revêtue d'une nouvelle force qui dissipe la faiblesse de la fille infidèle, écrira-t-il à la fin de sa vie. Je dis : tous les yeux sont tournés vers vous Seigneur [...]. Je vous demande, ô mon Dieu, par des soupirs et des gémissements réitérés, que vous me fassiez miséricorde afin que je puisse élever vers vous des mains pures et innocentes comme vous l'ordonnez. Régnez dès à présent dans mon cœur par votre grâce afin que je fasse votre volonté sur la terre comme les saints la font dans le ciel[2]. » D'Éon se persuadera qu'il obéit à la volonté divine en étant femme.

Quant à Monseigneur de Beaumont, il ne pouvait être que gêné par un cas tel que celui du chevalier-chevalière. Il pensait certainement que d'Éon était une femme dévoyée dont il percevait le désarroi. Il ne pouvait qu'insister sur la nécessité pour elle de devenir une « bonne fille » et ne voyait d'autre remède que la prière. Rien d'étonnant à cela et d'Éon suivit ses exhortations.

---

1. Dans un ouvrage remarquable, *La Confusion des sexes* (Fayard, 2001), Sylvie Steinberg cite le cas d'un certain Dumoret (1678-1725) qui se prenait pour une femme et vivait comme telle au grand scandale de sa famille et des habitants de son village. Sa dévotion et sa chasteté étaient notoires. Vers sa quarantième année, il troqua ses robes d'adulte pour une robe de petite fille qu'il appelait sa robe d'innocence. Et c'est à partir de ce moment qu'il se sentit pleinement femme et adopta le nom de Mlle Rosette. Il passa pour dément. Son cas est connu de la littérature judiciaire parce que ses neveux l'attaquèrent en justice pour une question d'héritage : Dumoret avait laissé ses biens à ses logeurs. Gayot de Pitaval évoque ce cas dans ses *Causes célèbres*, dont les 18 volumes parurent de 1734 à 1741. D'Éon connaissait cet ouvrage.
2. B.L. Add. 29994, *Notes et Réflexions*, écrites de 1796 à 1808.

Le mirage américain

Le temps passait ; l'Amazone rêvait toujours de reprendre ses habits d'homme. En attendant, elle s'offrait le plaisir de revêtir son uniforme dans le petit logement qu'elle habitait à Versailles, rue de Noailles, pavillon de Marsan, lorsqu'elle pouvait s'échapper de chez M. Genet. Ses livres lui manquaient ; sa vie semblait vide de sens. Reprendre du service restait son seul but. Vergennes avait fait la sourde oreille au début de l'été, mais depuis lors la situation militaire avait évolué. Le 9 juillet, la ratification du traité franco-américain avait été officiellement connue en France. Les escadres françaises se trouvaient réparties à travers les mers. La Fayette, qui combattait depuis deux ans en Amérique, parvint à convaincre Louis XVI d'envoyer un corps expéditionnaire pour soustraire les nouveaux États-Unis à la domination britannique. On avait besoin d'hommes. La jeune noblesse s'engagea. D'Éon qui se croyait encore jeune songeait sérieusement à s'engager dans les troupes qui devaient partir pour l'Amérique. Cette fois, il écrivit à Maurepas :

« Monseigneur, lui dit-il, je désirerais ne pas interrompre un instant les moments que vous consacrez au bonheur et à la gloire du roi et de la France ; mais animée du désir d'y contribuer moi-même dans ma faible position, je suis forcée de vous représenter très humblement et très fortement que l'année de mon noviciat femelle étant entièrement révolue, il m'est impossible de passer à la profession.

« La dépense est trop forte, et mon revenu est trop mince pour moi dans cet état. Je ne puis être utile ni au service du roi, ni à ma famille, et la vie trop sédentaire ruine l'élasticité de mon corps et de mon esprit. Depuis ma jeunesse, j'ai toujours mené une vie agitée, soit dans le militaire, soit dans la politique. Le repos me tue totalement.

« Je vous renouvelle cette année mes instances, Monseigneur, pour que vous me fassiez accorder par le roi la permission de continuer mon service militaire, et comme il n'y a point de guerre de terre, d'aller comme volontaire servir sur la flotte de M. le comte d'Orvilliers.

« J'ai bien pu par obéissance aux ordres du roi et de ses ministres rester en jupe en temps de paix ; mais en temps de guerre cela m'est impossible. Je suis honteuse et malade de chagrin de me montrer en cette posture lorsque je puis servir mon roi et ma patrie avec zèle, et l'expérience que Dieu et mon travail m'ont donnés.

« Je suis aussi confuse et désolée de manger paisiblement à Paris pendant cette guerre la pension que le feu roi a daigné m'accorder. Je suis toujours prête à consacrer au service de son auguste petit-fils et ma pension et ma vie. Aidez-moi, Monseigneur, à sortir de mon état léthargique où l'on m'a plongée, qui a été l'unique cause de mon mal, et qui afflige tous mes amis et protecteurs guerriers et politiques.

« Je dois encore vous observer qu'il importe infiniment à la gloire de toute la maison de M. le comte de Guerchy de me laisser continuer mon service militaire ; du moins, c'est la façon de penser de toute l'armée et de toute la France, et j'ose dire de toute l'Europe instruite. Une conduite contraire fait le sujet des interprétations les plus fâcheuses, et donne matière à la malice des conversations du public. J'ai toujours pensé et agi comme Achille : *je n'ai point fait la guerre aux morts et je ne tue les vivants que lorsqu'ils m'attaquent les premiers*. Vous pouvez prendre à cet égard par écrit ma parole d'honneur sur ma conduite présente et future.

« Vos grandes occupations vous ont fait oublier, Monseigneur, qu'il y a plus de quinze mois que vous avez bien voulu me donner votre parole que je serais heureuse et contente quand j'aurais obéi à mon roi en reprenant mes habits de fille. J'ai obéi complètement. Je dois espérer d'un ministre aussi bon et aussi grand que M. le comte de Maurepas, qu'il daigne tenir sa parole et me remettre *in statu quo*. Il ignore que c'est moi qui soutiens ma mère et ma sœur, et de plus, mon beau-frère et trois neveux au service du roi ; que j'ai encore à Londres une partie de mes dettes, ma bibliothèque entière et mon appartement qui me coûte vingt-quatre livres de loyer par semaine, qu'après avoir servi le feu roi en guerre et en politique depuis ma jeunesse jusqu'à sa mort, je ne suis pas encore en état de meubler ma maison paternelle en Bourgogne pour l'aller habiter. M. le comte de Maurepas doit sentir que mon obéissance silencieuse doit avoir un grand mérite à ses yeux, que dans ma position femelle je suis dans la misère avec les bienfaits du feu roi, qui suffiraient pour un capitaine de dragons mais qui sont insuffisants pour l'état qu'on m'a forcée de prendre. Il doit surtout comprendre que le plus sot des rôles à jouer est celui de pucelle à la cour, tandis que je puis encore jouer celui de lion à l'armée. Je suis revenue en France sous vos auspices, Monseigneur. Ainsi, je recommande avec confiance mon sort présent et à venir à votre généreuse protection, et je serai toute ma vie, avec la plus respectueuse reconnaissance, Votre dévouée servante, la chevalière d'Éon[1]. »

Le château de Dijon

Animée par un puissant désir de publicité, la chevalière fait imprimer sa lettre au ministre, la distribue aux princes du sang et à plusieurs dames de la cour dont elle espère le soutien. Elle propose également ses services au comte d'Orvilliers, qui commande l'escadre de Brest. Exaspéré par le désordre qu'elle ne cesse de créer, Maurepas décide de l'exiler. Une lettre de cachet datée du 19 février 1779 ordonne à l'Amazone de se retirer à Tonnerre « sous les habits de son sexe » jusqu'à nouvel ordre.

Le 2 mars au petit jour, M. de Vierville, major des gardes du roi en la prévôté de son hôtel, entre chez la chevalière, malade au lit, et lui remet l'ordre signé de Louis XVI. Mlle d'Éon proteste : son état de santé et sa déplorable situation financière l'empêchent de quitter Versailles pour l'instant. Persuadée de l'impunité royale et

1. *Mémoires secrets*, t. XIV, p. 3-8. Voir aussi *Correspondance littéraire*, t. XII, p. 213-215.

toujours prête à la provocation, elle commet l'imprudence de se promener les jours suivants en uniforme aux abords du château. C'en est trop. Le 20 mars, accompagné de ses sbires, M. de Vierville fait de nouveau irruption chez elle, se saisit de son fusil, et parvient à maîtriser sa prisonnière qui se débat comme un diable. On fouille son appartement dans lequel on ne trouve rien de compromettant et on jette la célèbre héroïne dans une chaise de poste. En route pour la Bourgogne : première étape Joigny ; seconde étape Auxerre où l'on couche au couvent des Bernardines ; contrairement à ce que croit la chevalière, on ne va pas à Tonnerre, mais à Dijon où on l'enferme dans le château, prison d'État bien connue.

Une lettre de cachet ne précisait jamais la durée de la détention de celui qui en était victime. Mais les prisonniers du roi pouvaient jouir d'une douce captivité s'ils avaient les moyens de pourvoir à leur entretien. Une personne aussi célèbre que la chevalière n'était pas condamnée à un régime rigoureux. Elle était privée de liberté, mais elle avait le droit de recevoir les visites de ses amis et de se faire livrer ses repas par un traiteur. Le comte de Changey, gouverneur du château, lui donna l'appartement occupé jadis par la duchesse de Bourgogne et plus tard par le comte de Lauraguais. La comtesse de Changey, ravie d'avoir chez elle une telle héroïne, l'invita souvent à sa table et se laissa prendre au charme insolite de sa conversation. Toute la bonne société bourguignonne demandait à voir Mlle d'Éon. Jamais M. et Mme de Changey n'avaient reçu autant de visiteurs. Ils faillirent d'ailleurs se ruiner en dîners et soupers. La chevalière était le point de mire d'un petit monde qu'elle étonnait et qui l'adulait. Elle n'était pas malheureuse à Dijon. Elle redoutait seulement d'être transférée dans un couvent pour le reste de ses jours. Sur les conseils de la bonne Mme de Changey, elle écrivit à Maurepas une lettre de soumission afin de recouvrer une entière liberté.

La liberté, fût-ce en habits de femme, Mlle d'Éon y tenait plus qu'à toute autre chose. Elle adressa donc une lettre pathétique à Maurepas ; O'Gormann, son beau-frère était déjà intervenu auprès d'Amelot, ministre de la Maison du roi ; et le marquis de Vergennes, frère du ministre des Affaires étrangères, avait plaidé sa cause. La chevalière n'était pas dangereuse, mais ses incartades et ses folies indisposaient depuis trop longtemps le roi et le gouvernement. Si elle s'engageait à rester tranquille, chez elle à Tonnerre, personne ne lui causerait le moindre tort. C'est ainsi qu'elle fut libérée et conduite auprès de sa vieille mère au mois de mai 1779.

L'exilée de Tonnerre

Une vie nouvelle, une vie paisible commença pour l'intrépide Amazone, vedette incontestée de la cité bourguignonne dont elle allait devenir l'ange tutélaire. Sa personnalité hors du commun, sa renommée internationale, son expérience, tout concourait à faire de la chevalière la conseillère suprême des Tonnerrois très fiers de vivre sous sa protection. Mlle d'Éon reçut avec aménité ses compatriotes venus lui demander son soutien auprès de quelque puissant personnage, ses conseils pour la gestion de leurs biens ou le commerce de leur vin. Avec ses 12 000 livres de rente, elle pouvait vivre largement, réaménager sa demeure et prendre soin de ses vignes. Vêtue de robes très sages, elle recevait chaque matin son barbier qui la rasait de près. Pour les Tonnerrois, sans l'ombre d'un doute, d'Éon était bien un homme. On ne s'étonnait même plus de cette transformation insolite. D'Éon était non comme Dieu l'avait voulu, mais comme le roi l'avait ordonné. Si les voies du Seigneur sont impénétrables, celles du monarque paraissaient inexplicables. Qu'importait aux braves gens de Tonnerre. Le chevalier-chevalière était plus intéressant qu'un brave capitaine qui serait venu vivre le reste de son âge dans son petit domaine. Grâce à lui, les habitants de Tonnerre détenaient la palme de l'originalité.

Mlle d'Éon est reçue dans les familles nobles du voisinage : chez le comte d'Ailly à Persey, aux Croûtes chez le vicomte de Lespinasse, chez les Louvois à Ancy-le-Franc, au château de Tanlay... Les invitations se succèdent. D'Éon et sa mère reçoivent eux aussi. L'Amazone mène une vie mondaine et provinciale qui ne manque pas de charme. Elle entretient une correspondance régulière avec Buffon, Cassini et Lalande qui lui font part de leurs écrits et de leurs découvertes. Le duc de Liancourt se dit « charmé que son tempérament commence à s'accommoder de son nouvel habit ». Le chevalier de La Luzerne parle d'elle avec Malesherbes et l'évêque de Langres. Le chevalier de Lespinasse lui demande de faire les honneurs de sa maison pour M. et Mme de Malmaison qui feront étape chez lui en son absence. Une lettre spirituelle de la marquise de Virieu donne l'ambiance de ces réunions où règnent simplicité, gaieté et finesse tout en exprimant mieux que beaucoup d'autres l'opinion de la société à l'égard du chevalier-chevalière. « *La bonne marquise de Virieu,* écrit-elle, *fait mille remerciements à l'excellente demoiselle d'Éon et mes filles remercient le preux chevalier*[1]. Ce n'est que d'aujourd'hui que ces dames ont reçu les bonnes gravures et qui sont très ressemblantes[2] ; c'est cette dernière qualité qui me les rend plus chères. Si mon manteau a eu quelques vertus, combien en aura-t-il de plus depuis que vous l'avez porté. Je n'étais pas trop poltronne pour une femme, mais quand je le porterai, je serai un César. Je ne perds point de vue de vous voir à Tonnerre et de boire de votre vin trempé dans l'eau divine de Chablis. Recevez les compliments de votre ancien camarade, du digne abbé de Pontigny ainsi que ceux de mes filles. Faites mention de nous auprès de Messieurs de l'Espinasse. Le chevalier sans peur et sans reproche nous avait promis de venir à Pontigny ; sommez-le de tenir sa parole. Vous savez sûrement que M. Necker s'est retiré ; c'est une perte irréparable pour l'État vu le moment présent et l'état des finances. On me mande cette nouvelle du 21, on ne le savait pas le 20 à Paris. Je renvois au grand chevalier le petit livre qu'il m'avait prêté[3] et que j'ai relu avec grand plaisir.

1. C'est nous qui soulignons.

2. Indication intéressante car on sait peu de choses concernant l'apparence réelle de d'Éon. Il devrait s'agir ici de la double gravure qui représente d'un côté d'Éon en homme et de l'autre côté en femme.

3. Il s'agit de *La Vie militaire politique et privée de demoiselle d'Éon,* de La Fortelle.

J'ai fini la vie privée. Vous y êtes traitée selon que vous le méritez, mais il y est dit que vous n'avez eu la croix de Saint-Louis qu'en apportant la signature de la paix. Dites-moi, je vous prie, le vrai et je vous croirai comme l'Évangile. Je profite d'une occasion pour Chablis afin que ma lettre vous parvienne plus promptement. Servez-vous de la même voie pour me donner de vos nouvelles. *Je savais bien que votre style était fort et énergique, votre charmante épître me prouve que vous réunissez au moral les avantages des deux sexes*[1] : vous écrivez comme Jean-Jacques et comme Madame de Sévigné ; c'est à ces deux titres que je vous jure, mon aimable être, l'estime, l'attachement et l'admiration qui vous sont dus pour tous ceux qui savent apprécier le mérite[2]. »

Le marquis d'Autichamp, sous les ordres duquel le chevalier avait servi naguère, continue de lui écrire et lui témoigne toujours autant d'estime en dépit de la publicité qui s'attache à sa personne : « Donnez-moi quelquefois de vos nouvelles, elles m'intéresseront toujours, lui dit-il. Je vous ai été fort attaché en qualité de capitaine de dragons. La nouvelle forme que vous avez prise n'a jamais été un tort vis-à-vis de moi et quoiqu'elle m'impose la loi de vous respecter beaucoup plus, elle ne m'ôte pas le plaisir de vous aimer et c'est je vous assure avec empressement que je vous offre l'assurance de ces deux sentiments[3]. » L'humour, on le voit, ne cédait en rien à l'amitié.

La renommée du chevalier-chevalière lui valut aussi la visite du frère de Frédéric II, le prince Henri de Prusse, célèbre lui aussi pour son originalité. Homosexuel comme le roi, il avait refusé de se marier et s'intéressait plus aux questions ésotériques qu'à la politique. À Berlin, il était le grand maître de la secte des Illuminés, une loge réunissant les adeptes de Swedenborg qui pratiquaient l'occultisme et accordaient une grande importance à l'androgynie d'origine divine et au rôle important des oppositions sexuelles. On comprend que le prince ait voulu s'entretenir avec

1. C'est nous qui soulignons.
2. La marquise de Virieu à la chevalière, le 23 mai 1781, coll. privée.
3. Le marquis d'Autichamp à Mlle d'Éon, le 12 novembre 1781, coll. privée.

un personnage qui incarnait à ses yeux une sorte de perfection. À cette époque, il semble que le chevalier-chevalière ait eu tout le temps de découvrir la théosophie et de s'intéresser aux théories de Mesmer, grand maître du magnétisme animal qui faisait alors fureur à Paris [1].

D'Éon n'a pas le temps de s'ennuyer. La gestion du domaine absorbe une partie ses journées. Propriétaire et négociant en vin, il fait prospérer ses affaires dont O'Gormann s'était jusque là occupé. Très attaché à la patrie de son enfance, le chevalier-chevalière n'oublie pas les morts de Tonnerre et il a l'idée baroque de réunir dans un même enclos les corps des victimes de la peste de 1632 et ceux des condamnés à mort. À l'entrée du cimetière, il fait construire une chapelle dédiée aux « martyrs de la nature et de la justice humaine » et compose une épitaphe en latin dont nous ne donnerons que la traduction : « La peste désolant Tonnerre en 1632, le corps de ceux qui périrent furent inhumés à gauche dans cet enclos ; depuis on y enterra à droite les criminels condamnés à mort jusqu'en 1750. En plaignant les premiers, en détestant les seconds, les hommes ont eu les uns et les autres en horreur, mais Dieu les a tous reçus dans le sein de sa miséricorde. Ici sont rassemblés les restes de ces victimes de la colère divine et de la justice humaine, par les soins de C.G.L.A.T. d'Éon de Beaumont, chevalier de l'ordre royal et militaire de Saint-Louis, qui, ayant acheté en 1779 cet enclos a consacré ce monument à l'humanité en 1780 [2]. »

Ce rassemblement macabre des victimes de la nature et de celles des hommes n'était-il pas un geste symbolique de la part d'un être qui se prenait lui-même pour une victime de la nature et de la justice ?

---

1. *Cf.* chap. XII, p. 308.

2. Cité par P. Pinsseau, *op. cit.*, p. 239, d'après les archives de l'Yonne : E. 125. P. Pinsseau ajoute que l'enclos a disparu et qu'il se situait à l'emplacement de la gare de chemin de fer.

La révolte des Carcado

D'Éon prenait un singulier plaisir à se mettre en situation délicate pour riposter contre ceux qui allaient sûrement l'attaquer. Ce fut encore le cas en 1779 dès sa sortie de la prison de Dijon. Peu de temps auparavant La Fortelle avait publié la première biographie de l'héroïne qui devait en compter beaucoup d'autres. Celle-là était en quelque sorte « la biographie autorisée ». Il est en effet probable que d'Éon ait commandité le récit de sa vie au dit La Fortelle. Il s'agissait d'une discrète hagiographie. On apprenait qu'en raison de la volonté de ses parents, Mlle d'Éon avait reçu une éducation opposée à celle qui convenait à son sexe. Mais la biographie n'expliquait pas comment la demoiselle d'Éon était parvenue à conclure l'alliance entre la France et la Russie ; elle ne précisait pas non plus son rôle dans les négociations du traité de Paris de 1763 et passait sous silence la suite de ses aventures. Rien de bien nouveau dans ce livre. Rien, si ce n'est une généalogie en partie forgée par la principale intéressée qui voulait sérieusement passer pour la descendante d'une famille noble. Mlle d'Éon aurait été issue de l'ancienne maison Le Sénéchal en Bretagne, qui aurait renoncé à son patronyme de d'Éon entaché par un ancêtre répondant au nom de d'Éon de l'Étoile, hérésiarque condamné au Concile de Reims en 1148 !

Le sang de Louis Gabriel Le Sénéchal de Carcado-Molac, comte de Carcado et celui de Corentin Joseph Le Sénéchal Carcado-Molac ne firent qu'un tour. Les Carcado accusèrent La Fortelle d'avoir donné une fausse origine à la maison Le Sénéchal en la faisant descendre de ce d'Éon de l'Étoile et d'avoir avancé qu'elle avait changé son nom et altéré ses armes dans la même année.

D'Éon prit l'affaire de très haut, sans la moindre acrimonie contre les Carcado. La chevalière déclara dans un mémoire que le sieur de La Fortelle, lieutenant du roi de Saint-Pierre-le-Moutier, auteur de *Fastes militaires, ou annales des chevaliers des ordres royaux et militaires de France*, lui avait demandé des notes pour rédiger sa biographie. Elle lui avait alors communiqué plusieurs de ses mémoires adressés aux ministres, dont La Fortelle avait tiré un opuscule intitulé *Vie militaire, politique et privée de Mlle d'Éon ;* il avait copié un imprimé contenant sa généalogie dressée en 1763 d'après des pièces authentiques fournies par M. de Palmeus, secrétaire de S.A.S. le feu prince de Conti. En conséquence, l'Amazone, avocat elle-même, ne pouvant mettre en cause Palmeus qui était mort, se défendait, faisant voir que les motifs de plainte des Carcado, n'étant ni de son fait, ni de celui du sieur de La Fortelle, ne pouvaient leur être imputés, mais au sieur Palmeus seul. Elle montrait qu'à l'égard de celui-ci, les parties adverses n'avaient pas apporté de preuves convaincantes. Elle établissait enfin que les griefs prétendus n'étaient que des fantômes, et que loin de s'en trouver offensés ou d'en témoigner du ressentiment au généalogiste, Messieurs de Carcado lui en devaient plutôt de la reconnaissance.

Pour une fois, la chevalière eut gain de cause devant un tribunal, en l'occurrence celui du Châtelet, 27 août 1779. Mais les Carcado étaient furieux. Ils refusaient tout lien de parenté avec un personnage aussi sulfureux que d'Éon qui avait tiré de l'oubli un ancêtre qui ternissait l'honneur de la famille : un hérésiarque condamné au concile de Reims au XIIe siècle ! Les Carcado ne souhaitaient pas rappeler le souvenir de ce moine défroqué de l'ordre de Saint-Augustin, qui s'adonnait dans la forêt de Brocéliande à des tours de magie et qui réunit sous sa houlette un petit peuple de miséreux, pilleurs de châteaux, d'églises et de monastères afin de redistribuer leur butin aux plus défavorisés. Et pour comble, ce d'Éon de l'Étoile ne s'était pas contenté de diriger une bande de pillards. Il avait fait de ces brigands des disciples qu'il endoctrinait, leur prêchant l'égalité. Il était ainsi à l'origine d'un de ces nombreux mouvements hérétiques (l'Éonisme) qui fleurirent en ce siècle : il prétendait partager le monde avec Dieu et déclara devant le tribunal ecclésiastique devant lequel il fut traduit, qu'il était celui qui devait venir juger les vivants et les morts. Considéré comme fou dangereux, séducteur du peuple et hérésiarque, il fut condamné à la détention perpétuelle. Il mourut dans sa prison « avec son bon sens retrouvé », à ce qu'on prétendit ! La chevalière dut rire, tout bas de la déconvenue des Carcado et porter un toast de vin de

Tonnerre à ce d'Éon de l'Étoile dont elle revendiquait volontiers la paternité...

La frégate ne voguera pas

L'existence de Mlle d'Éon ne ressemblait guère à celle du chevalier dont elle parlait parfois en disant « mon frère », comme si elle avait mis au tombeau le capitaine de dragons en devenant femme. Cependant il y avait un lieu où elle passait encore pour un homme : la loge des francs-maçons de Tonnerre. Les « frères » de la loge des « Amis Réunis de Tonnerre » reconnaissaient l'Amazone pour l'un des leurs et commençaient leurs lettres de la façon suivante : « Mademoiselle et très cher frère ». Un certain Champsort, président d'une loge à l'Orient d'Auxerre et qui avait introduit d'Éon à celle de Tonnerre, disait « voir avec la plus grande satisfaction un maçon aussi célèbre que lui dans son sein [1] ». Un autre frère répondant au nom de Soufflot l'assurait que sa maison serait la sienne dans cette ville. L'héroïne, considérée comme un « frère » parmi les autres, se rendait sûrement à leurs tenues en vêtements masculins.

Ses anciens amis lui restaient fidèles. Il recommandait ainsi au marquis de Bouillé ses neveux O'Gorman qui servaient en Amérique et dont il recevait directement des nouvelles par leur général, lequel n'hésitait pas à plaisanter avec son ancien dragon : « J'ai été jusqu'ici très heureux et la fortune m'a traité comme une maîtresse, mais si vous n'étiez pas la chevalière d'Éon je vous dirais qu'elle est femme et conséquemment sujette à des caprices. Elle aime les jeunes gens ; je vais donc encore en garder des faveurs et si elle me tient rigueur, il faudra la violer. Vous voyez que je pense comme un ancien dragon [2]. »

M. Le Sesne qui, on s'en souvient, l'avait accompagné lors de sa traversée d'Angleterre en France, tenait à l'honorer. Cet arma-

1. M. Champsort à Mlle d'Éon, coll. privée.
2. Le marquis de Bouillé à la chevalière, s.d., coll. privée.

teur voulait construire à Granville dans le Cotentin une frégate de 44 canons portant le nom de la chevalière d'Éon. « Il suffira certainement, Mademoiselle, de présenter un nom aussi recommandable aux Amateurs de cette entreprise, pour que chacun d'eux s'efforce de participer à la gloire qui l'accompagne et se remplisse de l'esprit qui vous anime pour l'avantage et le bonheur de l'État. » On demandait à la chevalière de désigner le capitaine, les officiers et les matelots qui formeraient l'équipage. Très flattée, Mlle d'Éon répondit qu'elle n'avait qu'un seul regret, « celui de n'être ni compagne, ni témoin » des futures opérations. Elle ajoutait cependant : « Si mon estime particulière peut accroître votre zèle, les étincelles de mes yeux et le feu de mon cœur doivent naturellement se communiquer à celui de vos canons à la première occasion de gloire. » La nouvelle se répandit dans le royaume, M. Le Sesne ayant fait imprimer sa correspondance avec la chevalière. Les candidatures d'officiers et de matelots affluèrent mais le vaisseau qui devait illustrer le nom de l'Amazone n'exista que dans l'imagination de l'armateur. Les souscriptions lancées pour la construction et l'équipement du navire restèrent lettre morte. Le bois que M. Le Sesne fit livrer à Granville fut saisi pour n'avoir pas été payé et le bateau prit l'eau avant même sa construction.

Les espoirs de la chevalière sombraient avec la frégate. Son exil durait depuis trop longtemps. La vie de province lui pesait. Elle entretenait toujours ses hautes relations à Versailles et à Paris. On la voit ainsi envoyer des truffes au baron de Breteuil et le féliciter pour sa nomination à la charge de ministre de la Maison du roi.

En 1783, le roi lui permit enfin de revenir à Paris. Mlle d'Éon retrouva dans la capitale ses anciens amis et se garda bien de faire le moindre scandale. On la fêta comme elle l'avait toujours été. Mme Campan l'invitait avec sa sœur Mme Auguié et d'autres personnes connues de l'Amazone. Mme Amelot l'épouse du ministre la conviait également à dîner. Mlle d'Éon cultivait aussi l'amitié du chevalier Bonnard, Bourguignon comme elle et qui présentait l'avantage d'être le précepteur du jeune duc de Valois [1], fils aîné

1. Fils aîné du duc de Chartres devenu duc d'Orléans et premier prince du sang en 1785, le duc de Valois est le futur Louis-Philippe, roi des Français.

du duc d'Orléans, ce qui lui donnait ses entrées au château de Saint-Cloud, résidence de plaisance des princes d'Orléans [1]. À cette même époque elle entretint des relations étroites avec la duchesse de Montmorency-Bouteville à laquelle elle resta très attachée. Une lettre de cette grande dame ne manque pas de surprendre, car c'est elle qui demande à d'Éon d'obtenir un billet d'entrée pour le parc de Mousseau du duc de Chartres. « Vous nous avez fait espérer, Mademoiselle, que vous nous ferez avoir un billet pour entrer chez M. le duc de Chartres à Mousseau. Voulez-vous bien le demander pour que notre sortie puisse avoir lieu dans le courant de la semaine prochaine. En attendant souvenez-vous que vendredi prochain, nous allons à l'école vétérinaire. *Pour moi, je n'oublierai jamais ce qui me rapprochera de vous* [2]. C'est dans ces sentiments que j'ai l'honneur d'être, Mademoiselle, votre très humble et très obéissante servante [3]. »

Mlle d'Éon retournera en Angleterre

Le traité de Versailles conclu entre la France et l'Angleterre en 1783, qui mettait fin à la guerre d'Amérique, laissa penser à la chevalière qu'elle pourrait retourner en Angleterre où l'appelaient ses affaires. Lautem, son logeur, se plaignait en effet de ne pas être régulièrement payé du loyer de son logement et menaçait de vendre la précieuse bibliothèque de son propriétaire. C'était un véritable sujet d'angoisse pour d'Éon qui aimait ses livres et ses manuscrits autant que ses terres de Bourgogne.

D'autre part lord Ferrers était mort et ses héritiers, aussi étrange qu'on puisse l'imaginer, devaient de l'argent à la chevalière. En effet lors de son départ pour la France d'Éon avait remis à son ami lord Ferrers 5 000 £ que Beaumarchais lui avait fait parvenir de la

1. En 1785, Louis XVI achètera Saint-Cloud pour la reine.
2. C'est nous qui soulignons.
3. La duchesse de Montmorency-Bouteville à la chevalière, le 18 juin 1785, coll. privée.

part du roi. Avec cet argent, l'amiral s'engageait à régler les dettes du chevalier-chevalière. Or, il n'avait acquitté qu'une partie des dettes et gardé 3 000 £ pour l'achèvement des travaux de son château et l'exploitation d'une mine de plomb découverte dans son parc. Fort déçu par la conduite de son ami, le chevalier-chevalière lui avait demandé de régulariser la situation le plus rapidement possible, mais Ferrers avait laissé traîner les choses : il ne pouvait rembourser ces 3 000 £, mais promettait d'envoyer à d'Éon une obligation de cette somme avec un intérêt de 5 %. On était alors le 26 décembre 1775 et le remboursement n'était possible qu'en 1780. Ce contrat fut alors transféré à M. Duval-Seguray, joaillier et créancier du chevalier-chevalière. D'Éon avait donc quitté Londres l'esprit tranquille. L'année suivante, il apprit la mort de lord Ferrers mais la guerre l'empêchait de regagner l'Angleterre où l'héritier de lord Ferrers n'avait aucune intention de rembourser les intérêts de la dette. En 1785, ils s'élevaient à 1 250 £, lord Ferrers ayant versé les 5 % d'intérêts pour l'année 1776.

La chevalière adressait des lettres pressantes à Vergennes devenu le conseiller le plus écouté du roi depuis le décès de Maurepas, mais le ministre ne se pressait pas de répondre. De guerre lasse, elle eut recours à un petit chantage. Elle affirma que si Lautem n'était pas payé, il risquait de vendre ses livres mais aussi ses manuscrits ; or parmi ces papiers, il y avait encore des épaves de l'ancienne correspondance secrète de Louis XV. Était-ce vrai ? On ne sait. Sur les conseils de sa célèbre locataire, Lautem écrivit à Vergennes. Excédé par les rebondissements de cette histoire, celui-ci proposa 200 louis en échange des papiers, qui, disait-il, devaient être de peu d'importance. Lautem n'accepta pas la proposition. Le temps passait. D'Éon s'inquiétait. Le 9 novembre 1784, Lautem annonça dans le *Courrier de l'Europe* la vente de la bibliothèque. La chevalière supplia Lautem de surseoir à sa décision. Pendant des mois, elle se démena comme une folle et, de guerre lasse, le 17 novembre 1785, Vergennes lui remit 6 000 livres et lui accorda la permission de se rendre en Angleterre pour régler ses problèmes financiers.

CHAPITRE XII

Le grand come-back de Mlle d'Éon

Le 17 novembre 1785, la chevalière quitte Paris en chaise de poste et retrouve à Londres sa vieille demeure de Brewer Street où l'accueille Lautem bien vite amadoué par les 6 000 livres qu'elle ne tarde pas à lui remettre. À son grand soulagement, Mlle d'Éon constate que ses effets sont intacts et que sa précieuse bibliothèque se trouve dans l'état où elle l'a laissée sept ans plus tôt ! Elle a certes l'intention de régler ses affaires, mais on peut penser aussi que l'héroïne veut respirer l'air de Londres, bien différent de celui de Paris. Pour l'heure elle n'a pas de projet d'avenir. Mais en a-t-elle jamais eu ? Et la France n'est pas loin pour une personne qui a tant voyagé.

Angleterre terre de liberté

L'anglomanie faisait alors fureur en France. Relayée par les mondains, l'admiration qu'éprouvaient philosophes et partisans des Lumières pour tout ce qui venait d'outre-Manche avait littéralement explosé depuis la signature du traité de Versailles. On ne se contentait plus de faire l'éloge des libertés et du système politique anglais, on vantait le civisme de cette nation, sa douceur de vivre, la simplicité de ses mœurs et ses vertus tranquilles. On opposait son sérieux à la légèreté française et la simplicité du train de vie de George III à la magnificence de celui de Louis XVI. On découvrait avec ravissement la variété d'inventions des ennemis d'hier, leurs produits manufacturés, bref cette haute technicité qui causait une si agréable surprise aux étrangers dès leur arrivée dans ce pays. Les voyageurs donnaient de Londres l'image d'une cité évoluée aux larges avenues bordées de trottoirs et parcourues de voitures légères qui contrastaient avec les artères boueuses de la capitale française encombrée de lourds carrosses et de véhicules inadaptés à l'exiguïté de ses trop nombreuses ruelles.

Louis XVI et Vergennes étaient loin de partager cet engouement. Le système parlementaire britannique leur paraissait une invention diabolique dont l'application eût été inconcevable en France, monarchie de droit divin. « Le parlement n'est pour la plupart du temps dirigé que par l'esprit de parti et l'intérêt national n'est qu'un prétexte pour poursuivre et déplacer les ministres », écrivait Vergennes au comte de Moustiers, représentant de la France près la cour de Saint-James. Au reste, la plupart des violents pamphlets dirigés contre la monarchie française, en particulier contre la reine, sortaient des officines londoniennes. Le roi s'ingéniait à faire racheter à prix d'or les éditions complètes de ces libelles orduriers. Sans succès le plus souvent.

Cependant une grave crise politique secouait cet État chéri par les esprits éclairés. George III gouvernait autoritairement par l'intermédiaire de ministres qui étaient ses créatures. Malgré les factions qui la divisaient, l'aristocratique majorité whig de la chambre des Communes avait engagé une lutte sans merci contre le pouvoir royal et ses méthodes, c'est-à-dire la corruption et le patronage. En s'élevant contre la prérogative royale qui leur semblait contraire à la tradition politique anglaise, les whigs cherchaient avant tout à maintenir un parti parlementaire indépendant de l'influence personnelle du roi pour établir la suprématie des chambres sur la volonté du souverain. En 1783, le prince de Galles, fils aîné du monarque, avait soutenu une coalition dirigée contre son père par le whig Charles Fox. George III songea un instant à abdiquer mais se reprit et accepta la formation d'un ministère whig. Le parlement l'emportait et le nouveau gouvernement engagea une sérieuse offensive contre la prérogative royale. Lors des élections de 1784, on assista à une campagne passionnée, inimaginable pour un roi de France. Les partisans de Fox et ceux de Pitt rameutèrent des appuis par tous les moyens. Les candidats usaient aussi bien de la calomnie que des injures envers leurs adversaires contre lesquels ils lançaient les libelles les plus infamants qu'on distribuait aux coins des rues. Cependant « Fox, l'homme du peuple » fut battu et le fils de lord Chatham, le jeune Pitt, tory notoire soutenu par le roi, l'emporta. L'Angleterre apparaissait aux yeux de bien des Français comme un pays moderne où l'on ne s'ennuyait pas comme dans le royaume de France.

Cette fièvre politique intéressait d'Éon qui connaissait mieux l'Angleterre que la plupart des thuriféraires de son régime. On sait les liens qu'il entretenait avec le parti whig. Malgré sa conduite exemplaire depuis son exil à Tonnerre, on comprend que le ministre ait hésité à lui donner l'autorisation de partir pour Londres. On ne peut cependant s'empêcher de noter que son départ coïncide avec les débuts de l'instruction de la célèbre affaire du collier de la reine. Sans entrer dans le détail de procédures complexes, il convient de rappeler que Vergennes, en tant que ministre des Affaires étrangères, avait plein pouvoir dans les cas d'extradition. Puisque l'extradition était impossible en Angleterre, il voulait alors faire enlever le comte de La Motte, complice de son épouse dans le vol du bijou qu'ils avaient démonté ensemble ; c'était ce monsieur qui avait vendu les diamants à des joailliers londoniens. Vergennes comptait sur la diligence de ses agents secrets outre-Manche, et rien n'empêche de penser qu'il ait confié une mission au chevalier-chevalière, lequel connaissait tous les milieux de la capitale britannique. Un tel ordre pouvait avoir été donné oralement et permettrait d'expliquer la date du départ de d'Éon, qui, en dépit de toutes ses folies, n'avait jamais trahi le roi. Quoi qu'il en soit, on ne trouve pas trace d'une quelconque intervention du chevalier-chevalière dans la longue traque dirigée contre le comte de La Motte et son enlèvement raté[1] qui rappelle

1. Voir à ce propos Evelyne Lever, *L'Affaire du collier,* Fayard, 2004.

étrangement les préparatifs mis en œuvre contre d'Éon par le comte de Guerchy quelques années plus tôt.

La veuve de Brewer Street

À Londres, *The Rambler's Magazine* annonça ironiquement l'arrivée de l'Amazone : « Mlle D'Éon, who is just arrived in England, is to be naturalized ; after which she means to represent Middlesex[1]. » On avait connu un capitaine de dragons-diplomate à la réputation sulfureuse ; on voyait revenir une plantureuse matrone au verbe haut, vêtue de noir, ce qui fit dire à lord Mount Edgecumbe : « Monsieur d'Éon est devenu sa propre veuve. » Mais les Anglais raffolent des originaux et les romanesques aventures de l'hôte de Brewer Street restaient dans toutes les mémoires. D'Éon passait pour une femme, cependant malgré le jugement du Banc du roi, des doutes subsistaient sur son appartenance au sexe féminin. Peu importait. Mlle d'Éon était une excentrique digne de l'intérêt, voire de l'admiration des Anglais. Aussi retrouva-t-elle ses anciens amis, qui fêtèrent le retour de l'enfant prodigue. Elle racontait ses nouvelles aventures, parlait « chiffons » avec les femmes, mais de toute évidence préférait le commerce des hommes. Lorsque les dames se retiraient, elle restait boire et plaisanter avec eux. Mlle d'Éon se sentait plus libre à Londres qu'à Paris. De temps à autre, elle remettait son uniforme sans causer de scandale et surtout sans courir le risque de se voir enfermer dans un couvent. On la rencontrait aussi bien dans la haute société que chez les artistes et les écrivains. Le 27 janvier 1786, Horace Walpole dîna avec elle chez Mrs Cosway, l'épouse du portraitiste favori du prince de Galles. Le diplomate fut horrifié par l'apparition de cette virago qui ne portait ni gants ni manchon et dont les bras énormes semblaient faits pour les gros travaux plutôt que pour les coups d'éven-

1. Londres étant la capitale de l'Angleterre et celle du comté de Middlesex, le journaliste jouant sur l'ambiguïté sexuelle de d'Éon laisse entendre qu'il (elle) serait le candidat idéal d'un comté portant un tel nom.

tail. Il la trouva exubérante, bruyante et vulgaire, se conduisant comme un soudard. Il était persuadé que son travesti cachait quelque mission secrète et se demandait ce que la postérité pourrait imaginer au récit d'une soirée où il avait côtoyé un tel personnage [1].

Le prince de Galles voulut connaître l'Amazone que le roi et la reine avaient reçue du temps où elle était connue comme chevalier d'Éon, secrétaire d'ambassade et ministre plénipotentiaire de Louis XV. Il l'invita le 22 janvier 1786 dans sa résidence de Carlton House, où il recevait des artistes, des membres de l'opposition, des francs-maçons et des adeptes de Mesmer. Le futur George IV entretenait alors des relations déplorables avec ses parents. Son opposition ostensible à la politique paternelle, sa vie privée débridée, ses fréquentations indignes d'un héritier de la couronne faisaient scandale. Le prince agissait selon son bon plaisir et se moquait de sa réputation. N'était-il pas au-dessus des lois ? Il avait ses partisans dans toutes les classes de la société. D'Éon fut tout naturellement l'héroïne de l'assemblée à Carlton House. Elle intéressait un prince gâté et blasé, ce qui était une sorte de victoire.

La chevalière prit bientôt l'habitude de tenir salon. Elle faisait généreusement servir à ses invités des huîtres et du vin de Champagne, « à la française », comme disaient les Anglais. Chez elle, on retrouvait certains des hôtes de Carlton House, les membres de l'opposition au premier rang desquels figuraient John Wilkes et sa fille, beaucoup d'artistes comme le peintre Richard Cosway et son épouse, l'écrivain et graveur William Blake, le chevalier Ruspini... La plupart d'entre eux appartenaient comme d'Éon à la loge dite « Nine Muses ». L'arrivée à Londres du « mage » Cagliostro, créateur du rite maçonnique égyptien et surtout grand charlatan devant l'Éternel, la fascina quelque temps, mais lorsque le prince de Galles lui-même cessa de le recevoir, Mlle d'Éon en fit autant. La maçonnerie anglaise était alors plus développée et plus influente que la maçonnerie française. Les théories illuministes de Swedenborg y étaient à l'honneur. Après s'être révélé comme un inventeur

1. *Horace Walpole's Correspondence*, ed. W.S. Lewis, Smith and Lam (Yale University Press), 33 (2), p. 510-511.

de génie, ce Suédois philosophe avait eu une révélation de l'au-delà, dont il tenta de s'expliquer dans le *Livre des rêves*. Peu après, il publia la *Nouvelle Jérusalem*, une histoire naturelle du monde surnaturel : selon lui, les deux mondes coïncidaient l'un avec l'autre, tout être humain ayant son double dans le ciel. Il consacrait de longs passages à l'androgynie d'origine divine. La chevalière se mit à approfondir ces thèses, ce qui l'entraîna à étudier le cabalisme. Elle se mit alors à rédiger fiévreusement un traité intitulé *Collection de découvertes, secrets, médecines,* dans lequel elle compilait des textes alchimiques de Paracelse, Isaac Hollandius, Basil Valentine, Philalethes, Tollius et Crollius [1], auxquels elle ajouta des commentaires sur le Zohar. Elle parvint à la conclusion que les femmes étaient des émanations de l'être d'origine, lequel possédait un double sexe.

De la pointe de l'épée au fil du rasoir

D'Éon ne passait pas tout son temps plongé dans ses rêveries ésotériques ; il avait besoin d'exercice physique. On sait qu'il maniait l'épée avec autant d'art que d'élégance. Lors de son premier séjour à Londres, il s'entraînait chez Angelo, le meilleur maître d'armes d'Angleterre. Quelle n'avait pas été la surprise de ce dernier en retrouvant une grosse dame vêtue de soie noire, coiffée d'un bonnet surmonté d'un toupet rose, qui s'était penchée pour embrasser son fils sur les deux joues. Contre toute attente, la chevalière décida de reprendre son entraînement. Elle gardait la même agilité qu'auparavant. Un splendide mulâtre appelé le chevalier de Saint-Georges fréquentait assidûment la même salle d'armes. Il vivait à Londres depuis quelques années et faisait l'admiration des Anglais, pourtant assez peu portés sur l'escrime.

---

1. D'Éon de Beaumont, *Collection des découvertes, secrets, médecine...*, Wellcome Institute of History of Medicine, Mss. 2000, cité par Marsha Keith Schuchard, « Black's Mr Femality : Freemasonry, Espionage and the Double-Sexed », *Studies in 18th Century Culture*, vol. 22.

C'était le fils d'un riche planteur de la Guadeloupe, M. de Boulogne, et d'une esclave noire connue sous le nom de Belle Nanou. Son père qui l'avait pris en affection, découvrit chez ce garçon des dons exceptionnels pour les exercices physiques et... pour la musique. Son long corps musclé d'une souplesse rare lui permit de devenir un athlète accompli. Excellent cavalier, nageur infatigable, il tirait au pistolet avec une précision redoutable, mais surpassait tous ses contemporains dans l'art de l'escrime. Ses attaques étaient une suite ininterrompue de coups portés, et sa parade si serrée qu'on ne pouvait le toucher. M. de Boulogne l'envoya en France, à Rouen, auprès d'un maître réputé qu'il battit à plates coutures. À la mort de son père, il hérita d'une confortable rente et fut engagé en 1779 comme lieutenant de chasse du duc d'Orléans. En 1780, lorsque ce prince mourut, Saint-Georges décida de s'installer à Londres pour s'entraîner avec Angelo, lequel évoque dans ses mémoires ce garçon exceptionnel.

La réputation des escrimeurs et surtout celle de Saint-Georges excita la curiosité du prince de Galles ; il voulut assister à un grand « assaut d'armes » chez lui, à Carlton House, au début du mois d'avril 1787. Les passes furent brillantes. Le prince fit l'honneur à M. de Saint-Georges de croiser le fer avec lui. Parmi les invités se trouvait Mlle d'Éon, qui ne fut pas la dernière à s'enthousiasmer à ce spectacle. Quelques jours plus tard, les journaux rendaient compte de la rencontre de Saint-Georges avec Mlle d'Éon à Carlton House en présence du maître des lieux entouré d'une nombreuse assistance. En dépit de ses soixante ans, de sa santé fragile et de sa robe recouvrant trois lourds jupons, l'Amazone para tous les coups de son adversaire avec une vivacité stupéfiante et finit par le toucher. Le prince de Galles félicita la moderne Pallas et lui offrit une paire de magnifiques pistolets. Mlle d'Éon fit preuve à cette occasion d'une modestie qui ne lui ressemblait guère. Elle minauda, mettant la cause de sa victoire sur le compte de la complaisance de son adversaire. Cet assaut consacra définitivement sa réputation d'escrimeur.

Ainsi la chevalière occupe-t-elle toujours le devant de la scène.

Pendant quelques mois, sa vie est exempte de soucis. Ses nombreux amis ne l'abandonnent pas et elle fait partie de la société du prince de Galles. Elle a suffisamment d'argent pour vivre agréablement. Lautem étant mort subitement, elle achète ses meubles, son argenterie, son linge et prend un long bail pour la totalité de la maison où elle entreprend d'importants travaux. Non seulement, elle rénove l'ensemble du bâtiment, mais elle fait construire deux grandes caves voûtées sous le jardin et bâtir sur ce jardin une bibliothèque avec portes et fenêtres de fer capable de contenir trente mille volumes sans crainte du feu, les incendies étant fréquents à Londres. Elle a l'intention d'entreposer son vin de Tonnerre dans la cave afin de le vendre et de sous-louer une partie de la maison afin de ne plus dépenser un sou pour son logement.

Tonnerre lui semble loin. Elle en reçoit pourtant régulièrement des nouvelles ; des nouvelles parfois surprenantes : sa sœur Mme O'Gorman vient d'être emprisonnée par « ordre du roi » à la demande de son époux [1] ! On est venu l'arrêter à sept heures du matin alors qu'elle était auprès de sa mère. La vieille dame pleure et supplie la chevalière d'intervenir auprès de son beau-frère avec lequel elle a toujours entretenu de si bons rapports. Ne lui a-t-elle pas fait récemment obtenir le consulat de France en Irlande et la croix de Saint-Louis ? Oui mais voilà, Mme O'Gorman, dont le caractère a toujours été difficile et l'humeur changeante, a fait des dettes que son époux refuse de payer. Les créanciers réclament leur dû et M. O'Gorman est prêt à vendre tout le vin ainsi que le mobilier de la maison pour les régler. Mme d'Éon supplie la chevalière de s'adresser au baron de Breteuil pour demander la délivrance de sa fille. Toute la ville est en émoi et prend le parti de la prisonnière contre son mari. Décidément les d'Éon font toujours parler d'eux !

On ne sait pas précisément comment réagit l'Amazone mais sa mère resta dans ses meubles et sa sœur en prison, à Provins, où elle mourut au début de l'année 1788. Les relations furent momentanément rompues avec O'Gorman, mais reprirent au moment du

1. *Cf.* Lettre de Jeurat (probablement intendant de la propriété) à Mlle d'Éon le 6 février 1787, A.A.E. Lettres adressées au chevalier d'Éon, dossier non coté.

décès de sa femme. C'est la chevalière qui le lui annonça : « Malgré la mésintelligence qui s'est élevée, mon cher beau-frère, entre vous et ma famille, lui dit-elle, je crois devoir vous faire parvenir une copie de la lettre de M. de Charnoy pour vous annoncer un événement aussi important que la mort de votre femme. Je ne pense pas que ce malheur vous afflige infiniment et vous direz volontiers :

"Cy gît ma femme ha ! qu'elle est bien
Pour son repos et pour le mien."

À présent vous voilà libre et la paix rétablie dans votre ménage. Vous n'aurez pas de peine à trouver une autre femme plus riche, mais vous en aurez à en trouver une meilleure ! Je dois lui rendre la justice que sa tête était mauvaise mais l'intérieur de son cœur n'était pas méchant. Sa trop grande vivacité et sa trop grande jalousie étaient ses deux maladies mortelles. Si elle eût été plus riche et si elle vous eût moins aimé, vous auriez été tous deux plus heureux.

Je vous souhaite tout le bonheur possible à l'avenir. Si vous passez à Londres, vous pouvez venir m'y voir[1]... »

La prière d'une vierge

Tout aussi alerte que par le passé la chevalière se comportait à Londres comme une citoyenne britannique, privilégiée par ses hautes relations, en particulier par le prince de Galles. Ce dernier défrayait la chronique. En opposition ostensible avec ses parents, il soutenait les whigs et Fox leur leader. Mais sa critique n'avait rien de constructif ; elle s'apparentait plus à celle d'un enfant gâté, paresseux et insolent qu'à celle d'un homme politique réfléchi. Sa vie privée désordonnée, son train de vie dispendieux et ses dettes faisaient toujours scandale. Pour comble, il avait épousé secrètement une catholique, Mrs Fitzherbert, ce qui était interdit à l'héri-

1. La chevalière à son beau-frère O'Gorman, Londres, le 18 juin 1788, fonds Larcher (coll. privée), cité par André Frank, *D'Éon chevalier et chevalière, sa confession inédite*.

tier du trône d'Angleterre. Alors que Pitt, le Premier ministre, engageait une série de réformes d'ordre politique, économique et colonial, le roi tomba gravement malade au début de l'automne de 1788. Le malheureux George III était atteint de porphyrie, un mal mystérieux qui se manifestait par des douleurs abdominales accompagnées de troubles nerveux et psychiques. On parla de folie. Le souverain allait-il rester dans cet état ? recouvrer la raison ? mourir ? L'incapacité de la personne royale paralysait le gouvernement. On était bien obligé d'envisager une régence et tous les regards se tournaient évidemment vers le fils aîné du monarque. Alors que Fox déclarait que le prince de Galles devait exercer le pouvoir souverain en tant qu'héritier de la couronne, le Premier ministre affirmait qu'il ne pouvait pas devenir régent sans une décision du parlement. Les députés se mirent au travail pour élaborer une loi de régence dans un climat assez lourd.

La chevalière eut alors l'idée d'écrire une *Épître aux Anglais dans les tristes circonstances présentes.* Cet opuscule de quarante-huit pages, paru en novembre 1788, ne manque pas de surprendre et témoigne d'un changement radical dans la pensée de son auteur. Ce n'est ni le chevalier ni l'Amazone qui s'exprime, mais une prophétesse inspirée par les saintes Écritures, animée d'un profond amour en Jésus-Christ puisé dans la lecture de saint Augustin. Elle se présente comme une vierge solitaire vivant dans le silence de sa bibliothèque « qui voudrait pouvoir dire à Dieu comme saint Paul : si je vis encore dans ce corps mortel ce n'est pas moi qui vis, c'est Jésus-Christ qui vit en moi et j'y vis en la foi du fils de Dieu ». La maladie du roi est à ses yeux un châtiment envoyé par le ciel pour frapper l'Angleterre qui a perdu la foi. Dieu a prononcé un arrêt contre le souverain pour punir son peuple indigne. Aussi convient-il aux Anglais de faire pénitence ; s'ils ne prennent pas conscience de leur indignité, le Père tout-puissant redoublera ses coups car rien ne se fait sans la volonté divine. Le Seigneur inflige des malheurs aux hommes pour ranimer leur foi : celui qui ne fait pas confiance à la Providence reste abattu et sans espérance tandis que le croyant animé de l'esprit de Dieu trouve dans son affliction des traits de ressemblance avec Jésus-Christ qui font toute sa joie. « Comprenons, dit-elle, que tout ce que le monde estime n'est qu'illusion et fantôme ; que ceux que le siècle regarde comme heureux sont réellement malheureux ; que la véritable félicité consiste à se reposer en Dieu seul, à adorer sa justice et à se soumettre à sa volonté dans les différents états où il nous veut. » Et la prophétesse de stigmatiser Londres, moderne Babylone, où l'on ne pense qu'à adorer le veau d'or. Elle s'en prend aux marchands, aux financiers, aux fournisseurs aux armées et à la marine, à tous les riches qui « commettent journellement de nouvelles injustices pour satisfaire leur luxe, leurs plaisirs et leur mollesse », et aux femmes impudiques. Elle fustige la cruauté de ces mauvais riches dont le « cœur se ferme aux cris redoublés de l'indigent » en suggérant au premier ministre de taxer les vices de ses concitoyens plutôt que leurs biens, « tels par exemple que le blasphème, le parjure, l'usure, le vol, la calomnie, la médisance, la chicane, les dettes, le viol, les dépôts d'argent, le larcin de l'honneur des filles, l'infidélité conjugale ; bientôt le trésor inépuisable de vos crimes, affirme-t-elle, serait un fond immense d'amortissement qui paierait bien au-delà la dette nationale : et cette taxe serait aussi utile aux hommes qu'agréable à Dieu ». Si les Anglais rentrent en eux-mêmes, cessent de commettre leurs turpitudes, prient Dieu de leur pardonner et de rendre la santé au roi, leurs prières seront peut-être entendues.

Mlle d'Éon poursuit son *Épître* par une longue invocation pour le rétablissement de George III : « Puisque le roi est l'homme de la droite de Dieu, qu'il vive pour la consolation de sa famille et celle de ses sujets ; qu'il vive pour la gloire et les intérêts de Dieu ; qu'il vive pour la destruction de l'iniquité, du mensonge et du libertinage qui sont ses ennemis. » Il faut prier aussi pour la reine et la famille royale, sans oublier le prince de Galles dont la nouvelle prophétesse dresse une apologie digne du courtisan le plus servile : à ses yeux, le fils aîné du roi est doué de tous les talents, d'une prodigieuse culture et de larges vues politiques. « Ce prince équitable, humain, généreux, qui nous montre des vertus dans un âge qui pour l'ordinaire ne présente que des passions, est déjà parvenu à être non plus l'espérance, mais le soutien et la consolation de la famille royale et de toute la nation. » Mais ce futur souverain devra apprendre de saint Augustin en quoi consiste le vrai bonheur des princes chrétiens. Après avoir encore invoqué le Seigneur pour le rétablissement du roi, Mlle d'Éon achève son *Épître* par une prière personnelle à Jésus-Christ :

« Je me meurs d'envie de mourir en ta crainte et ton amour. Absente de mon Dieu, toujours loin de ce que j'aime, je languis. Qu'est-ce que je puis voir où je ne te vois pas ? Pour te voir, je me meurs de regret de ne pouvoir mourir. Sans toi, je ne puis vivre. Ici la vie est une mort et la mort est un gain pour moi. Est-ce vivre que de vivre sans toi ? Est-ce mourir que de mourir avec toi qui dois me ressusciter le jour de ta gloire ? Ô beauté, si ancienne et si nouvelle ! Je t'ai aimé trop tard, mais je t'aimerai toujours. Toi seul es aimable et adorable. »

D'Éon ne nous avait pas habitués à une telle rhétorique. Que sont devenues les gaillardises du capitaine de dragons ? les rages du chevalier, ses emportements, ses roueries ? les minauderies de la chevalière ? Le ton de cet *Épître* est aux antipodes de celui avec lequel il rédigeait ses rapports d'ambassade, ses lettres furibardes aux ministres, ses plaintes à ses supérieurs, ses facéties grinçantes avec Beaumarchais... Ces pages inspirées (si l'on peut dire !) révèlent une personne touchée par la grâce. Mais est-ce bien de la grâce qu'il s'agit ici ? Si la « conversion » de d'Éon est réellement sincère, ce dont on ne peut douter en lisant d'autres textes dont reparlerons plus loin, cette épître ne serait-elle pas l'expression d'un désordre intérieur chez un être à la recherche de sa véritable identité, à un âge où il n'a plus grand chose à espérer de la vie ? Les avatars de son existence, sa métamorphose sans doute désirée mais imposée à son corps défendant, prouvent que d'Éon a désespérément cherché sa véritable nature, laquelle semble s'être toujours dérobée. Cette quête ne pouvait se résoudre que dans l'abandon total au Seigneur qui semble se réaliser au prix d'une sorte de délire mystique. Mais il est particulièrement troublant que ce délire mystique s'exprime publiquement à l'occasion d'une crise politique, comme si d'Éon avait perdu le sens des réalités, en se souvenant simplement qu'il devait flatter le prince de Galles sous le règne duquel il risquait de vivre. Son éloge indécent du futur George IV après les foudres lancées contre la débauche et la corruption des élites britanniques avait de quoi faire douter de sa bonne foi... et de sa raison.

La publication de cet opuscule en langue française ne semble pas avoir eu beaucoup d'écho et la crise du régime s'acheva par la guérison (toute provisoire) du roi qui donna lieu à une explosion de joie populaire. Le Premier ministre et le Parlement étaient soulagés.

La citoyenne Geneviève Déon

La chevalière poursuivait tranquillement son existence lorsque l'année nouvelle réveilla son ardeur combative. Les changements qui s'annonçaient en France ne pouvaient la laisser indifférente. Elle applaudit aux débuts de cette Révolution qu'elle imaginait comme celle que les Anglais appelaient *The Glorious Revolution* (celle de 1688). Mlle d'Éon pourfendait le despotisme dont elle se croyait victime et le bouillonnement d'idées qui accompagna la réunion des états généraux l'enthousiasmait. Elle souhaitait pour la France une monarchie constitutionnelle et la fin de l'arbitraire avec l'abolition des trop célèbres lettres de cachet dont pourtant Louis XVI s'était montré fort économe. La chevalière en avait été victime et ne l'oubliait pas ; mais son cas ne ressemblait à aucun autre ! Ses amis suivaient avec attention les événements et se réjouissaient de leur rapide évolution. Ils crurent voir la réalisation du programme des Lumières en apprenant la prise de la Bastille. D'Éon, qui s'était ri naguère des prétentions aristocratiques de Beaumarchais et qui s'était forgé une généalogie prestigieuse, se plut désormais à signer « la citoyenne Geneviève Déon ». Elle se tenait pourtant fort tranquille, partageant son temps entre ses amis et ses parties de jeu d'échecs où elle s'était imposée comme une virtuose. De quels dons cette étrange personne n'était-elle pas pourvue ?

Le 14 juillet 1790, alors que Paris célébrait la fête de la Fédération qui devait être celle de la réconciliation des Français, Geneviève Déon donna un banquet réunissant ses amis parmi lesquels se trouvaient plusieurs compatriotes, afin de célébrer publiquement l'anniversaire de la glorieuse Révolution et de prêter le serment civique. On porta des toasts. La citoyenne lut le discours qu'elle avait préparé et qui devait être traduit et reproduit dans la presse britannique : « Frères, amis, compagnons, compatriotes, Français libres, tous membres d'une même famille, soldats, citoyens voués à la défense de la patrie régénérée, nous devons comme Français dans une terre étrangère être jaloux de donner à notre chère patrie de nouvelles preuves d'un zèle qui ne s'éteindra qu'avec nos jours », s'écria-t-elle.

« Nous jurons avec allégresse sur l'honneur et sur l'autel de la patrie, en présence du Dieu des armées, de rester fidèle à la nation, à la loi et au roi des Français ; de maintenir de tout notre pouvoir la constitution décrétée par l'Assemblée nationale et acceptée par S.M. Périsse l'infracteur perfide de ce pacte sacré, prospère à jamais son religieux observateur.

« Oui mes braves compatriotes, nous devons au péril de notre vie maintenir les décrets émanés de la sagesse du Tribunal auguste de l'assemblée nationale qui vient d'élever sur des bases inébranlables l'édifice de notre félicité.

« Nous devons renouveler l'hommage respectueux de notre amour au père tendre, au monarque citoyen qui met toute sa gloire et son bonheur dans celui de ses peuples [...].

« Et puisque l'Éternel l'a naturellement gravé dans le cœur de tous les hommes, puissent les Français ne jamais perdre de vue la sublimité de leur constitution, la considérer comme un dogme national et d'y demeurer toujours fidèles ! Ce sont les vœux ardents de mon cœur au nom de la liberté pour laquelle il serait beau de mourir et sans laquelle il serait affreux de vivre... »

On notera que ce beau discours patriotique ne ressemble guère à l'épître aux Anglais rédigée deux ans plus tôt. Geneviève Déon n'est plus inspirée par saint Augustin, mais par l'esprit des Lumières et celui de la franc-maçonnerie en faisant appel à l'Éternel et non à Dieu.

D'ailleurs la citoyenne avait organisé cette réunion en sachant que lord Stanhope[1], l'un des membres éminents de la maçonnerie anglaise, réunissait dans une salle voisine « ses frères » ainsi que des admirateurs de la Révolution française. La Bastille ayant été démolie et ses pierres vendues par le sieur Palloy qui avait acheté les restes de la forteresse, Mlle Déon s'était porté acquéreur de l'une d'elles. Elle la fit parvenir à lord Stanhope à cette occasion accompagnée de cette lettre dont on remarquera les accents d'un lyrisme patriotique exacerbé : « J'ai reçu depuis peu, disait-elle, un gros morceau de pierre faisant partie du cintre d'une des principales portes de ce château qui a essuyé le feu de la mousqueterie de nos braves Parisiens [...]. Pour vous en faire mon hommage, j'ai cru, Mylord, devoir attendre l'époque du 14 juillet, le jour et l'heure que vous présidez à l'honorable association qui célèbre aujourd'hui l'anniversaire de notre glorieuse Révolution par laquelle vingt-quatre millions d'individus sont réintégrés à la primitive possession de leurs droits inaliénables de citoyens !.... L'homme est rendu à la nature, le citoyen à la patrie, le monarque à ses sujets, les sujets à leur père, et tout un grand peuple aux vertus, aux lois, à l'égalité [...]. Un nouveau Titus paraît pour le rendre libre et pour faire triompher la justice par sa sanction royale à des décrets qui honoreront la sagesse du règne de Salomon[2]... »

Quelque temps plus tard, un dîner fut donné en l'honneur de Thomas Paine, célèbre depuis la publication en 1776 de son

1. Charles, comte de Stanhope (1753-1813), doué d'un esprit curieux, porta à la politique le même intérêt qu'aux sciences. Membre de la chambre des Communes de 1780 à 1786, il se montra partisan de la réforme parlementaire, défendit l'indépendance des colonies d'Amérique et se montrait favorable à l'abolition de la traite des noirs. En 1786, à la mort de son père, il entra à la chambre des Lords. En 1789, il s'enthousiasma pour la Révolution française en l'honneur de laquelle il écrivit une Apologie pour répondre aux écrits de Burke.

2. B.M. Ms. 594, cité par P. Pinsseau, *op. cit.*, p. 246-247.

Common Sense, ouvrage révolutionnaire préconisant la reconnaissance de l'indépendance des colonies américaines révoltées, et qui avait contribué à renforcer le parti de l'indépendance en Angleterre. Thomas Paine défendait les idées de la Révolution française et souhaitait l'instauration d'une République. Lors de cette réception, un politicien radical, John Horne Tooke, porta un toast en l'honneur de Paine et aussi de Mlle Déon, déclarant qu'il se trouvait placé entre deux personnes extraordinaires : à sa gauche se trouvait, disait-il, le plus grand écrivain politique du monde (*the greatest political writer in the world*) et, à sa droite, une femme qui avait joué un rôle important dans plusieurs cours d'Europe, qui avait obtenu un grade élevé dans l'armée et dont l'épée n'avait pas d'égale. Depuis cinquante ans, habillé en homme ou en femme, elle avait fait l'admiration de toute l'Europe.

Je n'ai que soixante-quatre ans

Ce furent les derniers succès de Mlle d'Éon. Cette Révolution pour laquelle elle s'enflammait lui causa un tort irréparable : sa pension, tout d'abord irrégulièrement versée, fut supprimée. On ne sait pour quelle raison, mais la crise financière, les soubresauts subis par le régime agonisant et les déclarations subversives de la chevalière suffisent à expliquer la perte de cette manne qui la faisait vivre. Elle devait faire face aux frais d'avocats dans le procès intenté aux héritiers de lord Ferrers et régler des créanciers qu'elle n'avait pas encore remboursés. Dès son retour à Londres, elle avait tenté d'obtenir que le frère et héritier de lord Ferrers lui remît ce qui lui était dû. Ce lord Robert Ferrers, qui gagnait beaucoup d'argent avec le revenu de sa mine de plomb, véritable mine d'or, n'avait pas l'intention de verser un penny à la chevalière. Elle fut contrainte de lui intenter un procès devant le tribunal des plaidoyers communs de la cour de Westminster (*The Court of Common Pleas at Westminster*) qu'elle gagna le 6 février 1787. Mais lord Robert mourut le 18 avril suivant. Son fils, au demeurant fort riche, faisait la sourde oreille et les créanciers de Mlle d'Éon se montraient de plus en plus pressants.

La chevalière essaya de vendre à un éditeur son traité ésotérique. Sans succès. La mort dans l'âme, elle se vit contrainte de vendre sa bibliothèque, ses précieux livres réunis avec passion depuis sa jeunesse. Elle fit appel à l'un de ses amis, l'*auctioner* Christie, pour la disperser au feu des enchères. Mlle d'Éon passa ses journées à rédiger le catalogue de ses livres et de ses manuscrits dont la vente allait durer plusieurs jours, vu l'importance et la qualité de l'ensemble. Elle faisait emballer ses caisses d'ouvrages au fur et à mesure de l'avancement de son catalogue. Fort méfiante, elle pria Mrs Cole, une vieille amie veuve d'un amiral, de surveiller leur déballage auprès de Mr Christie. Alors qu'elle se livrait à ce travail qui lui arrachait le cœur, la chevalière tenta une nouvelle démarche auprès du ministre des Affaires étrangères de Louis XVI, le comte de Montmorin, pour tenter de lui vendre les manuscrits de Vauban qu'elle possédait ainsi que quelques épaves de la correspondance secrète qu'elle avait gardées. Mais en France, l'heure n'était plus à ce genre de négociations. Personne ne songeait à s'intéresser à de tels documents. Montmorin eut pourtant la courtoisie de lui répondre : la chevalière perdait son dernier espoir de vendre quoi que ce fût à la France.

Elle rédigea ainsi six catalogues de livres et un catalogue de manuscrits où elle décrivait les précieux dossiers de Vauban. L'ensemble portait un titre aussi long qu'explicite : *Catalogue des livres rares et manuscrits précieux du cabinet de la chevalière d'Éon, ci-devant ministre plénipotentiaire de France en Angleterre à la paix de 1763, présentement à Londres et retournant à Paris, contenant un grand nombre de manuscrits curieux, tant anciens que modernes et une ample collection des meilleurs dictionnaires et livres français grecs, latins, anglais et aussi en toutes les différentes langues orientales qu'elle a rassemblés dans le cours de ses voyages.*

On précisait que la vente se ferait le 10 mai 1791 et les jours suivants à Pall Mall dans la grande salle, sous la direction de

Mr Christie. Les bibliothèques d'acajou, les estampes, les meubles, effets, armes, diamants et « tout ce qui compose la garde-robe d'un capitaine de dragons et celle d'une dame française », devaient être également vendus. On précisait que la chevalière avait personnellement paraphé tous les exemplaires de sa bibliothèque et qu'un bref résumé de sa vie préfaçait cet épais catalogue.

L'annonce de cette vente, précédée par un exposé des déboires de Mlle Déon avec les héritiers Ferrers, bouleversa ses amis qui organisèrent aussitôt une souscription à laquelle le prince de Galles participa lui-même. La somme obtenue lui permit seulement de retirer ses diamants. La vente eut lieu dans d'assez bonnes conditions. Cependant la chevalière ne put profiter longtemps de l'argent qu'elle reçut ; elle remboursa ses nombreux créanciers. Privée désormais de sa bibliothèque dont le contenu était l'une de ses raisons de vivre, son appartement vidé d'une partie de son mobilier, elle chercha vainement des moyens de subsistance. Quelques mois plus tard, elle mit en vente ses derniers bijoux, qui ne lui rapportèrent que peu de chose. Heureusement ses amis l'invitaient régulièrement à dîner. En désespoir de cause, elle décida de se produire dans des assauts d'escrime. On la vit ainsi à Bath, la villégiature la plus élégante du royaume, à Oxford, à Southampton. Ce n'était plus vivre, mais survivre.

À la fin du mois d'avril 1792, lorsqu'elle apprit que Louis XVI avait déclaré la guerre au roi de Bohême et de Hongrie, autrement dit à l'Empereur, son sang ne fit qu'un tour. Elle allait offrir son bras à la patrie afin de combattre les ennemis de la France. Mlle Déon croyait à un royaume régénéré par la Révolution qui avait transformé la monarchie absolue en monarchie constitutionnelle. Elle semble avoir ignoré les enjeux du conflit qui s'annonçait. Le roi espérait retrouver au moins une partie de son ancien pouvoir à la faveur de la guerre ; les patriotes, divisés entre girondins et jacobins, espéraient les uns que la guerre clarifierait la situation, obligeant le roi à se démasquer, et les autres redoutaient que le conflit ne fît au contraire le jeu de la famille royale. Enfin les armées françaises manquaient de tout et risquaient d'être rapidement écrasées par l'ennemi.

Ce dilemme importait peu à l'ancien capitaine de dragons. Peut-être même ne le voyait-il pas. La guerre qui s'annonçait pouvait donner un sens nouveau à sa triste existence et c'est tout ce qui comptait à ses yeux. Avant de s'adresser au président de l'Assemblée législative, il trempa plusieurs fois sa plume dans l'encrier de l'espoir, fit plusieurs brouillons pour exposer les vicissitudes de sa vie passée et présente et finit par écrire : « Monsieur le président, quoique le silence soit le plus bel ornement d'une femme, permettez-moi de le rompre aujourd'hui et d'exposer succinctement et militairement à l'assemblée nationale que les menaces des despotes et des esclaves du nord et du midi, de la Germanie, des Allobroges, Goths, Wisigoths et Ostrogoths contre la nation, la loi de notre roi constitutionnel échauffent mon cœur pour ma patrie et mon roi, rajeunissent ma vieillesse et raniment mon courage militaire qui ne s'éteindra que dans le sein de la liberté et le sang de nos ennemis. Je ne compterai leur nombre qu'après leur mort si vous voulez, Monsieur le président, demander pour moi à S.M. la permission de quitter ma cornette et mon éventail pour reprendre mon casque et mon sabre. Chevalier de Saint-Louis depuis 1762, après avoir été capitaine de dragons et des volontaires de l'armée pendant la dernière guerre d'Allemagne, aide de camp du maréchal et du feu comte de Broglie, après avoir vu de près les armées russes, prussiennes, impériales et anglaises, j'offre à ma nation et à mon roi mon cœur tout entier et ma vieille expérience. Je n'ai que soixante-quatre ans, une jambe cassée, un coup de sabre à la tête, un coup de baïonnette et un coup de fusil ; je suis encore aussi forte et aussi agile à pied, à cheval qu'à trente ans. Le seul reproche qu'on puisse me faire est d'être femme et entêtée. Oui M. le président, je le suis tant que je n'ai jamais voulu donner ma démission de mes emplois militaires et politiques, ni me retirer devant mes ennemis. Si j'obtiens la permission de rejoindre l'armée de mon ancien et respectable général, M. de Rochambeau, j'espère qu'il vous écrira bientôt que je n'ai quitté le champ de bataille qu'après y avoir été tuée [1]. »

Le style grandiloquent de la lettre ne pouvait troubler les députés

1. Mlle d'Éon au président de l'Assemblée législative, coll. privée.

habitués à la redondance patriotique. La citoyenne adressait en même temps une pétition à l'Assemblée législative. C'est Lazare Carnot qui fut désigné, le 11 juin 1792, pour lire l'adresse de Mlle d'Éon « connue autrefois, disait-on, sous le nom de chevalier d'Éon ». Le texte reprenait les mêmes propositions que la lettre. Les rires de ces messieurs éclatèrent lorsqu'on entendit Carnot déclarer sérieusement au nom de l'Amazone : « Depuis la Révolution, je sens mon amour pour la patrie se réveiller et mon humeur guerrière se révolter contre ma cornette et mes jupons. » La citoyenne demandait instamment aux députés la permission de combattre sous l'uniforme français. Elle proposait de lever une légion de volontaires, « une légion à la romaine, nombreuse et bien disciplinée, disait-elle, parce que le dieu de la guerre est toujours pour les gros bataillons bien armés et bien exercés ». Elle n'aimait que « la bonne guerre noblement faite et courageusement exécutée ». Elle se félicitait qu'il y eût trois rois constitutionnels en Europe, George III, Louis XVI et le roi de Pologne. Cette guerre lui semblait juste parce qu'elle était menée contre le despotisme. Elle achevait sa pétition en déclarant : « J'ai été le jouet de la nature, de la fortune, de la guerre et de la paix, des hommes et des femmes, de la malice et de l'intrigue des cours. J'ai passé successivement de l'état de fille à celui de garçon, de celui d'homme à celui de femme ; j'ai éprouvé toutes les bizarreries des événements et de la vie humaine. Aujourd'hui une plus brillante carrière s'ouvre devant moi. Bientôt les armes à la main, sur les ailes de la liberté et de la victoire, j'irai combattre et mourir pour la nation, la loi et le roi. » La pétition fut applaudie et renvoyée aussitôt au comité militaire.

La situation politique n'était pas aussi claire que la citoyenne semblait le croire. L'ultime épreuve de force s'engageait alors pour la monarchie. Sans que l'on sût rien de précis sur les agissements secrets du roi et de la reine, le bruit courait qu'ils trahissaient la nation. Les armées subissaient défaites sur défaites. La troupe, d'origine populaire, s'opposait aux officiers appartenant la plupart du temps à la noblesse. La peur panique d'un retour à l'Ancien

Régime creusait le fossé de la haine entre patriotes et contre-révolutionnaires. Le 11 juin Louis XVI renvoya les ministres du parti girondin qui jouissaient d'une relative popularité pour les remplacer par des ministres plus conservateurs. L'anarchie était à son comble et les patriotes préparaient « une journée populaire » pour menacer le roi dont le pouvoir n'était plus qu'un simulacre. Le rappel de la citoyenne Déon n'était vraiment pas à l'ordre du jour.

Une existence de saltimbanque

Lorsque la chevalière reçut un passeport pour franchir la Manche, elle préféra rester en Angleterre. Le comte de Montmorin lui avait écrit par l'intermédiaire de M. Barthélemy, chargé des affaires de France à Londres, de ne pas se presser de revenir. Les événements qui suivirent la chute de la monarchie lui donnèrent raison. L'emprisonnement du roi et de la famille royale « m'a fait mettre de l'eau dans mon vin, écrira-t-elle, et j'ai dit en moi-même, si on traite comme cela le roi mon maître comment traitera-t-on sa servante ?... Quoique j'ai désiré avec tous les gens honnêtes et éclairés une sage réforme des abus extraordinaires en France, jamais je n'ai demandé la réforme de la tête du roi et de ses sujets. Il n'y a qu'un fou qui pour recommander sa maison puisse y mettre le feu et l'incendier tout entière et chasser les puces, les souris et les rats [...]. Il n'y avait que des monstres inhumains tels que les Robespierre et les Marat qui puissent être aussi fols et aussi scélérats[1]. »

La chevalière attend des jours meilleurs. Elle passe rarement une soirée seule chez elle. Dans son agenda soigneusement tenu, certains noms reviennent fréquemment : ceux de lady Constable, du comte Glencairn, de Mr et Mrs Tynte amis du prince de Galles, de Mrs Cole, du général Melleville, du maître d'armes Angelo, du chevalier O'Gorman et de ses fils qui dînent régulièrement avec

1. Projet de lettre de la citoyenne Déon à l'officier de la couronne d'Angleterre chargé d'établir la liste des émigrés français (coll. privée).

leur « tante » en 1792. Cependant apparaissent de plus en plus souvent Mr Batemann et sa femme, comédienne sur la scène de Haymarket. La chevalière entretient également des relations suivies avec Mr Christie pour lequel elle rédige un catalogue des œuvres d'Horace. Elle achète d'ailleurs une édition des œuvres du grand poète latin pour 100 £. Elle suit régulièrement les ventes de livres dispersés aux enchères, comme celle de l'évêque d'Autun[1]. Le 26 mai 1793, elle déjeune chez Mr Dame qui a dessiné le profil de son portrait pour Mr Seward. Elle semble peu fréquenter les émigrés. Elle ne rencontre le comte de La Tour du Pin qu'une seule fois, mais accueille à bras ouverts et régulièrement la chère Mlle Bertin... Que de souvenirs ont dû être évoqués !

L'année 1793 se révèle financièrement déplorable pour la chevalière. Avec courage, elle « cachetonne » dans des assauts d'escrime. Le 26 juin 1793, elle s'oppose à M. de Sainville au Raneleagh en présence du prince de Galles et du duc de Glocester et, à partir de l'été, elle se produit à Ramsgate, à Margate, à Brighton, à Oxford, à Douvres, à Cantorbery... C'est une véritable tournée au cours de laquelle l'accompagne Mrs Batemann qui joue la comédie. Leur vie épuisante ne manque pourtant pas de gaieté. Elles vont d'hôtels en auberges, sont agréablement reçues par toutes les notabilités locales, font des promenades et vont même parfois au bal. Leur emploi du temps du mois de janvier 1794, à Londres, est bien rempli. Au mois de septembre, les deux dames sont en Irlande, à Cork et ensuite à Dublin. Elles y restent jusqu'au 8 février 1795. De là, elles prennent le bateau pour Liverpool. Alors que Mrs Bateman regagne Londres, la chevalière continue ses tournées dans les villes anglaises. Pendant ses absences, elle sous-loue sa maison à Bertrand de Molleville, ancien ministre de la Marine de Louis XVI, qui est parvenu à quitter la France.

Jamais il n'est question de politique dans l'agenda de Mlle Déon. Elle ne note même pas les événements survenus en France alors qu'elle signale la fête du roi ou de la reine d'Angleterre. Elle rêve cependant de retourner finir ses jours dans sa Bour-

1. Elle appelle encore ainsi le prince de Talleyrand.

gogne natale. Comment retrouvera-t-elle la France après la Terreur ? Sa vieille mère est morte tranquillement chez elle, mais plusieurs de leurs amis ont été guillotinés. Ses biens sont confisqués car la chevalière est considérée comme émigrée. Aussi multiplie-t-elle les lettres pour être radiée de cette liste, puisqu'elle a quitté la France bien avant la Révolution. Chaque jour, elle griffonne des notes pour expliquer son cas. Finalement, elle écrit un long justificatif récapitulant sa vie depuis sa première mission en Russie jusqu'à ses démêlés avec les héritiers de lord Ferrers. Elle rappelle enfin qu'elle est injustement privée d'une pension qui lui était due en raison des services rendus à l'État [1].

Les mois s'écoulent. Sans joie. La chevalière voyage et se donne en spectacle. Elle a maintenant soixante-huit ans. Le vendredi 26 août 1796, elle se produit dans un assaut public avant le dîner. Soudain le fleuret de son « antagoniste se casse par un faux coup au-dessous du bouton » et s'enfonce d'une longueur de cinq pouces et demi dans son côté droit, entre le bras et le sein. Un médecin et un chirurgien qui assistent à la scène se précipitent vers la blessée, l'accompagnent chez elle, sondent la plaie, et lui infligent une saignée. Deux jours plus tard, la plaie se referme, mais la chevalière est secouée de frissons fiévreux, sa jambe gauche est « prise d'un feu de Saint-Antoine violent » très douloureux et son pied enfle. D'après le médecin de Southampton il s'agit d'une goutte sèche. Soignée avec les moyens du bord, la chevalière ne quitte ni sa chambre, ni son lit. Heureusement, Mrs Cole vient la voir régulièrement pour lui apporter quelque douceur et réconfort. Touchée par l'état de la malade, elle l'invite à passer sa convalescence chez elle, à Londres, lorsqu'elle sera en état d'être transportée. Elle n'arrivera à Londres chez sa vieille amie que le 31 décembre. En palpant son pied dur comme une pierre et ses orteils recourbés, le médecin londonien appelé en consultation se montre pessimiste.

---

1. *Narratif de Mlle Déon à employer dans sa pétition pour obtenir un dédommagement convenable en compensation pour les dettes de temps et d'argent des travaux qu'elle a faits tant en Russie qu'en Angleterre...* (coll. privée). *Cf. infra* Annexes, p. 349-356.

La patiente « a trop épuisé sa constitution par la fatigue », dit-il. Il diagnostique une paralysie et ne peut que prescrire régime et long repos.

Mrs Cole promet de garder auprès d'elle la chevalière : elle la soignera et la nourrira tant qu'il le faudra. Confuse et heureuse de trouver un accueil aussi généreux, elle promet à son hôtesse de mettre en ordre les comptes et les papiers de son défunt mari. Les deux dames iront dîner chez des amis le dernier dimanche de février 1797. Ce sera la première sortie de la chevalière depuis le mois d'août !

Derniers combats

Les temps sont durs. Mrs Cole n'est pas riche et la chevalière encore endettée n'a plus les moyens de gagner de l'argent. Elle dit n'être sortie que sept à huit fois en deux ans. Les amis se font rares. « Je n'ai nulle occasion de tenir un agenda de mes actions puisqu'elles n'ont consisté qu'à me coucher et à me lever, à manger, boire et dormir, lire, prier, écrire et à travailler avec Mrs Cole à raccommoder mon linge, mes robes et mes coiffures », note-t-elle tristement[1]. Elle garde cependant l'espoir de recouvrer ses forces et surtout de retourner en France. Ses forces reviennent mais elle ne retrouvera jamais le plein usage de ses jambes. Il faudra toujours l'aider à faire quelques pas et il n'est plus question pour elle de se déplacer autrement qu'en voiture. Et les voitures coûtent bien cher !

Elle rédige à l'attention du Directoire ce qu'elle appelle sa « seconde pétition » pour obtenir quelque argent et trouver le moyen de regagner sa Bourgogne natale afin d'y finir ses jours. « Dans ma première pétition, je vous ai exposé mes besoins pécuniaires pour payer ici mes dettes et retourner en France. Les besoins ne s'ajournent pas. Chez vous, tout est provisoire et tout est ajourne-

1. Agenda des invitations de la chevalière d'Éon à Londres.

ment. Comment le coche peut-il marcher en avant ? Il est forcé de rester *in statu quo*.

Je vous expose que je ne suis pas immigrée ; que je suis privée des subsistances nécessaires à la vie. Je vous demande des secours provenant de mes pensions pour payer ici mes dettes, m'en retourner dans ma patrie et me procurer les soins et les secours que mes services passés, mon âge, mes infirmités et mes blessures exigent [1]. » On ne sait si la citoyenne Déon envoya un texte dont nous ne possédons que des fragments épars. Elle vit chichement avec Mrs Cole ; ses carnets de comptes sont navrants : quelques légumes, du poisson, du tabac et surtout des rames et des rames de papier ainsi que des plumes. Elle ne cesse d'écrire des projets de lettres, des reflexions et puis, ô divine surprise, ses mémoires. Un éditeur a pensé tirer quelque argent de ses souvenirs. La chevalière s'est mise au travail. Elle jette fiévreusement sur le papier ses pensées et elle essaie de raconter une existence qui selon elle « n'a ni queue ni tête ». Mais cette personne qui manie la plume avec autant d'habileté que le fleuret a bien du mal à donner un récit cohérent de sa vie. Comment expliquer ou tenter d'expliquer sa métamorphose ? Elle remet sans cesse l'ouvrage sur le métier sans parvenir à un résultat satisfaisant [2]. En attendant, l'héroïne cherche les moyens de rentrer au pays natal. Ses projets sont suspendus à la fin des hostilités entre la France et l'Angleterre car les deux États sont en guerre.

Les négociations de paix qui s'ouvrent à partir de 1801 lui rendent quelque espoir. Elle écrit aussitôt à Talleyrand ministre des Affaires étrangères, qui commence une brillante carrière politique. Elle le supplie « de ne pas la laisser mourir de faim et de lui rendre justice ». Mais sa supplique reste lettre morte. Fort heureusement, M. Otto [3], le nouveau consul de France à Londres, s'intéresse à son sort. Sa femme et lui la reçoivent fréquemment dans leur belle demeure de Portland Place. La chevalière fait merveille dans leurs

1. S.d. coll. privée.
2. *Cf.* chap. suivant.
3. M. Otto, comte de Mosloy.

dîners. Car si elle a pratiquement perdu l'usage de ses jambes, elle reste tout aussi spirituelle que par le passé ; et elle continue d'exciter la curiosité avec ses airs de vieille folle travestie. M. Otto parvient à la faire rayer de la liste des émigrés. Voilà donc franchie la première étape de son retour en Bourgogne. Mais pour cela, il faut maintenant un nouveau passeport et quelque argent pour subvenir aux frais de son retour. M. Otto se fait fort d'obtenir des subventions de la République pour sa pauvre amie, qui chante ses louanges à qui veut les entendre. Et puis la chevalière espère encore pouvoir négocier quelques manuscrits de Vauban qui lui restent.

En attendant, grâce à M. Otto, elle retrouve les plaisirs d'une vie assez mondaine. Un hôte de passage, le Révérend Warren Dawson, rencontre cette « célébrité » qu'il trouve « *exceedingly entairtaining* ». L'esprit et l'humour qu'elle déploie fascine le visiteur au cours d'un dîner fort élégant, bien différent de ce qu'il attendait de la France républicaine[1]. Parmi les convives de M. Otto se trouve son beau-frère, Mr Jackson, lequel est nommé ministre plénipotentiaire à Paris. Il promet de plaider la cause de Mlle Déon auprès de Talleyrand qui n'a pas répondu aux demandes de la chevalière.

Le temps passe. Rien de nouveau. Mais le 20 août 1802 arrive à Londres un nouveau personnage qu'on présente à la chevalière sous le nom de M. Grégoire. Cet homme aimable promet à la vieille demoiselle de l'emmener avec lui à Paris dès que M. Andreossi, le nouvel ambassadeur, sera arrivé à Londres. Ce M. Grégoire, Mlle Déon l'apprendra plus tard, n'est autre que le célèbre abbé Grégoire, député de la Convention qui, le premier, a demandé la mise en jugement de Louis XVI et qui a traité tous les monarques de criminels. En mission dans le midi de la France, il

---

1. Warren Dawson (vicaire d'Edmonton), *My Paris Journal, The Journal of a British chaplian in Paris during the peace negociations of 1801-1802*, from the unpublished ms. of the Reverend Dawson Warren... unofficially attached to the diplomatic mission of mr Francis James Jackson, edited with notes, a preface and historical introduction by A.M. Broadley... London : Chapman and hall, 1913, in 8°, LII-283 p. pl. portr., fac-simile, plans, tableau généalogique, cartonnage ill. avec portrait.

n'a pas participé au vote qui envoya le roi à l'échafaud. Mais aux yeux de l'Amazone, il est tout simplement le grand adversaire de l'abbé Maury ! Le 31 août, M. Otto vient chez elle pour voir les papiers de Vauban[1] et lui apporter quelques secours pécuniaires. La vie quotidienne s'améliore, mais M. Otto retourne bientôt à Paris et la chevalière n'a pas encore les moyens de rentrer en France. En janvier 1803, elle écrit à son cher ami Otto « se recommandant à notre grand saint Grégoire de Blois », allusion à l'évêché de l'abbé défroqué désormais lancé dans la vie politique. Et la chevalière de se lancer dans un éloge du Premier consul. « Il n'y a point de meilleur tactique militaire que celle de notre grand général et consul que celle qu'il a employée à Montenotte, à Millesimo, à Mondovi, à Lodi et en Égypte[2], et dans le corps diplomatique il n'y a point de meilleure conduite à tenir que celle du vertueux citoyen ministre Guillaume Otto[3]... » Flattez, il en restera toujours quelque chose. En l'occurrence cela ne servit à rien. La guerre reprit entre la France et l'Angleterre ; il n'était plus question d'envoyer des subsides à la vieille Déon. « Quand un gouvernement a bon appétit, il dit comme Figaro : ce qui est bon à prendre, est bon à garder. Jusqu'à présent il garde très précieusement plus de 10 000 £ des arrérages des pensions qui m'avaient été accordées par Louis XV et Louis XVI et payées jusqu'en 1792 », écrivait-elle à un ami[4]. Les subsides prévus n'arrivèrent jamais. Les héritiers de lord Ferrers ne lui versèrent rien non plus. Mr Dunsford auquel elle écrivait des lettres pathétiques possédait une cassette dans laquelle se trouvaient les manuscrits de Vauban que la chevalière lui avait laissée pour caution de ce qu'elle lui devait. La chevalière ne vivait plus que de charités et restait criblée de dettes.

En mai 1803, elle ne peut plus payer son loyer ; des amis lui

---

1. Peut-être les manuscrits mis en vente par d'Éon n'avaient-ils pas tous trouvé preneur. Peut-être d'Éon en avait-il volontairement gardé une partie dans l'espoir de les négocier plus tard.
2. Allusion à la campagne d'Italie et à la campagne d'Égypte de Bonaparte.
3. Lettre de Mlle Déon à M. Otto à Paris, janvier 1803, B.L. Add. 29994.
4. La chevalière à Mr Dunsford, le 27 mai 1805, B.L. Add. 29994.

viennent en aide, mais elle doit déménager. Peu après, elle est emprisonnée pour dettes ; c'est un abbé émigré qui lui apportera juste assez d'argent pour la faire libérer après cinq mois de prison. Elle changera encore trois fois de logement. Toujours en co-location avec la charitable Mrs Cole qui la soigne avec dévouement, la chevalière est désormais reléguée avec les pauvres de la capitale [1]. Il ne lui reste plus que sa croix de Saint-Louis garnie de diamants et une tabatière dont le couvercle est ornée d'une miniature de Louis XV enchâssée de brillants. Ces derniers souvenirs d'une autre vie finissent au mont-de-piété. L'épouse du roi George III, touchée par une telle détresse, accorde une modeste pension à la malheureuse. Juste de quoi survivre. Quelques amis sont cependant encore présents. « Je serai au comble de ma joie de vous revoir en bonne santé, du moins vous, car pour moi j'ai perdu la mienne et gagné l'âge de 77 ans, ce qui ne me met pas du baume dans le sang après notre belle Révolution qui en a sucé le plus pur, comme une sangsue d'apothicaire, je ne sais pourquoi », dit-elle à l'un de ses correspondants. « La Révolution sans rime et sans raison seule le sait. C'est un secret caché je ne dirai pas dans la matrice de la Providence, mais de la folie des Français comme une girouette va à tous vents [2]. » On était en 1805. À cette époque, elle espérait la paix « comme la terre sèche soupire après la pluie, comme l'Égypte attend l'inondation du Nil ». Elle ne devait pas la voir.

1. Agenda de Mlle d'Éon.
2. Mlle Déon au major Clive membre du Parlement, le 4 août 1805, B.L. Add. 29994.

CHAPITRE XIII

Le mystère d'Éon

La santé de la chevalière déclinait. Ayant pris « le parti du silence et de la retraite », elle « avait perdu l'appétit de ce monde » et sortait rarement. Elle passait son temps à écrire, jetant sur le papier d'étranges ratiocinations sur sa vie passée. Un certain M. Plummer avait accepté de traduire ses mémoires pour lesquels elle avait reçu une avance d'un important éditeur. Son traducteur était devenu un ami : il la voyait fréquemment sans obtenir autre chose que des bribes de manuscrits qui devaient le laisser songeur.

« A so singular occurrence »

La chevalière vivait toujours dans la gêne en compagnie de Mrs Cole. Elle souffrait, priait et attendait d'être enfin délivrée de cette vie terrestre. « Que personne donc à présent ne me donne du chagrin, de la confusion et de la douleur car j'en ai bu le calice d'amertume, écrivait-elle ; je porte à la fois en mon cœur et en mon corps et les blessures de Satan et les flétrissures du Seigneur Jésus qui, en m'appropriant un corps à la faiblesse humaine et en me faisant vivre ici-bas sous le caractère d'homme, puis de femme, dans ce cruel combat m'a rendue victorieuse en me disant : pour vaincre, ma grâce seule te suffit et le Dieu de paix brisera Satan sous tes pieds[1]. » Au mois de mars 1810, terrassée par une attaque, elle ne put se relever.

1. Confession du chevalier d'Éon, in *D'Éon chevalier et chevalière, sa confession inédite* (coll. privée).

Deux mois plus tard, le 21 mai, elle mourut doucement, veillée par Mrs Cole et par le père Elysée qui lui avait administré l'extrême-onction.

Sa compagne des mauvais jours procédant à la toilette mortuaire se crut soudain victime d'une hallucination. Elle n'en croyait pas ses yeux : Mlle d'Éon était un homme ! Comment cette femme qu'elle avait recueillie souffrante et entourée de tant de soins, à laquelle elle s'était elle-même confiée sans réticence, avait-elle pu la tromper de façon aussi indigne ? La pauvre veuve courut avertir quelques proches. Une même stupeur les figea sur place. D'un commun accord, ils décidèrent de réunir quelques experts afin de vérifier cette stupéfiante découverte (*a so singular occurrence*).

Le surlendemain, à l'hôpital Framdling, 26 New Millman Street, on procéda à l'autopsie de cet être singulier qui avait si longtemps défrayé la chronique et qu'on avait presque oublié. Le docteur Copeland, chirurgien légiste, mena l'opération en présence de plusieurs témoins. Il rédigea un compte rendu qui ne laissait aucun doute sur le sexe du célèbre personnage :

« Je certifie par le présent que j'ai examiné et disséqué le corps du chevalier d'Éon en présence de Mr. Adair, son exécuteur testamentaire, de Mr. Wilson, du père Élysée et que j'ai trouvé les organes mâles de la génération parfaitement formés sous tous les rapports.

William Street, le 23 mai 1810, Signé Tho. Copeland, chirurgien.

Les personnes ci-après dénommées étaient également présentes : l'Honorable W-St. Littleton, Mr Douglass, lord Yarmouth[1], Mr Stoskins procureur, Mr J-M Richardson éditeur, Mr King et Mr Burton chirurgiens, Mr Joseph Berger Patney, Mr Joseph Bramble, Mr Jacob Delannoy[2]. »

Tous ces messieurs purent constater que le corps était bien celui d'un homme. Plusieurs autres déclarations suivaient, celle du che-

1. Il deviendra marquis d'Hertford.

2. « I hereby certify that I inspected and dissected the body of the chevalier D'Éon in the presence of... and found the male organs of generation in every respect perfectly formed. » Millman street, May 23 1810, Th Copeland, surgeon.

valier Degères lequel, après avoir vu la dépouille « attestait qu'il constituait tout ce qui peut caractériser un homme sans aucun mélange de sexe », celle de M. de Danstanville qui donnait la même conclusion. Le comte de Béhague, futur lieutenant général des armées du roi Louis XVIII, apportait davantage d'informations : « Je déclare, disait-il, avoir connu la soi-disant Mlle d'Éon en France et en Angleterre et avoir servi dans la même compagnie en qualité de capitaine de dragons au régiment d'Harcourt en même temps que la soi-disant demoiselle d'Éon servait aussi comme lieutenant au régiment de Caraman en 1757, et qu'ayant été appelé pour identifier sa figure depuis sa mort, j'ai reconnu la même personne du chevalier d'Éon ainsi que tout ce qui constitue les parties mâles de la génération en lui et que l'on m'a fait voir son corps à découvert. » Enfin William Bouning, le propriétaire du pauvre appartement de New-William Street, proche de l'hospice des Enfants-Trouvés où vivaient les deux amies, faisait la même constatation.

Ces déclarations furent remises à l'exécuteur testamentaire de d'Éon, Mr Adair. En France, quinze ans plus tard, la loi du 29 avril 1825, dite « du milliard des émigrés » indemnisant ceux qui avaient quitté la France pendant la Révolution ou leurs héritiers, suscita l'intérêt des nièces du chevalier, Mlles de Vaulavré. Dans l'espoir de récupérer une partie de l'héritage de leur parent, elles avaient besoin de son extrait mortuaire. Leur fondé de pouvoir s'adressa au ministre des Affaires étrangères, le baron de Damas, lequel écrivit au baron Séguier, consul de France à Londres. Ce dernier lui transmit le rapport d'autopsie et les déclarations des témoins, le 12 octobre 1825. Il accompagnait ces papiers d'une lettre dans laquelle il précisait que la plupart des témoins vivaient encore et qu'on pouvait les interroger. Il ajoutait : « L'examen n'a pas été long, il a suffi de découvrir le corps pour reconnaître le sexe masculin du chevalier d'Éon ; aucune bizarrerie de la nature n'a protégé le rôle qu'il s'est plu à jouer si longtemps. J'ai appris, disait-il encore, une anecdote qui prouve jusqu'à quel point il portait attention pour ne rien faire qui le trahît. Le ministre anglais, curieux de reconnaître quel était réellement son sexe, le faisait suivre et surveiller dans ses moindres actions. L'habitude du chevalier d'Éon était d'aller se promener seul le soir au parc ; les gens qui l'observaient le surprirent à différentes reprises s'accroupissant comme le ferait une femme ; c'est le rapport qui fut fait à cet égard qui contribua le plus à tromper sur son sexe jusqu'au dernier moment[1]. »

La presse britannique annonça en même temps la mort du chevalier-chevalière et les résultats de l'autopsie. L'événement passa presque inaperçu. D'Éon fut inhumé dans le cimetière de la paroisse Saint-Pancrace, comté de Middlesex. En France, *Le Courrier universel* fit part de la nouvelle qui ne toucha pas grand monde. Cependant le chevalier d'Éon n'avait pas fini de faire parler de lui... ou d'elle.

Le piège de Narcisse

Pendant quarante-neuf ans, d'Éon était passé pour un homme et trente-trois ans pour une femme. Caprice du destin ou caprice de la nature ? Cette singularité attira l'attention de toute l'Europe car le chevalier n'était pas de ces êtres modestes à la sexualité ambiguë, dont la renommée ne dépasse pas les limites de leur village ou de leur province. Lorsque le bruit court qu'il appartient au sexe féminin, c'est un personnage célèbre. Un véritable *self-made man* ou plutôt une *self-made person* placé déjà sous les feux de l'actualité pour son rôle diplomatique, ses écrits historiques et politiques. Le scandale causé par le procès qu'il a intenté à l'ambassadeur de France en l'accusant d'avoir voulu l'assassiner, la révélation de sa correspondance secrète avec Louis XV, ont beaucoup fait parler de lui, mais jamais de sa vie sexuelle. Au cours de ses missions en Europe, lors de ses séjours à Saint-Pétersbourg

1. Ces documents conservés dans un fonds privé nous ont été transmis par M. Lopez, collectionneur, que nous remercions : *cf.* Société des Historiens du Pays de Retz.

ou à Londres, pendant son service dans les armées du roi, son comportement n'a pas suscité de commentaire sur quelque particularité relative à sa sexualité. Le marquis de L'Hôpital le taquinait seulement sur l'inertie de sa *terza gamba*. On ne lui prêtait en effet aucune aventure féminine ou masculine. Dans le monde des ambassades et celui des espions, les secrets de la vie privée étaient vite éventés ; si le chevalier avait manifesté quelque goût pour les femmes ou pour les hommes, on l'aurait su. La chasteté dont il s'est toujours vanté est parfaitement vraisemblable : d'Éon n'éprouve pas de désir charnel.

En revanche, égocentrique, narcissique même, il se met perpétuellement en scène. « Vous vous séduisez vous-même », lui aurait dit sa mère. Remarque pertinente. D'Éon veut toujours être le point de mire de la société. Dans les salons, son immense culture et sa conversation éblouissent ses auditeurs ; ses gaillardises font mouche dans les réunions d'officiers où personne n'a l'idée d'imaginer qu'il appartient au sexe féminin ; son travail en tant que secrétaire d'ambassade, de ministre plénipotentiaire, d'agent secret et d'informateur particulier de Louis XV est digne d'éloges, mais ses rapports rédigés dans un style primesautier ne sont pas empreints du respect habituel à ce genre d'écrits : il traite ses supérieurs comme des égaux. D'Éon a une très haute idée de sa valeur.

Sa carrière ne ressemble à aucune autre. Ses débuts audacieux dans le Secret du roi sont couronnés de succès. Tout en restant dans le Secret, dépendant toujours du monarque, il est promu officiellement diplomate. Il accomplit parfaitement son double rôle. La situation se gâte lorsqu'on lui retire le titre de ministre plénipotentiaire, qui lui avait été donné pour assurer l'intérim entre l'ambassade du duc de Nivernais et celle du comte de Guerchy. D'Éon se sent d'autant plus injustement dépossédé que le comte de Guerchy ne brille pas par ses talents. Il s'imagine ne plus être reconnu pour ce qu'il était, il se sent dévalorisé, il n'existe plus. Plutôt que de garder la tête froide et de poursuivre une carrière pleine de promesses comme le lui conseillent ses mentors, il se laisse entraîner dans une spirale de folie. Se croyant persécuté, il persécute à son tour celui qu'il prend pour son bourreau et perd toute crédibilité par une série de fautes graves. Son avenir diplomatique brisé par sa faute, une solution de rechange négociée de justesse (il est réduit au simple rôle d'informateur du roi), il veut renaître. La mort de Louis XV, dont il reste l'agent secret, compromet gravement son avenir. Si le réseau du Secret créé par le monarque n'est pas reconduit par son successeur, d'Éon est perdu : il n'aura plus de quoi vivre en Angleterre, et s'il rentre en France il est passible de prison. Il refuse de devenir Anglais malgré les offres alléchantes des membres de l'opposition britannique. Fidèle à son roi et à sa patrie : il n'appartient pas à la catégorie des espions que l'on retourne.

C'est à ce moment que commence le mystère d'Éon. C'est lui qui fait courir la rumeur de son appartenance au sexe opposé. Il raconte sous le sceau du secret (!) que ses parents l'ont élevé en garçon alors que c'était une fille. Il a enfin l'audace de donner une preuve palpable de sa féminité (!) au secrétaire du comte de Broglie. La nouvelle extraordinaire, dont il a préparé la révélation, devait faciliter son retour en France dans des conditions plus qu'honorables : il rentrerait au pays natal auréolé de sa gloire d'héroïne parvenue à s'élever à la hauteur d'un homme et sa personne injustement calomniée serait portée aux nues. C'est ce qu'il espérait.

Comment l'idée de se faire passer pour une femme lui est-elle venue ? On ne sait. Il a gardé son secret, mais sa volonté a scellé son destin. Il assure avoir été frappé par l'histoire des femmes qui avaient porté le costume masculin pour accomplir un destin d'exception. Pendant qu'il étudiait leur vie, il avait, dit-il, l'impression de raconter la sienne. Il connaissait parfaitement les héroïnes de la Fronde travesties pour jouer momentanément un rôle politique et militaire, mais elles l'intéressaient beaucoup moins que la papesse Jeanne ou les saintes des débuts du christianisme[1]. Se

---

1. Sainte Eugénie, moine, successeur de saint Théodore, vierge et martyre à Rome (Ier siècle) ; sainte Eugénie également moine au IIIe siècle ; sainte Marie au Mont Carmel (IVe siècle) ; sainte Euphrosine ermite (IVe siècle) ; la bienheureuse Marguerite moine sous le nom de père Pélage ; sainte Théodore d'Alexandrie ;

prétendant « la Pucelle de Tonnerre », son idéal est assurément celui de la vierge guerrière incarnée par Jeanne d'Arc à laquelle il se plaît à ressembler. Mais si lui, homme, voulait se dire femme pour avoir assumé des activités réservées aux hommes, son comportement relève plus de dispositions psychiques particulières que du contexte historique.

Cependant d'Éon, qui rêve de publicité, est très vite dépassé par les événements. Après avoir créé lui-même un personnage énigmatique que l'on compare aux Amazones, à Londres des paris s'engagent sur son sexe. Il doit se cacher, redoutant d'être enlevé par ceux qui désirent connaître la vérité. Alors qu'il négocie son retour en France avec Beaumarchais, « autre animal extraordinaire », auquel il joue le rôle comique et pervers de la « petite dragonne » enamourée, un incroyable procès se déroule au tribunal du Banc du roi d'Angleterre. Il s'agit, en son absence et sans preuve, de décider juridiquement de son appartenance sexuelle car les parieurs veulent toucher leurs gains. Le verdict est sans appel : d'Éon est une femme. Ce verdict surprend le chevalier en tant qu'acte juridique, mais il s'y résigne persuadé qu'il pourra jouer ce rôle d'Amazone qui n'a pas l'air de lui déplaire. Cependant le piège se referme sur lui : Louis XVI, le nouveau roi, le prend réellement pour une femme et lui impose le vêtement féminin pour son retour en France.

La recherche de la perfection

Devenu Mlle d'Éon, le chevalier est mis en quelque sorte à la retraite et contraint de vivre comme une femme. Au regard de la loi et de la décence, l'affaire est claire. Sauf pour l'intéressé(e). En revêtant une robe, ce qu'il fait à son corps défendant, il perd son identité véritable et se perd lui-même. Dans les nombreux écrits qu'il a laissés, il évoque ce passage comme une douloureuse transgression.

---

la bienheureuse sœur Alexandrine ; sainte Pélagie connue sous le nom de Pelagius...

Forcé d'assumer sa nouvelle condition, sous peine d'enfermement, d'Éon victime de sa mystification va se persuader qu'il appartient réellement au sexe féminin et chercher dans la religion des raisons purificatrices. Sa conversion d'identité se double d'une conversion religieuse. L'influence de Mgr de Beaumont, archevêque de Paris, semble avoir pesé d'un grand poids. Il évoque souvent le rôle de ce prélat qu'il qualifie de saint Christophe de Beaumont comme s'il avait été le paidophore salvateur du capitaine de dragons changé en femme. D'Éon devant Notre-Dame de Paris se compare à saint Paul à la porte de Damas. « Tout à coup, écrit-il, une lumière resplendit du ciel comme un éclair du matin tout autour de lui (Mgr de Beaumont). Pour moi Christophe de Beaumont a été l'homme de Dieu qui, comme un second Ananie, a fait tomber de mes yeux les écailles qui les couvraient et à l'instant j'ai été rempli de l'Esprit Saint qui m'a fait reprendre la force d'exister à présent comme j'étais auparavant et pour montrer combien j'aurai à souffrir pour parvenir à l'état de perfection d'une fille convertie à Dieu pour son salut et pour l'édification du prochain que j'ai pu scandaliser par l'habit d'homme et l'uniforme des dragons que j'ai porté si longtemps [1]. »

« Sans doute, écrit-il plus haut, il eût été bien à souhaiter pour mon bonheur en ce monde et mon salut dans l'autre que mon investissement eût été fait quarante ans plus tôt, car la maladie dragonne est si invétérée en moi que j'ai grand peur que notre Sainte Madame Louise se réunisse avec notre Saint archevêque, le bon marquis de l'Hospital et sa chaste épouse pour me faire placer à l'hôpital des incurables car mon mal est inexplicable. Il n'y a que le grand archiâtre de la cour céleste qui puisse me guérir et mériter de ma part une reconnaissance inexprimable [...]. Si j'ai gagné la croix de Saint-Louis à la sueur de mon corps, j'ai aussi gagné la croix des filles de Sainte-Marie [2] à la sueur de mon sang. Si j'ai pris un corps de jupe à mon corps défendant, je ne suis pas moins obligée de vivre dans ma nouvelle compagnie comme un ange ; ce

1. ULBC, *La Grande Épître*, chap. x, n° 2.

2. On ne sait si d'Éon veut parler des Visitandines ou tout simplement de jeunes filles engagées sous la bannière de la Vierge.

qui console un ange n'est pas corps, mais esprit. Depuis que je suis occupée à faire corps neuf, ma santé se rétablit et mon corps semble s'être renouvelé. Ne croyez pas comme les païens et les mahométans qu'une fille est un corps sans âme car depuis que je porte un corps de jupe, mon âme tous les jours se remplit des vertus de la foi, de l'espérance et de la charité. Déjà les dames de la reine ont bien rembourré mon pourpoint. Je sais qu'à la ville et surtout à la cour, l'envie suit la vertu comme l'ombre suit le corps, mais bientôt l'ombre disparaît quand le soleil de la vertu est perpendiculaire.

« Si donc aujourd'hui le capitaine de dragons vient dans son zèle ardent me dire "j'ai la foi", moi sans rien dire, tranquillement, je lui montre ma foi par les œuvres ; car je ne suis plus semblable à cette fille qui examine sa face et sa mine, et qui après s'être considérée cent fois elle-même s'en va et oublie ce qu'elle était et ce qu'elle est. N'est-ce pas un corps sans yeux et sans âme qui ne vit point ? Ainsi la foi sans les œuvres est un précieux lingot d'or qui n'a point encore été frappé au coin de la monnaie de Notre Seigneur par qui nous avons acquis la loi royale de la liberté. Une même fontaine peut-elle par la même source jeter de l'eau salée et de l'eau douce ? Ainsi donc aujourd'hui il y a aurait péché volontaire en moi si, sachant faire le bien, je faisais le mal. La religion sans tache envers notre Dieu est de se conserver pur de la corruption du siècle, de vivre et mourir en cet état de pureté.

« Dans mon régiment, je ne cherchais que plaies et bosses ; dans mon couvent, je ne trouve que remèdes et guérison ; ainsi par inclination adverse, *il me paraît impossible de faire la réunion de Mlle d'Éon avec le capitaine de dragons. Le frère est imparfait ; la sœur est parfaite. Comment faire une coalition de l'imparfait avec le parfait ? Cela est impossible au moral comme au physique. Il faut donc que la sœur fasse ses plus grands efforts pour devenir parfaite sur la terre comme sa mère et sa grand-mère le sont au ciel*[1]. C'est pourquoi je supplie la Providence qui jusqu'à présent m'a secouru si puissamment de me faire sortir de ce labyrinthe

1. C'est nous qui soulignons.

plus dangereux que celui de Crète et de me donner une nouvelle force pour supporter le poids de la nouvelle dignité placée sur ma tête, non par mes mérites, mais par l'autorité de la loi du roi pour me maintenir parfaite dans l'ordre de la société[1]. »

De telles déclarations ne peuvent manquer de surprendre. À partir du moment où d'Éon change d'apparence, ayant perdu tout repère, il éprouve aussitôt le besoin de comprendre ce qu'il devient. « Qui suis-je, moi, pour m'opposer à Dieu, à la loi et au roi ? finira-t-il par écrire. N'ai-je pas été par un jugement légal au Banc du roi d'Angleterre et de France jugée publiquement, déclarée et manifestée fille et condamnée à reprendre ma première robe d'innocence ? La main de Dieu n'a-t-elle pas fait toutes choses ? Ainsi j'ai répondu à Dieu, à la loi et au roi par mon humble obéissance[2]. » Ce séisme intérieur donne lieu à des considérations sans fin sur cette double conversion qui s'apparente à un véritable délire où fantasmes et mysticisme sont intimement liés. Les écrits intimes du chevalier dévoilent une part de la folie dans laquelle il s'est engagé. C'est pourquoi il nous semble difficile d'adhérer complètement à la savante analyse de Gary Kates, qui a tenté de tirer une théologie féministe de cette somme de pensées souvent contradictoires et qui considère d'Éon comme un philosophe du « gender ».

Une vie sans queue ni tête

D'Éon a commencé à écrire son autobiographie bien avant qu'un éditeur lui commande ses mémoires. Au fil des jours, il a jeté sur le papier réflexions et bribes de confession pour tenter de se comprendre lui-même, sans donner la clé de sa profonde névrose : la raison qui l'a poussé à se faire passer pour une femme. De tous ses écrits qui se répètent et parfois se contredisent, il finit par composer un ensemble de onze chapitres pour la publication d'un livre qui ne verra jamais le jour. Il remit pourtant le manuscrit à

1. ULBC, *La Grande Épître*, chap. IX, n°s 1, 2, 3.
2. *Ibid.*, chap. XI, n° 8.

son traducteur, comme en témoignent plusieurs annotations [1]. L'ouvrage très confus n'a jamais été édité parce qu'il était impubliable : les principaux épisodes de la vie du héros sont interrompus par des considérations mystiques et délirantes sur son destin.

L'auteur emploie tantôt le féminin, tantôt le masculin pour parler de lui. Intitulé *Grande Épître historique de la chevalière d'Éon* et daté de 1785, mais dont les deux derniers chapitres sont postérieurs à la Révolution, c'est un texte qui relève plus d'un examen psychiatrique que d'une analyse historique. Une longue préface [2] donne le ton de l'ouvrage. D'Éon se prend pour un nouveau saint Augustin, pécheur repenti, converti sur le tard et qui délivre ses confessions dans un ordre qui lui est propre. Dans son imitation du père de l'Église, d'Éon pèche par orgueil, sans s'en rendre compte. La somme éonienne, on s'en doute, n'a guère de rapport avec la somme augustinienne. « Je pardonne à saint Augustin, dit-il, d'avoir écrit ses *Confessions* devant Dieu, mais je ne pardonne pas à Jean-Jacques Rousseau d'avoir fait imprimer sa confession générale sur beau papier devant les hommes qui ne la demandaient pas. »

Annonçant le récit de son existence, il n'hésite pas à affirmer (sans plaisanter si l'on en juge par le contexte) : « Quant à ma confession particulière, je dois dire que ma vie n'ayant eu ni queue ni tête, je ne sais par où commencer et finir. Une vestale ne peut aussi hardiment accoucher qu'un philosophe de Genève et qu'une femme mariée devant la barbe d'un grand prêtre. Comme mon principe n'a point été dans l'ordre, il y en eut peut-être dans la conséquence. J'écris comme j'ai vécu. Mon ouvrage s'est opéré par morceaux et par lambeaux, tantôt en guerre, tantôt en paix, tantôt sous le règne de la lune, tantôt sous l'empire du soleil [3]. »

Les trois premiers chapitres retracent les principaux épisodes de

1. On peut lire écrit de sa main à la fin de chaque chapitre : « Vu et prêt pour Mr Plummer. »

2. *Cf. infra* Annexes, p. 357-365, *Grande Requête de Mademoiselle d'Éon pour demander la petite indulgence....*

3. *Cf.* Annexe II, *Grande Requête...*

son existence depuis sa naissance jusqu'en 1777, dont nous avons cité certains passages. Dès les premières pages, il évoque les doutes de ses parents quant à son appartenance sexuelle et le choix de son père : son enfant doit être un fils. Il insiste sur son séjour en Russie et sur sa mission en Angleterre. Il y revient dans le second chapitre. Le troisième est consacré à son retour en France en 1777, après le procès au Banc du roi d'Angleterre qui l'a déclaré femme. Il raconte son entrevue avec dom Boudier à Saint-Denis, son entretien avec Vergennes. Son retour triomphal à Tonnerre et les conversations avec sa mère qu'il compare à sainte Monique, mère de saint Augustin, font l'objet des chapitres IV et V. À partir du chapitre suivant et jusqu'à la fin du manuscrit, d'Éon ne maîtrise plus le sujet qu'il avait jusque là déjà bien du mal à dominer. Il s'agit désormais pour lui d'expliquer sa double conversion, laquelle passe par un dédoublement de personnalité.

À plusieurs reprises, comme pour s'affirmer femme, d'Éon parle « d'enterrer son frère, le capitaine de dragons ». Sa naissance en tant que fille passe par la mort de l'homme qui sommeillait en son corps. « Depuis ce temps, dit-il, je suis demeurée libre dans l'esclavage de ma robe adhérente à ma peau où je suis si bien affermie depuis 1777, qu'aucune révolution humaine ne peut plus ébranler la base fondamentale de ma propriété naturelle. Tant bien que mal, je me suis habituée comme j'ai pu dans le mal et dans le bien ; mais la réflexion, le temps et l'expérience m'ont démontré l'avantage et l'utilité de maintenir une fille dans les limites naturelles de la modestie, de la vertu, des fonctions et occupations de son sexe pour empêcher toute confusion dans l'ordre de la société[1]. »

Les désarrois de la vierge du Middlesex

C'est à Londres, lors de son second et dernier séjour, que d'Éon assume apparemment son rôle de femme. Il ne se revendique plus en tant que capitaine de dragons. Pourtant en Angleterre, il pouvait

1. ULBC, *La Grande Épître*, chap. VI, n° 9.

s'habiller en homme sans risquer la prison. Mais le retour du chevalier ne présentait pas d'intérêt pour les Anglais, tandis que l'arrivée de Mademoiselle d'Éon suscitait la curiosité : elle faisait figure d'héroïne. Elle était d'ailleurs plus crédible en femme sur les bords de la Tamise que sur les rives de l'Armançon ou de la Seine. Outre-Manche, il n'y avait pas de témoins de son enfance, de sa prime jeunesse et de sa carrière militaire. Nimbée d'une aura, elle pouvait s'affirmer comme la femme exceptionnelle capable d'assumer le rôle d'un homme aussi bien dans les négociations diplomatiques qu'en en première ligne à l'armée et aussi en publiant des ouvrages historiques et politiques. Elle possédait l'intelligence, les capacités intellectuelles et la force de l'homme ainsi que les vertus communément accordées aux femmes : la pureté et la piété. Le personnage d'exception qu'elle avait composé la remettait sous les feux de l'actualité. Linguet n'a pas hésité à écrire « qu'entrée dans la carrière de la politique au sortir de l'enfance, elle a mérité dès le commencement par sa discrétion, son exactitude et sa prudence, une confiance qui n'est pas toujours justifiée par l'exercice le plus long et le plus heureux ; que transportée du cabinet dans les camps, elle s'y était distinguée par un courage qui chez les hommes même ne suit pas toujours le talent des négociations ; que ramenée aux intrigues diplomatiques après avoir rendu à la patrie des services publics et au feu roi des services secrets, presque incompatibles, elle l'a emporté, à force de fermeté et de patience, sur un ministre dont le plus grand malheur est de l'avoir eue pour adversaire ; et que dans ces différentes situations, son secret a toujours été, ou ignoré, ou ce qui revient au même si longtemps gardé, soit par elle, soit par les confidents qu'elle en avait pu instruire. Une vie si agitée dans un pareil travestissement n'a pu manquer d'occasionner bien des incidents bizarres qui formeraient peut-être une histoire très intéressante [1]... »

Les Anglais renchérirent et Burke lui-même rendit un vibrant hommage à l'Amazone [2]. Les vapeurs de cet encens l'enivraient.

1. Linguet, *Annales...*, *op. cit.*, t. I, p. 383-384.

2. « She is the most extraordinary person of the age. We have several times seen women metamorphosed into men, and doing their duty in the war ; but we

La curiosité qu'elle éveillait, l'admiration qu'elle faisait naître parfois lui tenaient lieu de vie affective. Narcisse continuait de se séduire. Cependant si elle jouait sans difficulté apparente la virago de salon, elle était plongée dans un désarroi pathétique lorsqu'elle se retrouvait seule chez elle, emmurée dans son cloître intérieur. Elle savait qu'elle fondait sa célébrité sur une mystification, qui était en réalité une imposture. La prière, mais surtout l'écriture devenaient un exorcisme salutaire. La lecture de ses textes, au demeurant répétitifs et incantatoires, prouve à quel point elle tient à se disculper. Aussi clame-t-elle sans cesse qu'elle est chaste et pure comme doivent l'être les femmes pour se persuader que le roman de sa vie est réalité.

D'Éon finit-il par se croire réellement femme ? Dans la mesure où il estimait que la pureté était plus l'apanage du sexe opposé que celui des hommes, il pouvait penser que sa virginité et sa chasteté le rendaient digne d'être femme, ce qui le lavait du péché originel de sa seconde vie.

*

Si péché il y eut, espérons que l'absolution divine à laquelle il croyait lui fut accordée. Encore un doute sur lequel il est impossible d'apporter l'ombre d'une réponse. D'Éon n'est pas l'homme des certitudes. Mais ce dont on est sûr c'est de la survie de son personnage, voire de son mythe. D'Éon n'a jamais cessé d'intriguer les foules. Son existence « sans queue ni tête » continue de troubler et aujourd'hui les historiens des *gender studies* analysent le cas d'Éon avec un sérieux qui n'a rien de romanesque. Après avoir été un sujet de roman, le chevalier-chevalière devient un sujet d'étude. Quelle sera sa prochaine métamorphose ? Nous souhaitons longue survie à la Pucelle de Tonnerre !

---

have seen no one who has united so many military, political and literary talents. », *Annual Register*, « Characters » (1781), p. 29, cité par G. Kates, *op. cit.*, p. 3.

ANNEXES

I

NARRATIF DE MLLE D'ÉON

À employer dans sa pétition pour obtenir un dédommagement convenable en compensation pour ses dettes de temps et d'argent de travaux qu'elle a faits tant en Russie qu'en Angleterre dans le cours public et secret de ses négociations malgré les succès dont il a été couronné et traversé par des fatalités imprévues et pures intrigues de cabinet à Versailles [*sic*].

Fatiguée des efforts longs et inutiles, que j'ai fait auprès de la succession variée et rapide des différents ministres de Louis XV, pour obtenir le remboursement et le dédommagement des sommes d'argent considérables pour moi que j'ai dépensées pour la négociation secrète de Louis XV et du feu Prince de Conti auprès de l'impératrice Élisabeth de Russie et de son vice-chancelier le comte de Woronzov [1] qui, peu de temps après est devenu son Chancelier et Premier ministre, aussi des Affaires étrangères et qui m'avait à son tour dépêché à Paris pour assurer le Prince de Conti que, s'il se déterminait à venir lui même à Saint-Pétersbourg sous le prétexte d'un voyage de curiosité, que peu après l'impératrice le nommerait Duc de Courlande et lui donnerait le commandement en chef de son armée contre le Roi de Prusse. Ce que le Prince et

1. Il avait épousé la cousine aussi belle que bonne de l'impératrice Élisabeth.

Louis XV désiraient alors avec passion. Le Roi, en conséquence, m'avait autorisé alors à négocier cette grande affaire en secret, à l'insu de tous ses Ministres et Ambassadeurs, auprès du vice-chancelier Woronzov et de l'impératrice en 1755 et 1756. Le Prince de Conti possédait toute la confiance de Louis XV et avait le portefeuille de son travail particulier et public pour les Affaires étrangères. Quand je retournai à Paris en mai 1757, avec le succès complet de ma mission secrète, le prince de Conti avait totalement perdu l'amitié et la confiance du Roi, pour une misérable querelle et brouillerie qui s'était élevée dans l'intérieur du château entre Madame la Marquise de Pompadour, la Princesse de Conti douairière et son fils. De sorte que, à mon arrivée à Versailles, M. Tercier, Premier commis des Affaires étrangères et Secrétaire secret pour les Affaires secrètes et étrangères, me remit un ordre du Roi pour me défendre d'aller chez le Prince de Conti et de remettre sur le champ à Tercier, pour lui (le Roi) seul, les lettres et papiers dont j'étais chargé ; et de lui remettre aussi mon chiffre de correspondance avec ce Prince, ainsi que toutes les lettres et mémoires qu'il m'avait dictés lui même à mon départ pour la Russie ou fait parvenir depuis en chiffre. Enfin, de remettre généralement tous mes papiers sur cette affaire secrète. L'ordre du Roi me défendait aussi de ne plus aller chez le Prince de Conti. Enfin, le résultat de la brouillerie entre le Roi et le Prince de Conti a été que le Prince n'a été ni Duc de Courlande, ni généralissime de l'armée russe, ni roi de Pologne, comme il l'espérait à la mort d'Auguste III. Et moi, j'ai perdu le fruit et la dépense de mes deux courses, sans compter mes travaux, fatigues, courses, temps, mes espérances flatteuses et une jambe cassée dans la course précipitée de mon retour à Paris en mai 1757. Le Prince de Conti ne payait personne dans sa bonne humeur. Comment m'aurait-il payé dans sa mauvaise. Et dans ce temps, son écuyer particulier venant lui dire qu'il n'avait plus ni avoine ni foin pour ses chevaux, il lui dit tranquillement Qu'est-ce qui me fait crédit encore ?, je ne connais plus que votre pâtissier, hé bien mon ami, lui dit-il, donnez des petits pâtés à mes chevaux !

Voilà ma première course de Russie qui n'a été payée que de fausses espérances et des promesses en l'air de Princes. Mon retour a été payé par le trésor royal parce que j'apportais à la cour de Versailles l'accession de l'impératrice de Russie au traité du 1er mai 1756, le plan des opérations de l'armée russe contre le roi de Prusse et la relation de la bataille sous Prague entre les Autrichiens et les Prussiens du 7 mai 1757. Mais mon troisième retour en Russie pour aller promptement rejoindre le marquis de l'Hôpital, nommé ambassadeur en Russie, que j'avais laissé au château de Bialistock, chez le comte Branisky, Grand Général de Pologne ne m'a point été payé, tant par la négligence du marquis de L'Hopital trop environné de grandeurs, de dépenses, d'éclat d'entreprises inopportunes et pressées dans son ambassade auprès de l'impératrice Élisabeth ; et par ce que M. Pâris de Montmartel, garde du trésor royal et banquier de la Cour s'étant alors retiré des affaires et même de ce monde je n'avais plus de connaissances et d'amis j'avais auprès du nouveau Banquier de la Cour pour faire taxer ma course ; on m'a toujours amusé de l'espérance que je serai payé d'une façon ou d'une autre. Le vrai a été que M. Rouillé, Ministre des Affaires étrangères, s'est retiré, que l'abbé comte de Bernis lui a succédé et que son règne s'est éclipsé comme une comète ; que le duc de Choiseul lui a succédé, que mon protecteur, le maréchal de Belle-Isle, après m'avoir consolé par une lettre de la perte que je faisais, qu'il saurait m'en dédommager autrement, en attendant il est mort. M. de Boullogne, gendre du Marquis de l'Hopital qui m'avait aussi promis de me dédommager a quitté sa place et la vie, le Marquis de l'Hopital s'est retiré de son ambassade ruiné par ses grandes dépenses pour soutenir l'éclat de la cour et de la nation françaises à la cour de Russie où régnait alors un luxe moitié oriental et moitié européen. Et moi, j'ai été rejoindre mon régiment de dragons et ma place d'aide-de-camp du maréchal et du comte de Broglie où je n'ai gagné que des coups de sabre, d'autres blessures et de la gloire, toujours sans autre argent que celui que Louis XV me faisait passer en secret par les mains du comte de Broglie auquel il m'avait recommandé en particulier,

Après mon bonheur en Russie et mon malheur en France, j'ai éprouvé d'autres bonheurs et malheurs en Angleterre. J'y suis arrivée comme Premier secrétaire de l'ambassade du duc de Nivernais, ce seigneur plein d'esprit, de (?) et de zèle pour le service de son maître y avait adroitement débuté par changer quelques points essentiels de l'ultimatum d'après lequel le roi de France avait envoyé pour ambassadeur et plénipotentiaire le duc de Nivernais à Londres et celle d'Angleterre le duc de Bedford à Paris. Ce changement avait tellement indisposé l'esprit du roi d'Angleterre et celui de son Conseil privé que l'on était au moment de signifier au duc de Nivernais de se retirer et de partir pour la France. Le duc, malgré son génie et celui de ses conseillers, ne savait ni avancer ni reculer, ni quel parti prendre. Après avoir été si vivement affligée en mon particulier de son angoisse et de son embarras, je lui dis : « M. le duc, si vous voulez me laisser faire, je crois pouvoir vous tirer bientôt d'embarras par un mezze termine que vous devez mieux connaître que moi puisque vous êtes d'origine italienne et moi française. » « Comment donc faire ? » « Rien de plus facile, lui dis-je, M. le duc je vais aller de ce pas déclarer à Milord Egremont Secrétaire d'État que c'est moi en votre absence qui ai fait la faute de changer quelques termes à l'ultimatum par zèle pour ma patrie, sans faire attention aux conséquences. Le Cabinet de St James écrira contre moi ; votre honneur sera sauvé et moi je m'en retournerai en France contente si vous me rendez justice auprès du Roi et de ses ministres. » Mon mezze termine fut accueilli avec joie et reconnaissance et couronné d'un plein succès. Les conférences commencèrent et furent terminées en peu de temps. Le duc de Nivernais a eu la générosité d'écrire de sa main au Roi, aux ducs de Praslin et de Choiseul le récit simple du service important alors que je lui avais rendu et à la cause de la paix générale. Le roi d'Angleterre, qui ne fut pas la dupe du duc de Nivernais, pour me récompenser contre l'ordinaire des choses me chargea de porter au duc de Bedford, son ambassadeur à Paris, sa ratification de la paix. Le duc de Praslin, l'esprit rempli de l'orgueil de sa naissance, de son savoir ou de son ignorance, et de ses richesses accumulées par sa dextérité et son avarice personnelles, a cru me récompenser magnifiquement en me faisant accorder six mille francs de gratification et la croix de Saint-Louis après avoir été blessée trois fois à l'armée, en différentes batailles et combats. Aussitôt que la paix a été signée, le duc de Nivernais, sous prétexte de ses pauvres yeux et de la faiblesse de ses nerfs, s'est enfui comme une hirondelle à Versailles pour y jouir de sa gloire et à Paris pour y voir tirer le feu d'artifice en l'honneur de sa paix. Il m'a laissé à Londres en qualité de Résident, puis de Ministre plénipotentiaire chargé comme un baudet de quatre-vingts portefeuilles de papiers d'affaires, de 33 mille prisonniers français en Angleterre à faire évacuer, de 18 millions de dettes du Canada dont j'ai esquivé le paiement tant que j'ai été ministre de France à Londres, que j'ai éludé de même ainsi que la démolition des fortifications et lunettes de Dunkerque. J'étais encore chargé de la négociation entre les deux cours pour l'arrangement et liquidation des comptes pour nourriture et fourniture aux prisonniers français, pour l'artillerie, vivres et munitions prises ou perdus entre les Français, les Anglais, les Prussiens, Hanovriens, Hessois, Brunswickois et sans les affaires courantes et courriers qui se succédaient jours et nuits. Enfin, pour fruit de toutes mes peines, travaux et écritures de jours et de nuits, ma seule récompense a été d'être empoisonné dans le vin d'une bouteille de bourgogne uniquement destinée pour moi, le octobre 1763 à la table du comte de Guerchy, ambassadeur extraordinaire de Sa Majesté très Chrétienne auprès du Roi George Défenseur de la Foi. Plût à dieu que ces deux grands princes n'eussent été que les défenseurs de la faiblesse de la veuve et de l'orphelin des empoisonnés, j'aurais été vengée par leur justice. J'ai si bien prouvé mon empoisonnement contre le comte de Guerchy et son écuyer Chazal, qui avait mis l'opium dans la bouteille de bourgogne, que j'ai obtenu par devant le tribunal des grands jurés du comté de Middlessex, où la ville de Londres est située, un indictement contre les deux coupables. Chazal a pris aussitôt la fuite. L'ambassadeur a été poursuivi avec tant de vigueur par moi, que résultat a été qu'après mon empoisonnement, Guerchy m'a querellé sans fin, que je n'ai jamais été payée de mes appointements de Ministre plénipotentiaire à Londres. Ils me sont toujours légitimement dus, car le défaut de paiement constaté par les registres du Bureau des Affaires étrangères et ceux du Banquier de la cour, et les lettres que le duc m'a écrites de sa main à ce sujet et que je conserve précieusement prouveront cette vérité constante. Et mes avocats (prouveront) qu'il a été obligé d'obtenir du roi d'Angleterre un noli prose qui à sa honte et confusion, ce qui a déterminé Louis XV à ne point lui donner le brevet de duc qu'il lui avait promis avant son crime, mais à le rappeler, à l'envoyer à son château de Nangis où il est tombé malade de chagrin, a obtenu de revenir dans son hôtel pour être secouru par ses médecins. La mort l'a emporté exactement quarante jours après son départ de Londres et la fin de sa belle ambassade. Le résultat fut cruel pour moi et ma bourse. Alors, malgré toutes les clameurs, des Guerchy, des Praslin criant contre moi comme des aveugles, des empoisonneurs et des assassins royaux, j'ai gardé par devers moi tous les chiffres et papiers de la Cour la plupart écrits et chiffrés de ma main, jusqu'à ce que l'on ait payé mes appointements et mémoires légitimes de dépense. On s'est obstiné à ne pas me payer. Je me suis obstiné à les garder. Ma conduite publique à cet égard a été approuvée en secret par Louis XV.

Ce monarque est venu enfin à mourir, le 10 mai 1774. On a trouvé le secret de mon sexe et de ma correspondance secrète à la levée des scellés sur les papiers du secrétaire de son cabinet. Le marquis de Prunevaux a été aussitôt dépêché par le comte de Maurepas et le duc de Nivernais auprès de moi, à Londres, mais sans succès pour mon retour. Parce que j'ai persisté à ne pas vouloir quitter la cour de Londres sans qu'on ait réparé auparavant les torts, les injustices et les crimes commis contre moi à Londres. Le fameux Caron de Beaumarchais a été le second envoyé extraordinaire des comtes de Maurepas et de Vergennes auprès du roi muni d'un plein pouvoir et d'argent pour traiter à l'amiable avec moi. J'ai dit en moi même « *Timeo danaos et dona ferentes* ». Si ce renard était ferré de ruse et d'argent, j'étais ferré de bonne foi. Il a mieux réussi en partie que le marquis de Prunevaux parce qu'il avait plus d'esprit et plus d'argent pour payer mes dettes dans un pays aussi cher que Londres et où j'ai été en guerre, chicane, procès et dépenses depuis 1763, jusqu'en 1775. Beaumarchais, enflé du plein pouvoir du roi de France auprès d'un simple et faible individu comme moi, voulait trancher du ministre ; je voulais son argent ; je lui ai lâché lisière sur son enflure et son importance il comptait bien m'avoir dupé et attrapé, il couronna ses travaux par une longue et belle transaction éloquente et ambiguë en date du 15 octobre 1775 qu'il a composée et écrite de sa main. Mais comme cet agent fourbe du comte de Maurepas, trompeur ou trompé, ne m'a remis qu'une partie de l'argent promis en me protestant que c'était tout l'argent qu'on lui avait remis pour moi. Ce qui était très faux, mais un tour de Figaro. Alors moi qui le connaissais et qui avais grand besoin d'argent pour faire honneur à mes dettes anciennes et courantes à Londres, je lui ai dit à mon tour « Voilà tous les papiers de la Cour et du Roi que j'ai à vous remettre. » Il a cru m'avoir trompé et avoir tous les papiers de la Cour en sa possession. Mais il a été trompé lui même. Car, dans le fait, je ne lui ai remis que la moitié des papiers. Comme lui ne m'avait remis que la moitié (et pas même la moitié) de l'argent car il ne m'a remis que cent mille livres sterling, tandis qu'il avait reçu un crédit de cent mille écus à Paris pour venir négocier à Londres mon retour à Versailles et la remise de mes papiers. Ce restant d'argent à me remettre ayant toujours été éludé, par lui et le ministre, à mon départ de Londres, j'ai déposé l'autre partie des papiers de la cour (les plus intéressants) entre les mains d'un de mes anciens amis à Londres : M. Tynte, ancien colonel du 1er régiment des Gardes du Roi d'Angleterre et Premier Gentilhomme de la chambre de Mgr le Prince de Galles. Après les avoir divisés en paquets séparés, couverts de papier fort cacheté des armes du roi et de mon cachet particulier. Il est prêt à les rendre tels qu'ils les a reçus en dépôt dans un coffre, dans une forme intacte, aussitôt qu'on lui aura remis les mille livres sterling dont il a été caution pour moi envers M. Gaussen, fils de feu Pierre Gaussen, Premier directeur de la Banque d'Angleterre, ainsi que l'intérêt qui lui est dû depuis l'année 1791, ainsi que différentes autres sommes que mon dit colonel Tynte m'a avancées dans mes besoins, maladies et malheurs en Angleterre depuis la déclaration de la guerre et que je ne suis plus payée ni de ma pension secrète de Louis XV, ni de ma pension publique de Louis XVI. Voilà les faits vrais et certains. Jugez ma conduite dans un tribunal de conscience et d'honneur et voyez si je me suis conduite avec justice envers moi et mes légitimes créanciers à Londres sans lesquels je n'aurais pu exister en Angleterre. Considérez aussi si je me suis conduite avec prudence, fidélité, comme ancien Ministre de France pour le dépôt de la partie des papiers de mon ministère à Londres et de ma famille. Et considérez si ma conduite uniforme, constante, prudente et courageuse, mérite d'être couronnée du succès et du suffrage de votre approbation.

II

GRANDE REQUÊTE DE MADEMOISELLE D'ÉON POUR DEMANDER LA PETITE INDULGENCE DES LECTEURS, AUTEURS, CENSEURS ET DES MEMBRES DE LA RÉPUBLIQUE UNIVERSELLE DES LETTRES ÉTABLIE EN EUROPE PAR L'IMPRIMERIE ET LA RAISON SANS PRÊTRE, SANS POUDRE ET SANS CANON CAR DIEU NOUS A DONNÉ LE RAISONNEMENT, UN LAÏQUE A TROUVÉ LA PRESSE, UN MOINE LA POUDRE ET UN PAPE LE DROIT CANON ULTIMA RATIO REGUM

Il est difficile d'expliquer comment les bons anges vivent dans le ciel ; il m'est encore plus difficile de comprendre comment les mauvais auteurs vivent sur la terre ! Cependant, je vis comme il plaît à Dieu qui me donne tout et comme il plait à la Révolution qui ne me donne rien. Sans cette belle et grande Révolution qui ne me donne rien, je n'aurais jamais été dans le besoin et je n'aurais jamais songé à donner ces lettres et mémoires sur le passé et sur le futur contingent de ma triste existence. La nécessité n'a point de loi ; elle m'a contraint dans ma vieillesse pacifique, comme dans ma jeunesse militaire, à vivre de la mort quand il s'agit de son existence physique : ventre affamé n'a point d'oreilles ; il est forcé à parler de lui.

J'ai toujours été dans l'opinion, et je suis même dans la persuasion, qu'il est impossible à un auteur d'écrire lui-même l'histoire de sa vie sans que l'orgueil inséparable du cœur humain l'élève à la hauteur de la vérité ou la modestie l'abaisse à une humilité hypocrite. Je pardonne à Saint Augustin d'avoir écrit ses Confessions devant Dieu, mais je ne pardonne pas à Jean-Jacques Rousseau d'avoir fait imprimer sa confession générale sur beau papier devant les hommes qui ne la demandaient pas, tandis qu'il n'a jamais voulu, à sa mort, donner sa confession particulière au bon curé de son village qui la lui demandait, voulant lui donner gratis un passeport pour aller trouver au ciel la sagesse qu'il n'a pu trouver sur la terre quoiqu'il l'ait cherché à quatre pattes depuis sa jeunesse jusqu'à sa vieillesse.

Quant à ma confession particulière, je dois dire que ma vie n'ayant eu ni queue ni tête, je ne sais par où commencer et finir. Une vestale ne peut aussi hardiment accoucher qu'un philosophe de Genève et qu'une femme mariée devant la barbe d'un grand prêtre. Comme mon principe n'a point été dans l'ordre, il y en eut peut-être dans la conséquence. J'écris comme j'ai vécu. Cependant dans mon beau désordre j'ai eu grand soin de me conduire non sur les règles ordinaires des filles, mais sur celles de la discipline militaire ; sur la sagesse des ordonnances du roi et sur la prudence du dragon parmi les lions de l'armée, les serpents de la cour et les crocodiles de Paris la grand ville.

Dans mon ouvrage, je ne cherche point à faire un roman pour plaire au public, je ne rapporte que des faits passés sous les yeux. Mes *bills* (mot anglais signifiant mémoires de fournitures ou de dépenses) ne sont point des mémoires d'apothicaire, mais bien de la vérité. La vérité, dit le docteur Amstrong, est un témoin bien opiniâtre : il suffit pour confondre le mensonge et l'imposture. Si je suis forcé à déposer des actes authentiques sur ma vie passée, c'est que la calomnie a voulu en buriner les erreurs et la vérité en révélant l'histoire.

Je suis fâché dans certains endroits de mes écrits d'avoir été contrainte à parler vrai sur le chapitre de certains personnages, mais si mes écrits ne sont pas assaisonnés du sucre de la raison, du sel de la vérité et des épices de la justice, comment pourraient-ils résister à la corruption du siècle qui est un ver rongeur et dévorant de toute vertu ?

Si certains philosophes modernes n'approuvent pas ma conversion, c'est qu'ils ne croient ni en Dieu, ni dans la loi, ni dans le roi. Dieu m'a pardonné ; la loi vivante m'a justifié, la justice en Angleterre, en France on m'a adjugé la robe de plein droit. Louis XV et Louis XVI m'ont doté ; la reine, fille des Césars, m'a fait habiller à sa cour par Mlle Bertin. Celle même qui habille la reine n'a pas dédaigné d'habiller magnifiquement Mlle d'Éon. Madame Louise de France ma bonne et sainte protectrice m'a montré le chemin de la vertu. Christophe de Beaumont, archevêque de Paris, saint de son métier, grand pasteur de nos âmes et que le zèle de la maison de Dieu a dévoré, a voulu malgré moi me faire vivre dans la légende dorée ; et voulant me faire marcher à grands pas dans le sentier étroit de l'Évangile, sa charité ardente pour le salut de son prochain l'a porté à ôter promptement aux yeux du peuple d'Israël le scandale de l'habit d'homme que j'ai porté.

L'effet de sa conduite était politique, moral et religieux ; ainsi pour ne point errer dans ma conduite, je dois suivre la marche d'un conducteur sacré aussi pieux qu'éclairé dans le principe céleste qui la dirige. C'est encore aujourd'hui l'objet principal de mon travail, tant pour mon propre avantage que pour celui des filles qui servent Dieu, souvent avec un cœur droit et une tête de travers. Mon but tend à faire connaître que la grâce de Dieu n'a point été vaine en moi. J'ai toujours admiré sa grandeur et sa bonté et comment il agit puissamment sur les cœurs qui l'ont toujours aimé de bonne foi. Je désire que ma philosophie chrétienne qui m'a nourri et qui m'a élevé l'âme vers son créateur, puisse opérer le même effet sur l'Esprit de mes lecteurs animés des mêmes sentiments divins.

Je sais que mon travail n'est ni dans l'ordre, ni dans le style que je voudrais. Ce n'est pas la gloire de l'historien mais du chrétien que j'ambitionne. Comme Voltaire, je n'ai point l'art d'écrire l'histoire en miniature, en l'air et de mémoire. J'écris comme on travaille dans le Département des Affaires étrangères à Versailles, où l'on dresse des épîtres ou des mémoires séparés sur chaque matière à part. Cette façon de travailler est plus certaine en fait, et en politique, qu'en littérature vaine, où la vérité est immolée à l'ornement du mensonge en peinture. Ce qui est important dans une histoire particulière, ne l'est pas toujours dans une histoire générale.

Mon ouvrage s'est opéré par morceaux et par lambeaux, tantôt en guerre, tantôt en paix, tantôt sous le règne de la lune, tantôt sous l'empire du Soleil. Souvent, dans mes correspondances épistolaires, mes réponses sont écrites à la hâte, à l'heure de la montre ou du courrier ordinaire ou extraordinaire. Une fois parties en poste, il n'est plus en mon pouvoir de les retenir ni de les changer.

J'ai écrit, j'ai répondu à la hâte comme il a plu au Ciel de m'inspirer dans le Siècle passé sous les règnes de nos deux derniers rois. Mon travail n'a pas été fait pour être digérée par une Révolution inattendue et de grand appétit. Subitement elle apparut comme l'éclair d'orient pour illuminer l'Occident.

Quand j'aurais en la vertu des quatre filles vierges de Philippe l'évangéliste qui toutes prophétisaient ; quand j'aurais eu la (*sapiense*) du prophète Agabus, quand j'aurais été devin comme Nostradamus et sorcier comme le diable Merlin, jamais je n'aurais pu prévoir que la lumière d'une monarchie qui brillait depuis quinze siècles allait s'éteindre tout à coup comme la lanterne d'un savoyard ou celle d'un paysan du Mont-Blanc ou du mont Saint-Bernard.

Qui aurait jamais cru que la base d'un tel empire, établie aussi solidement que celle du Mont-D'Or en Auvergne qui a le 5 180 pieds d'élévation allait tomber subitement comme le pont-du-diable au Mont Saint-Gothard.

Je vois clairement aujourd'hui avec Saint Jean qu'il n'y a que Dieu qui est la vérité qui existera toujours.

Comme l'édification publique depuis ma conversion a été le seul but de ma conduite, elle est encore l'objet de mon travail particulier. Sous ce rapport, c'est son plus grand mérite pour être senti, il doit être lu avec l'Esprit qui m'a animé. Si on trouve à redire à ma façon d'écrire, à cela je réponds d'avance que je n'écris point un Roman mais simplement l'histoire particulière de ma vie. Le roman a besoin de donner l'essor à son imagination pour peindre des rêves arrangés sur le mensonge, calqués sur la fiction et cadencés sur le prestige du style. L'histoire privée n'a nul besoin d'ornement étranger, la vérité est sa seule parure et son seul mérite. La simplicité seule lui convient autant que le fichu de la modestie à une vierge.

Soit que l'on me loue, soit qu'on me blâme, une fille en tout pays a la liberté de s'habiller à sa façon, soit en parure, soit en peinture, soit en écriture, selon son goût ou sa fantaisie, sans beaucoup s'inquiéter des modes de Mademoiselle Bertin ou des belles règles d'Aristote, de Quintillien, d'Horace, de Boileau, de Boivin, de Boisrobert et de Merovert, des critiques tels que les abbés Prévot, des Fontaines et Clément et tels que les jésuites Bertier, Frérou et Raynal. Le prince des orateurs romains a dit en plein sénat : « *Quisque habet animi sensum Patres conscritpi Tot capita tot sensus.* »

Et le prince des Apôtres nous a dit : soit que nous soyons hors des sens, nous le sommes à la gloire de Dieu ; soit que nous soyons de sens rassis, nous le sommes à votre avantage parce que la charité du Christ nous étreint.

La Révolution m'a tellement enrichi aujourd'hui que je n'ai pas de quoi acheter de l'encre et du papier, comment pourrais-je acheter des plumes vénales en France et en Angleterre où tout est si cher, où tout se vend jusqu'au temps et le jour et la lumière et les ténèbres.

Je prie chaque journaliste, chaque folliculaire de ne me point habiller à sa manière. Ainsi que je dois, je m'habille. Ainsi que je vois, je peins. Ainsi que je pense, je parle. Ainsi que je sens, j'écris. Ainsi que je suis frappé, je frappe, par la confiance de la vérité et par la sanctification de l'Esprit.

On ne trouve pas souvent dans les Archives de la littérature de ces actions qui honorent les lettres. Combien de fois ceux qui les cultivent ont-ils ressemblés aux dieux d'Homère qui se traitent comme des crocheteurs ! La dispute de l'orateur Linguet et du poète Dorat à Paris a été la honte et la leçon des hommes d'Esprit, des littérateurs et des fabricateurs d'Annales qui ne comptent plus les temps que par les ventoses, les pluviôses, les thermidors, les fructidors ou les vendémiaires.

Les écrivains mercenaires coalisés pour faire la guerre aux auteurs qui s'avisent d'écrire dans un genre qui ne tient pas du leur, ne seront pas tous conjurés contre une pauvre fille de 75 ans qui n'a plus pour se défendre que son âge, ses infirmités, ses blessures, son éventail et sa pauvreté. Si les marchandes de mode sont mécontentes de la simplicité de ma robe noire, si les drapiers littéraires sont peu édifiés de la pauvreté de mon style, laissons les millénaires vivre de leur métier et les écrivains hebdomadaires exister comme des mercenaires.

Les *scribentes potius pro fame quam profamâ* diront sans doute que mon ouvrage est imparfait ; mais la femme la plus parfaite peut faire un enfant imparfait.

Parmi les critiques, les uns diront votre histoire est trop longue, les autres diront elle est trop courte. Si je voulais écouter les uns et les autres, en attendant la perfection, je mourrais de faim. Je n'ai pas le temps d'être plus court, je tiens un certain milieu dans mon histoire.

Croyez-vous que mademoiselle d'Éon est un Tacite qui doit vous donner plus à penser qu'à lire ? Vous vous trompez étrangement. Elle n'est pas si bête. Elle n'est pas fille pour rien. Elle doit s'habiller et babiller selon la mode du jour à Paris où l'on dit en 24 volumes in folio ce que Tacite a dit en quatre pages in douze et où les femmes quand elles sont bien habillées sont en chemise de gaze aussi légère qu'une toile d'araignée.

Croyez-vous que mademoiselle d'Éon ne sent point que son ouvrage est bien long mais si elle l'eut fait plus court, elle se serait elle même coupé les vivres au marché. Elle aurait perdu son crédit chez son banquier sans argent et chez son apothicaire sans sucre.

J'aimerais autant être en travail d'enfant que d'être dans le travail de l'œuvre pénible que j'ai entreprise par la nécessité où la Révolution m'a réduite. Pour me consoler, mon libraire animé d'un zèle anglais me dit qu'il a en main un traducteur pour mettre en bon anglais mon mauvais français. Mais je lui répliqué : « Ne vous souvient-il pas que du temps de Charles II, Dryden fit en sa langue la traduction de Virgile, ce que les Anglais appellent "translation". » L'évêque de Rochester lui ayant dit à la cour qu'il regardait cette translation comme la meilleure, comme égalant et surpassant même l'original. Dryden lui répondit cependant : « Mylord tout perd à la translation, excepté un évêque. »

Quoi qu'il en soit, du pour et du contre, je connais en mon

particulier de quel prix sont les moments des censeurs sages et éclairés. Je sais que les plus précieux moments pour eux sont ceux qu'ils consacrent à protéger l'innocence sans avoir égard à la nouveauté ou à l'ancienneté de son Extrait baptistaire. Si une juste critique conduit avec sagesse la plume d'un jeune auteur, la critique injuste ou trop sévère ne sert qu'à irriter la bile d'un vieil auteur. Je conviens qu'après m'être égaré dans ma jeunesse parmi les dragons indomptables, je pourrais m'être encore égarée parmi les auteurs aguerris.

J'espère que mes Aristarque et mes critiques ne seront pas envers moi plus sévères que Louis XV qui m'a pensionné, que Louis XVI qui m'a doté, que la Reine qui m'a fait habiller, et que le Grand Pasteur de nos âmes qui m'a rendue nette et que Dieu qui m'a ordonné.

Maintenant chargée du poids de 75 ans, affligée de mes dettes anciennes et nouvelles, contristée de la guerre civile et incivile qui désole ma Patrie, l'Europe, l'Afrique et l'Asie, comment, sans argent, sans vaisseau, sans aérostat, sans parachute, sans ailes et sans jambes, puis-je pendant cette cruelle guerre retourner dans ma Patrie pour m'y faire enterrer morte ou vive ?

Pour toute ressource en Angleterre, il ne me reste que le besoin de vivre de ma mort en publiant ma vie passée. Cette nécessité plaidera ma cause au Tribunal de mes juges sévères, les priant instamment de traiter mon ouvrage avec une indulgence plénière pour mes fautes aussi grandes en belles lettres, qu'en belle conduite. Ici je joins ma requête en latin que j'ai adressée au célèbre Kaestner, professeur que j'ai connu à l'université de Göttigen lorsque notre sévère, brave et honnête général comte De Vaux (le feu comte de Vaux depuis sa conquête du petit royaume de corse a été fait maréchal de France et, s'il vivait encore, il en serait un des plus grands) l'occupait avec ses troupes en 1761. Depuis, M. Kaestner étant venu à Londres en 1787 et étant l'ami particulier de mon grand ami William Seward de la Société Royale des Sciences, ils m'ont pris tous deux en grande amitié. J'ai voulu lui payer ce petit tribut dc reconnaissance, ainsi qu'à mes honnêtes aristarques qui m'ont témoigné estime et amitié en l'ancienne et scientique (sic) université d'Oxford.

Mon épître latine pourra aussi me rappeler au souvenir de tant de docteurs en us que j'ai connus en Germanie, en Moravie, en Pologne, en Lituanie et en Russie. Je ne serai nullement fâché qu'ils apprennent et qu'ils sachent tous que je ne suis plus disciple des rudiments de ce monde depuis ma belle conversion qui m'a entièrement séparée du corps des dragons et du péché de mon uniforme qui m'a enfin dépouillé du vieil homme pour faire de moi une créature toute nouvelle en Notre seigneur, aux yeux des hommes devant les femmes de la Reine et devant les filles de Sainte Marie, par l'Espérance des biens qui me sont réservés dans les cieux, dont la connaissance m'a rempli de toute sagesse et d'intelligence spirituelle pour fructifier en toute bonne œuvre et me conduire dignement comme il est séant à une fille chrétienne, non seulement devant le monde, mais devant le Seigneur, ayant été pendant mon noviciat lavée, approuvée, corrigée, corroborée, fortifiée, enracinée en toute manière, en toute patience et tranquillité d'Esprit, le Seigneur ayant effacé l'obligation qui était contre moi, laquelle consistait en ordonnances militaires et m'étaient contraires et qu'il a entièrement abolie en moi par ma nouvelle obligation de vivre et de mourir en la première pureté de ma robe d'innocence, ne pensant plus aux choses qui sont en bas, mais uniquement à celles qui sont en haut.

Ainsi, je rends grâce à celui qui m'a délivré de la puissance des ténèbres, qui m'a pardonné gratuitement mes offenses et qui m'a rendu sainte, sans tache et irrépréhensible pour être capable de participer à l'héritage des saints et des vierges dans la lumière de la gloire.

Ce à quoi je travaille en combattant selon l'efficace de sa grâce qui agit puissamment en moi, non pour me conduire selon les éléments de ce monde, mais selon ceux de ma foi et de mon Espérance en Jésus-Christ qui est le Docteur des Docteurs des plus célèbres universités du monde chrétien. Car toute la plénitude des écritures et de la Divinité habite en Lui ; et c'est en lui seul que toute bonne doctrine est accomplie.

C'est en lui que je vis et que, comme une autre Sainte Thérèse, je me meurs d'envie de mourir, en attendant ce grand bienfait, ma vie est cachée avec Jésus-Christ en Dieu. En qui il n'y a ni gentil, ni grec ni juif, ni circoncision, ni prépuce, ni barbares, ni scythes, ni esclave, ni libre, mais Christ y est tout en tous.

Je suis revêtue de la robe de charité qui est le lieu de ma perfection en humilité, en douceur, en patience d'Esprit et j'y demeure tous les jours, afin qu'il soit manifeste aux yeux du prochain scandalisé de ma vie passée parmi les dragons, que j'accomplis maintenant la volonté du seigneur, l'ordre du Roi, le décret de la loi et le vœu de ma mère. Car, en justice, je lui ai rendu ce témoignage qu'elle a toujours eu un grand zèle pour me faire porter ma première robe d'innocence, m'ayant dit cent fois en particulier que, hors d'elle, il n'y avait point de salut pour ma virginité.

BIBLIOGRAPHIE

SOURCES MANUSCRITES

Archives nationales
(A.N.)

AP 277 : Papiers d'Éon 1771-1791.

Archives du ministère des Affaires étrangères
(A.A.E.)

Correspondance politique, *Angleterre* 457, 498, 562.
Correspondance politique, *Russie*, suppl. t. VIII.
Correspondance politique, *Pologne* 285.
Mémoires et Documents : Fonds France 2187.

British Library – Manuscripts
(B.L.)
(Londres)

- Add. 34277 : « Cahier des devoirs en seconde de l'année 1745 au collège Mazarin », 130 p.
- Add. 29993 : « Journal of Chevalier d'Éon while Resident in England », 1792-1803, 299 p.
- Add. 29994 : « Letters and Papers relating to the Chevalier d'Éon », 1796-1806, 60 p.
- Add. 30877 : « Letters to J. Wilkes », 1768-1787 : p. 67, 102, 111-112.
- Add. 11339 : « Letters and Papers relating to the Affairs of the Chevalier d'Éon », 1763-1789.
- Add. 11340 : « Collection of printed Paragraphs, cut out of English newspapers, relating to the Chevalier d'Éon, the Chevalier O'Gorman, Capt. Horneck, and M. de Morande », 1776-1777 ; with Ms. notes.
- Add. 11341 : Pièces relatives aux démêlés du chevalier d'Éon avec Beaumarchais, Vergennes...

University of Leeds Library
(ULBC)

Papers of d'Éon, Brotherton Collection
- Box 1, file 1 : « La Grande Épître de la chevalière d'Éon ».
- Box 7, p. 983-990 : « Épître de Mlle d'Éon à Madame la duchesse de Montmorency-Bouteville à Londres », le 15 juin 1789.
- Box 8, p. 1686-1708 : « Grande requête de Mlle d'Éon pour demander la petite indulgence ».

SOURCES IMPRIMÉES

- *A Catalogue of the Historical, Biblical and Other Curious Mss. and Library of Printed Books of the Chev. d'Eon... Also the Collection of 100 Editions of Horace formed by Dr. Mead*, London, 1813, in-8°.
- Broglie (duc de), *Le Secret du Roi. Correspondance secrète de Louis XV avec ses agents diplomatiques : 1752-1774*, Paris, Calmann Lévy, 1878, 2 vol.
- *Catalogue of the Scarce Books and Manuscripts of the Chevaliere* [*sic*] *d'Eon, [...] which will be sold by auction, etc.*, Spilsbury & Son, London, 1791. Publié simultanément en français : *Catalogue des livres rares et manuscrits précieux du cabinet de la Chevalière d'Eon*. Cette vente se fera les [lundi 5 mai 1791...] par M. Christie, Londres, Debrett, 1791.
- *Correspondance secrète du comte de Broglie avec Louis XV (1756-1774)*, publiée pour la Société de l'Histoire de France par Didier Ozanam et Michel Antoine, Paris, Klincksieck, 1956-1961, 2 vol.
- *Correspondance secrète inédite de Louis XV sur la politique étrangère, avec le comte de Broglie, Tercier, etc., et autres documents relatifs au ministère secret, publiés d'après les originaux conservés aux archives de l'Empire, et précédés d'une étude sur le caractère et la politique personnelle de Louis XV*, par M. E. Boutaric, Paris, Plon, 1866, 2 vol.
- [Delauney], *Histoire d'un pou françois, ou l'Espion d'une nouvelle espèce, tant en France qu'en Angleterre, contenant les portraits des personnages intéressans dans ces deux royaumes*, Paris, 1781.
- *Examen des Lettres, mémoires et négociations particulières du chevalier d'Éon*, Londres, 1764.

– GOUDAR (Pierre-Ange), *Contre-note ou Lettre à monsieur le marquis L****** à Paris*. À Londres [T. Becket], 1763.
– GRIMM, DIDEROT, RAYNAL, MEISTER, etc., *Correspondance littéraire, philosophique et critique, revue sur les textes originaux, comprenant, outre ce qui a été publié à diverses époques, les fragments supprimés en 1813 par la censure, les partie inédites conservées à la Bibliothèque ducale de Gotha et à l'Arsenal à Paris. Notices, notes, table générale par Maurice Tourneux*, Paris, Garnier frères, 1877-1882, 16 vol.
– LA FORTELLE (M. de), *La Vie militaire, politique et privée de Demoiselle Charles-Geneviève-Louise-Auguste-Andrée-Thimothée Éon ou d'Éon de Beaumont [...]*, Paris, Lambert, Onfroi, Valade, Esprit, et « chez l'auteur », 1779. Également attribué à Peyraud de Beaussol.
– LINGUET (Simon), *Annales politiques, civiles et littéraires du* XVIIIe *siècle*.
– *Louis XVI and the Comte de Vergennes : Correspondence, 1774-1787*, Edited by John Hardman and Munro Price, Oxford, Voltaire Foundation, 1998.
– LOVEJOY (Lucretia) pseudo., *An Elegy on the Lamented Death of the Electrical Eel, or Gymnotus Electricus ; with the lapidary inscription... at the Expense of the Countess of H..., and the Chevalier-Madame d'Eon*, London, 1777.
– *Mémoires secrets pour servir à l'histoire de la République des Lettres en France, depuis 1762 jusqu'à nos jours, ou Journal d'un observateur [...]*, Londres, John Adamson, 1784-1789, 36 vol.
– METTRA (Louis-François), *Correspondance secrète, politique et littéraire, ou Mémoires pour servir à l'histoire des cours, des sociétés et de la littérature en France, depuis la mort de Louis XV*, Londres, John Adamson, 1787-1790, 18 vol.
– MUSGRAVE (James), *Dr. Musgrave's Reply to a Letter Published in the Newspapers by the Chevalier d'Eon*, Plymouth, 1769, in-8°.
– PIDANSAT DE MAIROBERT, *L'Espion anglais ou Correspondance secrète entre Milord All'Eye et Milord All'Ear*, Londres, Adamson, 1784-1785, 10 vol.
– *Pièces authentiques pour servir au procès criminel intenté au tribunal du roi d'Angleterre par le comte d'Éon de Beaumont contre Claude-Louis-François Régnier, comte de Guerchy*, Berlin, 1765.
– *Pièces relatives aux démêlés entre mademoiselle d'Éon de Beaumont, chevalier de l'ordre royal et militaire de St.-Louis et ministre plénipo-*

tentiaire de France, et le sieur Caron, dit de Beaumarchais [Amsterdam ?], 1778.
- « Procès de mademoiselle la chevalière d'Éon contre MM. de Carcado et de Molac », dans *Causes célèbres, curieuses et intéressantes de toutes les cours souveraines du royaume. Avec les jugements qui les ont décidés*, t. LX, Paris, 1779, p. 3-120.
- TREYSSAC DE VERGY (Pierre-Henri), *Lettre à M. de La M***, écuyer, et de la Société royale d'agriculture, par M. Treyssac de Vergy. En réponse à une lettre à M. le duc de Nivernois*, Londres, 16 novembre 1763.
- *Deux lettres de l'auteur des* Usages *contre M. d'Éon de Beaumont.* Genève [Paris], 1763.
- *Suite des pièces relatives aux lettres [...] du cher d'Eon, [...] contenant deux lettres de M. de Treyssac de Vergy, [...] à Mgr le duc de Choiseul*, Londres, 1764.

ÉCRITS DU CHEVALIER D'ÉON

- *Essai historique sur les différentes situations de la France par rapport aux finances, sous le règne de Louis XIV et la régence du duc d'Orléans. Par M. Déon de Beaumont*, Amsterdam, « Aux dépens de la compagnie », 1753.
- « Éloge du comte d'Ons-en-Bray, Président de l'Académie des Sciences », dans *L'Année littéraire*, 1753.
- « Éloge au panégyrique de Marie-Thérèse d'Este, duchesse de Penthièvre », dans *L'Année littéraire*, 1754, p. 112-117.
- « Notice sur l'abbé Lenglet-Dufresnoy », dans *L'Année littéraire*, 1755, p. 116-139.
- *Lettre sur l'utilité de la culture des mûriers et de l'éducation des vers à soie en France*, Paris, 1758.
- *Mémoire pour servir à l'histoire générale des finances. Par M. Déon de Beaumont*, Londres, 1758.
- « Les Espérances d'un bon patriote », dans *L'Année littéraire*, 1759, p. 55-67. Réimprimé séparément sous forme de pamphlet en 1760.
- *Note remise a Son Excellence Claude, Louis, Francois, Regnier, comte de Guerchy. [...] Par Noble Charles, Geneviève, Louis, Auguste,*

César, André, Timothée, d'Eon de Beaumont. [...] À Londres, de l'imprimerie de Jacques Dixwell, 1763.

– *Considérations historiques sur les impôts des Égyptiens, des Babyloniens, des Perses, des Grecs, des Romains et sur les différentes situations de la France par rapport aux finances. Par M. Déon de Beaumont.* S. l., 1758, 2 vol. Rééd. : Londres, J. Dixwell, 1764.

– *Nouvelles lettres du chevalier d'Éon [...]*, Londres, 1764 (lettres à Mansfield, Bute, Temple, Pitt, datée de juin 1764).

– *Essai politique sur la Pologne.* À Varsovie, impr. de Psombka. Se vend à la Science, 1764.

– *Lettres, mémoires et négociations particulières du chevalier d'Éon, ministre plénipotentiaire auprès du roi de la Grande-Bretagne, avec MM. les ducs de Praslin, de Nivernois, de Sainte-Foy et Regnier de Guerchy, ambassad. extr. etc.* Première [- troisième] partie. La Haye : impr. de H. Scheurleer, 1764, 3 parties en un vol. in-4°. (Rééd. Londres, 1765, 3 vol. in-12°).

– *Pièces relatives aux lettres... du chevalier d'Éon, contenant la Note, Contre-Note, Lettre à M. le Duc de Nivernois à l'Examen des lettres, mémoires, etc.*, Londres, J. Dixwell, 1764, in-8°.

– *Dernière lettre du chevalier d'Éon à M. le Comte de Guerchy, en date du 5 août 1767. Avec l'extrait de la procédure, en bonne forme,* Londres, 1767.

– *Les Loisirs du chevalier d'Éon de Beaumont, ancien ministre plénipotentiaire de France, sur divers sujets importants d'administration, etc. pendant son séjour en Angleterre*, Amsterdam, 1774, 13 vol.

– « Discours sur le rappel des protestants, prononcé au Conseil de France en 1775 », dans *Bulletin de la Société de l'Histoire du protestantisme français*, 1887, t. XXXVI, p. 377-384.

– *Très humble réponse à très haut, très puissant seigneur, Monseigneur Pierre-Augustin Caron ou Carillon, dit Beaumarchais, prince de Ronac en Franconie, adjudicataire général des bons de Péquiny, de Tonnerre et autres lieu ; premier lieutenant des Chasses à la Garenne du Fort-l'Évêque et du Palais, seigneur utile des Forêts d'Agiot, d'Escompte, de Change, Rechange et autres Rotures, etc., etc., par Charlotte Geneviève Louise Auguste Andrée Timothée d'Éon de Beaumont, connue jusqu'à ce jour sous le nom du chevalier d'Éon, ci-devant docteur consulté, censeur écouté, auteur cité, dragon redouté, capitaine célébré, négociateur éprouvé, plénipotentiaire accrédité,*

ministre respecté, aujourd'hui pauvre fille majeure, n'ayant pour toute fortune que les louis qu'elle porte sur son cœur et dans son cœur, Londres, Imprimeur du *Courrier de l'Europe*, s. d. [2-15 février 1778], in-8°.
– *Pièces relatives aux démêlés entre Mademoiselle d'Éon de Beaumont, chevalier de l'Ordre royal et militaire de Saint-Louis et ministre plénipotentiaire de France, etc., et le sieur Caron, dit de Beaumarchais etc.* [Paris : s.n.], 1778.
– *An Epistle from Mademoiselle d'Eon to [...] [Lord Mansfield], [...] on his determination in regard to her sex*, London, 1778. Épître en vers.
– *Réponse de Mlle Déon à M. de Beaumarchais*, Rome, chez M. F. de Poncharaux, 1778.
– *Remarques véritables et très remarquables sur* Les Audiences de Thalie, *ou sur* Molière à la nouvelle salle [de La Harpe]. *Avec une défense des femmes et des réflexions sur les spectacles. Par une femme qui se fait gloire d'être le chevalier de son sexe, si son esprit n'a pas l'avantage d'en faire l'ornement*, Bruxelles, Boubers, 1782.
– *Épître aux Anglais dans les tristes circonstances présentes*, Londres, T. Spilsbury, [1788], 48 p.
– *The Maiden of Tonnerre. The Vicissitudes of the Chevalier and the Chevalière d'Éon. Charles d'Eon de Beaumont.* Translated and edited by Roland A. Champagne, Nina Ekstein, Gary Kates, Baltimore and London, The John Hopkins University Press, 2001.

PRINCIPAUX OUVRAGES CONSULTÉS

– ANTOINE (Michel), *Louis XV*, Paris, Fayard, 1989.
– AVOUT (vicomte A. d'), *Courte étude sur le chevalier d'Éon*, Mémoires de l'Académie des sciences, arts et belles-lettres de Dijon, 4ᵉ série, t. X, Dijon, Impr. de Darantière, 1906.
– BENGA (abbé A.), « Un Problème de bibliographie historique : l'auteur de l'*Essai politique sur la Pologne* », dans *Revue historique*, t. CXXIX (1918), p. 277-299.
– BOYSÈDE (Eugène), *Considérations sur la bisexualité et les infirmités sexuelles, les changements de sexe et le chevalier-chevalière d'Éon...* Paris, Éditions du Scorpion (Impr. de la collection Alternance), 1959.
– BROGLIE (duc de), « Un Projet de descente en Angleterre sous

Louis XV. Le Chevalier d'Éon », dans *Revue des deux mondes*, sept-oct. 1878, t. XXIX, p. 538-588.
- CABANÈS (docteur), « Quel était le sexe du chevalier d'Éon ? », dans *Les Énigmes de l'Histoire*, Paris, 1930, p. 151-200.
- CADÉAC (Dr. Marcel), *Le Chevalier d'Eon et son problème psycho-sexuel. Considérations sur les états psycho-sexuels et sur le travestisme*, Paris, Maloine, 1966.
- CARRÈRE D'ENCAUSSE (Hélène), *Catherine II*, Paris, Fayard, 2002.
- CHARMAIN (colonel Armand), *La Vie étrange de la chevalière d'Éon*, Paris, Éditions de la Nouvelle Revue critique, 1929.
- COQUELLE (P.), *Le Chevalier d'Éon, ministre plénipotentiaire de France à Londres (avril-octobre 1763), d'après les documents inédits des archives du ministère des Affaires étrangères* (extrait du *Bulletin historique et philologique*, 1908, p. 217-246), Paris, Imprimerie nationale, 1909.
- CORYN (Marjorie S.), *Le Chevalier d'Éon*, avec deux portraits, traduit de l'anglais par Leo Lack, Paris, Mercure de France, 1934.
- COX (Cynthia), *The Enigma of the Age : The Strange Story of the Chevalier d'Éon*, London, Longmans, Green and Co. Ltd, 1966.
- CRAWLEY (W. J. Chetwode), « The Chevalier d'Eon : J. W. of Lodge N° 376, Grand Lodge of England », *Ars Quatuor Coronatorum*, n° 16, 1908, p. 231-251.
- DASCOTTE-MAILLIET (Paule), *L'Étrange Demoiselle de Beaumont*, Paris, Fayard, 1957.
- DAVID (Jean-Claude), « La Querelle de l'inoculation en 1763 : Trois lettres inédites de Suard et du chevalier d'Éon », dans *Dix-Huitième Siècle*, n° 17, 1985, p. 271-284.
- DECKER (Michel de), *Madame le chevalier d'Éon*, Paris, Perrin, 1987, 273 p.
- ELLIS (Havelock), *Études de psychologie sexuelle ; t. VIII : L'Eonisme ou l'inversion esthético-sexuelle. Rêves érotiques, la courbe menstruelle de l'impulsion sexuelle*, édition critique établie sous la direction du prof. [Ange-Louis-Marie] Hesnard, traduction par A. [Arnold] Van Gennep, Paris, Le Livre précieux, 1965.
- FRANK (André), en collaboration avec Jean Chaumely, *D'Éon, chevalier et chevalière. Sa confession inédite*, Paris, Amiot-Dumont, coll. « Présence de l'Histoire », 1953.

– FROMAGEOT (Paul), *La Chevalière d'Éon à Versailles, de 1777 à 1779*, Paris, Émile-Paul, 1901.
– GAILLARDET (Frédéric), *Mémoires du chevalier d'Éon, publiés pour la première fois sur les papiers fournis par sa famille et d'après les matériaux authentiques*, Paris, Ladvocat, 1836, 2 vol.
– *Mémoires sur la chevalière d'Éon. La vérité sur les mystères de sa vie, d'après des documents authentiques, suivis de douze lettre inédites de Beumarchais*, Paris, E. Dentu, 1866.
– GIARDINI (Cesare), *Lo Strano caso del cavaliere d'Éon, 1728-1810*, Milano, A. Mondadori, 1935.
– GRAILLE (Patrick), *Les Hermaphrodites aux XVIIe et XVIIe siècles*, Paris, Les Belles Lettres, 2001.
– GRZESIAK (Nathalie), *Le Chevalier d'Éon : tout pour le roi*, Paris, Acropole, coll. « Grandes affaires d'espionnage », 2000.
– HAHN (Emily), *Love conquers Nothing : a Glandular History of Civilization*, New York, Books for Libraries Press, 1971 [c 1952], 315 p. (Königsmark, Hélène de Troie, Éon de Beaumont, Cléopâtre, Henri VIII, Nzinga, Sappho, Nelson).
– HIPPEAU (C.), « Projet d'une descente en Angleterre en l'année 1779 », dans *Mémoires lus à la Sorbonne*, 1863, p. 325-352.
– HOMBERG (Octave), *La Carrière militaire du chevalier d'Éon, d'après des documents inédits*, avec portraits et fac-similés, Paris, Berger-Levrault, 1900.
– HOMBERG (Octave) et JOUSSELIN (Fernand), *Le Chevalier d'Éon (1728-1810), d'après des documents inédits*, Paris, Plon-Nourrit et Cie, 1904, t. IV, 312 p.
– JACQUILLAT-DESPRÉAUX, « Notice sur la vie du chevalier d'Éon », dans *Annuaire statistique du département de l'Yonne*, 1839, p. 385-398.
– KATES (Gary), *Monsieur d'Eon is a Woman. A Tale of Political Intrigue and Sexual Masquerade*, New York, Basic books, 1995.
– « The Transgendered world of the Chevalier/Chevalière d'Éon », dans *The Journal of Modern History*, n° 67, septembre 1997, p. 558-594.
– LARCHER (Albert), *Le Chevalier d'Éon, ce mal connu*, Tonnerre, Société d'archéologie et d'histoire du Tonnerrois, 1985, 13 p. Suppl. au « Bulletin annuel de la Société d'archéologie du Tonnerrois », n° 38, 1985.
– LE MAISTRE, « Le Chevalier d'Éon », dans *Bulletin de la société des*

sciences historiques et naturelles de l'Yonne, t. VIII, 1854, p. 171-196.
- LETAINTURIER-FRADIN (G.), *La Chevalière d'Éon*, Paris, Flammarion, 1901.
- LEVER (Maurice), *Pierre-Augustin Caron de Beaumarchais*, Paris, Fayard, 1999-2003, 3 vol.
- LIECHTENHAN (Francine-Dominique), *En Russie au temps d'Élisabeth. Mémoire sur la Russie en 1759 par le chevalier d'Éon*, présenté et annoté par Francine-Dominique Liechtenhan, Paris, L'Inventaire, 2006.
- Id., *Élisabeth, l'autre impératrice,* Paris, Fayard, 2007.
- LOMÉNIE (Louis de), *Beaumarchais et son temps. Études sur la société en France au XVIIIe siècle, d'après des documents inédits*, Paris, 1880, 2 vol.
- MARTIN (Ernest), *Histoire des monstres depuis l'Antiquité jusqu'à nos jours*, Paris, 1880.
- MOISET (Charles), « Le Chevalier d'Éon de Beaumont », dans *Bulletin de la société des sciences historiques et naturelles de l'Yonne*, t. XLVI, 1892, p. 5-102.
- MOREELS (Edith), *Le Chevalier d'Éon*, Alleur (Belgique) ; Paris, Marabout, coll. « Histoire et mystères », 1996.
- MOURA (Jean) et LOUVET (Paul), *Le Mystère du Chevalier d'Éon*, Paris, Gallimard, 1929.
- MOUROUSY (Paul), *Le Chevalier d'Éon : un travesti malgré lui*, Paris, Éd. du Rocher, 1998.
- NIXON (Edna), *Royal Spy : the Strange Case of the Chevalier d'Eon, dressed as a man he was none the less a woman, dressed as a woman she was none the less a man*, New York, Reynal, 1965, 260 p.
- PINSSEAU (Pierre), *L'Étrange Destinée du chevalier d'Éon (1728-1810)*, Paris, Raymond Clavreuil, 1945.
- ROBIQUET (Paul), *Théveneau de Morande. Étude sur le XVIIIe siècle*, Paris, A. Quantin, 1882.
- SCHAZMANN (Paul-Émile), « Les Confidences de la chevalière d'Éon. Lettres inédites » dans *Revue de Paris*, 1938, p. 106-115.
- STEINBERG (Sylvie), *La Confusion des sexes. Le travestissement de la Renaissance à la Révolution*, Paris, Fayard, 2001.
- TELFER (Captain J. Buchan), *The Strange Career of the Chevalier d'Eon de Beaumont, Minister Plenipotentiary from France to Great*

Britain in 1763. With Portraits and Facsimile, London, Longmans, Green and Co, 1885.
- *The Chevalier d'Éon de Beaumont : A Treatise*, London, Elliot Stock, 1896.
- VANDAL (Albert), *Louis XV et Élisabeth de Russie. Étude sur les relations de la France et de la Russie au* XVIIIe *siècle, d'après les archives du ministère des Affaires étrangères*, Paris, Plon, Nourrit, 1896.
- VIZETELLY (Ernest, Alfred), *The True Story of the Chevalier d'Eon, his Experiences and his Metamorphoses, in France, Germany and England. Told with the Aid of State & Secret Papers by Ernest, Alfred Vizetelly. Illustrated with Portraits, Facsimiles, etc.*, London, Tylston and Edwards and A. P. Marsden, 1895.
- WARREN (Dawson), *The Journal of a British Chaplain in Paris during the Peace Negociations of 1801-1802, from the Unpublished ms. of the Revd. Dawson Warre. Edited with Notes, a Preface and Historical Introduction by A. M. Broadley*, London, Chapman and Hall, 1913.

ŒUVRES ROMANESQUES ET DRAMATIQUES INSPIRÉES PAR LE CHEVALIER D'ÉON

- AULLEN (Gilbert), *Le Chevalier Mystère*, roman historique, Paris, Plon, 1952.
- BROUSSON (Jean-Jacques), *La Chevalière d'Eon, ou le Dragon en dentelles*, récit historique, Paris, Ernest Flammarion, 1934.
- DUMANOIR (Philippe-François Pinel, dit Philippe) et BAYARD (Jean-François-Alfred), *Le Chevalier d'Éon, comédie en 3 actes, mêlée de chant* [Paris, Variétés, 25 janvier 1837], Paris, Nobis, 1837, in-8°, 52 p.
- DUPEUTY (Charles-Désiré) et CLEVER (Charles-Auguste), baron de Maldigny, *La Chevalière d'Éon, comédie historique en 2 actes, mêlée de couplets*, musique de M. J. Doche [Paris, Vaudeville, 25 janvier 1837], Paris, Marchant, 1837.
- JOURDAN (Louis), *Un hermaphrodite*, Paris, E. Dentu, 1861, in-8°, 304 p. (attribué aussi à Eugène Debriges).
- MÉLINAND (Gabrielle), *D'Éon l'indomptable, roman historique*, Paris, Karolus, 1961.

– MOREAU DE BALASY (François), *J'étais le chevalier d'Éon*, Paris, Hachette, 1972.
– MOREAU DE COMMAGNY (Charles-François-Jean-Baptiste) et OURRY (E. T. Maurice), *La Chevalière d'Éon, ou les parieurs anglais. Comédie en un acte en prose mêlée de vaudevilles*, Paris, Mme Masson, 1812.
– PIKOUL (Valentin Savvitch), *Roman chronique : le chevalier d'Éon et la guerre de Sept Ans, avec la plume et avec l'épée. Traduction, adaptation et présentation de Max Heilbronn. Préface de Jean-Michel Royer*, Paris, Nouvelles éditions Rupture, 1983.
– ROYER (Jean-Michel), *Le Double-jeu. Roman. Mémoires du chevalier d'Éon*, Paris, Grasset, 1986.
– SILVESTRE (Armand) et CAIN (Henri), *Le Chevalier d'Éon, opéra comique en quatre actes*, Paris, Heugel, 1908.
– SIMONNIN (Antoine-Jean-Baptiste) et SAINT-MARC, *La Chevalière d'Éon, ou Une heure de méprise*, comédie-vaudeville en un acte [Paris, Gymnase-dramatique, 27 janvier 1823], Paris, Duvernois, 1823.
– VILLIERS DE L'ISLE-ADAM (Auguste), *Le Chevalier d'Éon*, manuscrit autographe, ébauche d'un « opéra-bouffe en trois actes et cinq tableaux », vente Drouot, 20 novembre 2002 (Pierre Bergé & associés).

INDEX

Table

Des mêmes auteurs

Evelyne Lever

Histoire de la guerre d'Algérie, 1954-1962, en coll. avec Bernard Droz, Paris, Le Seuil, « Points », 1982 ; éd. revue et augmentée en 1991.

Louis XVI, Paris, Fayard, 1985.

Louis XVIII, Paris, Fayard, 1988 (ouvrage couronné par l'Académie française).

Marie-Antoinette, Paris, Fayard, 1991.

Mémoires du baron de Breteuil, édition critique, Paris, François Bourin / Julliard, 1992.

Philippe Égalité, Paris, Fayard, 1996.

Madame de Pompadour, Paris, Perrin, 2000 (prix du Nouveau Cercle de l'Union ; prix Clio de la ville de Senlis).

Marie-Antoinette, la dernière reine, Paris, Gallimard, coll. « Découvertes », 2000.

Marie-Antoinette, Journal d'une reine, Paris, Robert Laffont, 2002.

L'Affaire du collier, Paris, Fayard, 2004.

Correspondance de Marie-Antoinette, 1770-1793, Paris, Tallandier, 2005 (prix Sévigné 2006).

Les Dernières Noces de la monarchie (volume réunissant *Louis XVI* et *Marie-Antoinette)*, Paris, Fayard, coll. « Les Indispensables de l'histoire », 2005.

C'était Marie-Antoinette, Paris, Fayard, 2006.

Pierre Augustin Caron de Beaumarchais et Amélie Mouret de La Morinaie, *Lettres d'amours*, présentées par Evelyne et Maurice Lever, Paris, Fayard, 2007.

Maurice Lever

La Fiction narrative en prose au XVII*e siècle. Répertoire bibliographique du genre romanesque en France (1600-1700)*, Paris, éd. du CNRS, 1976.

Le Monde à l'envers, en coll. avec Frédérick Tristan, Paris, Hachette-Massin, 1980.

Élise. Roman inédit du XVII*e siècle*, édition critique, Éditions du CNRS, 1981.

Le Sceptre et la marotte. Histoire des fous de Cour, Paris, Fayard, 1983 ; Hachette, coll. « Pluriel », 1985 (ouvrage couronné par l'Académie française).
Pierre de Marbeuf, Le Miracle d'amour, Introduction, édition du texte, Paris, Obsidiane, 1983.
Les Bûchers de Sodome. Histoire des « infâmes », Paris, Fayard, 1985 ; « Bibliothèque 10/18 », 1996.
« La Conquête du silence. Histoire du mime » dans *Le Théâtre du geste*, (ouvrage collectif), Paris, Bordas, 1987.
Donatien Alphonse François, marquis de Sade, Paris, Fayard, 1991 (Grand Prix de la Ville de Paris) ; rééd., Paris, Fayard, 2003.
Bibliothèque Sade. Papiers de famille. t. I : *Le Règne du père (1721-1760),* Paris, Fayard, 1993. t. II : *Le Marquis de Sade et les siens* (*1761-1815*), Paris, Fayard. 1995.
Canards Sanglants. Naissance du fait divers, Paris, Fayard, 1993.
Sade, Le Voyage d'Italie, édition établie et présentée par Maurice Lever, Paris, Fayard, 1995, 2 vol.
Romanciers du Grand Siècle, Paris, Fayard, 1996.
Sade et la Révolution, Paris, Bartillat, 1998.
Pierre Augustin Caron de Beaumarchais. t. I : *L'Irrésistible Ascension 1732-1774,* Paris, Fayard, 2003. t. II : *Le Citoyen d'Amérique (1775-1784)*, Paris, Fayard, 2003. t. III : *Dans la tourmente (1795-1799).* Paris, Fayard, 2004 (prix de la biographie de l'Académie française, 2005 ; Grand Prix du festival de la biographie de Nîmes, 2005).
Isadora Duncan. Roman d'une vie, Paris, Perrin, 2000.
Louis XV, libertin malgré lui, Paris, Payot, 2001,
Théâtre et Lumières. Les Spectacles de Paris au XVIIIe *siècle*, Paris, Fayard, 2001.
Anthologie érotique. Le XVIIIe *siècle*, Paris, Robert Laffont, coll. « Bouquins », 2004.
Beaumarchais, Lettres galantes à Mme de Godeville, 1777-1779, Paris, Fayard, 2004.
« Je jure au marquis de Sade, mon amant, de n'être jamais qu'à lui... », présenté et édité par Maurice Lever, Paris, Fayard, 2005.
Grande et Petite Histoire de la Comédie-Française : le siècle des Lumières, Paris, Fayard, 2006.
Pierre Augustin Caron de Beaumarchais et Amélie Houret de La Morinaie, *Lettres d'amour*, présentées et annotées par Evelyne et Maurice Lever, Paris, Fayard, 2007.

Composé par Nord Compo Multimédia
7, rue de Fives, 59650 Villeneuve-d'Ascq

« Pour l'éditeur, le principe est d'utiliser des papiers composés de fibres naturelles, renouvelables, recyclables et fabriquées à partir de bois issus de forêts qui adoptent un système d'aménagement durable.

En outre, l'éditeur attend de ses fournisseurs de papier qu'ils s'inscrivent dans une démarche de certification environnementale reconnue. »

Impression réalisée par
CPI BRODARD ET TAUPIN
La Flèche
en janvier 2009

Édition exclusivement réservée aux adhérents du Club
Le Grand Livre du Mois
réalisée avec l'aimable autorisation des Éditions Fayard

Imprimé en France
Dépôt légal : janvier 2009
N° d'impression : 50421